CONFESSIONS
DE
MARION DELORME

PAR

Eugène DE MIRECOURT

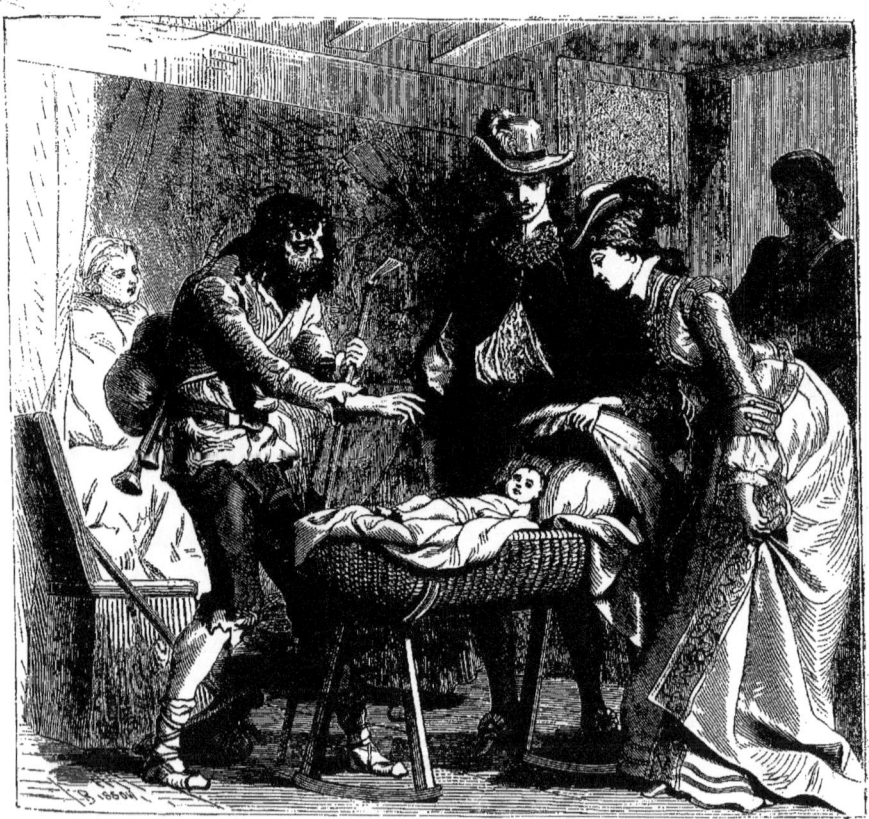

PARIS
VICTOR BUNEL, ÉDITEUR
RUE DE L'ABBAYE, 3 (ANCIEN PALAIS ABBATIAL)

CONFESSIONS
DE
MARION DELORME

I

Je suis née à Châlons-sur-Marne, le 15 mai de l'an de grâce 1601.

Mon père, Gabriel Delorme, était huissier à cheval au bailliage. Il passait presque tout son temps à parcourir les campagnes environnantes, où il allait porter des assignations et faire exécuter les arrêts judiciaires. Son naturel doux et pacifique répugnait aux mesures rigoureuses, et plus d'une fois il aida de sa bourse le pauvre paysan, que d'impitoyables créanciers le forçaient à poursuivre.

Or, le matin du 15 mai, le cher homme, enfourchant son maigre bidet, partit pour une de ses tournées habituelles.

Au bout d'une demi-lieue, il s'entendit appeler à grands cris.

Tournant bride aussitôt, il reconnut son clerc, jeune gars à la physionomie grotesque, aux cheveux rouges et à la voix glapissante, qui promettait alors d'être le Champenois le plus laid et le moins spirituel de la contrée.

Il a tenu largement parole.

— Qu'y a-t-il donc? demanda mon père, en examinant la figure bouleversée du drôle.

Celui-ci, tout haletant, donna pour réponse des phrases entrecoupées et des exclamations absurdes. L'huissier vit néanmoins de quoi il s'agissait.

— Bien, bien!... monte en croupe, imbécile, et tais-toi!

Joseph Camusard, c'était le nom du clerc, obéit sans réplique.

Eu égard à la gravité de la circonstance, on piqua des deux afin de regagner Châlons au galop.

Mais la triste haridelle avait oublié cette allure, ou le surcroît de fardeau lui parut trop gênant. Elle se raidit sur ses pieds, et protesta par l'immobilité la plus complète contre les prétentions exagérées de son maître.

Gabriel Delorme eut beau la cingler de coups de cravache et lui enfoncer dans le flanc deux éperons rouillés, il obtint des ruades qui manquèrent de le jeter hors des arçons et firent pousser des hurlements de détresse à Camusard.

Pour comble de malheur, une berline de voyage allant grand train vint à passer sur la route. Le fouet des postillons et les grelots des chevaux formaient un carillon d'enfer.

Le bidet rétif saisit ce prétexte pour redoubler ses ruades; il fit en même temps un écart prodigieux, et M. Delorme et son clerc furent lancés à vingt pas de distance, juste au milieu d'un champ de seigle.

— Miséricorde! ces pauvres gens! dit une petite voix douce qui sortait de la berline; faites arrêter la chaise, marquis, et voyez s'ils ne sont point blessés.

Au même instant, une charmante tête de femme se montrait à la portière, et l'on entendait une voix d'homme ordonner à deux laquais de descendre et de courir porter secours.

Mais déjà mon père s'était remis sur ses jambes.

Il administra plusieurs coups de cravache à Camusard pour l'engager à suivre son exemple; puis il s'approcha confus de la berline, s'excusant de son mieux d'avoir exécuté devant une compagnie respectable une culbute aussi disgracieuse.

La naïveté de l'excuse fit beaucoup rire les voyageurs.

Gabriel Delorme ne manquait pas d'une certaine galanterie bourgeoise, qui, sans être familière, devenait dans l'occasion fort originale.

Ainsi, après trois salutations profondes, et voulant marquer sa gratitude pour l'intérêt qu'on lui témoignait, il prit la main de la jeune femme, petite main blanche, fine et rose, et ne la porta à ses lèvres qu'après en avoir demandé l'autorisation au personnage assis à l'autre coin de la voiture.

— Baisez, monsieur, ne vous gênez pas! lui dit la dame en souriant. Le marquis est loin d'être mon époux..... Il en serait bien fâché, n'est-ce pas, Villarceaux?

— Ah! comtesse, vous calomniez mon bon goût, et vous allez faire croire que les sentiments chevaleresques pour la beauté n'existent qu'à Châlons... A propos, l'ami, vous habitez cette ville?

— Oui, monsieur le marquis.

— Y trouve-t-on quelque auberge passable?

— Hum! fit mon père, il y a bien l'auberge du *Cerf-Volant*; mais c'est une vraie gargote où, sauf votre respect, madame, on me servit un jour du chat pour du lièvre. Quant à l'auberge du *Mort-qui-Trompe,* elle appartient à un gaillard que le présidial de Troyes a condamné jadis, pour vol, à cinq ans sur les galères. On l'a relâché, voici tantôt quinze jours. Si on l'en croit, il est devenu fort honnête homme, mais je ne m'y fierais pas.

— Ni moi non plus, dit la dame... Au fait, marquis, poursuivons notre route : demain j'en reposerai mieux à mon hôtel.

— Mais vous n'y songez pas, comtesse... Il y a deux jours et deux nuits que nous courons la poste... je n'ai rien mis sous ma dent depuis Strasbourg.

— Je vous reconnais bien là, Villarceaux! N'avez-vous pas honte d'afficher de la sorte votre gourmandise? Descendez au *Cerf-Volant* : on vient de vous fournir des détails précieux sur la cuisine de l'endroit.

— Peut-être, dit mon père, madame la comtesse et monsieur le marquis voudront-ils me faire l'honneur de loger à la maison? Ma table est modeste, mais j'ai deux lits excellents.

— Vive Dieu! c'est une véritable bonne fortune! J'accepte... Et vous, comtesse?

— J'accepte aussi, dit-elle avec son gentil sourire.

Or, ce sourire, joint au doux regard de la dame, troublait d'une étrange façon le cerveau de Gabriel Delorme; il oubliait tout simplement la nouvelle qu'il venait de recevoir.

Sur un signe du marquis, il monta dans la chaise en criant aux postillons :

— Rue des Corbeaux!... en face de la porte de monseigneur le bailli... Morbleu! nous recevrons comme lui des gens de cour!

On partit ventre à terre, au grand ébahissement de Joseph Camusard.

Fatigué de rester comme un sot sur la route, les bras pendants et la bouche béante, il saisit par la bride l'indocile bidet de son patron, puis tous deux ensemble ils reprirent le chemin de l'écurie.

Mon père était au troisième ciel.

Il savait alors qu'il avait affaire à madame la comtesse de Saint-Évremond. Madame la comtesse était veuve, avec un fils très-jeune encore. Elle arrivait d'Allemagne, où elle venait de recueillir une succession importante, et M. le marquis de Villarceaux, son cousin, avait eu la complaisance extrême de l'accompagner dans ce voyage.

— Êtes-vous marié? demanda la comtesse à mon père.

— Ah! mon Dieu! s'écria Gabriel Delorme, dont cette question réveilla brusquement les souvenirs.

— Eh bien! vous pâlissez, mon cher hôte?...

— Il y a de quoi, madame... Figurez-vous... Non, je veux dire... Ah! mon Dieu! mon Dieu!

— Mais enfin, parlez.

— Pourtant je ne suis pas fou, madame la comtesse... Ne serait-ce point cette maudite chute?... cela pourrait bien être... Et puis on n'a pas souvent l'avantage de rencontrer des personnes aussi charmantes. Avouez-le, je suis excusable d'avoir perdu la tramontane.

— J'avouerai surtout, mon cher hôte, que vous êtes d'une force étonnante sur le logogriphe... N'est-il pas vrai, marquis?

— Parbleu, dit Villarceaux, je jette ma langue aux chiens! Voyons, l'ami, continua-t-il, en se tournant vers l'huissier qui se frappait le front avec désespoir, si vous retirez votre parole, il faut le dire : nous logez-vous ou ne nous logez-vous pas?

— Hélas! monsieur le marquis..... Hélas! madame la comtesse, vous recevrez aujourd'hui chez moi un accueil indigne de vous!

— Pourquoi cela, vertubleu? Mais expliquez-vous donc! cria Villarceaux, prêt à se mettre en colère.

— Parce que... parce que ma femme est en mal d'enfant..... Je l'avais oublié.

— Ah! ah! ah!... fit la comtesse, se renversant dans un accès de fou rire sur les coussins de la berline, divin! magnifique! j'adore le manque de mémoire... Ah! ah! ces maris, ils se ressemblent dans tous les pays du monde... Oublier que sa femme est en couches, voilà sans contredit le sublime du genre!... Mais, ajouta-t-elle, en donnant un coup de son éventail sur les doigts de l'huissier, qui faisait en ce moment une mine fort piteuse, ceci n'est point une raison pour nous refuser l'hospitalité. Calmez-vous, mon cher hôte... A la guerre comme à la guerre! je serai marraine de votre enfant, et Villarceaux ne refusera pas de le tenir avec moi sur les fonts de baptême.

— Quoi! murmura Gabriel Delorme, madame la comtesse serait assez bonne.. Monsieur le marquis daignerait...

— Oui, oui, nous paierons les dragées, nous donnerons un festin splendide, Villarceaux mangera comme quatre, ce sera très-amusant!

Et la comtesse frappait des mains, et le marquis riait de tout cœur, et mon père se confondait en protestations de reconnaissance. Bref, on entrait dans la ville, et bientôt, à la grande stupéfaction des curieux, l'élégante voiture s'arrêta devant la pauvre demeure d'un pauvre huissier du bailliage.

Ma mère était une grosse et forte femme, d'une constitution merveilleuse et d'une santé brillante. Elle fut immédiatement délivrée, de sorte qu'au retour de mon père je me trouvais déjà prête à le recevoir avec sa noble compagnie.

Il fallut échanger des explications. Ma mère partagea l'enivrement de Gabriel Delorme. Elle pleura de joie lorsqu'elle vit la jolie veuve m'enlever entre ses bras et me souhaiter la bienvenue en ce monde.

Toute la maison prit un air de fête.

On invita les personnages les plus importants de la famille à dîner avec madame la comtesse et M. le marquis.

Le baptême devait avoir lieu le lendemain.

Pour égayer cette première soirée, la malade elle-même fut d'avis d'appeler des violons, affirmant que le bruit ne l'incommoderait pas.

Madame de Saint-Évremond dansa la sarabande avec mon père; M. de Villarceaux proposa une bourrée à la femme de mon oncle le tanneur, et l'on recommença trois fois le cotillon général. C'était un vacarme, une gaieté, des éclats de rire à rendre jaloux tout le voisinage. On piruettait, on chantait, on s'embrassait, on célébrait follement la naissance de celle qui devait être la plus folle créature de son siècle.

Après le bal, on s'écria qu'il fallait tirer mon horoscope.

Les bergers de Champagne se mêlaient autrefois et se mêlent encore aujourd'hui d'annoncer l'avenir. Un de ces fabricants de sortiléges fut mandé sur l'heure. Il vint avec ses habits en guenilles, ses souliers ferrés, son bâton noueux, sa houlette et sa cornemuse. Rien ne manquait à cet attirail champêtre.

On ne me donnait pas un berger de contrebande.

Le premier soin du rustre fut de tendre à la ronde une espèce de sébille en bois de hêtre.

Ses yeux étincelèrent, lorsqu'il vit deux pièces d'or glisser entre les doigts effilés de la marquise. M. de Villarceaux imita la générosité de sa compagne de voyage, et tous les autres assistants firent leur offrande.

Dès lors, il était aisé de voir que le sorcier m'en donnerait pour mon argent.

Il commença par me faire découvrir la tête, les mains et les pieds. Chacune de ces parties de mon corps fut examinée par lui avec une attention extrême. Il mit ensuite sur mon berceau son bâton et sa houlette en sautoir, fit ouvrir la fenêtre et regarda la lune et les étoiles, tout en grommelant à part lui je ne sais quelle invocation satanique. Puis, il revint à moi, reprit la houlette et le bâton, traça rapidement un cercle autour du berceau et rendit son oracle en pur patois du pays.

Je demande la permission de traduire cet oracle en langage intelligible :

« L'enfant que voilà, dit le sorcier d'un ton grave, sera dans quinze ans la plus belle fille de l'Europe et peut-être du monde entier. Les astres annoncent qu'elle doit briller à la cour, et devenir la femme d'un grand seigneur. Elle s'attirera l'inimitié de puissants personnages, s'enfuira du royaume, et son existence, dès lors, sera remplie de mystère. Elle vivra plus d'un siècle. Bien des années se passeront avant qu'on sache le lieu et l'époque de sa mort. »

Chacun se mit à rire.

On attribua le pompeux horoscope aux largesses de ma belle marraine et de son noble compère. Madame de Saint-Évremond

L'enfant que voilà sera dans quinze ans la plus belle fille de l'Europe.

donna de nouvelles pièces d'or au pâtre et voulut à toute force reprendre le bal au son de la cornemuse. La soirée se termina, joyeuse, comme elle avait commencé.

Le lendemain eut lieu le baptême.

Couverte des broderies et des dentelles de la comtesse, je fus portée triomphante à l'église, où je reçus avec l'eau sainte le nom de *Marie*. Tous les invités de la veille prirent place à un festin somptueux, et vers le soir, on entendit piaffer à la porte de la maison l'attelage qui devait emporter vers Paris la berline providentielle.

Il fallut se dire adieu. Mon père et ma mère pleuraient à chaudes larmes.

C'était un beau rêve qui finissait.

Madame de Saint-Évremond se pencha vers mon berceau, glissa quelque chose sous l'édredon, et dit en m'embrassant avec tendresse :

— Au revoir, chère petite. Si j'en crois ton horoscope, tu me rendras un jour ce baiser... Je t'attends au Louvre!

Elle riait : pourtant les prédictions du pâtre se sont accomplies.

II

Madame de Saint-Evremond avait caché dans mon berceau une bourse contenant deux cent cinquante louis, avec un petit billet rose parfumé, sur lequel ces mots se trouvaient écrits de sa main :

« Pour le trousseau de ma filleule quand elle aura fait choix d'un mari. »

L'aventure occasionna de l'esclandre dans la ville. Rarement les caquets de province trouvèrent à s'exercer sur un thème plus fécond. Chacun dit son mot, on épuisa le champ du commentaire ; les suppositions les plus extravagantes eurent des prôneurs, et personne ne s'avisa de parler du hasard, cette cause première de bien des événements de ce monde.

Je ne m'étendrai pas sur mes années d'enfance ; j'étais comme toutes les petites filles de mon âge, folle, rieuse, espiègle, maligne et babillarde. La coquetterie, chez moi, devança la raison. Je comprenais le chuchotement des voisins à l'oreille de ma mère ; je devinais pourquoi le passant s'arrêtait pour me voir, et ma poitrine se gonflait d'orgueil quand on murmurait à mes côtés :

« Voyez donc la belle enfant ! »

Ma mère, femme sage et chrétienne, essayait de réprimer ces dispositions à la vaine gloire ; mais elle avait beau faire, Gabriel Delorme détruisait aussitôt son ouvrage.

Le bon huissier me trouvait charmante et se mirait du matin au soir dans mes perfections physiques, sans trop comprendre que cette extase perpétuelle aidait fort peu le développement de mes qualités morales. Il avait fait de moi son idole, son fétiche, son Dieu. Toujours il me cajolait, mignotait, dorlotait ; mes caprices avaient force de loi.

Sans les remontrances et les corrections de ma mère, j'aurais été la petite fille la plus gâtée de France et de Navarre.

Dès que je pus comprendre deux mots et lier deux idées ensemble, Gabriel Delorme eut soin de me raconter les circonstances extraordinaires qui avaient entouré mon berceau. Je sus par lui le nom de ma marraine ; il me dépeignit sa bonté, sa générosité, sa magnificence.

Mon imagination d'enfant brodait encore sur son récit enthousiaste, et dans chacun des coins de ma cervelle se logeait un conte de fées.

Je voyais en rêve des marraines éblouissantes, traînées sur des berlines à quatre chevaux, avec des postillons galonnés d'or ; elles m'emportaient dans leurs bras vers des régions fantastiques, où je tourbillonnais sur le velours, les diamants et la soie.

Mon père manquait un peu de sagesse, en dirigeant ainsi mes premières impressions vers le luxe et l'opulence.

Après tout, le bonhomme agissait innocemment.

Ses yeux brillaient d'un éclat singulier quand il me parlait de madame de Saint-Évremond. Il n'avait pas été insensible aux charmes de la comtesse, et je le soupçonne d'avoir fait à ma mère une belle et bonne infidélité de cœur.

Ma naissance avait obtenu un résultat fort agréable, on ne crut pas devoir rester en si beau chemin.

La famille prit un accroissement prodigieux. En moins de huit années, j'eus quatre sœurs et sept frères ; madame Delorme était d'une fécondité remarquable, elle obligeait parfois l'église à un double baptême.

Quatre sœurs et sept frères !

Jugez de l'embarras et du tapage que tout cela faisait dans une petite maison basse et sombre, aux salles étroites et enfumées. Du soir au matin et du matin au soir, cette pépinière vivante grouillait, remuait, courait, se battait, trépignait, pleurait, grognait, criait, hurlait... C'était une bénédiction! Je n'ai jamais deviné comment ma pauvre mère s'y prenait pour ne point devenir folle; elle avait besoin de toute sa religion et de toute sa vertu.

Jusqu'à ma dixième année, moi, la favorite de Gabriel Delorme, j'eus le constant privilége de sortir de la mêlée générale et de chercher un refuge dans le cabinet paternel.

Là je trouvais Joseph Camusard, toujours plus laid, toujours plus bête, perché sur un long escabeau boiteux.

Mon enfance était sans pitié pour cette triste machine à plume éternellement assise et griffonnante, et je me demande aujourd'hui pourquoi j'avais pris si fort en grippe le malheureux clerc. Était-ce un pressentiment de ce qui devait arriver? Cela provenait-il en moi d'une haine instinctive pour la laideur?

Joseph avait la chevelure d'un rouge ardent; il était marqué de petite vérole, et ses membres s'attachaient avec autant d'élégance que ceux des marionnettes servant dans les foires aux parades de saltimbanques. Son dos voûté, ses bras d'une longueur excessive et ses genoux cagneux achevaient d'en faire un objet peu flatteur au coup d'œil.

Pourtant, je dois le dire, ce n'était point une méchante nature d'homme.

Il se montrait exact, régulier, patient; si patient qu'il se laissait pincer, mordre, égratigner par moi, sans donner le plus léger signe d'humeur.

Lorsque j'eus dix ans révolus, ma mère jugea convenable de m'interdire l'entrée du cabinet, me signifiant, en outre, d'avoir à l'aider dorénavant dans les soins du ménage. Ceci voulait dire que j'allais avoir sur les bras toute la nichée d'enfants, et que ma plus douce récréation serait de repriser des bas ou de raccommoder des chausses.

Je me révoltai contre cette perspective.

Mais Catherine Mercadier, femme Delorme, avait le verbe haut et ne marchandait guère un soufflet dans l'occasion. Depuis que l'huissier voyait autour de lui ce régiment de marmots affamés, il laissait à sa ménagère le soin de tout diriger à l'intérieur, et je dus me résoudre à l'obéissance.

Pendant les cinq années suivantes, chaque jour amena sa part de monotonie et de labeur.

Je fis ma première communion dans l'intervalle, et lorsqu'on m'eut appris à lire et à écrire, on ne me laissa pas exploiter plus loin le domaine de l'intelligence.

Seulement, à cette époque, une vieille coquette du voisinage me prit en affection et me prêta des romans à l'insu de ma famille. Je passais mes nuits à les lire, je les dévorais plutôt vingt fois qu'une.

Mon père, en vieillissant, n'avait pas acquis plus de force d'âme pour exécuter les arrêts du bailliage, et ses collègues accaparaient les meilleures opérations. D'un autre côté, mes sept frères et mes quatre sœurs grandirent; il était difficile de pourvoir à tant de besoins.

La famine se trouvait quelquefois installée au logis.

J'avais quinze ans, tous les jours ma beauté faisait des progrès merveilleux. Si je sortais le dimanche pour aller à la messe, les jeunes gens de la ville se pressaient sur mon passage et murmuraient à mon oreille des propos flatteurs. D'abord, je n'osais lever les yeux, je devenais écarlate et je pressais le pas. Mais la coquetterie, si naturelle chez les femmes, et qui l'était surtout chez moi, ne tarda pas à prendre le dessus.

Un jour, le fils d'un échevin s'enhardit jusqu'à glisser, pendant l'office, un billet doux dans la poche de ma robe.

Je revins tout émue de l'église.

Ce papier me rendait malheureuse; une voix, au fond de ma conscience, me disait de le donner à ma mère, et pourtant je ne n'en sentais pas le courage. La curiosité me soufflait tout bas mille excuses, le cachet me brûlait les doigts, la maudite enveloppe, toute chargée de petits rubans orange, avait l'air de me sourire.

Enfin Satan l'emporta. J'ouvris, et je lus :

« Mademoiselle,

« Vous êtes jolie, trop jolie pour la fille d'un pauvre diable
« d'huissier. Dame Nature a commis une grotesque et ridicule
« erreur, vous auriez dû naître duchesse. A quoi songe votre fa-
« mille de laisser une aussi délicieuse personne que vous êtes,
« affublée à la mode du siècle dernier? L'étoffe de votre corsage
« a été prise dans quelque robe à vertugadin, qui ornait votre
« grand'mère lors du sacre du feu roi Henri. Croyez-moi, made-
« moiselle, acceptez l'hommage de mon cœur et dix écus par
« mois, le tout dans l'intérêt de votre toilette.

P. S. — « Après vêpres, si vous recevez de ma main l'eau « bénite à la porte du temple, ce sera me faire savoir que mes « propositions vous agréent. »

— Impertinent ! m'écriai-je, en froissant le billet avec colère.
Mes yeux se remplirent de larmes, et ce premier désenchantement me serra le cœur.

C'était une bonne leçon, très-propre à me guérir pour toujours des messages amoureux ; mais je n'en ai pas tiré profit.

Je dois même l'avouer à ma honte : ce qui me choqua le plus dans la lettre du fils de l'échevin, ce furent ses plaisanteries au sujet de mon costume.

Là pourtant n'était point l'outrage.

On le devine, je n'allai point à vêpres.

Mais, à dater de ce jour, je consacrai régulièrement une partie de mes nuits au travail afin d'acquérir quelques deniers, dont personne ne pût me contester l'usage, et je me proposais d'employer cet argent à certaines modifications dans ma toilette.

L'auteur du billet n'avait pas cru m'offenser le moins du monde, le sot m'aimait sérieusement ; il espérait par ces tournures aussi légères qu'impertinentes me donner une haute idée de son esprit. J'eus un véritable plaisir à le renvoyer à l'école, afin de lui apprendre une autre fois à mieux dresser ses piéges de séduction, et je déjouai malignement toutes les manœuvres qu'il inventa pour me voir et m'adoucir.

Il eut l'audace de me glisser dans la main trois ou quatre nouvelles lettres.

Je les lui déchirai sous le nez ; puis, comme il n'en finissait pas, j'avertis mes parents de ses poursuites.

Gabriel Delorme alla sur l'heure porter plainte à l'échevin.

Le respectable magistrat fit à son damoiseau de fils une rude et longue mercuriale, qui me vengea très-amplement... de la robe à vertugadin de ma grand'mère.

Cette aventure servit, du reste, à éclairer ma famille sur ma valeur personnelle et à la mettre en garde contre les dangers qui pouvaient m'atteindre.

On daigna s'apercevoir que j'étais jolie.

Dès ce jour, une surveillance s'organisa pour épier les écueils et préserver ma vertu d'un sinistre. Une fois jetés sur cette route, mes parents n'avaient plus qu'à lever les yeux pour distinguer tôt ou tard un mariage à l'horizon.

La chose même arriva très-vite, et mon père un beau jour m'appela dans le cabinet dont jadis on m'avait interdit le seuil.

Il me pria de m'asseoir et me dit tout d'abord :

— Ma chère enfant, on me demande ta main.

Cette brusque ouverture me fit tressaillir. Je jetai sur mon père un regard moitié curieux, moitié craintif. La solennité de sa contenance annonçait une entrevue fort sérieuse, et la manière lente et réfléchie dont il humait son tabac trahissait la préoccupation d'un homme qui, n'étant pas très-sûr de la force de ses raisonnements, cherche à dorer la pilule au moyen des formes du discours.

— Oui, reprit-il, je veux te marier.

— Avec qui, mon père?

— Là! là! du calme..... Avec qui? tu es bien pressée. Voilà ce qu'elles ont toutes à vous dire : « Avec qui? »

— Mais c'est assez naturel.

— Non pas, Marion, non pas!... avant d'aborder une question aussi grave que celle de l'établissement de l'un de ses enfants, un père est fixé sur la convenance et l'utilité de la chose. Donc, une fille raisonnable et sage ne doit pas répondre : « Avec qui! » mais bien : « Je suis prête! » Il y a tout un monde entre ces deux réponses : l'une fait entendre qu'on serait capable de désobéissance, et l'autre indique une soumission et un respect sans bornes.

Il était difficile de rien augurer de bon de ces préambules.

— Cependant, mon père, me hasardai-je à dire d'une voix tremblante, vous ne pouvez avoir le projet de me cacher le nom de ce prétendu...

— Écoute, Marion, me répondit Gabriel Delorme, en attirant ma chaise auprès de son vieux fauteuil de cuir de Hollande et en prenant ma main avec affection, tu es une bonne fille et tu n'as jamais mis en doute ma tendresse pour toi?

— Non, mon père.

— Je serais désespéré de compromettre ton bonheur et ton avenir. Il s'agit d'un époux estimable, tranquille, laborieux... qui peut-être n'a pas du côté de l'esprit et de la figure...

— Bonté divine! m'écriai-je, c'est Camusard!

— Juste, fit-il en évitant de rencontrer mes yeux.

Il se mit à plonger à diverses reprises l'index et le pouce jusqu'au fond de sa boîte à tabac pour se donner une contenance.

— Et vous croyez, mon père, que je serai la femme d'un pareil monstre?

— Chut!... je viens d'envoyer Joseph chez le greffier ; la course n'est pas longue, il peut rentrer d'un instant à l'autre.

— Qu'il rentre! peu m'importe... Je suis prête à lui dire à lui-même, en face, aujourd'hui, demain, tous les jours, que le déteste, que je l'abhorre, que je ne serai jamais sa femme... Jamais, jamais, jamais!... O mon Dieu, suis-je assez malheureuse!

Des larmes suivirent cette explosion.

Mon père, déconcerté, fut plus d'une minute sans m'adresser la parole.

— Marion, dit-il enfin, Marion, pourquoi pleurer?... tu me désespères..... Joseph n'est déjà pas si laid que tu veux bien le croire.

— Pas si laid, miséricorde!

— Tais-toi... Là, je l'avoue, il n'est pas beau... Mais il vient d'hériter, ma chère enfant! Un de ses oncles de Vitry lui laisse une succession de près de vingt-cinq mille livres, et l'argent, vois-tu, c'est quelque chose par le temps qui court.

— Ainsi, vous me sacrifiez à l'intérêt? murmurai-je au milieu de mes sanglots.

— Laisse-moi poursuivre. Depuis l'âge de raison, tu as pu voir combien de fois nous avons été près de la misère. Maintenant, je vieillis et l'avenir m'épouvante. L'argent de ta marraine est là, ma fille. Nous n'y avons rien pris, même dans nos jours de plus grande détresse. Aujourd'hui, le capital est doublé : c'est une dot convenable, et si tu refuses Camusard, tu es certaine, quand tu le voudras, de trouver un autre mari plus à ton goût..... Oui, tu es libre, parfaitement libre... Mais ta mère, tes frères et tes sœurs, que deviendront-ils? Ma charge d'huissier, complétement veuve de clientèle, ne vaut pas cent écus : pourtant Joseph me l'achète dix-huit mille livres, si tu consens à l'épouser.

Je fis un mouvement de surprise.

— Oui, Marion, dix-huit mille livres! Ce n'est pas une fortune, mais enfin il y a de quoi m'aider à vivre honorablement avec ta mère et tes sœurs. Quant à tes frères, Camusard prendra l'aîné dans son bureau. Le plus jeune va sur sept ans, je le ferai mousse. François, le cadet, sera militaire, et le percepteur des tailles m'a

Madame de Saint-Évremond.

promis de pousser Eustache. De mes garçons il m'en restera trois auxquels il me sera facile de trouver une profession décente. Tes sœurs se marieront après ma mort, ou ne se marieront pas du tout, elles en seront plus heureuses. Eh bien, Marion, je te parle à cœur ouvert! la destinée de toute la famille est entre tes mains.

Ce discours m'émut profondément.

— Tenez, mon père, je ferai ce que bon vous semblera ; mais laissons Camusard et sa demande. Pourquoi me marierais-je plutôt que Jacqueline, Ursule, Georgette et Suzon ? Joli métier vraiment que le mariage ! un marmot tous les neuf mois, souvent deux... Je n'y tiens pas, je vous le jure. Ma dot, jointe au travail de mes sœurs et au mien, suffira pour soutenir votre vieillesse..... A quoi bon fourrer dans notre famille un Camusard ? Nous sommes d'accord à présent, n'est-il pas vrai, mon père ?

Il secoua la tête et répondit :

— Non, mon enfant, non. La somme laissée par madame la comtesse a une destination précise. Tu n'es pas libre, je le suis beaucoup moins encore, de rien changer à cette destination sans le consentement formel de ta marraine.

— Écrivons à Paris et demandons-le sur-le-champ, la chose est fort simple.

— Y songes-tu ? ce serait de ma part une conduite à la fois humiliante et honteuse. Pour toi, l'argent de la comtesse est un don ; pour ton père, il deviendrait une aumône. Et puis, je dois le dire, la demande de Joseph nous a semblé si avantageuse, qu'il a reçu la parole de Catherine et la mienne. Je m'attendais à la résistance, j'avais pris avec moi-même l'engagement d'être sévère, et tu bouleverses encore mes résolutions. Près de toi, comme toujours, ma cervelle a tort contre mon cœur.

— Mon père, mon bon père !

— Oui, tu me câlines... En attendant, je ne sais que devenir. Joseph nous a déjà prêté des fonds ; il va falloir les lui rendre et déclarer ta répugnance à contracter ce mariage. Ta mère fera le vacarme... Je voudrais être à cent pieds sous terre !

— Eh bien, m'écriai-je, il faut ruser !

— Ruser... Comment cela ?

— Je vais vous le dire ; mais oublions avant tout les prétentions de M. Camusard. Quoi qu'il arrive, je n'épouserai point cette horreur-là.

— Pauvre garçon, comme tu le traites !

— On ne m'appellera jamais, Dieu merci, madame Camusard.

— Bien, bien ! Voyons la manière dont tu vas t'y prendre pour avoir la paix au logis ?

— Silence ! lui dis-je, en portant un doigt sur mes lèvres.

Au même instant la porte s'ouvrit. Joseph rentrait.

L'huissier devint pâle ; tous les traits de son visage annonçaient un embarras extrême.

Pour moi, sans me déconcerter le moins du monde, j'allai droit à la rencontre de Camusard, et je lui dis en baissant avec modestie ma paupière :

— Monsieur, vous avez fait la demande de ma main ; je viens de l'apprendre, et vos prétentions m'honorent. Si je ne vous donne pas, dès ce jour, une réponse positive, du moins agirai-je de mon mieux pour obtenir le plus tôt possible une décision toute dans votre intérêt et dans le mien. Je suis dotée, vous ne l'ignorez pas, monsieur, par la comtesse de Saint-Évremond, ma marraine : c'est un devoir pour moi de l'instruire de ce projet de mariage et de lui demander respectueusement son approbation.

Cela dit, je fis à Camusard la plus gentille de mes révérences Ses joues étaient devenues de la couleur de ses cheveux.

Tortillant entre ses doigts son bonnet de laine, il me grogna je ne sais quel compliment burlesque, à la fin duquel je le gratifiai d'une seconde révérence ; puis je murmurai très-vite à l'oreille de mon père :

— Demeurons sur ce terrain-là... Je me charge de tout.

Le bonhomme était ébahi.

Je le laissai en butte aux remerciments et aux transports joyeux de son clerc, puis je me sauvai dans ma chambre, où j'écrivis, avec deux ou trois cents fautes d'orthographe, la lettre suivante à madame de Saint-Évremond.

Les leçons que j'ai reçues depuis me permettent d'en corriger le texte primitif :

« Madame et chère marraine,

« Il y aura seize ans, au mois de mai prochain, vous descendiez
« de berline à Châlons-sur-Marne, afin de présenter au baptême
« l'enfant d'une pauvre et obscure famille. Vos bienfaits ont en-
« touré mon berceau, et votre nom est le premier que j'ai béni
« dans ma prière. Si vous avez pensé quelquefois à votre filleule,
« elle a bien plus souvent encore cherché à se faire de vous un
« portrait qu'elle pût garder dans son cœur.

« Je suis grande, madame ; chacun me trouve jolie, même un
« fort vilain garçon qui travaille chez mon père et se met en tête
« de m'épouser. Cela me rend bien chagrine.

« Mon mariage fera, dit-on, le bonheur de toute la famille :
« c'est difficile à croire, puisqu'il causera nécessairement mon
« malheur. Dans cette extrémité, j'ai recours à vous, ma chère
« marraine. Soyez assez bonne pour me permettre d'aller vous
« rendre visite avec mon père; nous vous mènerons ce prétendu,
« et il vous suffira de le voir pour vous opposer formellement à
« ses projets sur votre filleule. Tout est laid chez lui, jusqu'à son
« nom. Mais il ne faudrait pas dans votre réponse laisser soup-
« çonner que je vous ai fait part de ma répugnance. Si vous voyez
« mon parrain, je vous prie de lui montrer cette lettre et de lui
« dire combien je serais heureuse de passer mes jours auprès de
« vous et auprès de lui.

« J'ai l'honneur d'être, ma chère marraine, avec la vénération
« la plus sincère,

« Votre affectionnée filleule,
« MARION DELORME. »

Cette épître fut mise à la poste, et je reçus, au bout de quinze jours, un pli magnifique, dont mon père brisa le cachet devant Camusard et toute la maison rassemblée.

D'abord, il s'échappa de l'enveloppe un mandat de cinq cents livres sur le premier financier de l'endroit.

La comtesse répondait :

« Tu es bien aimable, ma bonne petite Marion, de m'avoir fait
« part de ton prochain mariage, et ta famille sans doute a digne-
« ment choisi l'homme auquel tu vas confier ton sort. Néanmoins,
« chère enfant, le mariage est une chose grave et solennelle; je
« serais charmée de te voir avec ton futur, afin de vous donner à
« l'un et à l'autre de sages avis. Voici pour les frais de route.
« M. Delorme vous accompagnera, et l'on ne vous unira qu'au re-
« tour.

« Viens donc, ma petite Marion, chercher ton cadeau de noce,
« et reçois, en attendant, le plus tendre baiser de ta marraine.

« Comtesse de SAINT-ÉVREMOND. »

C'était charmant!

Je m'abandonnai, quand Gabriel Delorme eut fini sa lecture, aux transports de la gaieté la plus vive, et Camusard qui ne devinait rien se livrait lui aussi à toutes sortes de manifestations joyeuses.

Le coche d'eau partait le surlendemain. Mon père alla retenir trois places. Le voyage se faisait en quatre jours.

III.

On était à la fin d'avril. Un ciel d'une sérénité sans égale éclairait le matin de notre départ.

Ma mère nous accompagnait au coche avec mes frères et mes sœurs, escorte bruyante, sautante, frétillante, qui me dévora les joues en signe d'adieu.

Ils espéraient me voir très-prochainement revenir parée des jolis cadeaux de ma noble marraine.

Hélas! j'étais loin de partager leurs désirs!

Mon frère Eustache, que j'aimais entre tous, vint offrir à mes baisers sa gracieuse tête blonde, et je la pressai contre mes lèvres sans avoir la force de m'en séparer. J'avais, je ne sais pourquoi, le cœur en deuil. Un pressentiment me criait que j'embrassais ma mère pour la dernière fois, et ce pressentiment ne me trompait pas.

Je ne devais plus revoir la ville natale, ni ces lieux auxquels s'attachaient mes souvenirs d'enfance, le toit paternel, la haute cheminée abritant toute la famille de son large manteau. le Christ au buis bénit, le grand fauteuil où trois générations s'étaient assises, et ma chambre de jeune fille, et ma petite couchette où j'avais fait de si beaux rêves, et la fenêtre aux blancs rideaux où se glissaient le matin ces joyeux rayons qui égayaient mon réveil, et le mur du jardin tout couronné de lierre, et les vieux ormes dont j'apercevais la crête au-dessus des maisons voisines échelonnées et riantes!

Le coche marchait déjà.

Ma mère avait reçu mon dernier signe d'adieu. On nous saluait des deux rives; les tanneurs et les blanchisseuses nous souhaitaient un heureux voyage.

Je me livrais à de pénibles réflexions. Mon œil humide s'arrêtait sur le clocher de la paroisse; je le voyais s'effacer graduellement derrière les hauts peupliers de la Marne. En passant sous les arches du pont, je crus entendre la rivière exhaler de plaintifs murmures; à mes côtés, les saules penchaient tristement leurs rameaux, et j'écoutais le tic-tac du moulin, bruit monotone et doux qui s'éteignait au loin.

— Je ne me trompe pas...Vous pleurez, mademoiselle Marion? me dit tout à coup une voix rauque et mal sonnante.

Levant les yeux, j'aperçus Joseph Camusard.

Pour m'adresser cette judicieuse remarque, il daigna quitter une espèce de table brute, fixée au pont du bateau, et sur laquelle il venait de boire je ne sais quelle liqueur avec mon père et d'autres passagers.

Sa vue suffit pour me ramener à un autre ordre de réflexions.

N'est-il pas la seule cause de ce voyage? Puis-je regretter une ville où je serais forcée de m'unir à un tel mari?

— Ah! monsieur, lui dis-je en le repoussant, ne me parlez pas d'aussi près, je vous en conjure!

Mon père entendit de sa place et me jeta un coup d'œil d'intelligence.

— Viens, Joseph... Laisse-la, puisqu'elle est si délicate... Ne veut-elle pas t'empêcher de boire du rogomme?... Eh! pardine, que ferions-nous pendant tout le voyage?

— Bien raisonné, beau-père! dit Camusard avec un gros rire hébété.

Et il se remit à boire.

Depuis que Joseph, agréé comme prétendu par la famille, entretenait avec nous des rapports plus intimes, nous avions remarqué chez lui certains penchants blâmables auxquels, à partir du jour où il toucha les écus de son oncle, il s'abandonna sans trop de gêne.

Souvent il lui arrivait de se présenter au logis dans un état voisin de l'ivresse.

Ma mère le tançait vertement; mais le bon huissier, devenu tout à fait mon complice, s'amusait à flatter les goûts bachiques de Camusard, sachant bien que ceci, joint au reste, ne contribuerait pas à nous donner tort aux yeux de ma marraine.

J'avais donc secoué la tristesse, et j'examinais curieusement le coche avec sa cargaison de voyageurs.

C'était un lourd bateau de soixante pieds de long sur dix-huit de large. Six chevaux vigoureux, attelés à des câbles, le traînaient depuis la rive. On relayait de distance en distance, et l'on pouvait, en descendant le cours de l'eau, faire aisément de douze à quinze lieues par jour. Il y avait sur le pont des toiles disposées en forme de tente pour garantir du soleil. Par le mauvais temps on s'abritait dans l'intérieur du bateau même, où se trouvait la chambre commune avec des bancs rangés tout autour.

Nous étions trente passagers.

A ma droite ronflait un énorme moine de l'ordre de Saint-Benoît. Dès l'heure du départ, il s'était arrangé le plus commodément possible pour dormir. Auprès de lui deux autres bénédictins disaient leur office, et plus loin se groupaient une douzaine de paysans champenois ou de marchands de bestiaux, coiffés de bonnets de laine, portant de longues guêtres boutonnées jusqu'à mi-jambe et des souquenilles grisâtres, retenues autour des reins par une ceinture de cuir.

En me tournant à gauche, j'aperçus trois villageoises assez fraîches; elles allaient reporter à Paris des nourrissons joufflus.

Devant moi restaient toujours attablés Gabriel Delorme et son clerc avec plusieurs bourgeois de Châlons, et derrière eux, sur le banc opposé au mien, se trouvaient encore des nourrices, des moines et deux séminaristes flanqués d'un prêtre sec et jaune, gardien sévère, dont les sourcils se contractaient, quand les pauvres jeunes gens tournaient les yeux de mon côté.

Le patron du coche se tenait au gouvernail.

Sa femme, grosse réjouie, rouge comme une pivoine et ronde

comme une boule, trottait lourdement, un panier sous le bras, d'un bout à l'autre du pont, offrant du vin, de l'eau-de-vie, du gigot, des gâteaux et du saucisson à l'ail.

Le tout formait un spectacle incroyable, une bigarrure inouïe, un tohu-bohu curieux.

On avait les oreilles affectées d'un bourdonnement étrange. Le moine ronflait toujours, ses confrères marmottaient leurs heures, les paysans juraient dans leur patois, les buveurs trinquaient, les enfants pleuraient et les nourrices chantaient. Joignez à cela un grognement sourd, des cris, des bêlements lamentables, sortant des flancs du bateau, et poussés par des porcs, des oies, des moutons, entassés pêle-mêle dans une cage ténébreuse et réclamant dans leur idiome de l'air et de l'espace, vous aurez une idée de l'effrayant concert qui se donnait gratis sur le coche d'eau.

A part le grotesque d'un tel assemblage, c'était une façon de voyager tout à la fois agréable et commode.

Le bateau glissait sur la rivière sans la moindre secousse. A cette époque du printemps, tous les arbres étaient en fleurs. La brise envoyait sur nos têtes une nuée de petites corolles blanches et roses, qu'elle dérobait aux pêchers et aux cerisiers d'alentour. On découvrait çà et là des sites ravissants. Les vieilles tours féodales se dressaient en haut des collines; puis des châteaux plus modernes s'échappaient tout à coup d'un massif d'ombrages, étalant sous nos yeux leur façade aux briques éclatantes, leurs donjons élancés et leurs pignons aigus.

L'un des séminaristes, assis en face, ne réussissait pas trop mal à déjouer la surveillance rigoureuse de l'abbé et jetait sur moi, de temps à autre, quelques regards timides, desquels je conclus fort logiquement qu'il me trouvait de son goût. C'était un assez gentil blondin, bien fait de sa personne; la cape et l'épée lui eussent mieux convenu, j'en suis sûre, que le rabat et le petit collet. Je le voyais tourmenter d'une façon inquiétante les grains de son rosaire, et de fréquents soupirs s'échappaient de sa poitrine.

Cette agitation du séminariste provenait-elle d'une méditation sur le bonheur céleste ou d'un désir de participer aux joies de ce monde? Voilà ce que nous aurons à décider plus tard.

Le jour s'écoula rapidement, et l'on atteignit Épernay pour la couchée.

A l'auberge où nous descendîmes, il y avait déjà foule. Trois

J'aperçus un papier glissé sous ma porte, *voir page* 33.

chambres seulement restaient disponibles. Nous eûmes les deux premières ; les séminaristes, avec leur mentor, prirent la troisième, et les nourrices furent obligées de rester dans le coche, où le patron leur donna de la paille en guise de matelas.

Quant aux paysans, ils réussirent à se caser ailleurs, et les moines trouvèrent un gîte dans un couvent de leur ordre.

Nous avions grande envie de souper, mais la salle de l'auberge était pleine, et la table accaparée par deux jeunes et brillants Parisiens qui régalaient une quantité de notables de l'endroit. Les flacons se débouchaient avec une détonation bruyante, le vin moussait dans de larges coupes, et Dieu sait comme les langues se ressentaient de l'intempérance des convives.

Une fois placés dans l'un des coins de la salle, nous parvînmes à obtenir quelques vivres et à satisfaire notre appétit, au milieu du vacarme de nos voisins.

Leur conversation, du reste, excitait beaucoup notre curiosité.

— Corbleu! mes maîtres, disait l'un d'eux, en frappant de sa coupe sur la table, je vous soutiens que le maréchal de Biron n'avait à se reprocher aucun crime. Le roi Henri n'est pas excusable dans cette affaire.

— Voilà qui est trop fort, sur mon âme! interrompit un autre. N'a-t-on pas saisi le traité, signé de la main du maréchal, par lequel il s'engageait vis-à-vis de l'Espagne et de la Savoie, à prendre les armes contre son pays?

— C'est vrai!
— Biron était un traître.

— Soit, je vous l'accorde, reprit avec vivacité le premier interlocuteur; mais puisque Henri se faisait appeler *le bon roi*, c'était le cas de prouver sa clémence. Biron l'avait servi loyalement jadis, et le père du maréchal, Armand de Gontaud, s'est fait tuer en ces lieux mêmes, au siége d'Épernay, pour aider le monarque à conquérir son trône.

— Oui! oui! crièrent plusieurs voix, il fallait pardonner.

— Non! ventrebleu! point de grâce aux traîtres! se mit à hurler une espèce de colosse, tenant à lui seul une triple place au banquet. Henri IV n'a pas eu tort de se montrer impitoyable, et, si j'étais le roi Louis XIII, je ferais pendre haut et court les traîtres d'aujourd'hui, damnés Italiens, entretenus sottement au Louvre par madame notre reine-mère. Allons, remplissez ma coupe... A la mort des Concini!

Ces paroles eurent un écho terrible.

Presque tous les convives se levèrent l'œil en feu. Vingt exclamations partirent à la fois.

— Il a raison, ces maudits étrangers ruinent le royaume!
— On leur permet de dilapider les finances.

— De boire la sueur du peuple.
— A bas la reine-mère et ses favoris !
— Qu'on pende le maréchal d'Ancre !
— Mort à la Galigaï !

Les deux amphytrions ne disaient mot pendant tout ce tapage.

Il était aisé de les reconnaître à leur mise, infiniment plus soignée que celle des provinciaux, et à un certain cachet d'élégance, dont on voyait la trace jusque dans leurs moindres manières.

Celui qui paraissait le plus jeune se leva lentement, fit un signe pour réclamer le silence, et prenant la parole avec un ton doucereux empreint d'une nuance marquée d'ironie :

— Messieurs, dit-il, vous avez des aperçus très-fins et très-délicats sur les choses politiques. J'ose le dire, — et Desmarets de Saint-Sorlin, mon ami le plus intime, peut l'affirmer lui-même, — jamais à Paris on n'a traité ces matières avec autant de tact et de profondeur. Vous êtes tous d'accord, ce me semble, sur le traitement qu'il faudra faire subir tôt ou tard au maréchal d'Ancre et à Léonore Galigaï, sa chère et digne moitié : donc, messieurs, nous pouvons passer à d'autres discours. Je ne suis pas très-partisan des discussions, surtout dans un festin. Pourquoi, je vous le demande, troubler par des querelles les jouissances de la bonne chère ?

— Ce raisonnement est juste, fit observer un des convives.

— Lorsque les coupes s'emplissent, lorsque le vin pétille, cria l'orateur en s'animant, il faut de joyeuses paroles, de vives saillies, un feu roulant d'épigrammes et de bons mots. A table, messieurs, nous devons rire, chanter, parler de plaisir et d'amour... Je bois à nos maîtresses !

— A nos maîtresses ! répétèrent tous les autres.

— Et tenez, poursuivit-il en se tournant vers moi, tandis que vous étiez perdus, messieurs, dans les hautes régions de la politique, vous ne remarquiez point ici, près de cette table, sur la terre, le plus bel ange d'amour et les deux plus grands yeux noirs que vous ayez jamais vus resplendir dans un rêve de volupté.

Il recula son siége et s'approcha de notre table.

J'étais rouge et confuse.

Camusard ouvrait une bouche ridicule et se taisait. Mon père, ébahi d'un spectacle si nouveau, ne trouvait pas une parole à dire.

Un murmure d'admiration circulait parmi les convives ; on me dévisageait de tous les coins de la salle.

Le jeune homme m'adressa le salut le plus gracieux et me vec une politesse exquise :

— Rassurez-vous, mademoiselle, vous ne trouverez parmi nous que des respects et des hommages. Désirez-vous connaître ceux qui vous entourent? voici messieurs les conseillers au présidial de cette ville; nous les régalons, mon camarade Saint-Sorlin et moi, en l'honneur d'une affaire que je suis venu plaider céans... Ils ont eu la gentillesse de ne pas me la faire perdre. Je suis avocat, mademoiselle, je me nomme Jacques-Emmanuel Vallée Desbarreaux, et demain je retourne à Paris annoncer à madame de Saint-Évremond, ma cliente, l'heureuse issue de son procès.

— Madame de Saint-Évremond !

Nous poussâmes ce cri tous les trois ensemble, mon père, Camusard et moi.

— Mais oui, la comtesse de Saint-Évremond, une divine et gracieuse femme, qui commence à vieillir, c'est grand dommage! Elle a pour sept à huit cent mille livres de propriétés dans ce pays... Ah çà, d'où vient votre surprise? me trouvez-vous trop jeune pour gagner un procès?

— Pardonnez-moi, lui dis-je d'une voix émue, c'est que madame la comtesse est ma marraine, et je vais à Paris pour la voir.

— Charmant! délicieux! madame de Saint-Évremond votre marraine?... Ainsi je pourrai vous rencontrer chez elle à chaque instant... Toutes réflexions faites, je prendrai le coche... Il n'y a que moi pour avoir de ces chances-là !

L'étourdi s'emparait de mes deux mains et les baisait avec transport.

— Oh! oh! monsieur... Oh! oh! fit Camusard.

En même temps il tira le jeune homme par la manche.

— Hein?... vous me dites... Qu'est-ce que c'est que ça? demanda-t-il en toisant Joseph et en clignant de l'œil d'une façon très-impertinente.

— Ça? dit mon père, c'est le prétendu de ma fille. Nous avons voulu le montrer à madame la comtesse et lui demander son approbation au mariage, avant de passer outre.

— Mille excuses... Vous êtes le père d'une merveilleuse enfant, et cette qualité vous donne droit à toutes nos vénérations. Quant à monsieur, qui vient de me tirer la manche... A propos, il se nomme?

— Joseph Camusard.

— Camusard !... un fort joli nom ! Quant à M. Camusard, dis-je, on comprend que vous ayez voulu le montrer... Certes, ce prétendu-là mérite d'être montré ! j'en appelle à toutes les personnes présentes.

Un immense éclat de rire partit de la table.

— Ai-je dit quelque chose de risible? demanda Desbarreaux, en reprenant un sérieux qui me trompa moi-même. Si M. Camusard n'est pas d'un physique parfait, en revanche il a l'air d'un garçon fort... honnête. Il ne refusera pas d'accepter une coupe et de trinquer avec nous aux charmes de sa future.

C'était prendre Joseph par son faible.

Un instant j'avais vu ses lèvres blanchir et son œil briller de colère; mais le ton de gravité subit du jeune homme lui donna le change.

Il accepta la coupe qu'on lui offrait. Gabriel Delorme en reçut une à son tour, et voilà l'huissier de Châlons et son clerc trinquant avec les conseillers du présidial d'Épernay.

Ces messieurs voulurent bien m'adresser mille instances pour me décider à m'asseoir à la table du festin. Je refusai; ce n'était point là ma place, et je me mis en devoir de gagner la chambre préparée pour moi.

Le jeune avocat me suivit à la porte de la salle.

— Mademoiselle, murmura-t-il à voix basse, je n'ai jamais rien vu de plus beau, de plus adorable que vous.

— Monsieur !...

— Ne vous fâchez point, de grâce... Il est de toute impossibilité que madame de Saint-Évremond consente...

— Vous croyez? lui dis-je : c'est aussi ce que j'espère?

Et faisant une révérence digne et polie, je quittai la salle.

Tous ces messieurs passèrent la nuit à boire. L'avocat grisa mon prétendu royalement. On fut obligé de transporter Joseph au coche, à l'heure du départ, et de l'étendre au beau milieu de la chambre commune, sur la paille abandonnée par les nourrices. Comme le ciel était aussi pur que le jour précédent, les voyageurs restèrent sur le pont, et cela ne gêna personne.

Je songeais au hasard qui jetait sur ma route une connaissance intime de la comtesse.

N'ayant pas encore expérimenté la vie du monde, mon instinct

seul m'indiquait la conduite à tenir en cette occasion. Ce jeune homme me semblait aimable ; mais me montrer légère avec lui, c'eût été l'autoriser, une fois au terme du voyage, à user de certaines familiarités qui m'auraient déplu devant ma marraine. Je tenais à donner tout d'abord à celle-ci de ma petite personne une opinion très-avantageuse, afin d'avoir sur-le-champ gain de cause, en faisant repousser Camusard. J'avais préparé de longue date mes moyens de défense ; l'avocat de la comtesse arriverait lui-même fort à propos pour appuyer mes plaintes de son témoignage et certifier la grossière intempérance de mon futur. Le succès n'était pas douteux.

Lorsque M. Desbarreaux vint me saluer sur le pont, il essaya de prendre avec moi le ton dégagé de la veille. Je me retranchai dans les bornes d'une froide politesse, et je lui fis comprendre que je voulais être traitée, sinon en grande dame, du moins en fille honnête et sage.

Il s'éloigna tout décontenancé, pour aller causer à l'autre bout du coche avec son ami, celui qu'il avait appelé Saint-Sorlin. Mon père admira ma conduite et s'excusa d'avoir partagé la débauche de la nuit.

— Ces jeunes gens sont dangereux, me dit-il ; tu fais prudemment de les tenir à distance. Hier, l'aplomb singulier de celui-ci me fermait la bouche. Il t'a baisé les mains... Oui, mais qu'il y revienne à présent !

— De grâce, mon père, abstenez-vous, je saurai parfaitement me défendre moi-même.

— Sans doute, Marion, sans doute. Nous t'avons élevée dans de bons principes, et l'aventure du fils de l'échevin nous a prouvé que tu savais les mettre en pratique. Mais, vois-tu, ma fille, on ne peut trop se prémunir contre des enragés pareils. Si tu les avais entendus ! quels discours !... Il paraît qu'ils ont, là-bas, des maîtresses à mesurer au boisseau.

— Vraiment ?

— Pardine ! ils ne se gênent guère pour les nommer. Le petit noir seul, M. de Saint-Sorlin, n'a pas imité leurs indiscrétions et leurs folies. Il buvait raisonnablement, voilà tout. Si je suis resté, ma fille, tu le comprends, c'était pour enferrer de plus en plus Joseph. Le pauvre diable est dans un état...

— Dont je vous dispense de me faire la peinture. Voyez plutôt s'il n'a besoin de rien, le malheureux, et ménagez-le davantage à l'avenir. Je le déteste comme fiancé ; mais il a eu bon cœur pour la famille : je veux du moins qu'il puisse admirer Paris et s'en retourner bien portant à Châlons.

Mon père descendit dans l'intérieur du coche.

Desbarreaux et Saint-Sorlin causaient à quinze pas de moi ; je pus les examiner tout à l'aise.

Saint-Sorlin portait le costume noir des pieds à la tête ; son visage annonçait trente ans. Il était d'un sérieux de glace et parlait du bout des lèvres. Je sus depuis qu'il pensait devoir à sa dignité d'écrivain célèbre de l'époque de prendre en public cette mine grave et ce ton pédantesque. Dans l'intimité, comme j'eus occasion de bientôt l'apprendre, il savait se dépouiller de son masque et devenait un garçon fort spirituel.

Pour Desbarreaux, il ne croyait pas nécessaire d'user de dissimulation devant qui que ce fût, et il se montrait physiquement et moralement tel que l'avait créé la nature.

Il était loin d'y perdre.

Jamais plus noble et plus agréable physionomie ne m'était apparue. Son grand œil bleu souriait comme ses lèvres et se faisait pardonner toute l'effronterie de ses regards ; son nez aquilin avait une distinction parfaite. Il laissait croître la royale comme tous les seigneurs du temps, et sa petite moustache blonde se redressait de chaque côté de la bouche en deux crocs soyeux.

En dépit de la gravité de sa profession, et au grand scandale de ses confrères en jurisprudence, Desbarreaux s'habillait constamment à la dernière mode de la cour.

Il avait des bottes de chamois à éperons et à larges revers qui retombaient au-dessus du genou. Ses chausses étaient de velours grenat. Son justaucorps, de même étoffe et à manches pendantes, lui serrait la taille avec une précision que n'aurait pas eue le corsage d'une femme. Cette partie du vêtement s'ouvrait à la base pour laisser voir une fine chemise garnie de point de Flandre. Un collet empesé, remontant légèrement en arrière, venait se réunir en pointe sur sa poitrine, et les bords de sa coiffure étaient relevés par deux émeraudes d'un très-grand prix.

J'avais eu besoin, l'instant d'auparavant, de tout mon courage pour battre froid à un aussi beau cavalier.

La raison d'abord avait eu la victoire sur la coquetterie ; mais, quand j'eus détaillé les agréments de Desbarreaux, la coquetterie reprit le dessus et menaça la raison d'une défaite entière. Je me dépitais de voir qu'on ne revenait pas à moi. C'était incroyable ! on affectait de ne pas diriger les yeux de mon côté, on semblait prendre plaisir à une autre conversation que la mienne; on agissait en un mot comme si je n'existais pas, ou comme si mes attraits n'avaient pas assez de mérite pour compenser la peine d'une seconde tentative sur mon cœur.

Le personnel du coche était dans la même situation que la veille.

Je regardai mon petit séminariste; il continuait son manége, et profitait pour cela des moments où le mentor récitait son office.

Voulant me venger de l'indifférence de Desbarreaux, je répondis aux œillades du porte-soutane, et le pauvre jeune homme fut bientôt dans un état déplorable; les soupirs, les tressaillements allaient toujours ; dix fois il laissa tomber son rosaire.

Le supérieur, épiant la direction du regard de son élève, croisa le mien, dont il comprit le dangereux pouvoir.

Aussitôt il fit lever les jeunes gens et les entraîna dans un angle opposé du coche, d'où il m'était impossible de les regarder sans changer de place et sans attirer l'attention de tous.

J'étais honteuse et mécontente de moi-même.

Sans doute il y avait dans ma conduite beaucoup d'enfantillage; mais je me reprochais comme un tort de jouer de la sorte avec le repos d'une âme religieuse qui, sans ma complicité peut-être, aurait triomphé de la tentation.

Desbarreaux daignait en ce moment jeter les yeux sur moi. Devinait-il le motif du changement de place du prêtre et de ses élèves? Je le crus, et cela me rendit encore plus mécontente et plus honteuse.

Il faisait mine de s'approcher ; je pris un livre pour lui ôter tout prétexte de m'adresser la parole.

Je lus intrépidement jusqu'au soir.

A notre descente à Château-Thierry, je priai l'hôtesse de nous servir dans une chambre à part. Cette résolution parut flatter mon futur, entièrement remis alors de son excès de la nuit précédente. Il prit pour une marque de retenue ma bouderie maussade et ridicule.

Gabriel Delorme et Joseph m'avaient souhaité le bonsoir. J'al-

Il saisit le marchand de bestiaux par sa souquenille, *voir page* 37.

lais me mettre au lit, quand on gratta doucement à l'entrée de ma chambre.

La frayeur s'empara de moi ; je courus voir si la serrure était bien close, et j'aperçus au même instant un papier glissé sous ma porte.

Était-ce une lettre du jeune avocat ?

J'ouvris et je lus :

« Hélas ! mademoiselle, je suis au désespoir ! je vous aime et
« l'on veut m'interdire de voyager avec vous. Notre supérieur a
« pris des places dans une voiture qui, de cette ville, va directe-
« ment à Meaux, où nous devons nous arrêter. Dites un mot,
« permettez-moi l'espérance, et je déchire ma soutane pour vous
« suivre partout. J'ai cent écus dans ma bourse ; je trouverai faci-
« lement ici des habits laïques. Une fois à Paris, j'irai voir un de
« mes oncles, lieutenant dans les gardes du roi ; je me ferai soldat,
« mademoiselle, je me battrai ! Vous serez fière de ma valeur, et
« vous me jugerez digne d'être votre époux. Un mot de réponse,
« je vous en conjure ! j'attends à votre porte ce que vous allez dé-
« cider de mon sort. »

C'était mon séminariste qui m'écrivait.

Pauvre jeune homme ! voilà donc les suites funestes de ma coquetterie ! je l'expose à quitter un état où Dieu l'appelle ; j'ai pris
plaisir à porter le trouble dans son cœur... Oh ! c'est indigne !
mais je saurai réparer ma faute. Il est là... Si j'ouvrais pour lui
faire comprendre... Non, j'aime mieux écrire.

Et je traçai vite au bas de sa lettre :

« Mes parents ont disposé de ma main, monsieur ; je ne puis
« vous aimer. Ne me revoyez plus et n'abandonnez point étour-
« diment la sainte carrière dans laquelle vous avez marché jus-
« qu'à ce jour. Croyez-moi, le bonheur n'existe pas dans ce
« monde : vous le trouverez plus sûrement au pied des autels. »

J'étais enchantée de mes phrases, et je les glissai sous la porte à
mon tour. Puis je m'endormis, réconciliée avec moi-même et
sûre que je venais de faire une bonne action.

Huit ans plus tard, il m'arriva de rencontrer mon séminariste,
alors grand vicaire de Notre-Dame. Je l'amenai sur le chapitre de
notre voyage par le coche d'eau ; il se le rappelait à merveille.

— Eh bien, lui dis-je, n'est-ce pas que mon petit sermon vous
a fait rentrer en vous-même ? j'y exprimais des pensées très-esti-
mables et très-chrétiennes.

— Mon Dieu, me répondit-il, ce n'est point cela madame, qui m'a guéri de mon amour.

— Ah!... quoi donc?

— Les fautes d'orthographe de votre lettre : elle en était remplie.

IV.

Le lendemain, Desbarreaux ne se trouvait plus au nombre des voyageurs.

Son ami Saint-Sorlin, toujours imperturbablement sérieux, se penchait à la balustrade voisine du gouvernail, et je le vis plongé dans une méditation, dont le cours de la Marne était en apparence le sujet*.

On se figure aisément combien dut m'intriguer cette disparition de Desbarreaux. A quelle cause attribuer sa fuite? Pourquoi s'en est-il allé seul? D'où vient qu'Oreste est parti sans Pylade?

---

* Saint-Sorlin travaillait alors à son poëme épique de *Clovis*, et puisait ses inspirations dans la Marne. A cette époque les poëtes ne voyageaient pas, faute d'argent et de voitures publiques. Ils choisissaient pour leurs sujets de poëme des héros français, ce qui les dispensait d'aller étudier des pays lointains. Un pèlerinage en coche, sur la Seine et la Marne, suffisait pour dépeindre une action épique de douze chants, et lui donner la couleur locale. *Celebrare domestica facta* était la devise que les nombreux poëtes épiques adoptaient alors par économie. La traversée en Marne et Seine coûtait douze livres, et on était nourri, c'est-à-dire affamé, par-dessus le marché.   Méry.

En réfléchissant, la peur me prit, et j'eus le plus vif repentir de ma conduite envers Desbarreaux.

Il est irrité de mon indifférence et de ma froideur ; j'aurais dû ménager davantage un homme qui connaît ma marraine et peut me faire un tort incalculable dans l'esprit de la comtesse, en lui donnant ces premières impressions, desquelles, bonnes ou mauvaises, il est difficile de revenir. Ayant à se plaindre de moi, sans doute il va me devancer à Paris, voir madame de Saint-Évremond, parler de l'épisode du séminariste, dont il me semble qu'il a saisi, la veille, tous les détails, exagérer ma coquetterie, me peindre sous des couleurs indignes... Bref, il se vengera de mes dédains en me faisant épouser Camusard.

On juge de mes transes et de mon inquiétude.

Mais Saint-Sorlin n'avait pas dû rester sans motif ; cette pensée me consolait un peu.

J'aurais donné tout au monde pour être auprès du gouvernail et pouvoir interroger ce grave penseur. Impossible d'y envoyer mon père, encore moins Joseph ; d'ailleurs, ils reprenaient leur position du premier jour à la table, où la femme du patron leur servait du rogomme, et je n'avais garde de les distraire, afin d'être plus libre, dans le cas où je réussirais à me ménager un entretien avec l'ami de Desbarreaux.

La Providence me vint en aide au moment où je m'y attendais le moins.

Un marchand de bestiaux, mari de l'une des nourrices, était allé rejoindre ses confrères à l'autre bout du coche, où ils se livraient au plaisir de fumer, habitude encore très-nouvelle et qui n'était pas du goût de tout le monde : c'est pourquoi le patron les priait de se mettre à l'écart.

Or, la nourrice avait à sa droite un carme déchaussé, fort bel homme, taillé en Hercule.

Dans l'intervalle où il ne récitait point ses heures, le bon père causait tranquillement avec sa voisine, tantôt l'excitant à rire par quelques plaisanteries innocentes, tantôt prenant le marmot sur ses genoux, en imitation de l'exemple du Christ et se rappelant le passage du saint livre :

« Laissez venir à moi les petits enfants. »

Mais du groupe des fumeurs on remarqua la chose.

Les malins villageois se mirent à tourmenter le marchand et à lui inspirer des craintes; ils le harcelèrent si bien, qu'il prit la mouche et vint tout furieux intimer l'ordre à sa femme de quitter le voisinage du carme. La nourrice, étonnée de l'apostrophe, regarda son jaloux du haut en bas et lui dit de s'aller promener. Celui-ci riposta par de gros mots, et sa femme, piquée au jeu, l'appela malotru, bélître, sac à vin, gibier de potence. Les coups allaient s'ensuivre, lorsque le moine intervint et sermonna doucement le mari sur l'inconvenance de ses soupçons et le peu d'à-propos de ses discours.

Ceci gâta plus encore l'affaire.

Le paysan, furieux des sottises qu'il avait reçues, les rendit au carme avec usure.

— Prenez garde, mon fils, prenez garde, disait le moine : il ne faut pas qu'un pareil scandale se prolonge.

Mais le rustre continuait à vomir des énormités et des blasphèmes.

— Encore une fois taisez-vous, mon fils... La patience m'échappe.

L'autre ne tint pas compte de ces charitables avertissements; poussé par une rage brutale, il s'oublia jusqu'à frapper le bon père à la figure.

C'en fut trop; la religion du carme céda complétement à ce dernier outrage. Son œil étincela, ses lèvres frémirent, il saisit le marchand de bestiaux par sa souquenille, le souleva comme il eût fait d'une plume et, le balançant une seconde au-dessus de la balustrade même où s'appuyait l'ami de Desbarreaux, il l'envoya juste au beau milieu de la Marne, où le pauvre diable tomba, la tête en avant et les jambes en l'air.

On le vit disparaître.

Mais par bonheur il savait nager, de façon qu'il se remontra bientôt à la surface.

Quelqu'un lui tendit une longue perche. S'aidant de ses mains et de ses pieds, il se hissa sur le coche ruisselant comme un Triton. Les autres paysans n'osèrent souffler mot, car le reste des voyageurs prenait parti pour le moine.

Il fallut cette burlesque aventure pour arracher Saint-Sorlin à ses méditations.

Voyant qu'on lui jetait un homme par-dessus les épaules, il

daigna faire volte-face et demander le motif d'une telle singularité. Le hasard voulut alors que je me trouvasse assez près de lui pour lui expliquer l'action du moine.

Instruit de ce qui venait de se passer, mon original de poëte me fit un salut profond et parut vouloir se mettre en mesure de reprendre, toujours à la même place, ses rêveries interrompues. Mais cela ne faisait plus mon compte, et je lui dis avec une vivacité devant laquelle il ne put réprimer un sourire :

— Eh! monsieur, vous ne m'expliquez pas comment il arrive que vous soyez seul aujourd'hui sur le coche?

— Vous ne m'aviez adressé jusqu'ici, mademoiselle, aucune question à cet égard.

Mes joues se couvrirent de rougeur; il ajouta :

— Du reste, je dois vous répondre par une autre question : Pourquoi vous montrez-vous si passionnée pour la lecture?

— Ainsi, murmurai-je, M. Desbarreaux est fâché contre moi.

— Rien ne l'y autorise, mademoiselle; néanmoins, s'il pouvait connaitre le trouble dont je vous vois agitée en ce moment, il ne se pardonnerait pas, j'en suis certain, l'idée qui lui est venue de continuer sa route par terre... Il regretterait amèrement son erreur.

— Quelle erreur?

— Ce matin il se figurait que vous étiez résolue à repousser l'hommage de ses vœux.

— Il avait raison, monsieur.

— Comment?... je ne vois plus alors le sens de votre interrogatoire. En ce cas je me rétracte, et Desbarreaux a prudemment agi de recourir à la fuite : c'est l'unique moyen d'échapper à la fascination de vos charmes.

— Ah! monsieur, finissez, de grâce, un pareil discours!

— C'est précisément la permission que j'allais vous demander : le péril existe pour moi comme pour les autres.

Il se mit une seconde fois en devoir de me tourner le dos.

— Mais enfin, votre ami n'a pu tomber soudainement amoureux, à la première vue?

— L'amour, mademoiselle, n'est pas une plante tardive à laquelle il faille de longs jours pour arriver à un parfait développement. Chez l'homme comme chez la femme, il naît tout à coup, avec brusquerie, sans le secours de la réflexion. Un regard échangé nous fixe, un sourire nous détermine.

— Vous croyez, monsieur?

— J'en suis parfaitement sûr, pour avoir étudié de fort près la matière.

— Veuillez agréer mes félicitations sur le résultat de vos études.

— Merci, mademoiselle... Mais pardon!... j'étais en train de ruminer tout à l'heure une pièce de poésie, et je parlais aux nymphes cachées dans les roseaux de la Marne... Elles sont moins dangereuses que vous, permettez-moi de les rejoindre.

— Non, restez! M. Desbarreaux ne doit pas me juger coupable d'une impolitesse à son égard. J'ai pris un livre, hier, quand il s'approchait de moi, parce que... je partage votre opinion sur la promptitude des sentiments du cœur, et je craignais...

— D'être fixée par un regard ou déterminée par un sourire?

— Comme il vous plaira, monsieur. Mais jusqu'à la décision de madame de Saint-Évremond, ma marraine, je n'ose point dire que je m'appartienne. Au cas où cette décision serait selon mes désirs, je reprendrais alors ma liberté tout entière et, s'il arrivait qu'un homme aimable et distingué daignât venir à moi, je cesserais, je vous en donne l'assurance, de me montrer aussi passionnée pour la lecture.

— Ah! Desbarreaux serait aux anges, s'il pouvait vous entendre! s'écria Saint-Sorlin, dépouillant tout à coup sa froideur de commande.

— Je vous laisse libre, monsieur, de lui rapporter mes paroles.

— Et pourquoi ne lui feriez-vous pas vous-même, ce soir, d'aussi flatteuses communications!

— Ce soir... Où le reverrai-je?

— A Meaux, nous y descendrons dans quelques heures... Mais silence! ajouta-t-il en baissant la voix... ou plutôt changeons de discours.

Je levai la tête, et j'aperçus à deux pas de nous mon père et Camusard.

— Oui, mademoiselle, reprit tout haut Saint-Sorlin avec un aplomb dont je lui sus gré, car il me sauva l'embarras de ma contenance, j'ai l'honneur d'être le secrétaire intime de monseigneur Armand du Plessis, évêque de Luçon. Dans ce moment, il est on ne peut mieux en cour : la reine-mère l'a fait son aumônier, et le roi vient de l'élever tout récemment au poste de secrétaire d'État pour la guerre et l'intérieur. Si jamais je puis me rendre utile, soit à vous, mademoiselle, soit à votre père que voilà, soit à monsieur... votre futur époux, dit-il en saluant Camusard, vous ne me ferez pas, j'espère, l'injure de vous adresser à d'autres. Monseigneur du Plessis ne refuse aucune de mes demandes.

— Eh bien, dit Gabriel Delorme en poussant mon prétendu, avais-je tort, imbécile? J'étais sûr que ce jeune seigneur s'entretenait avec Marion de choses extrêmement convenables.

— Quoi! dit Saint-Sorlin, reprenant son masque de dignité calme, on s'est permis à mon égard des doutes offensants?

— C'est-à-dire, balbutia Joseph... Oui, je supposais... Non, je faisais remarquer simplement au beau-père... Après tout, quand les moines s'en mêlent...

— Tais-toi! dit Gabriel Delorme.

— Je le veux bien, reprit Camusard; seulement, puisqu'on nous fait des offres de service, je ne serais pas fâché, pour mon compte, de passer au grade d'huissier à verge... N'est-il pas vrai? beau-père.

— Vous le voyez, monsieur, dis-je à Saint-Sorlin, il vous est difficile de ne point accueillir une demande aussi gracieusement présentée.

— Quant à moi, dit Gabriel Delorme, je n'ai pas d'ambition personnelle; mais tes frères grandiront, ma fille, et si monsieur veut bien se rappeler encore l'offre bienveillante de ce soir...

— Comment donc, je vous prie de compter sur moi partout et toujours.

— Voilà, dis-je en souriant, ce qu'on gagne à montrer tant d'esprit d'à-propos.

La conversation devint générale entre nous; le poëte ne parlait plus de rejoindre les nymphes de la Marne, et s'amusait de la niaiserie de mon prétendu. Joseph croyait déjà tenir la triomphante baguette d'ivoire en pleine salle du bailliage de Châlons.

Je fis une demande assez indiscrète à Saint-Sorlin, au moment où il venait de fabriquer un énorme mensonge, afin d'expliquer devant mon père l'absence de Desbarreaux.

— Pour quel motif, lui dis-je, avez-vous accompagné votre ami à Épernay?

Il hésita d'abord; mais bientôt se mettant à rire et prenant le parti de la franchise :

— Au fait, dit-il, je ne prétends pas être un modèle de perfection. Pourquoi vous dissimulerais-je mes faiblesses? J'aime la

Je vis s'écarter le feuillage, et Desbarreaux tomber à mes genoux, voir page 44.

bonne chère et le bon vin, le bon vin surtout, ce lait des vieillards et des poëtes. Or, nos taverniers de Paris sont d'indignes mécréants, et je les ferai pendre un jour, si j'arrive au pouvoir. Ils frelatent leurs liquides de manière à vous donner le goût de la tempérance... N'est-ce pas affreux? J'ai donc profité d'un voyage que monseigneur du Plessis faisait à son évêché de Luçon, pour suivre sur une route opposée mon ami Desbarreaux, et déguster le champagne à sa source même. J'en rapporte trois cents flacons, parfaitement bouchés et ficelés. Croyez, mademoiselle, que je profiterai de toutes les occasions possibles de rendre tour à tour visite aux autres vignobles de France, afin de monter ma cave sur un pied loyal et respectable.

A partir de cette déclaration, Saint-Sorlin parut grandir démesurément dans l'estime de Camusard.

Cette journée s'était écoulée rapide. Nous approchions de Meaux, et je voyais apparaître devant nous la gothique cathédrale, tout éclairée des feux du soleil couchant.

Saint-Sorlin me dit tout bas.

— Je vais ménager la réconciliation. C'est de ma part un dévouement sublime, car je me suis approché trop près de la flamme pour n'en avoir point ressenti les atteintes.

On abordait.

Le poëte sauta sur la berge, et je vis le jeune avocat le rejoindre à quelque distance. Tous les deux disparurent en un clin d'œil.

Que se passait-il en moi ? je me le demande, aujourd'hui que l'expérience est venue m'éclairer sur mes sensations et me permettre d'en faire l'analyse. Avais-je de l'amour pour Desbarreaux ? Pas encore. Il était de mon goût, sans doute, j'aurais été ravie de pouvoir accueillir ses hommages ; mais je n'éprouvais point ce saisissement intime, ce trouble profond du cœur qui indiquent l'amour.

L'avocat, le poëte et moi, nous jouions tout simplement la comédie.

Rencontrant sur sa route une jeune provinciale à l'œil vif, au gentil minois, Desbarreaux avait jeté son dévolu sur elle, et Saint-Sorlin lui venait en aide dans ses projets séducteurs. Entre amis, on se rend de ces petits services.

Pour me convaincre, il s'agissait de recourir au système qu'ont suivi, suivent et suivront les roués passés, présents et futurs, système qui se résume par ceci : faire le premier pas et reculer ensuite, afin de décider les femmes à en faire deux.

Nous les faisons presque toujours.

Mais la peur seule m'avait conduite à interroger Saint-Sorlin, par conséquent Desbarreaux n'était pas aussi victorieux qu'il pensait l'être. On m'attaquait par la ruse, je me défendais par la ruse.

Au souper, j'espérais les voir paraître l'un et l'autre ; mais il n'en fut rien. Desbarreaux, malgré mes confidences à son ami, me gardait-il rancune ? Saint-Sorlin serait-il un traître et m'aurait-il fait parler pour abuser ensuite de ma confiance ?

Nous sortions de table, personne encore n'avait paru.

Toutes mes anciennes inquiétudes s'offraient à moi plus intantes, et des larmes de colère tombaient de mes yeux.

Je crus que j'allais me trouver mal.

L'hôtesse vint me proposer de me conduire dans une pièce voisine, où elle m'avait préparé, disait-elle, un excellent lit. J'eus hâte d'accepter son offre, puis je lui souhaitai sèchement le bonsoir pour l'engager à se retirer. Mais elle ne parut pas me comprendre et, se dirigeant vers une porte-fenêtre qu'elle ouvrit :

— Si mademoiselle veut profiter d'un beau clair de lune, dit-elle, et prendre un peu l'air dans le jardin, cela chassera bien vite son indisposition.

— En effet, répondis-je, c'est une bonne idée, j'accepte.

— Mademoiselle peut se promener sans crainte, les murs ont dix pieds de hauteur. Pendant la nuit, si mademoiselle se trouve encore indisposée, je couche ici près, et voici le cordon d'une sonnette.

— Fort bien.

L'hôtesse me quitta. Je franchis le seuil de la porte-fenêtre.

Il faisait effectivement un clair de lune admirable. Je me trouvai sur un perron à double rampe, d'où mon regard plongea dans les allées sinueuses d'un petit jardin, tout enrichi de fleurs et d'ombrages.

La température était douce, une brise légère agitait mollement la feuillée. Je descendis, l'âme plus libre, et presque heureuse de pouvoir me livrer seule à mes réflexions au milieu de cette belle nuit et de ce silence.

Tout à coup j'entendis du bruit dans le voisinage.

Un frisson me courut de la tête aux pieds. Je m'arrêtai tremblante, et je prêtai l'oreille.

On accordait un instrument ; bientôt de rapides préludes retentirent sous les arbres.

La curiosité chez moi surmonta la peur.

Je repris même une complète assurance, après avoir jeté les yeux derrière moi : en deux sauts, je pouvais regagner les marches du perron pour m'enfermer dans ma chambre. J'écoutai donc, et je reconnus le son du théorbe, instrument fort en vogue alors et qui, sous des doigts habiles, avait une harmonie parfaite.

Une voix d'homme chanta les strophes suivantes sur un air vif et joyeux :

> Vénus, dit-on, sortit de l'onde
> Avec mille attraits séducteurs;
> Elle n'avait pas de seconde
> Et les dieux lui jetaient des fleurs...
> Mais Vénus, ma belle, était blonde,
> Et tous les dieux sont des flatteurs.
>
> S'ils voyaient ta noire prunelle,
> Ton front lisse et ta blanche main;
> S'ils écoutaient, ma tourterelle,
> De ta voix le timbre divin,
> Ils voudraient te faire immortelle,
> Et Vénus mendierait son pain.
>
> Mais, croyons-en le vieil Homère,
> Parfois l'Olympe est ennuyeux.
> Va, mon enfant, reste sur terre,
> On y rit plus, on s'aime mieux.
> Allons, viens, baise-moi, ma chère!
> Un bon amant vaut tous les dieux.

Était-ce à moi que ce chant s'adressait? il me fut bientôt impossible de le mettre en doute.

Je vis s'écarter le feuillage et Desbarreaux tomber à mes genoux.

— Ciel! m'écriai-je, vous ici, monsieur?

— Oui, c'est moi, ma belle et douce Marion! dit-il en jetant son théorbe sur un tertre voisin : ne m'attendiez-vous pas?

— Non, monsieur, non... Laissez-moi fuir; c'est mal de venir ainsi, à une pareille heure, m'épouvanter et me surprendre.

— Ah! Marion, pouvais-je rester plus longtemps sans vous voir!

— Il ne fallait pas quitter le bateau, vous m'y auriez vue tout à l'aise.

— Mais vous aviez été si cruelle!... A votre âge, posséder tant de force d'âme! cacher sous une indifférence apparente un sentiment qui fait mon bonheur!

— Que voulez-vous dire?

— Ne recourez plus à la feinte... Saint-Sorlin m'a tout appris... Vous m'aimez, Marion, vous m'aimez!

— Du tout, monsieur... Cette conduite est affreuse... Si mon père, si d'autres témoins...

— Rassurez-vous, personne ne viendra. L'hôtesse a dû vous

donner l'idée d'une promenade, et je lui ai fait les recommandations les plus sévères : toutes les chambres qui donnent sur le jardin sont désertes.

— Mais c'est un guet-apens ! m'écriai-je avec effroi.

Je compris aussitôt l'imminence du péril, et pour m'y soustraire, je vis combien il était essentiel de reprendre du calme.

— Oh! Marion, disait l'avocat, toujours agenouillé, laissez-moi, de grâce, votre main, que je la touche de mes lèvres!... Tournez vers moi ces yeux charmants... Ils m'ont fait une blessure incurable. A vous mon cœur, ma fortune, mon existence! Marion, ne me tenez plus rigueur ; je vous aime comme un insensé, je vous aime avec délire. S'il me fallait à présent renoncer à l'espoir, si vous m'ordonniez de ne plus songer à vous... Eh bien, Marion, je me tuerais là sur l'heure, à vos pieds !

— Vraiment, il serait possible? lui dis-je en faisant tous mes efforts pour réprimer le tremblement de ma voix. Prenez garde, je suis capable de vous pousser à cette folie... Ah ! je ne réponds de rien : la tentation est forte.

Il me regarda d'un air effaré.

— Oui, monsieur, ce serait un joli début pour moi sur la scène du monde, savez-vous? Que d'héroïnes de romans, que de coquettes envieraient cette gloire!

— Allons, fit Desbarreaux, Saint-Sorlin n'avait pas tort : vous avez de l'esprit, Marion, du sang-froid surtout.

Il quitta sa posture suppliante et se mit à secouer avec son feutre le sable dont ses genoux étaient couverts.

Un banc se trouvait près de là. Je m'assis et je lui indiquai une place à mes côtés.

— Ma foi, s'écria-t-il, vous êtes ravissante ! je vous admire ! Impossible de passer avec moins de transition de la crainte la plus vive à la sécurité la plus complète.

— Rien de surprenant à cela, monsieur... Effrayée d'abord, j'ai réfléchi bientôt que c'était vous faire injure. Ne puis-je causer avec vous aussi tranquillement ici que sur le coche? vous êtes un homme d'honneur, vous n'abuserez pas de ma confiance.

— Ah! Marion, vous oubliez que je vous aime !

— C'est une raison de plus pour me respecter. Je suis une pauvre jeune fille ignorante, sans usage du monde, et sur laquelle vous auriez trop d'avantage.

— Parbleu ! je connais des femmes de la cour, et de la plus haute volée, qui dans une circonstance pareille à celle-ci ne se seraient point aussi convenablement tirées d'affaire.

— Pourquoi ?

— Cela demanderait des explications trop longues.

— Vous ennuyez-vous de cet entretien ?

— Non pas... La soirée est charmante, je suis enchanté de la passer en votre compagnie.

— Mon Dieu, comme vous êtes paisible à présent, vous qui parliez de vous tuer tout à l'heure ! Allons, voici votre théorbe... Chantez une seconde fois cette romance, dont j'ai trouvé les vers fort jolis... Vous l'avez faite pour moi ?

— Oui, mademoiselle... C'est-à-dire... j'ai prié Saint-Sorlin d'en composer les strophes.

— Quoi ! monsieur, vous chargez un autre...

— Au diable ! je n'y tiens plus ! s'écria-t-il. Vous me trouvez ridicule, absurde... Je dois avoir en ce moment la physionomie la plus niaise et la plus bête qui soit au monde.

— Mais non, monsieur, je vous assure.

— Oh ! que si !... je ressemble à Camusard !... cela m'apprendra, pour la suite, à ne jamais sortir de mon caractère. Je pouvais tout d'abord me montrer ce que je suis, un joyeux vaurien, un franc disciple d'Épicure... Fort galant homme du reste, je vous le certifie... Mais je ne crois ni à Dieu, ni au diable, ni aux hommes, ni aux femmes, ni à la vertu... Je ne crois à rien en ce monde, si ce n'est au bonheur d'aimer et d'être aimé !

— Ah çà vous devenez fou, lui dis-je.

— Oui ! j'étais fou tantôt de soupirer comme un amant vulgaire, j'étais fou d'essayer de vous séduire avec ces artifices mesquins, ces ruses banales, ces lieux communs du sentiment qu'on doit laisser aux amoureux de bas étage. Lors de notre rencontre à Épernay, vous m'avez frappé d'admiration ; le feu qui s'échappe de votre œil noir m'a brûlé le cœur, et je me suis dit : Tudieu ! Desbarreaux, mon cher, voici là-bas une jeune provinciale, jolie comme les amours... Abordez-la convenablement et ne l'effarouchez pas trop : elle a l'air d'une biche timide. Employez la finesse avec elle, amenez tout doucement dans vos panneaux ce gentil gibier, car il s'enfuirait devant vos allures habituelles ; vous ne le rattraperiez plus... Et je prends un air de langueur, je feins la tristesse, je me dérobe à vos regards, je charge Saint-Sorlin de vous roucouler mes soupirs... Sottises, Marion, sottises! on a toujours tort de se couvrir le visage d'un masque, je jette le mien!

— Vous figurez-vous, monsieur, qu'une telle confession vous avance beaucoup dans mon esprit?

— J'en suis persuadé, charmante.

— C'est à tort. Avant de me la faire, vous me plaisiez beaucoup plus. Ne pas croire en Dieu, quelle horreur!

— Eh! oui, c'est un défaut de famille. Nous portons cela dans le sang. Mon grand-oncle, Geoffroi Vallée, sortait à peine de ses langes universitaires lorsqu'il publia le *Fléau de la foi*, livre plein d'intérêt, apologie savante et raisonnée de l'athéisme, que le siècle dernier n'apprécia pas selon son mérite, puisque l'auteur et son livre furent brûlés en Grève par ordre du Parlement.

— Ciel! m'écriai-je, voyez où conduit l'irréligion!

— Mais je ne suis pas aussi naïf que mon grand-oncle, ma belle, et je ne veux pas griffonner sur le vélin mes opinions intimes... Je me contente de les exprimer de bouche aux hommes raisonnables et sensés, à mes amis, à mes maîtresses; à toi Marion, qui seras désormais mon élève! Je t'enseignerai la philosophie du plaisir.

Tout ce qu'il y avait en moi de croyances et de pudeur se révolta devant un pareil discours, et je répondis à Desbarreaux :

— Détrompez-vous, monsieur, vous ne me rendrez jamais impie!

Je me levais pour regagner ma chambre; mais il m'obligea de rester en place. Il prit, pour justifier cette violence, un air de supplication si douce que je n'eus pas le courage de la colère. Seulement, je détournai mon regard de celui du jeune avocat. la fascination me gagnait.

— Voyons, mon bel amour, me dit-il, ce serait mal à toi de me faire expier si durement ma franchise!... Ma profession de foi te révolte, n'en parlons plus... Que j'aie brisé ou non la chaîne du préjugé, peu t'importe!... Je crois à ton œil céleste, à ton sourire, à tes joues fraîches, à tes lèvres vermeilles, à cette taille fine et déliée que j'entoure de mes deux mains réunies. Regarde-moi! j'ai vingt-cinq ans, je jouis de l'héritage maternel. Si je fais mine de prendre au sérieux ma profession d'avocat, c'est afin de ne point offusquer le président mon père... Il me laissera cinquante mille livres de revenu. Veux-tu me prendre comme je suis, jeune, riche, incrédule, amoureux? Tu auras avec moi, cher ange, une existence dorée; tu marcheras constamment sur des roses, le chagrin ne viendra jamais t'atteindre. Marion, tu es trop belle pour douter de ma constance... Je t'aime! et tu dois lire dans mes yeux que cet amour n'est point un mensonge... Oui, je t'aime, et je veux que les autres femmes envient ton sort!... je t'aime, et ma vie t'appartient!

Il parlait avec un entraînement inexprimable.

Pour la seconde fois il tombait à mes genoux et dévorait de baisers la main que je lui abandonnais.

Ses étranges discours de tout à l'heure étaient effacés déjà de mon souvenir.

Je le voyais si beau, si radieux en m'exprimant son amour! sa voix avait des accents qui flattaient toutes mes inclinations à la coquetterie; je sentais se réveiller en moi les échos endormis de la vaine gloire, et j'entrevoyais avec délices cette perspective brillante et mondaine qu'il déroulait sous mes yeux.

Il m'entraînait sans défense au milieu de son rêve.

— Oui, lui dis-je, oui, je crois à votre amour... Mais il est temps de me quitter. Demain ne reprenez pas le coche, emmenez avec vous M. de Saint-Sorlin; je ne me sentirais plus assez de force de dissimulation pour cacher ce que j'éprouve à mon père et à mon prétendu. Nous nous reverrons à Paris, chez ma marraine.

— Chez votre marraine! s'écria-t-il, et voilà tout l'espoir que vous me donnez?... chez votre marraine, où vous serez entourée, circonvenue, où les ridicules bienséances du monde m'obligeront à mettre constamment la main sur mon cœur pour l'empêcher de battre!... chez votre marraine? autant vaudrait me dire de renoncer à vous.

— Ah! vous êtes injuste, monsieur. La comtesse n'ignore pas ma répugnance à contracter un mariage décidé sans mon aveu. Elle voudra sûrement le rompre, et quand je serai libre, vous pourrez vous présenter sans crainte. Je laisserai madame de Saint-Evremond maîtresse de fixer mon sort et si elle vous accorde ma main, soyez sûr que je n'y mettrai point d'obstacle.

— Peste! comme vous y allez, délicieuse femme! dit Desbarreaux en se levant avec précipitation. Je le vois un peu tard, nous ne nous sommes pas compris... C'est ma faute, j'aurais dû m'expliquer plus catégoriquement... Non, ma chère, non, je ne vous

Je parie qu'avant six mois vous serez convertie à mes doctrines, *page 51.*

demanderai pas en mariage à votre marraine!... Je vous aime beaucoup trop pour vous épouser.

— Que dites-vous?

— Le mariage! c'est une institution diabolique, un casse-cou monstrueux! c'est le tombeau de la jouissance et l'éteignoir du bonheur. Par la corbleu! je vous supposais des idées plus saines et mieux arrêtées sur les choses de ce monde. Savez-vous rien de plus moui. de plus extravagant et de plus stupide que le sort de deux êtres enchaînés l'un à l'autre par des liens indissolubles, et forcés de gémir ensemble sur les ruines de leur tendresse? En vérité vous me faites une peine inconcevable. L'amour est né libre, ma chère : nouez-lui les ailes, ce n'est plus qu'un enfant maussade et boudeur... On prendrait volontiers des verges pour le fouetter jusqu'au sang.

Ce langage m'indigna. J'étais humiliée jusqu'au fond de l'âme; toutefois, je conservai sur moi-même assez d'empire pour répondre à l'audacieux avec un ton fort calme :

— Veuillez, je vous prie, monsieur, pardonner à ma jeunesse et à mes tristes idées de province : je devais, quand vous m'avez exposé vos principes, en deviner les conséquences et ne pas me donner dans votre esprit un cachet de ridicule.

— Ah! Marion, je vous jure...

— C'est bien, monsieur, séparons-nous.

— Quoi! vous aurez le courage de me quitter ainsi!

— Mais sans doute. On a eu tort de faire un pas en avant, faut-il qu'une mauvaise honte vous empêche de retourner en arrière?

— Vous avez sur vous-même une grande puissance, et vous irez loin, mademoiselle.

— On me l'a déjà prédit, monsieur.

— Par grâce, réfléchissez encore ; ne brisez pas d'un seul coup toutes mes espérances.

— Vos espérances? J'ai laissé pressentir à M. de Saint-Sorlin que vous ne m'étiez point indifférent... Est-ce un tort? oui, peut-être. Mais entre une étourderie de jeune fille et la démoralisation du cœur, qui seule pourrait me faire accepter vos offres, il y a loin, monsieur... Je suis votre servante !

Et laissant Desbarreaux atterré, je pris le chemin du perron. J'allais en franchir les marches, lorsque l'avocat se mit à courir pour me rejoindre.

— Marion!... du moins séparons-nous amis !

— Je le veux bien, répondis-je.

— Surtout, n'apprenons pas à votre marraine ce qui vient de se passer entre nous.

— En effet, c'est inutile.

— Au revoir donc, cruelle!

— Au revoir, monsieur.

— Tenez, voulez-vous faire une gageure?

J'étais en haut des marches; il n'avait point osé me suivre.

— Quelle gageure? lui dis-je, en m'accoudant sur la grille du perron.

— Je parie qu'avant six mois vous serez convertie à mes doctrines.

— Non, jamais!

— Enfin, je parie...

— Que parions-nous?

— Une aigrette en diamants de cinquante mille livres, pour orner votre joli front.

— Je ne puis soutenir un tel enjeu.

— Mais je vous parie cela contre un baiser, ma chère.

— Un baiser! vous n'y songez pas... Il faudrait vous l'avoir donné déjà pour perdre la gageure.

— C'est juste... Eh bien, contre deux ans de fidélité, quand vous serez ma maîtresse?

— Oh! c'est beaucoup trop, dès que vous me supposez imbue de vos doctrines!

— Alors, contre un an?

— Soit, je tiens le pari... Mais point de trahison?

— Je serai loyal comme un lingot d'or pur.

— Ne l'oubliez pas, nous nous reverrons seulement chez ma marraine.

— C'est convenu, Marion. Rappelez-vous à votre tour la date du pari : nous sommes au 25 avril... Votre main, charmante?

Je la lui offris d'en haut.

Il la baisa cinq ou six fois, et je me sauvai dans ma chambre, ayant soin de fermer à double tour la serrure de la porte-fenêtre.

Ainsi se termina cette aventure, qui pouvait m'être fatale, sans ma présence d'esprit.

Desbarreaux, jeune encore, cédait beaucoup trop à l'impression du moment et n'avait point, en matière de séduction, toute l'adresse et la rouerie qu'il déploya plus tard. S'étant avec moi trompé de route, il se jeta brusquement dans un chemin de traverse. Néanmoins, il avait réussi à m'émouvoir par la chaleur de ses discours, et cela malgré l'effet produit d'abord par son affligeante déclaration de principes.

Mais sa cause fut perdue, dès que je l'entendis raisonner sur le mariage

Il n'avait pas cru devoir employer les circonlocutions et les périphrases avec une petite provinciale, peu au courant des bienséances du discours et des délicatesses du langage. Or, la petite provinciale avait les fibres du cœur plus susceptibles peut-être que bien des femmes du monde, et Desbarreaux put se flatter, ce jour-là, d'avoir fait une école complète.

Je ne me couchai point de la nuit.

Quand je me vis seule dans ma chambre, la peur s'empara de moi. J'étais payée pour avoir en M. Desbarreaux une médiocre confiance, et la complicité de l'hôtesse pouvait m'exposer à de nouveaux périls, dont je n'étais pas sûre de me tirer saine et sauve.

D'ailleurs, je désirais me venger un peu de cette femme et lui montrer que ses manœuvres n'avaient point réussi.

Je sonnai de toutes mes forces. L'hôtesse parut.

— Madame, lui dis-je, vos assurances de tout à l'heure étaient trompeuses. Au milieu de ma promenade j'ai vu passer une ombre sous les arbres; on s'est mis à ma poursuite... Heureusement, j'ai refermé cette porte avant d'être atteinte. Comme il serait possible qu'on essayât de s'introduire, en brisant un de ces carreaux, je me décide à passer le reste de la nuit sur une chaise, et vous voudrez bien me tenir compagnie.

Elle fit la grimace. J'insistai fortement, elle se résigna.

Trouvant sur une table voisine une ancienne édition des œuvres de Clément Marot, je lus jusqu'au jour des épîtres, des épigrammes, des rondeaux et des ballades. L'hôtesse dormit très-mal; mais je tenais à lui faire gagner l'or que Desbarreaux lui avait nécessairement donné pour la mettre dans ses intérêts.

Nous partîmes à cinq heures et demie du matin.

Le temps s'était gâté; nous avions une pluie battante, et il fallut nous entasser dans la chambre commune.

Cependant cette journée s'écoula plus rapide encore que les autres.

Je repassais en imagination les détails de mon aventure avec l'avocat. Il me semblait toujours l'entendre me parler d'amour; je le voyais à mes genoux, j'admirais son noble et beau visage, son sourire à la fois sardonique et passioné. Malgré moi, je poétisais jusqu'à cet odieux système, développé sans honte en ma présence, et je n'ose dire que cette première et dangereuse leçon n'ait pas laissé en moi des germes qui acquirent plus tard un développement funeste.

Nous approchons de la grande ville.

Bientôt j'aurai Paris sous les yeux, Paris, le séjour du luxe et des plaisirs, Paris, dont je me fais un splendide et magnifique tableau.

Les prédictions du berger se représentent à mon esprit.

Je suis jeune et belle, pourquoi ne serais-je point entourée d'hommages? On en a vu bien d'autres partir d'une classe infime et briller ensuite dans les plus hautes sphères. En ce monde, la joie, le bonheur, l'opulence appartiennent à ceux qui savent les conquérir. Si le chemin de la fortune est semé d'obstacles, pourquoi ne les briserais-je pas? Je vais entrer dans la lice éclatante où des couronnes sont offertes à la hardiesse et au courage. Paris est le ciel des ambitieux!

O mon horoscope! mon horoscope!

V.

Le coche dépasse Charenton.

Nous avons franchi le confluent de la Marne et de la Seine, et nous descendons le fleuve sans le secours de notre attelage habituel.

Bientôt un nuage d'épaisse fumée nous annonce Paris. Les tours Notre-Dame se dessinent à l'horizon.

Je remonte promptement sur le pont du bateau, d'où j'aperçois un prodigieux amas d'édifices, maisons, clochers, dômes, pignons, tourelles, se groupant, s'enchevêtrant, se déroulant à perte de vue, tantôt écrasant le sol de leur masse imposante, tantôt ayant l'air de s'en détacher pour fuir au ciel. Je suis émerveillée ; je regarde ce monde de pierre, ces ruches humaines dont le bourdonnement arrive jusqu'à nous ; je me demande si je ne fais point un rêve, si cette rumeur sourde et majestueuse est bien la voix de la grande ville, et si ce large et beau fleuve nous conduit dans son enceinte.

Déjà nous touchons aux remparts.

A notre droite apparait le bastion neuf, puis l'Arsenal, puis ses jardins, au-dessus desquels la sombre Bastille nous montre ses tours menaçantes et ses créneaux chargés de canons. Une ligne immense de quais vient d'être construite de ce côté de la Seine : elle s'étend du quai Saint-Paul à l'Arsenal. Avançant toujours entre deux rangs pressés de maisons, le coche passe rapidement sous les arcades du pont Marie. Nous longeons les Haudriettes, et nous avons à notre gauche la Cité, ce vieux berceau noir de siècles que le fleuve entoure de toutes parts, comme s'il eût voulu jadis endormir Paris enfant au bruit de son murmure. Nous revoyons Notre-Dame, et tout auprès l'église de Saint-Jean-le-Rond, dont la petite flèche aiguë s'efface modestement à l'ombre des tours massives*.

Enfin, nous dépassons le Châtelet, nous saluons l'antique palais des rois ; puis le patron du coche, appuyant sur la droite, gagne la rive et nous arrête dans le voisinage du Pont-Neuf, au-dessus de l'abreuvoir Pépin.

A partir de la Grève, nous avions remarqué, de chaque côté de nous, une grande affluence de peuple. Elle devint plus considérable encore à l'endroit fixé pour le débarquement.

Personne n'osa sortir du bateau.

Quelle pouvait être la cause de ce tumulte populaire ? Nous l'ignorions, mais il se passait évidemment à Paris, ce jour-là, quelque chose d'étrange et de sinistre.

Le patron descendit pour se mêler à la foule et recueillir des informations.

Il nous rejoignit au bout d'un instant, le visage bouleversé par l'effroi.

* Cette église n'existe plus ; elle est mentionnée dans l'admirable épopée de *Notre-Dame de Paris*, par Victor Hugo, et notamment au chapitre où Claude Frollo se précipite du haut de la tour. Mᴇʀʏ.

— Qu'y a-t-il donc? lui demandèrent les voyageurs.

— On a tué hier au Louvre le maréchal d'Ancre! nous cria-t-il. Cette nuit des soldats aux gardes l'ont secrètement inhumé dans l'église Saint-Germain-l'Auxerrois. Mais la populace a deviné le lieu de sa sépulture; elle a enlevé le cadavre, elle le traîne dans le ruisseau et va le pendre à cette potence que vous apercevez sur le Pont-Neuf.

Ces détails me donnèrent le frisson. Chacun de nous alors distingua parfaitement, au milieu de la tempête populaire qui grondait de toutes parts, ce cri répété par des milliers de voix :

— Mort aux Concini !

Je me souvins des convives d'Épernay.

Deux jours auparavant, ils prononçaient les mêmes menaces avec l'unanimité de la haine.

Le maréchal d'Ancre, fils d'un diplomate florentin, devait sa fortune à Marie de Médicis, qu'il avait accompagnée, lors du mariage de cette princesse. Sa femme, Léonore Galigaï, d'origine obscure, était sœur de lait de la reine; celle-ci lui portait beaucoup d'affection. Elle voulut l'amener en France, et bientôt elle lui fit épouser Concini, son gentilhomme ordinaire.

Ces deux intrigants avaient un tel empire sur Marie de Médicis, que Henri IV lui-même n'y pouvait rien. Plus d'une fois la Galigaï excita des brouilles entre le roi et la reine.

Henri IV dit un jour à quelques seigneurs, en montrant Concini dans le jardin du Louvre :

« — Vous voyez bien cet homme-là ? c'est lui qui doit gouverner quand je n'y serai plus, et les affaires n'iront pas mieux. »

En effet, Ravaillac ayant consommé son crime, les deux Florentins marchèrent le front haut. Tous les efforts de Sully ne réussirent point à empêcher la dilapidation du trésor public. Le roi fut assassiné le 14 mai, et le 1er août, cinq millions étaient enlevés des souterrains de la Bastille.

Concini, la veille, avait perdu six cent mille pistoles au jeu d'hombre.

Cette perte ne l'empêcha point d'acheter le marquisat d'Ancre. La Galigaï avait soin de remplir le coffre-fort. Elle vendait tout, bénéfices, charges, privilèges; c'était devenu chez elle une manie si grande, qu'au dire de personnes bien informées, elle succomba plus d'une fois au désir de se vendre elle-même. Concini, du reste, n'était pas homme à y regarder de si près. A chaque instant la reine le comblait de faveurs si imprévues, qu'elles en devenaient souvent comiques.

La cour entière partit d'un immense éclat de rire, le jour où l'Italien fut nommé maréchal de France : Concini n'avait jamais assisté à la plus simple escarmouche.

Ce favori bravait tout, la colère des uns et la jalousie des autres. Les princes du sang crurent devoir adresser des représentations à la régente, celle-ci se brouilla pour son Florentin avec les princes du sang eux-mêmes. Partout régnaient le trouble et le désordre. La haine de la noblesse passa dans la bourgeoisie et bientôt gagna le peuple.

Il n'y avait qu'une clameur par tout le royaume.

Des menaces de mort retentirent aux oreilles du maréchal.

S'il n'eût été frappé de l'aveuglement de l'orgueil, il aurait vu dans les dispositions des Parisiens à son égard un présage funeste; ce qui lui arriva, lors de la conférence de Loudun, devait lui dessiller les yeux et l'engager à sortir de France au plus vite.

C'était un soir, à la porte de Bussi.

Les bourgeois en armes faisaient la garde ; on ne pouvait quitter la ville sans passeport, et le maréchal d'Ancre eut la fantaisie d'aller se réjouir, pendant les fêtes de Pâques, à sa maison de plaisance du faubourg.

Il monte en voiture, se fait accompagner d'un imposant cortége de gentilshommes et se présente à la porte de Bussi.

Son carrosse est arrêté par les bourgeois.

— Votre passeport, monseigneur? dit un cordonnier, nommé Picard, en se présentant à la portière.

Concini haussant les épaules, donne l'ordre à son cocher de fouetter les chevaux. Mais Picard croise la hallebarde et crie à ses camarades de le soutenir. En un clin d'œil, le carrosse est entouré de piques, les sentinelles arment leurs mousquets.

Le maréchal, furieux, met la tête hors de la voiture et menace les bourgeois de la potence.

— Tenez toujours! dit Picard, et si l'on avance, faites feu!

— Comment, maraud, réplique le maréchal, ne vois-tu pas qui je suis?

— Pardonnez-moi, dit le cordonnier d'un ton goguenard.

— Alors, fais retirer tes hommes.

Regarde, petite, il faut savoir comment le peuple arrange les traîtres, *page 60.*

— Votre passeport? nous verrons ensuite à vous donner satisfaction.

— Je n'en ai point, répond Concini.

— En ce cas, monseigneur, il faut retourner au Louvre; nous obéissons à la consigne.

— Coquin!

— Coquin, vous-même.

— Je te ferai périr sous le bâton !

— Vous en êtes très-capable.

— Tu ne sais pas à quoi tu t'exposes en affrontant ma colère !

— Oui, vous êtes bien en cour, trop bien pour le pauvre peuple... Mais qui vivra verra.

Sachant le maréchal dans son carrosse, la populace commençait à s'attrouper ; elle se mit à vomir des injures contre lui et la régente.

— Hein? fit Picard, voyez comme on vous aime !... Allons, poursuivit-il, en s'adressant aux bourgeois, approchez, vous autres, et conduisez monseigneur chez le commissaire du quartier. Si on lui permet de sortir sans passeport, qu'il sorte et aille au diable.

Concini écumait de rage.

Mais il fallut se résoudre à prendre le chemin du logis du commissaire, afin d'obtenir de cet officier de police la permission de franchir la porte.

Jusqu'au retour de la régente et du jeune roi dans la capitale, le Florentin dévora son affront : il avait peur de provoquer un soulèvement ; mais lorsqu'il n'eut plus rien à craindre de ce côté, il fit placer sept à huit de ses gens en embuscade autour de la demeure du cordonnier Picard, et leur donna l'ordre de l'assommer à coups de bâton.

Les valets obéirent avec une exactitude si grande, que le malheureux artisan fut laissé pour mort sur la place.

Néanmoins il guérit de ses contusions et devint l'ennemi le plus acharné de Concini.

Ce dernier le rencontrait partout sur sa route. Picard ameutait la populace autour des équipages. Le jour de l'arrestation du prince de Condé, il mena droit au splendide hôtel du maréchal une cohorte de forts de la Halle et de femmes des rues, qui brisèrent les portes, dévastèrent les salons et jetèrent par la fenêtre les meubles et les bijoux. L'Italien, tremblant, se cacha dans les communs de l'hôtel pour échapper aux recherches du peuple.

Ainsi donc, à la cour comme à la ville, le maréchal d'Ancre ne rencontrait plus que des visages ennemis.

La régente elle-même commençait à s'émouvoir.

Parfois elle conseilla sérieusement à Léonore de s'en retourner à Florence, d'emporter ses richesses et d'emmener son mari ; mais l'imprudente ne crut point au péril et donna pour raison que jamais le roi n'avait fait meilleur visage au maréchal.

— Ne vous y fiez pas, le roi dit une chose et pense le contraire !

Telle fut la réponse de Marie de Médicis. Effectivement, le 24 avril, Louis XIII, à son lever, signa l'ordre d'arrêter l'Italien. Celui-ci, venant comme d'habitude au conseil, rencontra dans la cour du Louvre, Vitry, capitaine des gardes, qui lui signifia durement de rendre son épée.

Concini voulut se mettre en défense, mais au même instant un coup de feu partit et le coucha raide mort.

La détonation fut reproduite par tous les échos du palais. Une fenêtre de l'appartement de la reine-mère s'ouvrit presque aussitôt, et Marie de Médicis, paraissant elle-même, demanda d'une voix effrayée ce qui se passait.

— Le maréchal est mort, répondit Vitry.

— Malheureux ! cria la reine, apercevant le cadavre, vous l'avez tué !

— Oui, madame.

— Et qui vous en a donné l'ordre.

— Le roi.

Marie de Médicis quitta la fenêtre et se mit à courir dans les galeries voisines, échevelée, presque folle, en s'écriant avec désespoir :

— Je l'avais bien dit ! je l'avais bien dit !

Telle fut la triste fin du maréchal d'Ancre. Indignée de sa fortune insolente et de ses excès, l'histoire n'a point osé blâmer son châtiment.

Le cadavre resta tout le jour dans un étroit réduit, pratiqué sous le guichet du nord, et où se tenaient les gardes de service. Vers le soir, après l'avoir entouré d'une guenille, on le mit sur une civière et on l'enterra secrètement sous les orgues de Saint-Germain-l'Auxerrois.

Un prêtre voulut réciter le *De profundis* au bord de la fosse, mais deux soldats lui fermèrent la bouche, en disant :

— Paix ! vous avez du temps de reste de prier Dieu pour ce chenapan-là !

Malgré le secret mis à l'inhumation, le lendemain l'église fut assaillie par les mêmes individus qui avaient livré l'hôtel du maréchal au pillage. D'abord le clergé de Saint-Germain-l'Auxerrois essaya de protéger la sépulture, mais le peuple était le plus fort : il envahit le temple, trouva la place où, pendant la nuit, les fossoyeurs avaient soulevé les dalles, ouvrit le tombeau et s'empara du cadavre, qu'il traîna dehors, en jetant des cris de triomphe.

On envoya du Louvre quelques troupes avec le grand prévôt à leur tête pour arracher à la multitude le corps du maréchal ; mais c'était une démonstration pour la forme.

Le grand prévôt se laissa repousser sous le guichet sans trop de résistance.

Il y eut même toute une compagnie des gardes qui, passant sur le lieu de l'émeute, s'empressa de mettre à la disposition du peuple une trentaine de mèches à mousquet.

Nouées ensemble, ces mèches servirent à attacher le cadavre et à le traîner dans la boue.

La populace le fit tourner cinq fois autour du Louvre, en s'arrêtant chaque fois, avec des hurlements affreux, sous les fenêtres de la Galigaï. Enfin la horde en délire se rua vers le Pont-Neuf, pour attacher le corps à un gibet que le maréchal lui-même avait fait dresser, plusieurs mois auparavant, afin d'imposer aux fauteurs de troubles.

Nous arrivions à ce moment de l'émeute.

Une sueur glaciale inondait mes tempes. Gabriel Delorme et Joseph étaient aussi émus que moi ; leurs genoux, comme les miens, ployaient d'épouvante, et nous prîmes le parti de nous voiler le visage afin d'échapper à ce spectacle horrible.

Cinq ou six hommes, après avoir tenté vainement de percer la masse compacte de la foule, venaient d'envahir le coche, d'où l'on était en position de mieux voir ce qui se passait sur le Pont-Neuf.

Ils apostrophèrent mon père et Camusard.

— Êtes-vous donc, dirent-ils, des amis du damné maréchal ?

Un d'eux, me découvrant la figure avec brutalité, s'écria :

— Regarde, petite, regarde !... il faut savoir comme le peuple arrange les traîtres... A merveille, on l'attache par les pieds, ça devient superbe... Vois donc, sacrebleu, vois donc !

Et il me torturait le bras de sa main rude et calleuse.

Je fus contrainte d'obéir. D'ailleurs tous ces gens-là pouvaient nous faire un très-mauvais parti.

La potence était devant nous ; on venait de pendre le cadavre, la tête en bas. Une espèce de cannibale, couvert de sang et de fange, et tenant un long couteau de boucher, s'acharnait après ces restes humains.

Je me sentais défaillir.

— Tiens, c'est Picard! cria un des hommes qui nous forçaient à regarder ces atroces détails; c'est le cordonnier roué de coups par les laquais... Oui, ma foi, c'est lui! Bravo, Picard! bravo!

Ces paroles trouvèrent sur-le-champ de l'écho dans la foule. Des applaudissements frénétiques retentirent, et cette masse de peuple n'eut qu'une voix pour répéter :

— Bravo, Picard!

Excité par l'approbation unanime, le cordonnier fendit la poitrine du cadavre, lui arracha le cœur et le plaça sur des charbons ardents, que d'autres cannibales venaient de lui apporter et d'étendre sur le parapet du pont. Jugeant ensuite le mets effroyable grillé suffisamment, il le découpa, mangea la première tranche et offrit le reste à ses voisins.

Je m'étais évanouie avant la fin de ce monstrueux épisode de l'émeute.

Lorsque je repris l'usage de mes sens, il n'y avait plus sur le bateau que mon père, Camusard, et la femme du patron qui les aidait à me ramener à la vie.

Camusard, agenouillé près de moi pleurait à chaudes larmes. J'ouvris les yeux; il voulut me témoigner, en m'embrassant, tout le transport de sa joie. Pauvre garçon! cette nouvelle preuve de son bon cœur me toucha.

Mais je le dispensai du baiser.

Je croyais avoir fait un songe affreux.

Regardant autour de moi, je cherchai cette multitude dont j'entendais tout à l'heure les cris sinistres : elle s'était précipitée vers la Grève, après avoir détaché du gibet le tronc du cadavre, le traînant de nouveau pour aller recommencer ailleurs son orgie sanglante.

La patronne du coche nous indiqua la rue Saint-Thomas-du-Louvre, où madame de Saint-Évremond avait son hôtel.

— Partons, mon père! m'écriai-je.

Déjà Camusard s'était chargé de nos bagages, et nous sortîmes du bateau.

Je me cramponnai fortement au bras de Gabriel Delorme.

A l'angle du Pont-Neuf, je vis encore un attroupement de misérables, qui venaient de brûler sur le lieu même quelques-uns des membres de la victime.

Ils vendaient des cendres à l'once.

Un d'entre eux, qui disait avoir attaché le corps à la potence, tendait son feutre aux passants et leur demandait *quelque chose pour avoir pendu Monsieur le Maréchal.* Chacun se hâtait de lui donner.

Nous arrivâmes enfin rue Saint-Thomas-du-Louvre.

On nous indiqua la demeure de la comtesse, et nous fûmes obligés d'y frapper longtemps avant qu'on vînt nous ouvrir ; car la populace ayant commencé l'émeute dans le quartier même, on avait peur des surprises.

Enfin, à une espèce de petite lucarne grillée, qui s'ouvrait à hauteur d'homme dans la porte cochère, nous vîmes apparaître la trogne bourgeonnée du suisse de l'hôtel.

— Gue foulez-fous ? nous dit-il avec un accent tudesque très-prononcé.

— Nous demandons madame de Saint-Évremond.

— Bourguoi faire ?... Gui êtes-fous ?...

— Je m'appelle Marion Delorme, et nous arrivons par le coche avec mon père et mon prétendu.

— Gonnais bas !

— Mais la comtesse m'attend, je suis sa filleule.

— C'est tifférent, che fais foir.

Le suisse referma la lucarne. Au bout de quelques minutes, il revint et s'empressa de nous introduire.

— Che vous temante pien barton, matemoiselle... On m'a répontu gue fous mondiez fite, drès-fite !

Il m'indiquait en même temps un escalier somptueux, recouvert de tapis éclatants, et sur les marches duquel on avait disposé des caisses remplies d'arbustes en fleur.

Le souvenir de mes émotions pénibles s'effaça tout à fait de ma mémoire, lorsque je vis, en haut de la rampe, une dame richement vêtue, qui m'ouvrait les bras et m'adressait le plus affectueux des sourires.

C'était ma marraine.

Mon cœur battait avec force ; je montai rapidement les marches et j'allai me précipiter à ses pieds.

— Non, non, dans mes bras, sur mon sein, ma chère petite! dit-elle en me relevant et en me prodiguant mille témoignages d'affection. Voyez comme elle est jolie! quelles vives couleurs quels grands yeux noirs!

Elle me dévorait de baisers.

— Qu'est-ce à dire, mademoiselle? vous ai-je priée d'être aussi jolie que ça? pourquoi ne pas m'avoir demandé permission, hein?... On consulte au moins sa marraine, je suis jalouse, moi!... Et dire que Villarceaux vient de me quitter tout à l'heure pour aller voir l'émeute! Il y tenait beaucoup, ce cher marquis, et tu nous trouves tout joyeux, mon enfant. Voilà le roi débarrassé du maréchal... Dieu! j'y songe, par où as-tu passé pour venir ici?

— Par le Pont-Neuf, ma marraine.

— Et tu as vu...

— Des scènes hideuses!

— Qui t'ont fait frémir... Pauvre enfant! mais il ne t'est rien arrivé, n'est-ce pas? C'était un misérable, il a mérité son sort n'en parlons plus. Villarceaux reviendra ce soir. Comme il va t'admirer, ma petite Marion! Mais est-elle charmante! est-elle gentille!

La bonne comtesse ne se lassait point de m'embrasser.

— Ah! je vous reconnais, mon cher monsieur Delorme, dit-elle en apercevant mon père. Soyez le bienvenu chez moi; regardez ma maison comme la vôtre. Je me souviens encore la fameuse culbute, au moyen de laquelle nous avons fait connaissance. Vous n'en avez jamais recommencé de pareille?

— Non, madame la comtesse... Mais c'est bien aimable à vous de vous souvenir de celle-là, répondit mon père : il y a seize ans tout de même!

— Seize ans, mon cher monsieur Delorme, cela ne nous rajeunit pas.

— Oh! madame la comtesse est toujours fraîche, toujours jeune...

— Taisez-vous, flatteur! Depuis longtemps mon miroir affirme le contraire... Miséricorde! qu'ai-je vu? me dit tout à coup madame de Saint-Évremond à voix basse et sur le ton de l'épouvante.

Joseph Camusard, retenu par les soins de nos bagages, atteignait seulement le haut de l'escalier.

— C'est mon prétendu, ma marraine.

— Oui, je suis son prétendu, répéta Camusard, en saluant

d'un air de gaucherie parfaite. J'étais un enfant lorsque la berline de madame la comtesse est passée à Châlons... N'importe, je la remets à merveille.

— La berline, mon ami?

— Non, je parle de vous, madame la comtesse. Je vois avec plaisir que la santé n'est pas mauvaise... Où faut-il mettre nos bagages?

— Mes gens ont des ordres, ils vont vous conduire. Installez-vous, messieurs; j'emmène cette chère enfant dans ma chambre.

Et quand nous fûmes seules, elle me dit :

— Mais c'est un vrai monstre!

— Hélas! oui, ma marraine.

VI

L'accueil de la comtesse était si gracieux, sa joie de me revoir éclatait avec tant de franchise, que je fus bien vite à l'aise; je ne tardai pas à répondre aux douces caresses dont elle me comblait.

Madame de Saint-Évremond pouvait avoir de quarante à quarante-cinq ans. Elle me parut fort belle encore. Je n'étais pas au courant des petits secrets de toilette au moyen desquels notre sexe, à cette époque, savait plâtrer les rides et cacher les ravages du temps. Ma marraine conservait néanmoins de très-beaux cheveux et les relevait autour du front comme les jeunes femmes. Son regard avait une douceur angélique; l'air de bonté répandu sur son visage pouvait lui tenir lieu de tous les charmes réunis.

N'ai-je pas l'air d'un triomphateur ? *Page* 71.

Lorsque nous fûmes dans son appartement, après s'être assurée que nous avions la même taille, la comtesse sonna, demanda cinq ou six parures et me les fit essayer tour à tour.

Enfin son choix se fixa.

J'échangeai les habits de ma province contre une magnifique robe de satin bleu de ciel dont la jupe s'ouvrait par devant. Le corset, comme le pourpoint, était garni de basques légères, retombant avec grâce autour de la ceinture. Mais je dois dire que toutes les parties de ce nouveau costume ne me plurent pas également. Selon moi, les collets relevés encaissaient le sein d'une façon disgracieuse, et j'ai contribué, depuis, à les faire disparaître.

Les femmes de chambre me coiffèrent.

Quand elles eurent fini, ma marraine donna mes anciens vêtements à l'une d'elles, me prit ensuite la main, me fit lever, marcher, tourner à droite, tourner à gauche, et jeta des cris d'admiration.

— Comme elle porte bien cette toilette! quel air distingué! quelle taille ravissante! Tu pourrais dès aujourd'hui être l'ornement d'un bal de la cour. Au premier qui se donnera, Marion, je te fais passer pour une de mes parentes, et tu viendras avec moi, je te le jure.

— Au bal de la cour! ma marraine... j'irais au bal de la cour!

— Et tu ne seras pas la moins jolie... Baise-moi!

Je lui obéis de grand cœur.

Elle alla prendre un éventail et me le mit entre les mains, en m'indiquant la manière de le faire manœuvrer. J'avais des dispositions admirables; je minaudai d'une façon si agréable et si mignonne, que la comtesse ne revenait pas de sa surprise.

On me servit une légère collation pour attendre le souper. Comme je mangeais des oranges et des confitures, madame de Saint-Évremond me dit :

— Çà, qu'allons-nous faire pour chasser ton prétendu?

— Je n'en sais rien, ma marraine ; j'ai compté sur vous.

— Mais, petite folle, pourquoi ne l'as-tu pas refusé tout net et planté là-bas?

— C'était impossible, ma marraine.

Et je lui racontai la détresse qui régnait constamment à la maison paternelle, le soin délicat de mon père à conserver et à augmenter ma dot, sans jamais y rien prendre malgré, la gêne et la pauvreté du ménage; son refus d'accepter la proposition de garder cet argent pour lui-même, et enfin l'espèce d'engagement d'honneur qui liait ma famille à Camusard.

— Vous étiez, repris-je, mon unique espoir. J'ai bien réussi à mettre mon père dans mes intérêts, mais il est loin d'avoir la parole franche au logis. Ma mère le domine. J'aurais trouvé chez elle une résolution inflexible ; son âme, aigrie par le travail et le chagrin, ne pourrait comprendre ma répugnance, et, même en supposant que vous eussiez écrit en ma faveur, je courais grand risque d'épouser Camusard.

— Ta mère n'a donc jamais envisagé ce prétendu ?

— Pardonnez-moi... Mais l'habitude ! On le trouve presque beau dans la famille.

— Il est certain que c'est une magnifique laideur ! s'écria la comtesse en éclatant de rire.

— Mes parents n'auraient pas manqué de vous répondre : « Marion n'a pas le sens commun, c'est un prétendu comme un autre, ce mariage est fort avantageux pour elle ! » toutes choses auxquelles vous pouviez croire. Je me suis dit : Il vaut mieux aller à Paris et mettre sous les yeux de madame de Saint-Évremond les pièces du procès, afin de l'aider à juger en connaissance de cause.

— Alors, tu m'as écrit ?

— Oui, ma marraine ; vous m'avez répondu, et me voilà !... Je vous demande bien pardon de vous avoir amené Camusard !

En disant ces mots, je quittai la table où l'on m'avait servi des oranges, et je vins m'asseoir à côté de la comtesse avec une mine désolée qui redoubla ses éclats de rire.

— Enfin, dit-elle, pour atteindre ton but comment nous y prendrons-nous ?

— C'est difficile. Mon père est notre complice ; mais il meurt d'effroi que sa femme le sache, il serait perdu. Je voudrais amener adroitement Camusard à renoncer de lui-même à ce mariage.

— Peste ! ma chère, vous êtes un adorable Machiavel en jupons ! Là, parlez, conseillez-moi... je suis sûre que vous avez déjà mûri dans votre cervelle quelque expédient très-ingénieux.

— Oui, ma marraine.

— Voyons, j'écoute.

— A votre place, je ferais appeler mon prétendu.

— Fort bien.

— Je lui dirais : « Monsieur, j'aime beaucoup ma filleule. »

— C'est vrai.

« — Je veux la garder à Paris près de moi, la lancer dans le monde. »

— Pourquoi pas ?

« — En conséquence, il faut vous résigner, comme elle, à ne plus retourner en Champagne. »

— Quelle agréable acquisition Paris ferait là !

« — Vous allez, dès aujourd'hui, vous appliquer à l'étude des belles manières et du beau langage, changer votre costume, polir vos mœurs et vous efforcer, en un mot, de devenir un cavalier parfait. »

— Vous avez lu des romans, mademoiselle?

— Oui, ma marraine.

— Poursuivez.

— Camusard se gardera bien de vous répondre : « Madame, je suis trop laid, j'ai trop peu d'esprit pour devenir jamais un homme du monde. »

— Sans doute, on trouve l'amour-propre partout, même chez ces natures disgraciées.

— Il voudra suivre vos conseils. Alors, ma marraine, vous ajouterez : « Je suis ravie, monsieur, d'une aussi prompte obéissance, et je mesurerai votre affection pour ma filleule, aux efforts que vous allez tenter pour vous rendre digne de la société nouvelle où je veux vous introduire l'un et l'autre. »

— Ah ! petit démon, je te vois venir !

« — Dès demain, vous aurez l'obligeance de prendre un maître de grammaire. »

— Bon ! justement Vaugelas soupe avec nous ce soir : je lui glisserai deux mots tout bas.

« — Un maître de langue. »

— Deux, ma chère !... la langue italienne et la langue espagnole sont aujourd'hui de rigueur à la cour : Marie de Médicis n'a jamais oublié la première, et notre jeune reine, Anne d'Autriche, parle toujours la seconde.

« — Un maître d'armes. »

— C'est juste, afin de pouvoir tuer tous ses rivaux. Il aura de la besogne le malheureux !

« — Un maître de danse. »

— Pour lui redresser les jambes... Ne sont-elles pas cagneuses, Marion ?

— Oui, madame la comtesse. Or, on le devine, à la simple inspection de la physionomie de mon futur, jamais il n'aura d'aptitude ni pour les sciences, ni pour les arts. Nous aurons soin, en outre, de le placer sous la plus rigoureuse surveillance d'un médecin, qui, pour lui rendre la taille moins épaisse et la peau du visage moins rude, lui recommandera de manger très-peu et de ne pas boire du tout. Cette dernière ordonnance achèvera de le désespérer.

— Miséricorde! est-ce que parmi ses qualités précieuses, ton futur...

— Compte l'ivrognerie, ma marraine; il affectionne les spiritueux au delà de toute expression.

— Mais c'est un amour que ce garçon-là!

— Jugez comme il va se trouver à la gêne. Il faut, s'il est possible, qu'il ait par jour quinze ou vingt leçons différentes, qu'il se perde au milieu de tout cela, qu'il confonde l'allemand avec la danse, l'espagnol avec l'escrime, ainsi du reste. Le premier jour il patientera, le second il se dépitera, le troisième il réfléchira, et le quatrième il viendra vous demander la permission de s'en retourner à Châlons...

— Sans toi.

— Bien entendu. Cela fait, vous autoriserez mon père à disposer de ma dot. On nommera Camusard huissier à verge; moi je resterai près de vous, et chacun sera content.

— Mais où as-tu puisé tout cet esprit-là, gentil lutin?

— C'est le plaisir de vous voir qui me le donne, ma marraine.

— Prends garde! je vais te manger de caresses... Ah! dis-moi, nous avons oublié le maître de musique.

A peine avait-elle proféré ces mots qu'un laquais annonça :

— M. Vallée Desbarreaux!

Je devins rouge comme une cerise, et mon éventail tomba sur le tapis. Par bonheur, la comtesse ne remarqua point mon saisissement.

Le visiteur entrait.

Madame de Saint-Évremond lui tendit sa main, que l'avocat porta galamment à ses lèvres, puis elle s'écria :

— Voici notre affaire, Marion! Desbarreaux est de première force sur le théorbe, il donnera des leçons à ton prétendu... N'est-il pas vrai, mon cher Emmanuel?... Je vous présente ma filleule.

Desbarreaux s'inclina devant moi, comme devant une personne entièrement inconnue.

— Vous arrivez, Emmanuel... et notre procès?

— Gagné, belle dame.

— Ma partie adverse paiera les frais?

— Il le faudra bien.

— Ah çà ! cria la comtesse, décidément, c'est le jour des bonheurs !... Voyons, comptez un peu avec moi : j'apprends ce matin que le maréchal est mort... un ! Ma filleule arrive... deux ! Je gagne mon procès... trois ! Le quatrième viendra peut-être. En attendant, recevez mes félicitations, Emmanuel. Je l'ai toujours dit à votre père, vous avez du mérite, et si vous écoutiez mes sages avis...

— N'est-ce pas mon devoir, madame ?

— Vous renonceriez à vos folles habitudes, à tous ces compagnons de plaisir qui vous entraînent ; vous travailleriez sérieusement à devenir un avocat célèbre, et, pour gagner la confiance des familles honnêtes et religieuses, vous n'afficheriez plus surtout ces maximes d'athéisme, que vous professez, dit-on, dans certaines orgies secrètes...

— Comtesse ! comtesse ! les calomniateurs ont passé par ici ! s'écria Desbarreaux en riant. Vous m'avez envoyé à Épernay pour leur donner audience ; c'est une trahison !

— Je ne plaisante pas, Emmanuel.

— Ni moi non plus. On vous a trompée, je vous en donne ma parole ; vous voyez en moi l'homme le plus rangé, le plus ami du travail et le moins impie de la terre.

— Ah ! le fourbe ! pensai-je, ose-t-il mentir aussi effrontément !

Et je me cachai la figure avec mon éventail, car il me faisait en tapinois des mines désolantes, devant lesquelles je ne pouvais plus tenir mon sérieux.

J'avais pourtant une assez forte inquiétude.

Il venait de nous ouvrir un chemin de dissimulation complète, où nous risquions de trébucher tout d'abord, si mon père et Camusard venaient à trahir le secret de la rencontre dans l'auberge et de la journée de voyage sur le coche. Mais avant de nous quitter à Meaux, il les avait invités à se taire, disant que cela mécontenterait beaucoup madame de Saint-Évremond, si on lui disait qu'il n'avait pas pris la poste et n'était point accouru directement annoncer l'heureuse issue du procès.

— J'ai besoin de vous croire, Emmanuel, dit ma marraine, vous savez quel intérêt je vous ai témoigné toujours.

Le domestique, soulevant encore la portière, nous cria aux oreilles :

— M. le marquis de Villarceaux !

— Chut!... fit la comtesse.

En même temps elle me regardait et plaçait un doigt sur ses lèvres.

Je ne bougeai pas de place.

Un homme de cinquante ans parut, vif, coquet, plein de verdeur et de jeunesse encore, malgré sa moustache grise et la neige qui recouvrait son front.

— Victoire! s'écria-t-il, en jetant en l'air son chapeau garni de plumes flottantes et le rattrapant ensuite au bout de sa longue canne à pomme d'or. Allons, regardez-moi, comtesse... N'ai-je pas l'air d'un triomphateur?

— D'où venez-vous, marquis? la populace est-elle enfin calmée?

— Là! là! ne parlons plus de la populace. Il est huit heures et demie du soir... Vous figurez-vous que je me sois fatigué à suivre l'émeute jusqu'à la Bastille, où l'on fait à présent danser le maréchal?... Non, chère amie, non... J'arrive du Louvre, où j'ai eu l'honneur de voir commencer le jeu du roi.

— En vérité? dit la comtesse.

M. de Villarceaux jugea convenable de renvoyer ses plumes au plafond et de crier une seconde fois :

— Victoire! victoire!

— Il vous est donc arrivé quelque chose de bien heureux, marquis?

— Sans doute... par ricochet... l'affaire vous concerne plus que moi, comtesse.

— Encore? et de quatre! fit-elle en battant des mains. Voyons, parlez, ne me faites pas languir.

— Minute! procédons par ordre. Le roi qui me boudait depuis un an, grâce à ce... mais il n'est plus... que Satan n'aille point le relâcher, voilà mon seul désir! le roi, dis-je, m'ayant aperçu dans la galerie, vint me frapper sur l'épaule...

— Marquis, marquis, soyez moins bavard! vous nous donnerez une autre fois les détails... Arrivez au fait essentiel... je veux mon quatrième bonheur, je le veux!

— Patience, donc!... Après cette petite tape familière, le roi me dit : « C'est vous, Villarceaux? je suis enchanté de vous voir. » Hein!... que pensez-vous de celle-là, comtesse?

— Je pense... vous êtes insupportable! dit-elle en frappant du pied.

— Ah! d'abord, si vous n'écoutez pas tout, vous ne saurez rien : « Mes gardes viennent d'arrêter cette misérable Italienne, poursuivit Louis XIII (il parlait de la maréchale); vous ne le croiriez jamais, Villarceaux, on a trouvé dans son matelas pour deux millions de pierreries. » — « Sire, lui répondis-je, cela ne me surprend guère : ils en ont bien volé d'autres. » — « N'est-ce pas?... c'est une honte? La Galigaï périra de la main du bourreau, je le jure! et, si madame notre mère y trouve à redire, nous l'enverrons se plaindre à Florence. A propos, marquis, vous nous aviez prié, l'an dernier, d'accorder une lieutenance dans nos gardes à Marguerite de Saint-Denys, seigneur de Saint-Évremond, votre petit-cousin... »

— Est-ce possible?... Sa Majesté vous a dit cela... Villarceaux?..

— Si elle a dit cela, je le crois bien, parbleu! Ce n'est pas tout, elle accorde la lieutenance.

— Mon ami! mon ami! que je vous dois de remercîments!.. une compagnie à mon fils! embrassez-moi, Villarceaux... et vous, Emmanuel, embrassez-moi donc!... et toi, Marion, viens, ma chère petite... C'est mon fils, à qui le roi... Mais, au fait, je ne te l'avais pas dit, j'ai un fils... un mauvais sujet, ma pauvre Marion! beau cavalier, charmante figure, très-bon air, et qui me mange un argent! si bien que je l'ai, depuis un mois, relégué là-bas, à ma terre de Coutances, avec son gouverneur. Mais il va revenir... Tu verras comme il est spirituel..... Aussi, je l'aime! sans jouer avec lui comme avec toi, pourtant, il en abuserait bien vite... Une compagnie, Villarceaux! Mais cela va me coûter les yeux de la tête; je veux équiper splendidement notre jeune militaire et sa suite... Ah! mon bon Emmanuel, vous avez bien fait de me gagner cent mille livres! tout y passera.

La comtesse pleurait de joie. Soudain elle se prit à rire comme une folle et courut à Villarceaux, qui venait seulement de m'apercevoir. Il tournait autour de moi d'un air inquiet.

— Voulez-vous finir! cria-t-elle : vous intimidez cette enfant de vos regards... Ne voyez-vous pas comme elle est rouge et comme elle baisse la paupière?.. Marquis! marquis! vous serez toujours le même!

— Pardon, comtesse, vous me dites là des choses..... Mademoiselle étant étrangère...

Camusard parut dans le plus étrange accoutrement du monde. *Page 74.*

— La trouvez-vous jolie?

— Fort jolie; mais vos reproches sont injustes. Il est tout simple...

— Que vous l'embrassiez, Villarceaux; je vous le permets. D'ailleurs vous en avez parfaitement le droit.

— J'en ai le droit? murmura le marquis avec une stupéfaction risible.

— Mais oui, mon parrain, dis-je en allant à lui.
— Votre parrain, ma belle enfant?
— Sans doute... Vous avez dansé la sarabande auprès de mon ber eau.
— J'ai dansé.... Parbleu! je me rappelle..... oui, c'est cela! notre retour de Suisse, Châlons, l'huissier, son cheval, la cornemuse, le baptême...
— Et le dîner, marquis!
— Oui, comtesse, le dîner... Quoi! cette charmante personne...
— Est notre filleule; je l'ai fait venir, elle ne me quittera plus.. N'est-ce point une agréable surprise que je vous ménageais là, Villarceaux?

Pour toute réponse, mon cher parrain me prodigua des baisers avec une chaleur passablement inquiétante et dont le jeune avocat n'éprouvait pas une satisfaction très-vive.

D'autres personnages entrèrent.

Madame de Saint-Évremond leur apprit la faveur accordée à son fils. Elle me présenta solennellement aux nouveaux venus; puis, étonnée de ne voir paraître ni Gabriel Delorme ni Camusard, elle les envoya chercher par un domestique.

Bientôt mon prétendu fit dans les salons une entrée burlesque, dont chacun eût ri aux larmes, si mon père, arrivant le premier, n'eût dit quelques mots à l'oreille de la comtesse.

Elle s'empressa de nous recommander le sérieux, et Camusard parut dans le plus étrange accoutrement du monde.

Il était coiffé d'une espèce de toque jaunâtre, qui devait appartenir, sous le règne de Louis XI, à un juif de la rue des Lombards. Les autres parties de sa toilette habituelle avaient été remplacées par des vêtements d'une bizarrerie sans exemple, et les fripiers de la capitale semblaient avoir fait la gageure de nous mettre sous les yeux un échantillon de toutes les modes éteintes depuis deux siècles. Le malheureux clerc de Gabriel Delorme avait le cou perdu dans une fraise monstrueuse et portait un manteau de la même couleur que la toque, avec un pourpoint écarlate, à longues basques et à manches bouffantes, destiné probablement jadis à orner, les jours de cérémonie, quelque fou de nos anciens rois. Il était sanglé par là-dessus d'un large ceinturon de buffle, auquel pendait une épée démesurément longue. Des trousses mélangées de bandes jaunes et noires, des bas d'attache couleur ardoise et des souliers à la poulaine complétaient cet extravagant costume.

L'idée de s'affubler de la sorte avait été suggérée à mon prétendu par l'une des femmes de chambre de la comtesse, jeune Allemande espiègle, nommée Thérèse Bulmann.

C'était la fille du suisse de l'hôtel.

Après que j'eus changé de toilette, Thérèse, assez curieuse de sa nature, rôdait autour de nous, sous prétexte de serrer les robes éparses et de ranger différents objets dans un chiffonnier voisin. La maligne pièce n'avait pas l'air de nous écouter le moins du monde; toutefois, elle ne perdit pas un mot de la conversation, et le projet le plus bizarre s'organisa dans son cerveau.

Elle descendit et se mit à la recherche de Camusard.

Tandis que mon père s'installait dans l'appartement qu'on lui avait assigné, Joseph, prévenu sans doute en faveur du suisse par le visage rubicond et fleuri du bonhomme, essaya de nouer connaissance et réussit au moyen d'un expédient très-simple, qui flattait à la fois ses propres goûts et ceux du concierge : il fit apporter d'un cabaret du voisinage deux flacons de vieux bourgogne.

Pour rencontrer mon futur, Thérèse n'alla pas plus loin que la loge paternelle, où depuis une heure environ, Camusard et Bulmann trinquaient ensemble avec une intimité de fort bon augure pour l'avenir.

Cependant leur conversation n'était pas très-variée.

Bulmann, en s'asseyant, dit à Joseph :

— T'où êtes-fous?

— De Châlons-sur-Marne.

— Drès pien!.. moi che suis de Schelestadt... puvons!

Et il se mit effectivement à boire sans souffler mot davantage, se contentant de faire une grimace approbative quand il reposait sur la table son gobelet vide.

Mon prétendu chercha plus d'un quart d'heure une phrase spirituelle pour rompre ce silence, et finit par poser à Bulmann cette question facétieuse :

— Ah çà, mon brave, pourquoi vous appelle-t-on Suisse, puisque vous êtes Allemand?

Le concierge leva les yeux au plafond et réfléchit pendant vingt minutes. On l'aurait pris pour une statue, si, de temps à autre, sa main n'eût fait voyager le gobelet de la table à ses lèvres et de ses lèvres à la table.

— Camusard reçut enfin cette réponse :

— Foui... à brobos, bourguoi?

— Mais je vous le demande, mon brave.

Bulmann reprit sa pose extatique, médita cinq minutes de plus et baissa le nez pour dire à Joseph sur un ton de conviction profonde :

— Che savre bas bourguoi.

Mais, comme la femme de chambre entrait sur ces entrefaites, il ajouta :

— Inderrochez ma fille.

— Quoi donc? dit Thérèse, charmée de trouver, dès l'abord, une occasion d'entrer en matière.

Lorsque Joseph eut renouvelé sa demande, elle s'écria :

— Mon Dieu, tous les suisses sont Allemands, et tous les Allemands veulent être suisses!

— Gombrends bas, dit le concierge.

— Vous comprendrez une autre fois, mon père.

Thérèse n'avait point la langue affligée du baragouin germanique, et cela par une cause très-simple : elle était née six mois après que Bulmann eut quitté Schelestadt pour venir avec sa femme, morte depuis, solliciter à Paris une place de concierge.

— Si je ne me trompe, ajouta-t-elle, monsieur est le fiancé de mademoiselle Marion?

— Précisément, dit Camusard.

— Eh bien, vous pouvez vous flatter de me faire tomber des nues!.. Quoi!.. vous restez ici dans une tranquillité semblable?

— Il est donc arrivé un malheur?..

— Pas encore, mais vous serez ridicule auprès de votre future. Elle vient de passer une robe magnifique... et je vous demande un peu l'effet que vous allez produire avec ces habits-là?

— Je n'en ai point d'autres.

— Il faut en acheter, monsieur! Songez-y, nous avons du monde ce soir. En vous apercevant ainsi vêtu aux côtés de mademoiselle Marion, si belle, si éblouissante, on n'osera jamais dire que vous êtes le futur, et des godelureaux se permettront de lui faire la cour, à votre nez et à votre barbe.

— Oh! oh! nous verrons bien.

— Vous le verrez trop... Fi donc! vous n'avez pas seulement une pauvre flamberge pendue au côté.

— Est-ce qu'il faut avoir...

— Oui, monsieur! Comment châtierez-vous les insolents qui voudraient vous souffler votre maîtresse?

— En la ramenant bien vite à Châlons... Diable! je n'irai pas exposer ma peau dans une sotte querelle.

— Vous ne remmènerez personne à Châlons, et vous n'y retournerez plus vous-même.

— Ouais! qui m'en empêchera?

— Tout le monde.

— Sornettes!

— Vous le premier.

— Moi?

— J'en suis sûre. D'abord, les caves de madame la comtesse sont remplies d'excellents vins... Demandez plutôt à mon père.

— C'est frai, dit le suisse : on nous en tonne le timanche.

— Monsieur en boira tous les jours, dit Thérèse. Et puis, ajouta-t-elle en se retournant vers Joseph, notre maîtresse veut garder sa filleule... Si vous épousez mademoiselle Marion, vous l'épouserez ici.

— Que je l'épouse n'importe où, pourvu que je l'épouse, ça m'est fort égal.

— Oui... mais vous n'épouserez rien, si vous ne suivez mes recommandations. Madame s'est prononcée nettement tout à l'heure : on fera de vous un cavalier modèle; vous prendrez des leçons d'escrime, de musique et de danse; on vous comblera de bienfaits... on se propose même de vous introduire à la cour...

— Hélas! j'aimerais mieux être huissier à verge!

— Qu'est-ce que cela? demanda Thérèse.

— Foui, dit Bulmann, che gombrends bas... exbliguez-fous.

— Eh bien, quoi? s'écria Joseph avec humeur : un huissier à verge est un huissier à verge, ça me paraît clair!.. Ah! que d'ennuis!.. je voudrais être à Châlons.

Gabriel Delorme parut et demanda de quoi il s'agissait.

La rusée soubrette avait bonne mémoire : elle se rappela que mon père était mon complice, et lui fit deux ou trois petits signes d'intelligence, en lui expliquant pour quel motif elle engageait le clerc à changer de toilette.

— Mademoiselle a raison, Joseph, dit l'huissier; tu ne peux rester affublé de la sorte. Que je conserve ma défroque provinciale, c'est tout simple; je suis un bonhomme de père auquel on ne daignera pas faire attention. Mais toi, le prétendu de ma fille, on aura les yeux sur ta personne... Chacun va t'éplucher, mon garçon! Là, franchement, à ta place, je tâcherais d'être irréprochable. Madame la comtesse sera flattée, si tu préviens son désir.

— Mais où trouver des habits, beau-père?

— Je m'en charge, dit Thérèse : donnez-moi seulement votre bourse, et vous allez voir.

Joseph tira de son gousset un petit sac de cuir raisonnablement gonflé.

— Tenez, dit-il en soupirant, j'ai là cinquante écus... ne dépensez pas tout.

La fille de Bulmann sortit de l'hôtel et rentra bientôt en compagnie d'un fripier. Tous deux habillèrent Camusard de la façon que j'ai dite.

Cet absurde costume agrafé sur le dos et aux jambes du pauvre clerc, on vint de la part de la comtesse annoncer qu'il était l'heure de se mettre à table.

Joseph courut à un miroir et se fit à lui-même une moue remplie d'incertitude et de défiance.

— Comment me trouvez-vous, beau-père?

— Ma foi, mon garçon, tu es superbe!

— Vous portez l'épée divinement, dit la femme de chambre.

— Et vous? demanda Camusard à Bulmann.

— Che fous droufe atorable, répondit le suisse.

Enhardi par ces témoignages d'approbation, mon prétendu monta l'escalier d'honneur et fit au milieu de nous son entrée triomphale.

Grâce aux recommandations de la comtesse, nous eûmes le courage de tenir notre sérieux.

— Eh! mais, dit-elle, en allant à la rencontre de Camusard, vous nous causez là, monsieur, la plus agréable surprise du monde... Votre toilette est d'un goût parfait! Je vois, à cette prévenance, combien vous serez docile à mes désirs. Offrez-moi le bras et passons dans la salle à manger.

On soupa gaiement.

Les convives profitaient du plus simple prétexte fourni par la conversation et donnaient alors un libre cours à leurs éclats de rire.

Ils s'amusaient comme des bienheureux de la mine effarée de Camusard. Madame de Saint-Évremond l'avait placé près d'elle et lui expliquait ce qu'il y aurait à faire pour se rendre digne de ses bontés. Le malheureux ne fut pas sans comprendre certains clignements d'yeux et certains chuchotements dont la cause était assez visible. Il ne mangeait pas, buvait à peine, regardait l'un, regardait l'autre, soupirait, soufflait, roulait de gros yeux à fleur de tête; il était au supplice.

Le souper fini, Camusard s'esquiva pour descendre à la loge, où il retrouva Bulmann et Thérèse.

— Décidément, s'écria-t-il, je m'en retourne à Châlons!

— Vous avez tort, répondit la soubrette, il faut de la patience. Madame considère votre prétendue comme sa fille; on veut qu'elle devienne une demoiselle..... vous n'avez pas le droit de vous plaindre.

— Hum! une demoiselle! Marion n'est plus reconnaissable, et je l'aimais beaucoup mieux avec sa jupe à retroussis blancs, son bonnet à volettes et son léger chaperon noir... tenez, juste comme vous êtes là!

— Ce sont les habits de votre future; elle me les a donnés.

— Elle vous les a donnés! dit Joseph avec un soupir.

— Oui; mais n'allez pas au moins me prendre pour elle... Je ne vous lâcherais plus, d'abord, car je suis très en goût de mariage.

Camusard regarda Thérèse, et pour la première fois il s'aperçut que cette jeune fille avait des joues assez fraîches, de petits yeux gris pétillants et, somme toute, une mine rondelette passablement appétissante.

— Ma foi, dit-il avec un nouveau soupir, il me semble... oui... je vous aime déjà plus que Marion.

— Taisez-vous, dit Thérèse... si j'allais vous croire?

— Foui, daise-vous, répéta Bulmann; ne vaites pas le gour à mon fille.

— Qu'est-ce qu'il y a? je veux la lui faire, moi! s'écria Camusard, en frappant du poing sur la table. Je suis libre!.. et, si l'on me tyrannise, j'enverrai promener tout le monde... Ah! mais!

— Che gombrends bas, dit Bulmann.

— Je me comprends, moi, poursuivit Joseph en s'animant toujours, cela suffit... Voyons, morbleu! il n'y a donc rien à boire ici?

— Ne churez blus... on fa fous serfir.

Le concierge fit un signe à Thérèse. Elle ouvrit un placard et mit entre son père et Joseph un énorme pot de grès, rempli jusqu'au bord.

— Allons, dit-elle à mon prétendu, calmez-vous. Eh! bon Dieu, si tout cela vous rend malheureux, n'épousez pas...

— N'épousez pas! cria Joseph, c'est facile à dire..... je veux épouser quelqu'un, moi... n'importe qui! je ne m'en retournerai point à Châlons les mains vides. On rirait, on se moquerait, chacun me ferait la nique...

— A la fôtre! dit le suisse : gomment droufez-fous cette petite poisson?

— Je la trouve excellente... versez toujours!.. Oui, j'épouserai quelqu'un, poursuivit-il en regardant Thérèse.

La matoise baissa les yeux et répondit :

— Qui donc épouserez-vous?

— Une jeune fille de votre connaissance..... Oh! ce n'est pas une mijaurée comme mademoiselle Delorme, elle n'a pas de comtesse pour marraine.

— Che gombrends bas du tout.

— Versez, Bulmann, versez!.. Me comprenez-vous mieux que votre père, mademoiselle Thérèse?

— Mon Dieu, non... pas davantage, répondit la soubrette en lui décochant un regard assassin.

— Je m'explique! s'écria Camusard. Madame la comtesse m'a prié tout à l'heure de prendre un maître de langue; la mienne saura dire à ce maître-là, comme à tous les grammairiens possibles : Allez au diable! Je n'épouserai pas mademoiselle Delorme, qui fait les yeux doux à ce Desbarreaux... un fat!... et à tout le monde...

Il se leva le gobelet tendu.

— Bulmann, à votre santé, mon gros Allemand!.. Je vous demande la main de votre fille.

— Bas bossiple? Che l'agorde dout te suite.

— Mais il faut me consulter, ce me semble, dit Thérèse, et je ne l'accorde pas, moi. Les propositions de monsieur sont dictées par le dépit; bientôt il regrettera ses discours.

Joseph s'accouda sur la table, le front dans ses mains.

Il fut quelques secondes à réfléchir; puis, se levant tout à coup, il jeta sa toque à l'autre extrémité de la loge, déchira sa fraise, brisa les agrafes du pourpoint, déboucla son ceinturon, s'arracha furieusement des épaules le justaucorps écarlate et se disposait à quitter le reste du costume.

— Monsieur!.. monsieur! cria Thérèse.

— Tiaple t'homme!.. Ayez tu moins te la técence.

— Oui, c'est juste, dit Joseph. Ne craignez rien, je garderai les trousses. Mais ceci est pour vous apprendre que je dépouille mon

De quoi parlez-vous à ma filleule, Emmanuel? dit la comtesse. Page 87.

affection. Je la jette loin de moi, comme je viens de jeter ces hardes.

— Drès-pien! dit Bulmann.

— Ne me parlez plus de l'autre, je la renie!.,. Voyez mademoiselle, je ne suis pas beau... mais j'ai bon cœur. Mon oncle m'a laissé vingt-cinq mille livres; je vous offre de les partager avec moi?

— Demain, monsieur, vous en auriez regret; je ne m'exposerai point à un affront.

— Mais si je vous signe tout de suite une promesse de mariage ?

— Ah ! dit Thérèse, en baissant la paupière d'un air candide, je serai forcée de vous croire.

— Vite, une plume et de l'encre ! s'écria Camusard.

— Foici du babier, dit le suisse.

Et le clerc de Gabriel Delorme écrivit aussitôt de sa plus belle main :

« Devant Dieu et devant les hommes, je promets et je jure
« d'épouser, sous huit jours, mademoiselle Thérèse Bulmann,
« sauf à lui verser une somme de *vingt mille livres*, si je manque
« à cet engagement d'honneur. »

— Prafo ! prafo ! fenez m'emprasser, mon chentre... là !... maintenant paisez mon fille.

Minuit sonnait à l'horloge de l'hôtel.

Il y avait tout au plus sept heures que nous étions arrivés à Paris, et déjà Camusard se rendait coupable de cette infidélité monstrueuse.

Fiez-vous à l'amour des hommes !

VII.

Desbarreaux eut l'adresse, au moment du souper, de prendre place à ma droite, et cela sans trop d'affectation.

Mon autre voisin de table était un vieux chevalier du Saint-Esprit, portant le large ruban bleu et les insignes de l'ordre. Il me regardait d'un air singulier, soupirait, commençait une phrase, ne l'achevait pas, soupirait de nouveau, me regardait encore et ne laissait pas de me mettre fort mal à l'aise.

Je le plantai bien vite au milieu de l'essai d'une seconde phrase, et je m'entretins avec le jeune avocat.

Nous étions assez libres. Madame de Saint-Evremond sermonnait Camusard, le reste des convives s'amusaient de la tournure de mon prétendu ou discutaient sur les événements du jour.

Le maintien grave et réfléchi de Desbarreaux, son air de politesse respectueuse et le ton de bienséance qu'il prenait pour me parler contrastaient singulièrement avec la scène du voyage et me faisaient sourire.

— Marion, me dit-il à demi-voix, il faut apprendre à mieux composer votre figure. La comtesse vous lance tout d'un coup et bien imprudemment au sein de notre société parisienne, où tout est fourberie, duplicité, mensonge. Prenez garde à vous, tâchez de ne point donner prise aux méchants et aux traîtres, Vous êtes belle, on vous flattera; vous êtes bonne, on vous trahira; vous êtes sage, on voudra vous séduire.

— Est-ce possible? dis-je, en lui lançant un regard ironique : vous croyez, monsieur, qu'il existe des hommes assez peu délicats...

— Chut!... ce n'est pas adroit, Marion, vous devriez mieux suivre mes conseils... Ne pouviez-vous pas me répondre avec indifférence, en continuant de manger votre perdreau! Ce petit furet de Maynard, placé là-bas, en face de nous, s'est aperçu que vous veniez de me dire une méchanceté. Ne jetez point les yeux sur lui. Règle générale, à table ou dans un cercle, on ne doit jamais regarder la personne dont on s'entretient.

— Ne me parliez-vous pas de duplicité, monsieur? vous m'en donnez là d'assez agréables leçons.

— Il faut toujours, ma chère, combattre nos ennemis avec leurs propres armes. Pourquoi laisser notre visage trahir les pensées intimes et les secrets du cœur? Ceci, Marion, serait de la niaiserie et non de la franchise. Et, tenez, en ce moment, je défie l'observateur le plus attentif de deviner combien je vous aime, combien je me trouve heureux d'être là, près de vous...

— Et combien vous seriez ravi, monsieur, de gagner votre gageure.

— A merveille, vous avez dit cela d'un petit air froid, sans sourciller, sans bouger la tête... impossible de mieux profiter de mes leçons. Voilà Maynard dérouté d'une jolie manière! A présent, il est convaincu, j'en suis sûr, que nous parlons du soleil, de la pluie ou de tout autre sujet aussi neuf et aussi intéressant.

— Quel est ce monsieur Maynard? lui demandai-je.

— On vous pardonne la question, vous débarquez de Châlons-sur-Marne; mais tout Paris connaît le président d'Aurillac, Auvergnat de naissance et poëte par caractère. Au lieu de juger tranquillement là-bas dans sa province, il vient composer ici des odes, des sonnets et des chansons. Si vous devenez son amie, les étoiles n'ont qu'à bien se tenir; il leur adressera toutes sortes d'injures, et leur prouvera qu'elles doivent se cacher de honte devant l'éclat de vos beaux yeux.

— Tant pis pour les étoiles!... Mais cet autre, à droite de ma marraine?

— Il se nomme Claude Favre de Vaugelas, un homme charmant, auquel je ne vois que deux défauts : le premier d'avoir le nez de travers, le second d'être grammairien. Ses manies de purisme sont fatigantes. Cet original est chambellan du frère du roi, et, sous peine d'une disgrâce absolue, Gaston lui a formellement interdit de parler syntaxe en sa présence. Vaugelas se fait le redresseur universel des solécismes et des fautes contre la langue. Un jour, accablé d'injures et provoqué en duel par un cadet de Gascogne, il remarqua dans les phrases de ce dernier certaines incorrections blessantes, et lui répondit : « Vous avez le droit, monsieur, de me donner un coup d'épée, mais non celui de m'écorcher les oreilles. Je cause volontiers en ferraillant, vous auriez sur moi trop d'avantages : retournez deux ou trois ans à l'école, nous nous battrons ensuite. » Du reste, ajouta Desbarreaux, M. Favre de Vaugelas, Saint-Sorlin et moi, nous sommes les hôtes les plus intimes de ce logis.

— Et qu'avez-vous fait de M. de Saint-Sorlin?

— Depuis Meaux nous avons couru la poste ensemble. Bien lui a pris d'arriver ce soir; il a manqué de payer fort cher sa fantaisie de venir avec moi déguster le champagne véritable.

— Comment cela?

— Monseigneur du Plessis a le nez fin; il est arrivé de Luçon juste pour assister à la mort tragique du maréchal d'Ancre. Cela gâte un peu les choses. De quel côté se mettra l'évêque? du côté du fils ou du côté de la mère? Renier sa protectrice, c'est grave, mais consoler Marie de Médicis, braver la susceptibilité du roi, c'est plus grave encore. Richelieu est aux cent coups... son secrétaire a essuyé la plus rude mercuriale... enfin, ceci doit lui apprendre à ne plus quitter son poste à l'avenir.

En ce moment, mon voisin de gauche, impatienté sans doute de la préférence que j'accordais à Desbarreaux, laissa tomber sa fourchette; puis, au lieu de la faire ramasser par un valet il se baissa lui-même, et sa main rencontra mes genoux.

Involontairement, je jetai un cri d'effroi.

— Qu'y a-t-il? demanda la comtesse.

— Oh! rien, ma marraine... il me semblait...

— Parle, mon enfant.

— Qu'une bête venait de me toucher la jambe.

Un éclat de rire général partit à cette réponse.

— Ah! bon, je comprends, dit M. de Villarceaux, c'est ce vieux drôle de Rosecroix qui fait des siennes!

Mon voisin rougissait, balbutiait, madame de Saint-Évremond le regarda sévèrement, et dit, en se levant de table :

— Nous allons repasser dans le salon. Monsieur de Rosecroix; veuillez offrir la main à ma filleule, avec tous les égards et le respect que vous avez pour moi-même.

Le chevalier s'empressa d'obéir et me conduisit très-humblement à un fauteuil du salon.

— Vous êtes folle, me dit tout bas Desbarreaux : on ne fait jamais remarquer ces choses-là.

— Comment, vous voulez, monsieur, que je me laisse...

— Pas précisément; mais il eût été mieux de ménager ce vénérable pécheur et de lui faire comprendre sa faute par un mot, par un regard, sans appeler sur lui les réprimandes de votre marraine. Vous risquiez de vous faire un irréconciliable ennemi. Par bonheur, il est entièrement sous l'impression de vos charmes, l'idée de vous conserver rancune ne lui est pas même venue... regardez plutôt!

L'avocat disait vrai :

M. de Rosecroix, assis dans l'un des angles de la pièce, m'admirait et semblait en extase.

— C'est une conquête au moins sexagénaire, Marion!... Du reste, ajouta Desbarreaux, nous n'aurons pas toujours autant de liberté que ce soir : je veux en profiter et vous donner d'autres avis.

— Je suis vraiment très-reconnaissante, monsieur.

— Ne prenez pas cette peine-là, je travaille dans mes intérêts.
— Ah! ah!
— Vous le savez bien... je vous aime trop pour ne point faire en sorte de vous rendre parfaite. Vous êtes belle, Marion ; mais ayez l'air de ne pas le savoir, afin d'échapper aux mille petites perfidies dont les autres femmes vous feraient nécessairement payer vos triomphes. Quant aux hommes, soyez en garde contre l'attraction qui vous portera vers les jeunes, mais surtout défiez-vous des vieux ! ce sont les plus à craindre. Ils ont dans leur gibecière une infinité de ruses, par lesquelles ils savent compenser la perte de leurs avantages physiques. Ils osent tout, c'est le moyen de réussir, et souvent une pauvre jeune fille se trouve empêtrée dans une barbe grise, sans savoir ni comment, ni pourquoi. Soyez surtout en défiance contre votre cher parrain. Vaugelas l'assomme en ce moment de quelque définition grammaticale, sans quoi je n'aurais pas si beau jeu près de vous. Son titre lui donne une espèce de droit, dont il abusait déjà tout à l'heure. Maintenant vous êtes avertie, et vous avez trop de tact et d'adresse pour ne pas lui poser des limites impossibles à franchir. D'ailleurs, vous devez le faire, par égard pour votre marraine... Il n'est pas dit que Villarceaux et madame de Saint-Évremond voudraient laisser lire toutes les pages de leurs *Mémoires*, et j'ai, pour mon compte, entendu parler d'un voyage en Suisse...

— Taisez-vous, méchante langue!

— Rien n'est prouvé, mais enfin, brisons là-dessus. Vous aurez vous même un jour à fixer votre choix. Ne prenez aucune décision, ma belle enfant, sans vous être consulté le cœur... A moins qu'il ne se rencontre un mari sortable, ce dont je doute fort.

— Pourquoi cela, monsieur?

— En fait de maris, charmante, il s'en présente de deux sortes, des jeunes et des vieux... toujours ! les premiers cherchent de l'argent, les seconds en apportent quelquefois. Ceux-là, vous trouvant riche en attraits seulement, vous tireront leur révérence, et vous congédierez les autres. Alors, Marion, si vous avez souvenir d'un homme qui vous aime, d'un homme incapable d'enchaîner sa vie, mais tout disposé à effeuiller des roses sur la vôtre et à colorer chacun de vos jours des rayons du bonheur, venez à cet homme, et vous trouverez en lui tendresse, dévouement, constance.

— Pour Dieu, lui dis-je, finissez un tel discours... On nous observe peut-être?

— Du tout, Marion. La comtesse est accaparée par ce bavard de président; Rosecroix persévère dans son extase, notre puriste assomme encore Villarceaux, et M. Delorme sommeille dans son fauteuil. Je ne m'écarte pas, d'ailleurs, de mon système, et j'ai l'air de vous parler de ces tentures ou des arabesques de ces corniches.

— Monsieur, vous avez fait sur l'hypocrisie des études profondes.

— Non..., j'ai naturellement tous les défauts.

— Comme ceci doit me rassurer!

— Aujourd'hui, je dissimule et je tranche du sage. La comtesse aura la plus entière confiance et me laissera près de vous sans crainte, jusqu'au moment où je gagnerai, bel ange, notre pari du jardin.

— Jamais, monsieur!

— Nous verrons cela, Marion.

— De quoi parlez-vous à ma filleule, Emmanuel? dit la comtesse en s'approchant.

— Le nom de mademoiselle, répondit Desbarreaux, me faisait croire qu'elle était native de Lyon, et je lui demandais si par hasard elle n'avait pas eu pour grand-oncle Philibert Delorme, ce fameux architecte qui a donné le plan du château des Tuileries. Après la réponse négative de votre filleule, madame, nous en sommes venus à parler du Louvre, de l'hôtel de Soissons, du Châtelet, en un mot des principaux monuments de Paris. Elle désire beaucoup les connaître, et je les lui décrivais tant bien que mal, par anticipation.

Cela dit, Desbarreaux salua ma marraine.

Les autres convives, imitant son exemple, s'apprêtèrent à prendre congé de nous. Minuit sonnait.

Camusard, je ne m'en doutais guère alors, était en train de consommer son indigne trahison.

Le lendemain, à mon réveil, je vis une des femmes de chambre qui m'avaient habillée le soir précédent.

C'était Thérèse Bulmann.

Je fus effrayée d'abord, car la fine mouche prenait un air de consternation, très-propre à me donner de l'inquiétude.

— Qu'avez-vous? lui dis-je.

— Hélas! mademoiselle, pourquoi m'avez-vous donné hier votre robe et votre chaperon?

— Pourquoi?... je ne sais... ma marraine l'a jugé convenable... où est le malheur?

— Votre prétendu, me voyant avec ce chaperon et cette robe, est tombé tout à coup amoureux de moi.

Je fis un bond de surprise et je me trouvai sur mon séant, l'œil fixé sur Thérèse, et cherchant à lire dans les traits de cette fille le motif qui pouvait lui dicter cet étrange discours.

— Amoureux de vous!

— Oui, mademoiselle... il veut m'épouser.

— Vous épouser!

— Dame, il y tient, puisqu'il m'a signé, hier au soir, une promesse de mariage.

La chose me parut trop forte, et prenant mon ton le plus sévère, je répondis à la femme de chambre :

— Habillez-moi... Vous me suivrez ensuite chez madame la comtesse. Je désire apprendre de sa bouche si elle vous autorise à faire des plaisanteries aussi déplacées.

— Mais je ne plaisante pas, je vous jure, dit Thérèse en tirant de sa poitrine l'écrit signé de la veille.

Je le parcourus, puis je regardai la soubrette avec stupéfaction. Je me frottais les yeux, sans pouvoir néanmoins mettre en doute leur témoignage. Il se passait en moi quelque chose d'inouï, je luttais entre la joie et la colère.

Tous mes vœux se réalisaient avec une promptitude dont je n'avais jamais eu l'espoir, et cependant mon orgueil se révoltait ; je m'indignais que Joseph se fût permis de briser mes chaînes sans mon expresse volonté, sans ma participation directe; et m'adressant à Thérèse :

— Vous êtes bien osée, mademoiselle, de venir m'annoncer vous-même...

Je m'arrêtai soudain.

Mon absurde colère ne pouvait dépasser les bornes d'une spontanéité dont je me rendis aussitôt maîtresse : tous les nuages de mécontentement disparurent, et j'envisageai Thérèse d'un œil beaucoup moins terrible.

— Ah çà! lui dis-je, comment avez-vous fait? par quel maléfice, par quel sortilége... le malheureux était donc ivre?

MARION DELORME

(Voyez le beau museau, cela se mêle d'être trompeur. Page 91.)

— Pas trop, mademoiselle.

— Vous avez dû, vis-à-vis de lui, déployer toutes les séductions imaginables ?

— Je ne l'ai vu qu'en présence de mon père, le concierge de l'hôtel.

— Allons, m'écriai-je, c'est un coup de la Providence ! le ciel a travaillé pour moi. Je vous félicite de toute mon âme... Mariez-vous au plus vite, demain, aujourd'hui, sur l'heure..., et tâchez d'avoir beaucoup d'enfants qui ne ressemblent pas à leur père.

Je partis à ces mots d'un éclat de rire si joyeux, si bruyant, si prolongé, que madame de Saint-Évremond, dont la chambre à coucher se trouvait voisine de la mienne, accourut en déshabillé du matin pour me dire :

— Ah çà, petite, tu es folle ?

— Oui, ma marraine, folle de joie... Tenez, voyez, lisez, admirez, prosternez-vous ! Camusard épouse votre femme de chambre !

Après avoir parcouru l'écrit, la comtesse n'en revenait plus à son tour.

— Là ! m'écriai-je, oserez-vous m'appeler encore Machiavel en jupons ? Tous nos plans sont déjoués, surpassés, enterrés par la fille de votre concierge ; elle me met à la porte du cœur de Camusard !... Il lui a suffi de tirer le cordon pour s'introduire dans les bonnes grâces de mon futur... Vous voyez, ma marraine, les habitudes de famille !

Et, la comtesse partageant ma gaieté, nous rîmes à nous tordre pendant plus d'un quart d'heure.

— Ma foi, dit Thérèse avec un petit air mutin, j'aime encore mieux avoir celui-là que de n'en avoir point du tout.

Ce fut bien pis alors.

Madame de Saint-Évremond bondissait sur son pliant, le rire nous suffoquait.

Enfin, cette crise eut un terme, et la fille de Bulmann nous raconta très en détail tout ce qui avait eu lieu, la veille, dans la loge de son père.

Je passai vite une robe de chambre, et je dis à Thérèse :

— Reprenez cet écrit, descendez, soyez discrète, et envoyez-nous Camusard.

Cinq minutes après, il entra, la tête basse et la figure piteusement bouleversée ; nous eûmes toutes les peines du monde à ne pas recommencer notre fou rire.

— Eh ! monsieur, dit la comtesse, pourquoi, s'il vous plaît, avez-vous, sans notre permission, repris votre costume de province ? Il y a là-dessous un sens mystérieux...... Je n'ose le comprendre. Paris aurait-il exercé déjà sur vous sa funeste influence ? Est-il vrai que, dans un excès d'égarement produit par des charmes vulgaires, vous ayez parjuré la foi d'une promesse, et fait à ma filleule l'injure la plus sanglante qu'une femme puisse recevoir?

— Ah! madame.... ah! Marion! dit Camusard, auriez-vous appris déjà...

— Votre indigne conduite? oui, monsieur! m'écriai-je, et je vous remercie de n'avoir pas fait languir mes espérances; on ne pouvait les briser moins brutalement et en aussi peu d'heures.

— Hélas! Marion, je vous aimais pourtant.

— Voulez-vous bien vous taire!... Mais regardez un peu, ma marraine, il va tomber à mes genoux et me faire des protestations d'amour.... Me signerez-vous aussi à moi, bel Adonis, une promesse de mariage? Fi! l'ingrat... fi! le traître!... Allez, monsieur, vous ne méritez guère les bontés que j'avais pour votre grotesque et ridicule personne... Voyez le beau museau! cela se mêle d'être trompeur.

— Tenez, Marion, dit Camusard, égratignez-moi, frappez-moi... je me livre pieds et poings liés à votre vengeance.

— A quoi me servira de me venger? puis-je reconquérir ainsi le mari qui m'échappe?

— Bah! vous en trouverez d'autres, Marion.

— Qu'est-ce à dire?

— Et de mieux que moi, et de plus huppés.

— Mais voyez donc, ma marraine, l'air paisible de ce monstre-là!... Quoi! monsieur, vous ne me jurez pas que vous avez agi de la sorte dans un moment d'erreur et d'oubli?

— Vous ne me suppliez pas, dit la comtesse, de reprendre à Thérèse votre promesse écrite?

— Non, dit Camusard avec un soupir..... décidément, j'étais absurde... Ah! si nous étions restés là-bas, en Champagne, je ne dis pas... encore! encore! je suis si laid et Marion est si jolie... Toutes réflexions faites, c'eût été une sottise.

— Qu'entendez-vous par ces paroles?

— A Châlons, madame la comtesse, j'aurais tenu ma femme sous clé... Mais, à Paris, je me défierais des serrures. D'ailleurs, est-ce que je pourrais jamais faire les mines de ces beaux messieurs-là? Marion ne m'aurait pas aimé trois mois, et jugez de l'esclandre! Toutes ces idées me sont venues, moitié pendant le voyage, et moitié pendant le souper d'hier... Ah! ma foi, je me suis dit : Joseph, mon garçon, guéris ton cœur, guéris-le bien vite!

— Vos raisonnements, monsieur, sont fort judicieux.... Et Thérèse Bulmann hâtera cette guérison ?

— Mon Dieu !... oui... Voyez-vous, madame, je n'oserais jamais chiffonner une robe de satin. Que Marion devienne la femme d'un duc et pair ou d'un prince du sang... Moi, j'épouse Thérèse.

— Allons, il faut te résigner, ma chère, dit la comtesse : le pourras-tu ?

— Si je le pourrai, ma marraine !... Je ne conserve pas la moindre affection pour lui, et je le trouve laid... mais je le trouve laid !...

— Bon ! fit Camusard, est-ce la première fois que vous me le dites, Marion ? Je n'ai pas la gentillesse de M. Desbarreaux... Non, certes, et vous le regardiez plus que moi sur le coche.

— Sur le coche ? répéta madame de Saint-Évremond avec surprise.

Elle me regarda ; je rougis aussitôt.

— Double animal ! cria Camusard, on m'avait pourtant recommandé...

— Quoi ? fit la comtesse.

— Chut ! j'en ai déjà trop dit.

J'étais en proie à une confusion extrême, et je voyais madame de Saint-Évremond froncer le sourcil d'une manière inquiétante.

— Laissez-nous, monsieur, dit-elle à Camusard.

— Vous m'en voulez, Marion ? demanda-t-il avant de sortir.

— Pourquoi cela ? répondis-je : si M. Desbarreaux a eu un motif de se taire, je n'en ai pas, moi, pour manquer de confiance vis-à-vis de ma protectrice.

Il disparut, et la comtesse me dit, avec une gravité que je ne lui avais point encore vue jusqu'alors :

— Parlez, je vous écoute.

— Eh bien, ma marraine...

— N'oubliez aucun détail, je veux tout savoir.

Ma rougeur augmentait, mes mains étaient tremblantes.

— Ah ! Marion, mon enfant, c'est donc grave ! je ne consentirai jamais à vous garder à Paris, si ma complaisance peut causer votre perte. Ici, ma chère, les occasions fourmillent, et dès que je pourrais croire... Votre sagesse doit être à l'épreuve... Allons, ne pleure pas ainsi !... tu sais combien je t'aime... ne me cache rien, tu n'auras jamais à regretter ta franchise.

Hélas ! il fallut presque tout lui dire !

Elle devinait avec une adresse merveilleuse les circonstances que, malgré mon trouble, j'essayais encore de dissimuler.

Le jour même, Vaugelas eut mission de porter à Emmanuel un mandat de six mille livres pour ses honoraires d'avocat, et le grammairien lui fit très-*correctement* * comprendre qu'il agirait avec prudence en oubliant jusqu'à nouvel ordre le chemin de la rue Saint-Thomas-du-Louvre.

VIII.

Je ne pardonnais point au clerc de Gabriel Delorme, et j'étais victime, je n'en doutai pas un seul instant, d'une indiscrétion très-volontaire ; il y avait dans une pareille échappée de langue plus de méchanceté que de bêtise.

Malgré la visite diplomatique de Vaugelas, ou peut-être à cause de cette visite, Emmanuel se représenta le soir même chez la comtesse, mais son apparition y fut très-courte.

Il déposa tranquillement sur la cheminée du salon le mandat de six mille livres, et dit à ma marraine :

* Vaugelas a été le premier geôlier de la langue française lorsqu'elle tenta son émancipation. C'est ce grammairien qui nous a gratifié de tant d'*articles* et de *participes*, et qui refusant d'emprunter aux Latins et aux Anglais l'excellente règle du *que retranché*, nous a laissé tous ces inévitables *que*, indestructibles broussailles de notre langage. L'Anglais, à l'imitation du latin, peut dire : *Angleterre attend chaque homme faire son devoir (England expects every man to do his duty.)* Vaugelas n'a pas voulu nous donner cette liberté, qu'une Assemblée nationale même ne pourrait plus nous octroyer aujourd'hui.   Méry.

— Je suis désolé d'avoir pu vous déplaire... toutefois, madame, ce ne peut être pour vous un motif de priver vos pauvres d'une aumône.

Puis il salua chacun à la ronde, sans m'oublier dans cette distribution de révérences.

Lorsqu'il passa près de moi, je murmurai tout bas :
— C'est Camusard !
— Bien, dit-il, je me vengerai.

L'échange de ces paroles fut si prompt, que personne ne vit seulement remuer nos lèvres.

Madame de Saint-Évremond parut furieuse après le départ de l'avocat. Cet inconcevable aplomb l'avait déconcertée ; c'était une humiliation pour elle de n'avoir pu trouver un mot à répondre. Tout le reste de la soirée, elle se montra fort peu amicale, et j'eus, en outre, le déplaisir de la voir prendre une sorte d'intérêt au mariage de Camusard.

Il fut décidé que le clerc et Thérèse seraient unis, sous trois jours à la chapelle des Pères de l'Oratoire, située dans les environs.

Puis, comme si la comtesse eût voulu redoubler mon chagrin, elle manda Joseph, occupé sans doute à s'enivrer dans la loge du concierge, et daigna lui faire connaître elle-même la décision qui venait d'être prise.

— Ah ! madame, dit l'imbécile en tombant à genoux, mettez, de grâce, le comble à vos bontés ! Il me manque une seule chose pour être heureux.

— Qu'est-ce donc ?
— Ma nomination d'huissier à verge au bailliage de Châlons... c'est le rêve de ma vie, et je vous bénirai jusqu'à la mort !
— Votre souhait s'accomplira, dit-elle. Le marquis de Villarceaux est en très-bons termes avec Duvair, et vous aurez la nomination le jour même du mariage. Ma parole vous est acquise.

La comtesse prenait plaisir à me taquiner au sujet de mon ex-prétendu. Je ne dissimulais pas assez ma rancune, et, d'autre part, ma récente confession, mêlée de réticences, n'avait pu tromper une femme de son expérience. Desbarreaux, elle le voyait à merveille, ne m'était pas aussi indifférent que je voulais bien le dire.

J'ai réfléchi souvent à l'instabilité des affections chez notre sexe ; un caprice les détermine, un autre caprice les efface. Ma marraine, sans doute, pouvait me trouver des torts, mais enfin je ne m'étais montrée que légère. La réprimande donnée, fallait-il me punir par de la froideur ?

Si j'eusse pu, ce soir-là, revoir Emmanuel et me trouver avec lui deux minutes en tête-à-tête, je l'aurais certainement prié de mettre en œuvre tous les ressorts dont il disposait dans la magistrature pour empêcher la réalisation des vœux de Camusard.

Les trois jours qui suivirent furent assez tristes.

Madame de Saint-Évremond me boudait encore ; d'ailleurs elle s'occupait de faire disposer les appartements de son fils. Un courrier galopait déjà sur la route de Coutances, et l'on attendait le jeune Marguerite à la fin de la première huitaine de mai.

Je n'avais rien vu des curiosités de la capitale.

Gabriel Delorme voulait m'emmener avec lui dans quelques-unes de ses courses ; mais je ne portais plus une toilette à trotter pédestrement dans les rues, et ma marraine déclara d'un ton sec que j'avais tout le loisir de connaître Paris.

Il fallait, à l'entendre, compléter d'abord mon éducation.

Par conséquent, les maîtres qui devaient tourmenter Camusard, excepté toutefois le maître d'escrime, vinrent me tourmenter moi-même.

J'enrageais, et je les reçus très-mal d'abord.

Arriva le maître de musique. Il me vanta l'excellence de sa méthode, et me parla d'un de ses élèves, qu'il avait, disait-il rendu sur le théorbe, d'une force prodigieuse.

Il me nomma Desbarreaux.

Je fis mine de l'écouter avec beaucoup d'indifférence ; une des femmes de la comtesse assistait à mes leçons. Mais je soupçonnai tout de suite Emmanuel d'avoir manœuvré secrètement afin d'obliger ma marraine à choisir ce professeur-là plutôt qu'un autre. Je n'en doutai plus, lorsque, dès le lendemain, je trouvai dans mon cahier de musique le billet suivant :

« Tranquillisez-vous, ma chère âme : notre vengeance approche,
« et Camusard me paiera cher sa dénonciation. Je vous envoie
« mille baisemains.

« Desbarreaux. »

Je me creusais la cervelle pour deviner quelle serait cette vengeance et je ne voyais pas trop comment Emmanuel la mettrait à exécution, car tout allait au mieux pour mon ex-prétendu.

Sa grosse figure bête avait l'air de me narguer.

Duvair, le garde des sceaux, accorda bien vite, à la sollicitation du marquis, une modeste faveur, et ce fut un spectacle risible de voir le clerc de Gabriel Delorme se rengorger devant tous et faire la roue.

Jamais huissier à verge n'avait étalé tant d'orgueil. Le roi serait venu à passer que le nouveau dignitaire se fût résigné de fort mauvaise grâce à lui ôter son chapeau.

Le matin du 1er mai, jour de la fête des fleurs, Camusard prit le chemin de l'église avec Thérèse Bulmann, fraîche et gentille sous son blanc costume de mariée.

C'était un affreux souci conduisant une rose.

Ma marraine et moi nous les suivions de l'œil, du haut du balcon de l'hôtel, et je me disais tout bas :

— Où donc est la vengeance promise?

Elle vint au bout d'une demi-heure, et ce fut Camusard lui-même qui nous en apporta la nouvelle. Je le vois encore entrer, le regard éperdu, les vêtements en désordre, et ses cheveux rouges ruisselant de sueur.

— Thérèse! cria-t-il, Thérèse!.. où est-elle? On m'a pris ma femme, on m'a volé Thérèse... Au secours! à l'assassin!

— Mais que dites-vous là, monsieur? demanda la comtesse.

— Ah! madame! Il faut aller trouver le roi, le sommer de nous rendre justice et de punir les ravisseurs... Où peut-elle être, grand Dieu!.. J'espérais la rencontrer ici... Miséricorde! Je veux ma femme... Au secours! au secours!

Il nous quitta, pleurant et se frappant le front, sans nous donner le moindre éclaircissement sur cette bizarre aventure.

Bientôt arriva mon père avec les autres témoins de la noce ; ils nous apprirent ce qui venait de se passer.

Les futurs époux avaient gagné la rue Saint-Honoré, escortés d'un entourage composé en grande partie des domestiques de l'hôtel.

Tout à coup, une vingtaine de gardes-du-corps leur barrèrent le passage à la hauteur de la rue du Coq. Voulant sans doute honorer les fiançailles à leur manière, chacun d'eux tira son mousquet aux oreilles du cortége.

Thérèse parut très-effrayée de ces détonations. *Page 97.*

Thérèse parut très-effrayée de ces détonations; elle jeta des cris perçants et courut se réfugier dans une maison voisine, pendant que l'huissier à verge haranguait gravement les tirailleurs et tâchait de leur démontrer l'inconvenance d'une pareille conduite. Les gardes-du-corps lui rirent au nez et continuèrent leur chemin.

Camusard voulut reprendre le bras de Thérèse; il ne la vit plus.

On lui indiqua la maison qu'elle avait choisie pour refuge ; il s'enfonça lui-même dans l'allée, frappa rudement aux portes, visita les étages, interrogea les habitants, fureta dans chaque recoin, descendit, puis remonta pour chercher de nouveau, jurant, criant, hurlant, sanglotant, mais le tout en vain : nul dans ce logis n'avait aperçu Thérèse.

Il fit enfin la découverte d'un étroit couloir qui serpentait entre des rangées de murailles sombres, traversait des cours humides, se replongeait encore dans les ténèbres, et finissait par déboucher à la rue Champfleury.

Thérèse avait dû passer par là.

Les domestiques de la comtesse aidèrent Camusard dans ses recherches. On questionna les habitants de cette nouvelle rue ; ils répondirent qu'effectivement une jeune fille venait de sortir du couloir ; mais l'un déclara qu'elle avait pris à droite, l'autre soutint qu'elle avait pris à gauche, un troisième affirma qu'elle était montée dans un carrosse dont les chevaux, vigoureusement lancés, étaient partis ensuite ventre à terre.

Bref, on ne sut rien, on ne découvrit rien.

Le marié, presque fou, regagna l'hôtel et nous tint les discours passablement incohérents que j'ai rapportés plus haut.

Madame de Saint-Évremond mit tous ses gens sur pied, on parcourut Paris dans tous les sens, des limiers arpentèrent les carrefours : vaines recherches, inutiles démarches !

Thérèse ne se rencontra nulle part, elle avait disparu comme une ombre.

A-t-on fait usage de la force pour enlever cette jeune fille ? A-t-elle suivi de bon gré ses ravisseurs ? Je ne savais plus que penser moi-même, et j'eus beau feuilleter mon cahier de musique, j'eus beau questionner mon maître du regard : ou il avait reçu l'ordre de se taire, ou Desbarreaux n'était pour rien dans cet enlèvement.

Au milieu de ce brouhaha, de ces commentaires et de ces plaintes, un seul homme resta calme : ce fut le suisse de l'hôtel. Une attaque de goutte l'avait empêché de suivre la noce, et lorsque son gendre manqué vint lui dire :

— Thérèse est perdue !

Il répondit avec un flegme lacédémonien :

— Che fous l'ai gonfiée... dant bis bour fous !

Pendant quatre ou cinq jours, Camusard n'obtint pas d'autre

réponse. Lassé d'entendre perpétuellement la même chose, il finit par demander au suisse :

— Voyons, Bulmann, que voulez-vous dire par là?

— Che feux tire gue fous redrouferez Dhérèse, gue fous l'ébouserez... ou gue fous baierez fingt mille lifres.

— Au diable! cria Joseph.

Il monta furieux chez ma marraine pour lui rendre compte des prétentions exorbitantes du concierge. Mais celle-ci, ayant déjà de toutes ces sottises par-dessus la tête, répondit assez durement :

— Le père de Marion veut retourner dans sa province : je vous engage à le suivre, monsieur. Ce doit être, du reste, un plaisir pour vous d'aller prendre possession de votre nouvelle charge.

— Mais cette promesse écrite, madame... on ne me l'a point rendue?

— Eh! qui vous a prié, monsieur, de donner votre signature? Si l'on vous attaque, avisez à vous défendre... Un procès? vous serez dans votre élément. Ce soir, Marion fera ses adieux à son père, et demain, je pars avec elle pour aller au-devant de mon fils. Notre route est à l'opposé de la vôtre... Bon voyage, monsieur Camusard!

J'étais avec la comtesse, et je fis à mon ex-prétendu la révérence la plus respectueuse, en répétant d'un air moqueur :

— Bon voyage!

Il méritait bien, selon moi, d'être aussi cavalièrement congédié.

Mon père, au moment de nos adieux, remercia madame de Saint-Évremond de la bienveillance dont elle me donnait les marques.

— J'espère, dit-il, que Marion se rendra toujours digne de vos bontés.

— Sans doute, mon cher monsieur Delorme... autrement je vous la renverrais. Mon cœur me dit de la garder près de moi; néanmoins, il ne faut pas que ma raison puisse un jour adresser des reproches à mon cœur. Je trouverai pour ma filleule un établissement convenable... je vous le promets... si la sagesse de la protégée marche toujours de concert avec les bonnes intentions de la protectrice.

La voix de ma marraine était émue.

Je vis combien elle avait été chagrine des poursuites de Desbarreaux, poursuites qu'elle savait n'être point honorables et contre lesquelles il eût été de mon devoir de me révolter la première. Le remords me serra le cœur; je maudis sincèrement les malheureux instincts qui me portaient à la coquetterie, et je me précipitai dans les bras de l'excellente femme en lui jurant de mourir plutôt que de lui causer jamais la moindre peine.

O mon serment! qu'es-tu devenu?

Le lendemain, partirent ensemble Gabriel Delorme et Camusard. Mon père avait l'autorisation expresse de disposer de ma dot. Il emportait, en outre, de fort beaux présents pour ma mère et mes sœurs.

J'étais rassurée sur l'avenir de ma famille.

Tandis que le coche emmenait mes premiers compagnons, en remontant péniblement le cours de la Seine, madame de Saint-Évremond et moi nous courions à toutes brides sur la route de Mantes.

A midi, nous avions dépassé cette ville, et, vers le soir, descendant à l'auberge de la poste à Évreux, nous tombâmes au milieu d'une réunion brillante qui me rappela le dîner d'Épernay.

Un simple coup d'œil me prouva néanmoins que je n'avais plus sous les yeux de ces bons bourgeois et de ces graves conseillers de province, toujours guindés, toujours pesants, même au milieu de leurs innocentes débauches : je devinai tout de suite des gens de cour, à leur costume, à leurs manières, au ton bref qu'ils prenaient avec les valets, et surtout à leur accueil à madame de Saint-Évremond.

Il y avait là six convives.

Le plus jeune de tous quitta précipitamment la table, et vint tomber dans les bras de la comtesse, en s'écriant :

— Ma mère! ma bonne mère!

— C'est toi, Marguerite, mon fils!.. je ne croyais pas te rencontrer si près de Paris.

— N'est-ce pas, ma mère?.. ah ! c'est qu'une lieutenance, morbleu! ça vous donne des ailes, ou, pour mieux dire, ça crève des chevaux. Le maudit courrier, chargé de votre lettre, a mis sept jours à faire le voyage... Par Satan ! il osait se plaindre de ses côtes, et peu s'en est fallu que je ne les lui brisasse tout de bon. Mais enfin je suis parti hier, avant l'aurore... j'ai fait trente-cinq lieues par jour... demandez-le, s'il vous plaît, ma mère, à quatre ou cinq méchants bidets de la poste, laissés pour morts sur la route !

— Marguerite... monsieur, vous êtes toujours le même... on ne vous a guère morigéné, dit madame de Saint-Évremond, se tournant vers un ecclésiastique, humblement incliné à sa droite.

— Bah! l'abbé me sermonne du matin au soir... c'est endormant comme tout!.. Mais voyez donc, ma mère, vous êtes en pays de connaissance? Permettez-moi de vous présenter madame la duchesse de Luynes, M. de Bassompierre, madame la marquise, sa femme, et ce damné Rosecroix, qui déserte vos salons pour aller courir la pretentaine.

Toutes les personnes, ainsi nommées, se levèrent de table et vinrent saluer la comtesse.

— Ah! mon Dieu! c'est un rêve!.. vous ici, charmantes, vous ici, colonel!.. et vos Grisons? et la garde du Louvre?.. jusqu'au chevalier... Je suis confondue de surprise.

— Écoutez, dit Rosecroix, il faut que je vous raconte...

Il fut interrompu par les femmes, qui s'écrièrent :

— Laissez-le, comtesse, embrassons-nous plutôt.

— Figurez-vous, madame, voulut poursuivre Rosecroix...

— Mais, silence donc, chevalier! dit Bassompierre : ordinairement vous ne lâchez pas six phrases par jour, encore ne les terminez-vous jamais, et voici que vous allez bavarder comme un procureur, tout exprès pour laisser refroidir cette poularde!... Dînons, mesdames... Vous devez avoir de l'appétit, comtesse?... Eh! mais, dit-il en m'apercevant, vous n'êtes pas seule?

— Oh! fit Rosecroix, je ne voyais pas...

Il resta la bouche béante, sans achever sa phrase, tandis que Bassompierre venait me chercher dans un coin obscur de la salle, où jusque-là je m'étais tenue discrètement ; il me prit la main, et me fit avancer en présence de tout ce monde.

— Vertu de ma vie! s'écria-t-il, déjà nous possédions deux des Grâces, et voici la troisième... ou plutôt, non, c'est Vénus... Vénus en personne!

— Êtes-vous fou, Bassompierre? dit la comtesse avec sévérité.

— Ma foi, le colonel n'a pas tort, ajouta Marguerite en s'approchant de moi : je n'ai jamais vu de physionomie plus douce, plus gentille, plus délicieuse...

— Taisez-vous, étourneau! C'est ma filleule, mesdames... une enfant que j'aime, et devant laquelle je vous prie, Bassompierre, d'avoir toute la retenue que vous auriez devant ma fille.

— Alors, dit Marguerite, vous me donnez une sœur, une sœur charmante, qu'il va me falloir chérir... Eh! morbleu! tant pis, s'écria-t-il, je ne réponds pas de l'aimer comme une sœur!... je la prendrais plutôt pour femme; n'est-il pas vrai, colonel?

— Chut! fit celui-ci, remarquant l'embarras de ma contenance et l'air affecté de la comtesse.

Elle crut néanmoins devoir dissimuler, se mit à table et me plaça près d'elle.

J'étais à gauche et le marquis de Bassompierre à droite. En face de nous, la marquise et la duchesse de Luynes reprirent leurs places, avec Marguerite entre elles deux. Au bout de la table, de mon côté, se trouvait le gouverneur; Rosecroix tenait l'autre bout.

Le vieux chevalier du Saint-Esprit se rappelait sans doute certain souper où assistait Camusard, et n'osait affronter mon voisinage, dans la crainte de laisser encore tomber sa fourchette. Du reste, il me souriait d'un air de connaissance, essayait à chaque instant d'attirer mes regards et faisait le tourtereau, d'un peu plus loin cette fois. Je l'aimais beaucoup mieux ainsi, et je ne craignais pas que l'abbé s'attirât, comme Rosecroix, les réprimandes de madame de Saint-Évremond. Le pauvre homme ne levait pas le nez de dessus son assiette et paraissait très-mortifié des échappées son élève.

Cependant, Marguerite comprenait un peu tard l'étourderie de ses démonstrations. S'il jetait les yeux de mon côté, c'était en cachette et au moment où il espérait éluder la surveillance de sa mère.

Je me rappelai les éloges donnés à ce jeune homme, et je ne l'en trouvai pas digne. Ce n'était point une marque d'esprit qu'il venait de laisser paraître là devant tous, en m'assaillant de fadeurs et en me faisant une brusque et publique déclaration.

Quant aux avantages de sa personne, ma marraine les avait exagérés beaucoup plus encore.

Les traits de son visage étaient communs, bourgeois, sans distinction ni grâce. Il avait entre les deux yeux, sur le nez, une loupe prête à se développer outre mesure. Enfin, il s'appelait Marguerite, et je trouve prétentieuse et sotte cette manie de donner des noms de femmes à des hommes, et non moins déplacé l'usage contraire. Dans les deux cas, c'est un ridicule pour ceux que l'on baptise ainsi de travers, et c'est toujours une mystification pour les autres.

On prononce un doux nom, vous regardez : votre œil rencontre un être barbu, botté, éperonné.

Vous êtes dans un bal où les cavaliers sont rares. Du seuil de la porte, le laquais vous jette un nom d'homme : « Ah ! tant mieux, disent les femmes ! » et elles voient paraître une petite créature, frêle et blanche, qui sourit, minaude, fait la chatte, et leur souffle tous les danseurs.

C'est absurde.

Je ne trouvais donc rien de fort attrayant chez le fils de la comtesse. Quelle différence avec Desbarreaux ! Mais Desbarreaux est un débauché ; il ne m'épousera pas, il n'a pas craint de me le déclarer lui-même.

Bon Dieu, qu'une pauvre fille est à plaindre, quand elle doit concilier les affections de son cœur avec les exigences du monde !

J'avais eu le loisir d'examiner les autres personnages présents.

Chez Bassompierre, j'aperçus pour la première fois l'homme de cour dans toute l'acception du mot. Beau, bien fait, plein d'esprit et de verve, il était alors à l'apogée de ses succès. Rarement j'ai vu mieux porter le manteau brodé d'or, le pourpoint de velours, le col et les manchettes de dentelles. Je ne trouvais qu'un seul léger défaut dans sa personne, un peu trop d'embonpoint.

A cette époque, il était colonel des Suisses ; plus tard, il obtint le bâton de maréchal.

Sa femme, fraîche et blonde, avait une petite main effilée, avec des ongles roses et des fossettes mignonnes, creusées à la naissance de chaque doigt. Madame de Bassompierre bredouillait en parlant, mais d'une façon très-gentille ; constamment elle avait le sourire aux lèvres.

Pour la duchesse de Luynes, qui fut depuis, chacun le sait, la célèbre Marie de Chevreuse, ni moi, ni mademoiselle de Lenclos n'avons jamais été au-dessus d'elle comme perfection physique et beauté sans reproche. Elle avait des yeux noirs d'une expression si passionnée, qu'ils avaient jeté le trouble jusque dans le cœur de Louis XIII, ce modèle accompli de sagesse austère, de continence systématique et de réserve glaciale.

C'était un peu là, comme on va le voir, la cause du voyage de la duchesse.

Il était assez étrange que madame de Luynes fût à vingt-deux lieues de Paris et loin de son époux, au moment où celui-ci recueillait en plein l'héritage du maréchal d'Ancre.

Madame de Saint-Évremond ne s'expliquait point ce mystère.

— N'est-ce pas...cela vous étonne, comtesse? disait le colonel à ma marraine : oh bien! vous allez tout savoir.

— Oui, vous allez tout savoir, répéta Rosecroix, qui, ne parvenant pas à attirer mon attention, voulut pérorer dans l'espoir de mieux réussir. J'étais là quand Sa Majesté...

— Mesdames, dit Bassompierre, avez-vous jamais vu le chevalier dans une aussi grande démangeaison de langue?... c'est fort inquiétant... tâtez-lui le pouls, je vous en conjure.

— Colonel, dit Rosecroix, auriez-vous l'intention...

— Encore?... Vous êtes au plus mal, mon pauvre chevalier?

— C'est vrai, dit la duchesse, il est insupportable.

Rosecroix s'inclina.

— Sachez, reprit Bassompierre, que, le lendemain de la mort du maréchal, le Maître, traversant une galerie voisine de la salle des gardes, rencontra notre belle Marie et l'accosta tout joyeux.

« — Madame, lui dit-il en se frottant les mains, votre époux est premier ministre! je lui donne tous les fiefs acquis en France par Concini, et cela malgré Duvair, qui invoque les lois et coutumes pour réunir ces biens à la couronne et les rendre inaliénables. Duvair aura tort, madame, je vous le jure... M'en témoignerez-vous un peu de reconnaissance? »

« — Veuillez ne pas le mettre en doute, Sire : je suis prête à vous en donner toutes les marques possibles... »

— Ah! permettez, Bassompierre, interrompit madame de Luynes : Louis XIII n'a point dit cela, et vous mettez dans ma bouche une réponse contre laquelle je m'insurge!

— Mon Dieu, belle dame, on brode toujours un peu l'histoire!... Le roi, satisfait, baisa les mains de la duchesse, et l'on prétend même que ses lèvres s'égarèrent sur ce cou charmant, dont la blancheur est si provoquante.

— Oh! le méchant historien! cria la jeune femme : Rosecroix, je vous autorise à conter le reste.

— A la bonne heure! dit celui-ci. Je sortais avec de Luynes...

— Du cabinet du conseil, oui, c'est cela même, acheva Bassompierre : vous avez une mémoire excellente et une belle facilité d'élocution, Rosecroix; je porte un intérêt beaucoup trop vif aux nerfs de ces dames pour vous laisser le soin de cette narration.

— Monsieur le marquis, vous abusez...

Louis XIII se sauva comme un enfant pris en maraude. *Page* 103.

— C'est vous, Rosecroix, qui faites abus de ma patience! Vous étiez donc avec le nouveau ministre, et vous lui teniez un de ces discours intéressants dont vous seul avez le secret. Tout à coup, de Luynes reconnut le Maître, et fit un bond de surprise en voyant à quelles fantaisies la joie pouvait conduire le plus sage des monarques. A l'approche de l'époux, Louis XIII se sauva comme un enfant pris en maraude ; madame la duchesse s'envola de son côté, de façon que Rosecroix aurait eu le temps peut-être, pour la première fois de sa vie, de terminer une phrase, quand je survins à mon tour, ne devinant en aucune sorte ce qui venait de se passer.

« — Ah! c'est vous Bassompierre, me dit le duc, je suis enchanté de vous voir. »

« — Et moi ravi de vous rencontrer, monsieur, lui répondis-je, afin de savoir décidément si vous ferez droit à ma juste réclamation. La veille, ne m'avait-on pas mis de garde, avec mes Suisses, à la porte de la reine-mère, en me donnant pour consigne expresse de ne la point laisser sortir de ses appartements?... Hein, que dites-vous de celle-là, comtesse? m'instituer le geôlier de Marie de Médicis, la femme du grand Henri! J'étais d'une colère... et j'arrivais bien résolu à me démettre de mon grade; mais le duc me répondit :

« — Vos Suisses seraient à l'heure même remplacés par ce régiment de nouvelle création, les mousquetaires du roi, si vous inventiez un prétexte valable... la nécessité d'un voyage, par exemple. Justement, l'évêque d'Évreux, mon oncle, vous est aussi, je crois, quelque peu parent? »

« — Oui, monsieur le duc. »

« — Il est fort malade. Faites atteler des chevaux de poste, prenez ma femme, la vôtre, et partez pour Évreux avec Rosecroix.... Je l'institue le Sigisbé de la duchesse. Vous reviendrez dans huit jours; ma position sera bien assise, et j'aurai fait parler à Sa Majesté par son confesseur. »

Du diable **si je me** doutais alors qu'un baisser royal causât **tout ce** dérangement!... Que dites-vous, comtesse, du malheureux jaloux? Il me confie sa femme, à moi, Bassompierre! à moi, le héros de mille aventures...

— Fort bien, monsieur, dit en riant la petite marquise, ne vous gênez pas!

Le colonel des Suisses la regarda d'un air confus, et chacun se mit à rire.

— Eh! mais, dit madame de Saint-Évremond, Luynes n'a déjà pas commis une si grande imprudence. Il vous a prié d'emmener sa femme... à condition que la vôtre serait du voyage.

— A condition que j'en serais aussi, dit le chevalier.

— Bravo, Rosecroix, bravo!... Ce cher ami!... Voilà donc une phrase complète, une véritable phrase, qui n'est ni hachée, ni coupée, ni bridée par une réticence, ni humiliée par une interruption ! Cette phrase est courte, me direz-vous, extrêmement courte? n'importe, Rosecroix, c'est un beau triomphe !... Restez-en là, mon ami, je vous le conseille, cela suffit à votre gloire.

Le chevalier du Saint-Esprit sembla prendre au sérieux cette folle tirade.

Il inclina la tete en signe de remercîment, me regarda d'un air vainqueur, puis se remit à manger et à boire avec une satisfaction visible.

— Vous savez à présent, comtesse, ajouta Bassompierre, pourquoi nous sommes à Évreux... mais vous ignorez que nous avons trouvé l'évêque dans une santé florissante. Voyant arriver des gens de la cour, des femmes adorables, un roué comme Rosecroix et un bavard comme votre serviteur, le digne prélat a redouté le scandale et nous a fort poliment éconduits de l'évêché, de façon que nous avons pris pour résidence cette auberge, où nous menons joyeuse vie depuis cinq jours. Tout à l'heure, dans une promenade aux alentours de la ville, nous avons rencontré votre fils, courant la poste comme un perdu ; nous l'avons forcé de nous suivre... et voilà, comtesse ! J'ai dit.

Madame de Luynes avait écouté paisible et souriante.

Lorsque l'intarissable colonel des Suisses eut terminé sa narration, elle dit à ma marraine :

— Avouez-le, ma chère, vous avez envie de me gronder?

— Pourquoi donc, charmante?

— Parce que, dans tout le récit de M. de Bassompierre, il n'y a pas la moindre conclusion en ma faveur. Ainsi, j'aurais fait la coquette avec le roi, j'aurais rendu mon mari jaloux... je serais exilée pour ce gros péché mortel d'un tout petit baiser que la lèvre royale m'a pris sur l'épaule...

— Voyez-vous, le baiser a été pris !

— Oui, colonel... mais ce baiser... je ne vous l'ai pas dit encore, je l'ai dit à votre femme, et je dois le dire à la comtesse... mon mari lui-même m'a suppliée de le laisser prendre.

— Ah ! voici qui est trop violent ! s'écria Bassompierre.

— Mais non, c'est tout simple : il y a près d'un mois, au dernier bal de la cour, j'étais assise à côté de M. de Luçon. Le roi survint, prit place de l'autre côté sur un fauteuil et m'adressa de timides paroles de galanterie.

Bientôt, à ma grande surprise, il examina fort attentivement une petite lentille noire, dont je suis affligée à la naissance de l'épaule droite.

— En effet, cria Marguerite, je l'aperçois!

« — Mon Dieu, Sire, lui dis-je, ne regardez pas cette vilaine tache : elle me désole. J'ai tout essayé pour la faire disparaître, mais sans réussir. »

Le roi rougit beaucoup, et M. de Luçon lui sauva l'embarras de répondre, en me disant :

« — Gardez-vous bien, duchesse, de renouveler vos tentatives : c'est un signe charmant, un attrait véritable.... N'ai-je pas raison, Sire? »

« — Oui... sans doute, balbutia le roi. »

Et il reprit sa contemplation.

Je commençais à être embarrassée moi-même, quand Richelieu avisa Desmarets de Saint-Sorlin, son secrétaire.

« — Allons, monsieur le poëte, lui dit-il, ne pourriez-vous, séance tenante, composer quelque huitain sur un signe que madame porte à l'épaule? Sa Majesté le trouve fort joli. »

« —Volontiers, monseigneur... Et dans ce huitain, dois-je faire parler le roi? »

« — S'il vous le permet. »

« — J'y consens, » dit Louis XIII.

Le secrétaire, après s'être penché pour voir ma lentille, se recueillit une minute, et déclama sans la moindre hésitation :

> Petit point noir qu'une Andalouse
> Envierait pour son brun collier;
> Doux trésor qu'un mari jalouse,
> Car on se plaît à l'épier,
> Je convoite ta place même...
> Oui, sachez-le bien, chère enfant,
> Si vous voulez que je vous aime,
> Vous me ferez *signe* à l'instant.

« — Fort bien, dit le roi..., mais ne l'oubliez pas, c'est moi qui parle, duchesse! »

Il devenait d'une hardiesse inconcevable, et il se mit à ajouter tout bas :

« — Demandez-moi n'importe quelle faveur, je vous l'accorde pour un seul baiser sur ce signe gracieux! »

Puis il se leva du fauteuil et disparut.

Je répétai mot pour mot à M. de Luçon la phrase royale, et il me fit promettre en riant que, si jamais il venait à être mal en cour, je le rachèterais de la disgrâce au moyen de ma lentille... Commencez-vous à deviner, Bassompierre?

— Ah! c'est affreux! le roi se gâte, mesdames, le roi se gâte! dit le colonel avec une affliction comique.

— Or, poursuivit la duchesse, vous savez ce qui arriva le jour de la mort de Concini. Les sceaux furent enlevés à Mangot; des commissaires eurent l'ordre d'inventorier les papiers de Barbin; et lorsque Richelieu vint saluer le roi, qu'il trouva jouant au billard, il entendit ces mots terribles : « Eh bien! monsieur de Luçon, je suis enfin délivré de votre tyrannie! » La disgrâce ne pouvait être plus positive. Dans un naufrage on s'accroche à tout, colonel, et l'évêque désolé se rappela ma lentille... C'était le cas, ou jamais, de l'appuyer de mon épaule.

— Ah! divin! je me souviendrai de ce mot-là, duchesse, s'écria Bassompierre. Mais on m'a fait jouer dans tout ceci un rôle peu spirituel.

— Comment donc, mon ami, regretterez-vous d'avoir eu, huit jours durant, le plaisir de ma société? M. le duc de Luynes n'avait aucune raison de détester Richelieu; les talents diplomatiques du prélat sont même nécessaires au conseil. Je racontai l'aventure du bal à mon époux; il en rit de tout son cœur et m'autorisa pleinement à racheter M. de Luçon de la disgrâce. Tous les matins, après son déjeuner, le roi se promène dans la galerie qui va de ses appartements à la salle des gardes. J'eus soin de le rencontrer dans cette galerie et de lui rappeler sa parole... C'est là, je l'affirme, la vérité pure. Toutefois le duc ne voulut pas que son royal maître prît occasion de ma démarche pour caresser d'autres espérances : il arriva comme par hasard, sur le lieu de la scène et fit le jaloux... vous savez le reste. Au moment où je vous parle, le roi a dû recevoir de son confesseur une très-verte et très-chrétienne réprimande. Il n'y a pas de danger qu'il s'avise dorénavant de convoiter mon épaule.

A ces mots, la duchesse se leva de table, et ma marraine lui dit :
— Vous êtes réhabilitée, ma chère... le colonel vous doit des excuses.

— Oh! je l'en dispense. Je le prie seulement, comme aussi je vous prie tous, de ne pas trahir ce secret... d'Etat : la femme d'un premier ministre a trop de moyens de se venger d'une indiscrétion... n'est-il pas vrai, Bassompierre?

— Pardieu, soyez sans crainte, je n'ai pas envie d'amuser la cour à mes dépens. Souffrez, toutefois, que je vous dise une chose...

— Laquelle?

— Richelieu vous fera payer cher ce service-là... Oui! oui!... Vous avez beau m'ouvrir vos grands yeux étonnés! C'est un fin renard... mais il tient du tigre, ou je me trompe fort... et vous le savez, une bête féroce ne se gêne pas pour déchirer la main qui lui donne sa pâture... En attendant, il nous faut prendre du repos. Demain, nous partons avec vous, comtesse; nos huit jours d'exil sont révolus.

On se sépara.

Le chevalier du Saint-Esprit eut l'amabilité d'offrir son bras à ma marraine pour la mener à sa chambre.

— Non, merci, Rosecroix, dit la comtesse, allez vous coucher.

— Mais à propos, madame, est-ce que vous n'avez pas... hein?... au sujet de ma demande...

— Vous perdez la tête, mon pauvre chevalier.

Rosecroix insista et se mit à glisser mystérieusement quelques autres lambeaux de phrase à la comtesse. Marguerite se trouvait à deux pas, il tendit l'oreille et partit tout à coup d'un bruyant éclat de rire.

— Ah! ah! ah! Rosecroix!... ce vieux fou qui veut épouser mademoiselle Marion... C'est très-amusant!.. Chevalier, prenez garde, il faudra nous battre ensemble... Ah! ah! tenez, ma mère a raison, vous ferez mieux d'aller vous coucher!

Il le poussa dehors par les épaules.

J'étais dans l'ébahissement.

La comtesse grondait son fils, mais elle ne le démentait pas: donc le chevalier avait eu réellement l'espoir de m'obtenir pour femme.

Marguerite nous suivit jusqu'à la porte d'une chambre où l'on avait dressé deux lits.

Il souhaita le bonsoir à sa mère, et lui demanda tout uniment ensuite la permission de m'embrasser.

— Non, monsieur, dit madame de Saint-Évremond, je suis

fort mécontente. Vous n'avez ni le ton de bienséance, ni surtout la modestie qu'exige votre âge.

— Ah! ma mère! le roi non plus n'a que dix-huit ans, et il ne se gêne pas pour baiser l'épaule de madame de Luynes.

Il s'approchait de moi dans l'intention formelle d'enfreindre la défense de la comtesse; mais elle lui saisit le bras, le fit sortir et ferma la porte.

Quand nous fûmes seules, madame de Saint-Évremond me regarda; sa figure était pâle, une larme roulait sous sa paupière.

— Hélas! me dit-elle, nous aurons bien du chagrin!

— Du chagrin, ma marraine?

— Oui... je devais le prévoir... C'est étrange... de pareilles craintes ne m'étaient point venues. Il est cruel de penser qu'en ce monde on finit toujours par se repentir d'avoir suivi l'impulsion de son cœur... Écoute, Marion, c'est vrai : le chevalier me demande ta main.

— Pauvre homme! il y a de quoi rire, en effet.

— Mon Dieu! tu aurais peut-être tort de refuser.

— C'est une plaisanterie?

— Non..... car enfin, Rosecroix est riche, et dans quelques années d'ici, ma chère, il serait fort agréable pour toi d'être veuve avec un titre et trois ou quatre cent mille livres de fortune.

— O ma marraine! prendre un époux et désirer chaque jour sa mort... quelle chose indigne!

Elle tressaillit et devint plus pâle

— C'est vrai, tu as raison... je voulais te mettre à l'épreuve... Ah! ma pauvre enfant, il est si difficile de tomber sur un mariage sortable!... tu seras obligée peut-être de retourner en Champagne!

— Miséricorde!.. en Champagne? pour y retrouver Camusard!

— Voyons, calme-toi...

— Non! m'écriai-je, non! c est mal de parler ainsi..... Que vous ai-je fait, de quoi suis-je coupable?

Et je tombai sur un siége en sanglotant avec amertume.

La comtesse, très-agitée, se promenait de long en large dans la chambre.

— Chère petite!.. est-ce donc sa faute?.. En m'imposant la plus grande surveillance, en me rendant esclave, je ne la sauverais pas encore. Sous le même toit... peut-on m'assurer que bientôt elle ne l'aimera point elle-même? D'un autre côté, me séparer de lui...

impossible! Son régiment ne quitte pas le Louvre; ma demeure doit être la sienne... Que résoudre?.. c'est à elle de s'éloigner!

Dans son égarement, elle parlait de manière à être entendue : je compris tout, et je me sentis blessée jusqu'au fond du cœur.

La mauvaise nature prit le dessus chez moi, j'étais en butte à des transports de haine et de colère; l'amitié de la comtesse me semblait une mystification cruelle.

Cependant il m'était interdit d'éclater. Madame de Saint-Évremond se rapprocha, je me décidai à user de dissimulation.

— Vois-tu, ma chère enfant, me dit-elle, tu auras une autre dot, beaucoup plus riche que la première, et tu pourras choisir parmi les personnages distingués de ta province.

— Ah! murmurai-je en m'essuyant les yeux, vous êtes si bonne, ma marraine!... et puis vous avez bien le droit de renvoyer la pauvre fille qui vous doit tout. J'aurais mauvaise grâce à me plaindre... Je ne vous demanderai même pas, madame, le motif de cette prompte résolution.

— Pauvre enfant! mais je t'aime toujours, va!

— Je le crois, ma marraine... Aussi j'ose vous demander une grâce... Ne me renvoyez que dans une semaine ou deux; j'ai besoin de réfléchir et de me consulter d'ici là. Puisque je ne reste pas avec vous, peut-être irai-je m'enfermer sous les grilles d'un cloître pour y chercher l'oubli de mon chagrin.

— Ciel! passer ta jeunesse, tes plus beaux jours, dans une maison religieuse... jamais! C'est impossible, je ne le souffrirai pas!

— Une dernière fois, madame, je vous conjure de me laiss réfléchir.

Elle me pressa contre son cœur en pleurant.

Je ne versais pas une larme.

— Déjà levée, ma belle enfant! me dit-il. *Page* 114.

IX

Mon imagination travailla toute la nuit.

Je n'avais certes pas le projet de me faire religieuse : mon but était de gagner du temps, afin de tromper avec plus de facilité ma marraine. Je voulais la punir de ce que dans mon injuste colère j'appelais orgueil et mauvais cœur.

Il fallait bien me l'avouer, j'aimais Desbarreaux.

Cette affection cependant n'était pas assez violente pour me décider à sacrifier en un jour tout ce que je pouvais espérer d'estime et de considération dans le monde.

Si le vieux chevalier de Rosecroix m'a déjà demandée pour femme, un autre peut venir, moins ridicule et plus jeune. Tous les nobles n'ont pas les préjugés de caste; l'esprit et la beauté compensent pour quelques-uns la fortune et la naissance. Après tout, rien ne m'oblige à respecter les songes creux de la comtesse. L'ai-je priée de me mettre tout d'abord sur la même ligne qu'elle et d'offrir à mes yeux la brillante perspective de ce monde dont elle veut à présent m'exclure?

Je ne retournerai point en Champagne quoi qu'il arrive.

La dépendance de ma position m'empêche de lutter ouvertement, tant pis pour ceux qui me placent dans la nécessité de recourir à la ruse.

J'entendais à l'autre bout de la chambre soupirer ma marraine. Elle ne dormait pas non plus, et peut-être songeait-elle aux moyens de combattre la dangereuse influence de mes charmes sur Marguerite pendant le court espace de temps que j'avais demandé pour délai.

Vers six heures du matin elle parut s'assoupir.

Le soleil éclairait déjà nos fenêtres. Je me levai sans bruit, je m'habillai en toute hâte et je sortis avec le projet bien arrêté de parler au fils de la comtesse, mais ignorant encore où et comment je pourrais le voir sans témoins.

J'avais à peine fait dix pas dans le corridor, qu'une porte s'ouvrit.

M. de Bassompierre apparut au seuil d'une chambre opposée à la nôtre, et vint promptement à moi.

— Déjà levée, ma belle enfant? me dit-il.

— Oui, monsieur le colonel.

— Et où vous dirigez-vous ainsi?

— Mon Dieu, répondis-je avec assez d'embarras, la cloche sonne à la cathédrale... ce doit être une messe... je désire y assister.

— Oh! oh! c'est fort édifiant! Je remercie le hasard qui me place sur votre route et me permet de vous offrir mon bras. Vous ne connaissez pas les rues d'Évreux; vous allez profiter de mon expérience de cinq jours.

— Mais je ne sais si je dois....

— Comment donc, je vous en prie! j'allais veiller moi-même à obtenir un nombre suffisant de chevaux pour nos trois berlines; j'aurai toujours le temps de m'occuper de cela, lorsque je vous aurai conduite au lieu saint.

Je dus supporter la conséquence de mon mensonge et sortir avec lui de l'auberge.

— Eh! eh! me dit-il, si vous avez l'habitude de vaquer chaque jour à vos dévotions aussi matin, vous devez rendre l'aurore jalouse.

— L'aurore? Je ne comprends pas, monsieur le colonel.

— C'est facile, pourtant. Lorsque vous paraissez, l'épouse du vieux Tithon voit pâlir ses fraîches couleurs; elle n'offre pas ce composé de lis et de roses que je remarque sur vos joues.

— La flatterie n'est pas heureuse; car je n'ai point fermé l'œil... Je dois avoir une figure très-défaite.

— Vous n'avez pas fermé l'œil, bel ange... et pourquoi?

— Ah! j'ai du chagrin, monsieur le colonel.

Je venais de prendre une résolution soudaine, et j'ajoutai :

— Madame de Saint-Évremond veut me renvoyer en Champagne...

— Qu'est-ce à dire?.. Vous montrer Paris, nous faire connaître le mérite, les innombrables attraits de votre personne, et nous réduire ensuite aux tourments du regret... Cela n'est pas possible je m'y oppose de toutes mes forces.

— Vrai? m'écriai-je.

— Sur l'honneur, je le jure.

— Alors, veuillez, je vous prie, débuter par donner une bonne semonce à M. Marguerite de Saint-Évremond, dont l'étourderie sans exemple a causé tout le mal.

Et je lui racontai sur-le-champ ce qui avait eu lieu, la proposition d'un mariage avec Rosecroix et les paroles surprises au trouble de la comtesse.

— Si le fils de ma marraine est amoureux, ajoutai-je, il est fort inutile qu'il le témoigne devant sa mère.

— Parbleu! c'est même excessivement maladroit.

— N'est-ce pas, colonel? il adopte sans contredit le meilleur moyen de m'empêcher de répondre à son amour.

— De mieux en mieux raisonné, ma belle enfant!

— Il faudrait avertir ce jeune homme et lui conseiller de

feindre à mon égard la plus complète indifférence, la plus grande froideur.

— C'est indispensable.

— Ma marraine, voyant cela, n'aura plus ni le moindre soupçon ni la moindre crainte.

— Elle ne vous renverra pas en Champagne.

— Non, colonel... et peut-être réussirons-nous petit à petit à détruire la répugnance qu'elle éprouvera nécessairement à nous marier...

— Diable! ceci me paraît plus difficile... Après tout nous avons le mariage secret.

— Vous croyez, monsieur?

— Rien de plus simple, on se marie de la sorte tous les jours.

— S'il en était ainsi, je pencherais volontiers pour le mariage secret.

— Vous n'avez pas tort, on s'épargne d'un seul coup bien des lenteurs... Et vous allez à la messe pour rêver à tout cela, mon ange?..

Il me regarda fixement et caressa d'un air goguenard les poils de sa moustache.

Je devins confuse.

— Vous vous moquez de moi, colonel... Au fait, je peux avouer à présent la vérité. Je suis sortie dans l'espoir de rencontrer Marguerite de Saint-Évremond, afin de lui dire à lui-même ce que vous venez d'entendre. Gênée d'abord en votre présence, j'ai eu recours à la première excuse venue, mais presque aussitôt j'ai senti qu'il était plus convenable de vous mettre dans mes intérêts et de ne pas entrer en communication directe avec le fils de ma marraine.

— Fort bien... alors nous n'allons pas à l'église?

— Non, colonel, à moins que vous ne teniez vous-même...

— Du tout! c'est bien assez quand je suis de service, d'assister à la messe du roi.

Il m'entraîna vers une avenue de tilleuls, à gauche de la cathédrale, et sous laquelle, au début du jour, il n'y avait point de promeneurs.

— Çà, résumons-nous, me dit Bassompierre : je frotterai les oreilles à ce morveux de Marguerite, je lui intimerai l'ordre de vous aimer le plus mystérieusement du monde, et je m'engage à vous unir, malgré les dents de cette bonne comtesse... Voilà qui est au mieux pour vous... Mais moi, chère belle, où est ma récompense?

— Votre récompense!

— Oui... vous ne me faites pas l'injure de m'astreindre au rôle de confident pur et simple?

— En vérité, colonel, je ne saisis pas...

— Quoi! s'écria-t-il, auriez-vous l'intention de m'employer gratuitement?

Je me mis à rire, et je répondis :

— Mais qu'exigez-vous donc?

— Une légère place dans votre cœur... ce petit Marguerite ne doit pas l'occuper tout entier.

— Croyez-vous?

— Parbleu! vous n'êtes point, j'imagine, enthousiaste de sa personne; il n'a pu vous inspirer, depuis hier, un violent amour, et je réclame une modeste part dans votre affection.

— Vraiment? une toute petite... presque rien...

— Accordez-moi seulement la faveur de vous dérober un baiser toutes les fois que je pourrai le prendre sans être vu.

— Oh! vous n'y songez pas.

— Tenez... là, je commence.

Et il m'embrassa l'épaule.

— Mais, colonel, c'est impossible! si vous recherchez l'occasion, elle s'offrira tous les jours.

— Corbleu! c'est bien aussi ce que j'espère.

— Mais vous êtes marié...

— Bon! la réponse éternelle : vous êtes marié!.. Sans doute, je possède une fleur charmante dans mon parterre..... Est-ce une raison pour aller partout criant que les roses des autres jardins n'ont ni éclat ni fraîcheur? Me sera-t-il défendu de les voir, d'admirer leurs douces nuances, de respirer leur parfum?

— Mais enfin, si vous n'avez pas de scrupules, j'en ai, moi.

— Nous les dissiperons, ma chère. Néanmoins, dans le cas où il vous répugnerait de m'octroyer ces baisers vous êtes encore libre, et notre marché n'est pas conclu.

— Colonel, colonel, vous me forcez la main!

— Une dernière fois, est-ce dit?

— C'est dit!

Et il m'embrassa derechef.

Or, dans tout cet entretien, Bassompierre avait eu constamment une physionomie sournoise et railleuse, qui aurait dû me donner à réfléchir, mais je n'y fis pas grande attention.

Nous revînmes à l'auberge. On éveilla les dames, et, moins d'une heure après, nous courions sur le chemin de Paris.

Il était aisé de voir que le colonel avait commencé à tenir parole.

Marguerite fut, pendant tout le voyage, d'une convenance parfaite, et ce changement parut flatter beaucoup ma marraine.

Tout allait au mieux.

Madame de Luynes me demanda mon histoire.

Elle rit beaucoup des aventures grotesques de l'huissier à verge, m'engagea vivement à ne plus retourner en province et me fit promettre d'aller lui rendre visite au Louvre.

Je dois le dire ici, afin de me mener plus librement partout, on avait laissé croire aux intimes que j'étais d'une petite noblesse de robe. On m'appelait mademoiselle *de l'Orme*, et l'invitation gracieuse de la duchesse de Luynes indiquait suffisamment qu'elle croyait aussi à ma souche nobiliaire. Je ne jugeai pas convenable de la détromper.

Nous arrivions à Paris à sept heures du soir.

Madame de Saint-Évremond redevint pour moi ce qu'elle s'était montrée d'abord, affectueuse et caressante.

Son fils dissimulait à merveille, et je trouvai ma tactique fort adroite. Elle me coûta pour le moins dix à douze baisers, que Bassompierre eut l'adresse de me voler pendant le voyage, soit à nos courtes stations aux relais, soit à la montée des côtes, soit à l'auberge de Mantes, où nous avions pris un repas vers midi.

Dès le lendemain, on rassembla les gardes-du-corps dans la cour du Louvre, et l'on reconnut le nouvel officier.

Marguerite n'était point, en vérité, trop mal sous son magnifique costume bleu tout rayonnant d'argent. Il devait faire un service régulier pendant les trois premières semaines, pour nouer connaissance avec ses camarades et se mettre au courant de tous les devoirs imposés à son grade.

Chaque soir, le jeune homme vint passer une heure ou deux à l'hôtel. Il continua si bien à suivre les recommandations de Bassompierre, que, huit jours après le voyage d'Évreux, la comtesse me dit :

— Je t'ai causé du chagrin, n'est-il pas vrai, ma bonne Marion?

Je m'étais forgé des chimères; ma tête se tourmentait de folles idées qui n'existent plus... Allons, je n'ai rien dit ; pardonne-moi!

Au moment où elle me tenait ce discours, j'avais sous mon corsage une lettre de Marguerite, lettre dans laquelle il me faisait les protestations les plus passionnées et m'engageait à venir au Louvre, chez madame de Luynes, m'assurant que nous trouverions là mille occasions de nous entretenir avec tout le mystère possible.

Je demandai à ma marraine quand elle me permettrait de me rendre à l'invitation de la duchesse.

— Mais sur-le-champ, ma chère petite, si tu le désires.

Elle sonna pour commander le carrosse de cérémonie. Je passai une toilette éblouissante, et nous montâmes en voiture.

Nous avions tout au plus deux cents pas à faire.

Après avoir tourné la rue Saint-Thomas, le carrosse suivit le côté gauche de l'hôtel de Chevreuse*, et pénétra dans la cour du Louvre par le guichet de l'ouest. Un chef de poste s'approcha de la portière, nous salua gravement, demanda le nom de ma marraine et donna l'ordre de laisser passer.

Le duc et la duchesse de Luynes habitaient une partie du vaste appartement destiné aux enfants de France, dont les fenêtres s'ouvrent sur l'Oratoire et le jardin du nord.

Comme nous traversions la salle des Suisses, un officier en grand costume vint à nous.

Je reconnus Bassompierre.

Il nous demanda des nouvelles de notre santé, nous fit mille compliments, et voulut nous conduire lui-même à la porte de madame de Luynes; mais au beau milieu du grand salon, voisin de la chambre habitée par ses soldats, il profita d'un instant où la comtesse nous précédait de quelques pas, et me prit encore un baiser.

C'était son droit, je n'avais rien à dire.

Madame de Luynes nous accueillit avec une joie bruyante.

Elle était en train de chiffonner avec ses femmes, et nous montra les magnifiques pierreries de la Galigaï, dont le roi lui avait fait présent le matin même, par l'intermédiaire du duc.

Louis XIII, ayant reçu l'absolution de sa faute, ne voulait pas revoir la provoquante lentille et s'exposer à une pénitence plus sévère.

* Qui fut, depuis, le fameux hôtel de Longueville.   (*Note de l'éditeur.*)

Au bout d'une heure, ma marraine fut obligée de partir seule; la duchesse n'entendit pas raison et me garda d'autorité, disant que je passerais huit jours en sa compagnie.

Voilà donc la fille de Gabriel Delorme installée comme chez elle dans le palais des rois.

Depuis six semaines tout au plus, j'avais quitté ma province, le toit modeste où s'était abrité mon berceau, ma mère si laborieuse et si simple, mes frères et mes sœurs dont je soignais l'enfance, et j'oubliais complétement déjà mon origine obscure. La tête me tournait, le vertige m'avait saisie. Un fantôme splendide me fermait sans retour les portes du passé et ne me permettait plus de regarder autre chose que les perspectives riantes de l'avenir.

Ma marraine se rendait coupable d'une grande imprudence, en soulevant tout d'un coup le voile qui jusque-là m'avait caché le monde.

Je ne me sentais pas la force de résister à l'enivrement; j'étouffais à mon insu les pensées honnêtes pour adopter les sophismes de l'ingratitude et du mensonge. Ma bienfaitrice me semblait souverainement injuste, je m'irritais contre elle, je ne voulais pas souffrir qu'elle brisât une coupe enivrante après l'avoir approchée de mes lèvres; je travaillais sans remords à détruire son repos et à chagriner sa vie. Ne pouvant me résigner à perdre une position pleine de charmes et d'éclat, je me faisais hypocrite, je devenais méchante.

La duchesse gardait auprès de sa personne une jeune orpheline qu'elle avait recueillie. On l'appelait Lise de Lonjumeau, ou tout simplement Lisette, car sa noblesse était pour le moins aussi apocryphe que la mienne.

Cette Lisette avait deux yeux fripons, un caquet étourdissant et des allures à déconcerter ceux qui la voyaient pour la première fois. Elle était filleule de la princesse de Conti; on l'avait tenue sur les fonts de baptême par procureur, de sorte qu'elle se disait hautement la fille de Henri IV et de la princesse.

On était tenté de la croire, tant elle avait l'affirmation nette et précise.

Vers le soir, madame de Luynes, ayant à faire dans Paris quelques courses indispensables, me laissa seule avec Lisette, qui s'éprenait pour moi d'une belle amitié, m'embrassait vingt fois à la minute et me fabriquait toutes sortes de contes, plus fous les uns que les autres.

Il profita d'un instant où la comtesse nous précédait de quelque pas. *Page* 119.

S'emparant de mon bras, mademoiselle de Lonjumeau me fit parcourir le palais.

Les gardes la laissaient passer sans obstacle ; elle m'expliquait tout, me parlait de tout, connaissait tout le monde.

Lorsque nous fûmes au bout de l'appartement des enfants de France, alors habité, comme je l'ai dit, par le nouveau ministre et sa femme, il nous fallut traverser une autre galerie pleine de Suisses et de mousquetaires. Les premiers étaient habillés de rouge et portaient le chapeau galonné; les seconds, vêtus de la souveste bleue, avaient la grande croix brodée sur le dos et sur la poitrine.

Ces militaires nous saluaient à notre passage.

A peine avais-je eu le temps de me reconnaître, que Lisette pénétra dans une chambre remplie de gardes-du-corps. Je les reconnus à leur splendide uniforme, qui était celui de Marguerite.

Tout à coup l'un d'eux se mit à nous suivre, se rapprochant de plus en plus à mesure que nous avancions du côté de la porte. Il finit par marcher de front avec nous. Alors, sans tourner la tête, il glissa un billet dans la main de ma compagne, puis continua sa route avec un air de tranquillité parfait.

L'audace était grande. Mais Lisette ne me sembla pas du tout en colère; elle avait une grande habitude de ce mode de correspondance.

Quand nous fûmes un peu plus loin du lieu de la scène, mademoiselle de Lonjumeau déploya le billet pour le lire.

— Ah! ah! ma chère, fit-elle en le parcourant, vous avez un amoureux dans les gardes?... C'est bon, c'est bon, ne vous évanouissez pas!... j'ai le même crime sur la conscience... Ils n'ont pas tort, continua-t-elle en se parlant à elle-même et en lisant de nouveau le billet : une entrevue à quatre, c'est beaucoup moins dangereux... nous irons!

— Mais, lui dis-je, très-émue, de quoi s'agit-il?

— Vous le saurez plus tard. Assistons d'abord au souper du roi.

— Qu'entends-je? vous allez me conduire...

— Eh! ne prenez point cette mine ébahie, ma belle!... on dirait d'une bourgeoise de la rue aux Ours... fi donc! C'est aujourd'hui la fête de l'Ascension... il y a grand couvert, dépêchons-nous.

Cela dit, elle m'entraîna par les autres galeries éblouissantes de dorures qui environnent l'appartement royal, me fit voir le salon des ambassadeurs, le cabinet du conseil, traversa de nouvelles galeries à côté du logement de la reine et m'introduisit enfin dans une antichambre immense, s'ouvrant à la fois sur les appartements que nous venions de parcourir, sur la salle à manger, la chapelle et une deuxième salle des gardes.

Là, je vis une foule de seigneurs et de grandes dames que Lisette salua, pour la plupart, d'un air de connaissance.

J'étais éblouie d'un spectacle si nouveau pour moi ; je regardais avec stupéfaction ces hommes et ces femmes en grand costume de cour, les uns chamarrés d'ordres et de rubans, les autres radieuses et coquettes sous le velours, le satin et les dentelles.

Bon nombre de personnages vinrent à nous et se livrèrent à des compliments assez fades, dont Lisette fit justice avec un aplomb merveilleux.

— Allons, silence, monsieur de Marillac! commença-t-elle : depuis vingt-cinq ans, vous répétez ces sornettes à toutes les dames de la cour!... — Prenez garde, monsieur de Cramail, madame du Fargis a l'œil sur vous : elle se réserve exclusivement le droit d'infidélité. — Ah! monsieur de Brézé! vous n'oseriez me trouver plus jolie que madame de Merccœur... j'irais le lui dire à l'instant même, et vous seriez mis à la porte pour la trentième fois, mon cher!

Quand elle eut ainsi congédié ceux qui lui bourdonnaient aux oreilles, elle vint à mon secours.

On me témoignait une admiration très-embarrassante.

— Là! là! monsieur le duc, dit-elle à un seigneur de fort belle taille et d'une figure agréable, bien qu'il eût dépassé la cinquantaine, vous voyez je vous y prends encore!... Les joues de mademoiselle sont des roses elle a des lèvres de corail... Hier, à vous entendre mes yeux étaient des saphirs, j'avais des dents de nacre, un front de jasmin... Ma foi, si la nature s'avisait de nous traiter comme votre galanterie, on n'irait pas dorénavant plus loin que nos visages, pour faire des études complètes sur le règne végétal et le règne minéral.

— Ah! je suis mort! s'écria le complimenteur.

Et il disparut beaucoup plus vite que les autres.

— Pauvre Bellegarde! il est incorrigible... C'est le grand écuyer de France, Marion... par malheur, il n'a pas de l'esprit tous les jours. A chaque minute, il répète qu'il est *mort*, cette exclamation est perpétuellement sur ses lèvres. Une fois, il demandait à la reine ce qu'elle ferait à un homme assez hardi pour lui parler d'amour : « Je le tuerais, » répondit-elle, et Bellegarde de s'écrier : « Ah! je suis mort! »

Lisette était en goût de médisance, la mauvaise en prenait à cœur-joie.

Elle me fit asseoir à côté d'elle sur une banquette, afin de mieux passer tout le monde en revue.

— Tenez, me dit-elle, vous voyez là-bas M. le chevalier de

Guise... Il s'alla confesser jadis à un jésuite d'aimer cette petite vieille qui se cramponne à son bras, n'a plus que trois dents et minaude encore. Le confesseur, avant d'accorder l'absolution, exigea du pénitent la promesse formelle de cesser toutes relations amoureuses. « Ah! mon père, dit Guise, je n'en ai pas le courage. » — « Eh bien, mon fils, répondit le jésuite, je vais me prosterner devant l'autel et prier Dieu de vous venir en aide. » Il se mit effectivement en oraison; mais comme il conjurait le ciel avec une piété trop ardente, le chevalier le tira par la robe et lui cria : « Tout beau, mon père, tout beau! si vous y allez si chaudement, j'ai peur que Dieu ne vous accorde ce que vous lui demandez! »

Je m'amusais beaucoup des histoires de ma compagne.

— Il y a de cela douze ou quinze ans, reprit-elle, et Guise trouve aujourd'hui dans son péché même une triste pénitence... Mais écartez-vous et faites un salut profond. Voici le maigre sire de Brissac avec sa lourde épouse, Guyonne Ruelland. Bellegarde est un phénix d'intelligence et d'esprit à côté de ce pauvre homme, qui prétend descendre de l'empereur Coccius Nerva. Ledit empereur est passé nécessairement à l'état de squelette, c'est pourquoi Brissac a beaucoup de ses airs... Qui donc vient là? M. d'Angoulême, le plus grand escroc de son siècle. Il donne le bras à la du Tillet... Charmant assemblage! Elle a été d'accord avec d'Épernon pour faire assassiner mon père, et l'on reçoit ici des gens bons à figurer en place de Grève... quelle horreur! Tournez la tête : vous avez en face mademoiselle de La Moussaye, une seconde Lucrèce; elle distribue des soufflets à ceux qui la cajolent : j'aime beaucoup mieux leur distribuer des coups de langue. Miséricorde! n'est-ce point M. de Luçon caché dans l'embrasure de cette fenêtre avec la belle Montmorency?... Oh! si la reine-mère le savait!... Regardez un peu, vraiment le clergé me scandalise : voilà tout vis-à-vis M. le cardinal de La Vallette qui baise les mains de madame de Combalet... Où sommes-nous, où allons-nous? Fuyons, ma chère! notre candeur de jeunes filles est trop en danger devant de pareils exemples. Ah! monsieur de La Vallette, monsieur de Richelieu, le ciel nous préserve d'aller nous confesser à Vos Éminences!

Elle reprenait le chemin des galeries.

— Mais le souper du roi? lui dis-je.

— Ah! c'est juste. Je trouve Sa Majesté peu galante de nous faire attendre. Est-ce qu'on perdrait l'appétit quelque part devant l'épaule de madame de Luynes?

— Fi! la méchante, m'écriai-je, elle n'épargne personne.

— Avouez, dit-elle, que la duchesse a gagné là deux millions de pierreries à fort bon compte. Mais le roi est si niais! C'est un enfant qui restera toujours un enfant... Il se livre d'un air très-sérieux à des amusements et à des occupations bizarres. Ne l'ai-je pas surpris, courant et sautillant comme un écolier en vacances dans le jardin du côté de la Seine! Et quels étaient, je vous le demande, ses compagnons de jeux? Saint-Amour, son cocher, et Haran, son valet de chiens... Jolie société de roi! Avant-hier, c'est plus récent, il fit monter de la cour des cuisines une espèce de marmiton pour lui apprendre à cuire les confitures. Il sait déjà fabriquer du filet et des châssis. Son barbier lui a montré parfaitement à raser en vingt-deux leçons... Oui, ma chère! cet excellent prince est très-capable de faire la barbe à son peuple. Ah! pourquoi faut-il que Henri le Grand se soit trompé de sexe et de jour? Louis XIII aurait porté mes cotillons, et je serais roi de France!

En se livrant à cette singulière boutade, Lisette était devenue sérieuse.

— Vous verrez, vous verrez! me dit-elle, le premier ambitieux venu va s'emparer de cette marionnette royale, l'attacher au bout d'un fil et la faire danser à sa guise! Louis XIII n'a pas la moindre force d'âme, c'est une nature incomplète et bâtarde; tout lui manque, même le cœur... il n'aime pas sa mère! Depuis la mort du maréchal d'Ancre, il la fait garder à vue, sans daigner lui rendre une seule visite, et il finira par l'envoyer en exil. Joignez à cela que le noble monarque ne dit pas à la jeune reine, sa femme, une parole en deux jours; qu'il est, à côté d'elle, comme une véritable statue, et vous n'aurez pas en estime très-grande les qualités physiques et morales de monsieur mon frère... mais chut! vous allez le voir...

Il se manifesta de l'agitation autour de nous.

La porte de la salle à manger s'ouvrit à deux battants. Un huissier traversa la foule des seigneurs et alla frapper de sa baguette à la porte de la salle des gardes[*].

---

[*] Tous ces détails sont authentiques et puisés aux sources les plus certaines.
(Note de l'éditeur.)

« — Messieurs, cria-t-il, au couvert du roi! »

A l'instant même un garde parut, l'épée à la main. Il suivit L'huissier, et tous deux disparurent par une porte latérale.

— Où vont-ils? demandai-je à Lisette.

— Au *gobelet*, me répondit-elle ; c'est l'endroit où se tiennent ces officiers de bouche. Ils vont reparaître ensemble.

Effectivement, je les revis bientôt, accompagnés de cinq autres personnages, qui entrèrent alors dans la salle à manger. Ils étendirent la nappe et prirent ensuite de petites tranches de pain, qu'ils avalèrent, après en avoir scrupuleusement frotté la serviette du roi, la fourchette, la cuiller, les couteaux et les cure-dents.

Tous ces préparatifs me semblaient assez bizarres, et je ne pus m'empêcher de sourire.

Lisette me dit avec une gravité comique :

— Trouvez-vous, mademoiselle, qu'on puisse user de trop de précautions pour empêcher les ennemis de la France d'empoisonner monsieur mon frère?

— Non, lui dis-je, mais, en attendant, il n'est pas fort agréable de manger ainsi du pain sec.

L'huissier repassa devant nous et alla frapper une seconde fois de sa baguette à la salle des gardes-du-corps.

« — Messieurs, cria-t-il, à la viande du roi! »

Quatre hommes sortirent l'épée nue, et suivirent l'huissier sous la porte latérale. Ils revinrent en compagnie du maître d'hôtel et de cinq nouveaux officiers de bouche. Ces derniers étaient chargés de plats de viande, qu'ils portaient entre les quatre épées nues des quatre gardes.

Tous se mirent à faire l'essai des plats; ils y trempaient un morceau de pain, le relevaient ensuite et le mangeaient.

— Vous voyez, dit Lisette, les gens de monsieur mon frère ne sont pas toujours en pénitence !

La table une fois couverte de mets, chacun put entrer dans la salle à manger. Un groupe d'hommes se forma derrière le siège encore vide du roi, et un autre groupe de dames derrière celui de la reine. Quant au reste des assistants, les uns prirent place au fond de la pièce, les autres demeurèrent sur le seuil.

Nous étions au nombre de ces derniers. Lisette voulait me parler tout à l'aise.

On annonça le roi.

— Je parie, me dit-elle, que monsieur mon frère ne m'invitera point à souper... Comme c'est agréable d'être de sa famille !

Louis XIII parut, le chapeau sur la tête, et salua de la main toute l'assistance. Il portait un costume entièrement noir, ce qui faisait ressortir encore la pâleur naturelle de son visage. Ses traits offraient une régularité de lignes peu commune ; mais ils avaient en même temps un tel cachet d'humeur et de misanthropie, que le seul aspect de ce roi vous inspirait de la tristesse. Je n'ai jamais vu de figure reflétant davantage l'ennui et le chagrin.

Il avait à cette époque dix-huit ans, et on lui en eût donné trente.

L'impression qu'il fit sur moi tenait peut-être à ses vêtements sombres, contrastant d'une façon lugubre avec le costume des dames et des seigneurs.

Il s'assit, et la reine prit place à sa droite.

Autant le roi m'avait paru maussade, autant sa jeune femme me sembla gracieuse, ouverte et riante. Elle était belle comme tous les amours, et ses grands yeux d'Espagnole brillaient comme des escarboucles.

— Comprenez-vous, me dit Lisette, l'indifférence de monsieur mon frère pour une aussi jolie personne ? Il ne tardera pas à porter le châtiment de sa sottise. Est-ce une raison, parce que nous sommes reine, de couler nos jours dans la solitude et l'oubli ? La nature nous a-t-elle douée de tous ces charmes pour qu'un monarque imbécile passe dédaigneusement à côté sans les voir ?... Oh ! que non pas !... Suivez un peu, Marion, le regard de la reine : il rencontre souvent celui d'un très-beau jeune homme, qui a soin de se placer toujours en face d'elle... L'apercevez-vous ?

— Oui, répondis-je ; il se nomme ?...

— Henri de Montmorency... Oh ! oh ! poursuivit-elle en me montrant un autre seigneur très-occupé, mais inutilement, à attirer l'attention du roi, le mari de notre chère duchesse perd son temps et ses peines ! On a l'air de le bouder, ceci devient grave.

M. le duc de Luynes, debout derrière le siége royal, parlait depuis cinq minutes ; Louis XIII ne daignait pas lui répondre.

Tout à coup le roi, qui venait de faire glisser une aiguillette de faisan sur son assiette d'or, leva la tête et dit à un de ses gentilshommes de service :

— Bassompierre est-il là ?

— Oui, Sire, répondit le colonel lui-même.

Je ne l'avais pas vu au milieu des personnages réunis au fond de la salle.

Il s'approcha révérencieusement.

— Eh bien, monsieur, lui dit le roi, vous cherchez donc à nous déplaire, vous méprisez nos ordres?

— J'affirme à Votre Majesté que rien ne justifie...

— Ah! ah!... nous passions tantôt près de certain appartement, et nous nous sommes aperçu que les Suisses n'en gardaient plus la porte.

— Sire, monsieur le duc de Luynes m'a lui-même autorisé...

— Monsieur le duc a eu tort!... Nos ennemis peuvent séduire les mousquetaires, soldats nouveaux et dont je ne suis pas sûr. J'entends que vos Grisons reprennent leur service dès ce soir.

Le colonel s'inclina sans répondre.

— Du reste, ajouta le roi, l'heure approche où nous serons délivré de ces tracas. Il y aura demain grand bal à la cour... Vous danserez toute la nuit, mesdames, et, le matin venu, vous pourrez joindre vos adieux aux nôtres, et saluer, du haut du balcon du Louvre, les équipages de Marie de Médicis. Nous avons prié madame notre mère de prendre la route de Blois.

Lisette m'entraîna hors de la salle à manger.

— Allons-nous-en, dit-elle, j'éclaterais. ce méchant cœur ne montre de fermeté que dans les occasions où il s'agit de chagriner sa mère... D'ailleurs il faut courir à notre rendez-vous.

— Quel rendez-vous?

— Eh! vous ne le devinez pas... nos amoureux nous attendent.

— Nos amoureux?

— Sans doute, voilà le mystère du billet. M. le vicomte de Ludres, qui, depuis un mois, me fait la cour, sans avoir jamais pu rien obtenir... car je suis très-cruelle... ou plutôt j'ai acquis de l'expérience... enfin, n'importe! M. de Ludres, dis-je, m'écrit qu'il est très-intime avec un jeune officier de son corps. Ce nouvel ami est votre amant, et vous êtes venue au Louvre, afin de trouver moyen de vous concerter ensemble... Est-ce vrai, Marion?

Je fis un signe de tête affirmatif.

— En ce cas rien de plus simple! Ces messieurs nous donnent rendez-vous à sept heures et demie, sous les charmilles du bord de la Seine. Nous avons au moins deux heures de liberté : la duchesse, en rentrant de ses courses, ira, comme de coutume, au jeu

Nous prîmes la fuite en criant : A demain! *Page* 131.

du roi. Je suis enchantée de pouvoir connaître au juste les intentions de M. de Ludres. Ces messieurs, en amour, ne sont pas d'une délicatesse extrême... J'y ai plus d'une fois été prise.

— Est-ce possible?
— Mon Dieu, oui! descendons au jardin.
— De la prudence, il fait encore grand jour... si on allait nous voir...

— Qu'est-ce à dire, mademoiselle? préférez-vous accorder un rendez-vous la nuit?

— Bon! qu'elle est folle!

— Soyez tranquille, j'ai toute ma tête. A moins que le petit vicomte ne me jure de m'épouser en très-loyal et très-légitime mariage, il ne me baisera pas le bout du doigt.

— Fort bien, lui dis-je, et si le petit Marguerite, mon serviteur, ne me fait un serment pareil, je l'envoie promener.

— Oui, soyons inflexibles!
— Soyons coquettes, surtout.
— C'est mon fort.
— Et moi, donc!
— Ah! les malheureux, je les plains! s'écria-t-elle.

En parlant ainsi, nous descendions un étroit escalier hors d'œuvre, qui menait au jardin, et, deux minutes après, nous entrions sous les charmilles.

X

Le jeune vicomte de Ludres était infiniment mieux, je dois en convenir, que le fils de ma marraine; et cela contribua beaucoup à me rendre impitoyable.

Je tins Marguerite à distance avec un aplomb superbe.

De son côté, Lisette s'efforçait d'enchérir sur moi par la dignité sévère de sa contenance. Nos deux gardes-du-corps se rendirent bientôt à merci; rien ne fut plus facile que de les amener à proposer eux-mêmes un mariage secret.

— Bassompierre, dit Marguerite, est un homme de ressource : il nous prêtera le franciscain de son régiment*.

— C'est à merveille, monsieur, dit Lisette ; mais il faut nous marier sans sortir du Louvre. Je ne me fie pas à une simple promesse, et je ne quitterai madame de Luynes que pour suivre mon époux.

Je déclarai, après ma compagne, que toute démarche me semblerait impossible, si elle devait précéder la bénédiction nuptiale.

— Eh bien! s'écria Marguerite, nous avons encore Bassompierre! Demain, pendant le bal, il peut nous introduire dans la chapelle du Louvre, et tous vos désirs seront accomplis.

— Voilà qui est convenu, dit le vicomte ; chacun de notre côté, nous sortirons du bal, vers minuit, sans affectation, pour nous retrouver ensuite à la chapelle.

La chose, comme on le voit, devenait très-sérieuse.

Nous n'avions plus envie de rire, et fort heureusement la nuit tombait pour cacher notre embarras et notre rougeur.

— A bientôt, mon ami, dit Lisette avec un ton langoureux, qu'elle prenait sans doute pour la première fois.

De Ludres s'agenouilla devant elle et murmura tendrement :

— Au revoir, ma femme !

L'émotion nous gagnait. J'avais aussi Marguerite à mes genoux ; ma main tremblait dans la sienne, et mon cœur battait, sinon d'amour, du moins d'une sorte de frayeur, en songeant au terme si rapproché de notre union.

— Marion, me disait-il, vous êtes ma seule joie, mes seules délices, mon seul amour !

Leurs transports commençaient à devenir dangereux ; nous prîmes la fuite en criant :

— A demain!

Lisette et moi nous étions émerveillées, et l'intervention de Bassompierre dans tout cela nous laissait pleines de confiance.

M. le colonel des Suisses était si bien à l'affût, son poste l'autorisait tellement à parcourir le palais, à ouvrir les portes, à se rencontrer partout sur mon passage, qu'il me prit, je suis sûre, au moins vingt baisers, dans le laps de temps qui s'écoula depuis mon arrivée au Louvre jusqu'à l'ouverture du bal. Ces vingt bai-

* Au dix-septième siècle, tous les aumôniers des troupes étaient franciscains.
(*Note de l'éditeur.*)

sers, joints à une douzaine dérobés à Evreux et pendant la route, formaient déjà, ce me semble, une fort jolie récompense, d'autant plus que, le sachant dévoué à ma cause, je les lui donnais vraiment de bon cœur.

Le lendemain, avant la fête, madame de Luynes fit apporter pour Lisette et pour moi deux magnifiques robes de satin gris de perle et nous prêta quelques-uns de ses diamants.

Elle nous trouva sérieuses et nous en fit le reproche; mais il eût été fort maladroit de lui répondre par une confidence.

La toilette de la duchesse et la nôtre avaient reçu la dernière main, lorsque ma marraine arriva, suivie des hôtes habituels de la rue Saint-Thomas-du-Louvre, Villarceaux, Maynard, Vaugelas et Rosecroix.

Décidément, le vieux chevalier ne se tenait pas pour battu.

Il vint à moi, fit le galantin, poussa trois soupirs, commença quatre phrases différentes et finit par me présenter sa main gantée, pour nous rendre dans les salons.

Il m'aurait été difficile de ne point accepter, je n'avais plus que lui.

Bassompierre, qui venait d'entrer, confiait sa femme à Maynard et prenait madame de Luynes; Villarceaux conduisait ma marraine, et Vaugelas avait accaparé Lisette.

Il était dix heures.

Les galeries du Louvre étincelaient de lumière, et les ballets commençaient à s'organiser au signal donné par l'archet des musiciens du roi.

Je fus éblouie de ce merveilleux coup d'œil.

Cette foule brillante, passant et repassant sans cesse, toutes ces femmes couronnées de pierreries, tous ces hommes empressés de voler au-devant d'un sourire, tout ce bruit, tout cet éclat, me donnaient une espèce de vertige, et je m'attachais si étroitement au bras du chevalier, que le pauvre homme s'imagina recevoir une marque affectueuse et répondit par une pression très-significative du coude à un mouvement machinal et tout à fait involontaire.

Profitant aussitôt de cette nouvelle hardiesse de Rosecroix, je me plaçai sous le patronage du colonel des Suisses.

Madame de Luynes venait de le quitter, afin d'aller s'asseoir à l'autre extrémité des salons, tout auprès du siège de la reine.

— Eh bien, qu'y a-t-il? demanda Bassompierre.

— Il y a, lui dis-je, en regardant Rosecroix, que monsieur le chevalier, désespérant de se faire comprendre au moyen du langage usuel, emploie le langage des gestes. C'est la seconde fois que cela lui arrive, et il voudra bien, j'espère, avant de poursuivre, aller demander l'autorisation de ma marraine.

Nous laissâmes Rosecroix tout confus.

— Je suis heureuse, dis-je à Bassompierre, de causer un peu librement avec vous. Depuis deux jours, vous jouez à mon égard le rôle d'un sylphe; vous paraissez tout juste pour me voler des baisers... c'est trop de discrétion, monsieur. Vous ai-je témoigné jamais que votre entretien ne me fût point agréable?

— Prenez garde, Marion, vous me faites une avance!

— Ah! vous n'en pensez pas un mot... par exemple!... je suis prête à accomplir un acte trop sérieux... Dites-moi, vous nous amenez le fanciscain de votre régiment?

— Oui, mademoiselle, me répondit-il d'un ton sec.

— Eh! qu'avez-vous, bon Dieu?

— Rien... ne vous inquiétez pas... on vous ouvrira la chapelle du Louvre, et votre union sera célébrée sans obstacle... Hélas! pouvez-vous avoir la cruauté de me faire tenir parole jusqu'au bout!

— Mais, colonel...

— Oh! je n'ai pas le droit de me plaindre! je suis marié! il m'est impossible de payer votre amour au prix de la bénédiction d'un prêtre... Je sais tout cela, et j'en suis plus malheureux!

Je me repentais d'avoir quitté le bras de Rosecroix; ce discours de Bassompierre m'embarrassait étrangement.

— Tenez, Marion, me dit-il, vous avez un moyen de me consoler et de me rendre l'espoir...

— Lequel?

— C'est de me dire tout bas, entre nous, sous le sceau du secret, que vous n'aimez pas Marguerite de Saint-Évremond, que vous ne l'aimerez jamais, que ce mariage est un marche-pied pour vous, et que, si j'étais libre, vous me donneriez sur-le-champ la préférence.

— Eh bien, oui, là, colonel... êtes-vous content?

— Vous n'aimez pas Marguerite?

— Non.

— Vous ne l'aimerez jamais?

— Jamais.

— Ce mariage est un mariage d'ambition?

— D'ambition pure.

— A la bonne heure! s'écria-t-il ; maintenant je n'ai plus de scrupules... Le plus court est de s'entendre.

— Que voulez-vous dire?

— Pardieu! vous êtes charmante, et je vais vous marier de grand cœur.

— Me faire marier... prenons garde!... je n'aurais pas confiance en votre bénédiction.

— Sans doute, sans doute... je procure le franciscain, j'ouvre la chapelle... Allons, point de retard! donnons vite les ordres. Vous devez me savoir gré de tout ce que je fais pour vous, j'ai tant d'autres choses en tête!... La reine-mère m'a supplié de la laisser sortir sous le masque; elle veut parler à Richelieu... Le pauvre évêque en entendra de belles! Enfin, je mène deux intrigues de front et je n'ai pas de temps à perdre... souffrez que je vous remette au bras de Rosecroix.

Bassompierre fit signe au chevalier, qui nous suivait à quelque distance.

— Allons, dit-il, jeune étourdi, mademoiselle veut bien vous pardonner, mais n'y revenez plus.

Il s'éloigna.

Rosecroix était aux anges.

Malheureusement, à dix pas plus loin, j'entendis ces mots, murmurés à mon oreille :

— Débarrassez-vous du chevalier, il faut que je vous parle.

Tournant doucement la tête, je reconnus Saint-Sorlin.

Aussitôt et sans réfléchir, je portai la main à ma chevelure, et je m'écriai :

— Monsieur de Rosecroix, voyez donc!... je n'ai plus mon diamant jaune, au-dessus de la tempe droite... Ah! ciel! il est tombé! cherchez-le, retournez sur vos pas, je vous attends à cette place... courez, courez vite!

Le chevalier s'empressa d'obéir.

Je disparus avec Saint-Sorlin, pendant que le pauvre vieux faisait volte-face et se fatiguait la prunelle pour découvrir sous les pieds des promeneurs un diamant que je n'avais jamais eu.

Le poëte me dit sans autre préambule :

— Hâtons-nous, il y a là-bas un de vos amis dont l'impatience est extrême.

— Un ami? qui donc?

— Ne jouez pas la surprise, vous avez deviné Desbarreaux.

— Desbarreaux?... non, non!... je ne veux pas le voir... c'est impossible, laissez-moi !

— Vous le verrez, mademoiselle; j'y tiens beaucoup, j'y tiens pour moi-même. Quel crime a-t-il commis? à quoi songez-vous d'être si dure à son égard? Depuis tantôt huit jours, vous renvoyez tous ses billets sans les ouvrir.

— C'est vrai, monsieur. J'ai même l'intention d'avertir ma marraine, en la priant de congédier le professeur de théorbe, qui a l'audace de me les remettre.

— D'où vient un pareil caprice? Je ne vous comprends plus... vous aimiez cependant Emmanuel; il faut qu'on ait essayé de le perdre dans votre esprit. Vous avez tort, mademoiselle, vous avez tort! on n'écoute pas les mauvaises langues. En vous menant à Desbarreaux, j'ai des intentions louables, je vous l'affirme.

Tout en parlant, il me conduisit au fond de la galerie, souleva la lourde tenture de damas, et pressant le bouton d'une porte, il me fit traverser plusieurs pièces à peine éclairées, où l'on n'entendait plus que faiblement le bruit du bal.

Le nom de Desbarreaux, prononcé au moment où j'allais m'engager à un autre pour toujours, jetait dans mon cœur un trouble indicible. Je voulais résister à Saint-Sorlin, qui m'entraînait, mais je ne m'en sentais pas le courage.

Il le comprenait et marchait toujours.

Enfin, effrayée du silence qui régnait autour de moi, je m'écriai :

— Non! je ne vous suivrai pas plus loin!... Je ne veux ni le voir, ni lui parler... D'ailleurs, il n'est plus temps.

— Il n'est plus temps, Marion! que signifient ces paroles? dit Emmanuel en s'offrant tout à coup à mes yeux.

Je me sentis défaillir et je tombai sur un pliant que Saint-Sorlin m'avança.

Le poëte me dit ensuite d'un ton fort grave :

— Vous êtes, mademoiselle, dans l'appartement occupé par monseigneur du Plessis et moi, lorsque les travaux du conseil nous appellent au Louvre. Je me suis engagé à vous amener ici, mais à condition d'assister au commencement de l'entrevue et de vous parler le premier. Je regrette aujourd'hui, mademoiselle, notre conversation du voyage. Moitié par désœuvrement, moitié par étourderie, je me suis mêlé à une intrigue où mon rôle n'a pas été des plus nobles et des plus délicats... mais il est toujours temps de réparer une faute, et j'engage sérieusement Desbarreaux à renoncer à vous ou à vous épouser.

Je levai les yeux sur Emmanuel, qui me dit avec un accent ironique :

— Vous voyez, Marion, ce cher ami fait preuve de conscience. Il a, sur mon âme, des fantaisies d'honnête homme extrêmement recommandables.

— A merveille, dit Saint-Sorlin, traite-moi de niais, de moraliste, peu m'importe ; rien ne m'oblige à accepter une complicité de séduction. J'ai la perspective, en te secondant, de recevoir un jour les reproches de mademoiselle et de m'en faire une ennemie, ce à quoi je ne tiens nullement.... et pour cause.

Il se retourna vers moi.

— Quand je vous ai tout à l'heure abordée dans le bal, vous ne vous attendiez guère à me voir ici tenir de pareils discours, n'est-il pas vrai ? me demanda-t-il.

— En effet, monsieur, lui répondis-je, assez embarrassée de mon maintien, et ne sachant encore si tout ce qui se disait là n'était point une comédie.

— Bref, ajouta Saint-Sorlin, je sais concilier adroitement la conscience et l'amitié. Ce cher Desbarreaux est un être fort systématique ; il a des idées dont je ne veux point discuter la justesse. Le mariage surtout lui paraît la plus colossale des erreurs humaines. Or, ceci ne l'empêche pas d'être amoureux fou dans l'occurrence, et il m'a déclaré qu'il était homme à se brûler la cervelle, si je ne réussissais à le mettre ce soir en tête-à-tête avec vous. Sachant que vous étiez au Louvre et ne voulant pas s'exposer dans le bal aux yeux de la comtesse, il a eu recours à moi. Le désespoir d'un ami vous touche... j'ai promis le tête-à-tête, mais je me suis en même temps juré de vous mettre sur vos gardes. Voyez, mademoiselle, s'il est plus avantageux pour vous de rester sous la tutelle de votre marraine. Là vous avez l'espoir d'un mariage légitime, là vous serez estimée, recherchée, notée convenablement dans le monde... voyez, dis-je, si cela vous convient mieux que d'accepter les propositions d'Emmanuel. Il ne vous épousera jamais, je vous l'affirme d'avance. Par conséquent, la situation est fort claire : vous avez le choix entre l'amour et l'honneur. Si l'amour vous paraît préfé-

Ton nom, me dit-elle, ou tu es mort! *Page* 142.

rable, restez avec Desbarreaux, car il vous aime... il vous aime à la folie!... Mais si vous penchez du côté de l'honneur, voici mon bras, je suis prêt à vous reconduire au bal.

Emmanuel était incliné sur l'une de mes mains et la tenait fortement collée contre ses lèvres. Sa poitrine retenait des sanglots, je crus sentir une larme.

Il est impossible de rendre l'effet que cela produisit sur moi.

Je l'ai remarqué souvent dans ma vie, les pleurs sont tout-puissants, même versés par un homme qu'on n'aime pas. Nous avons pour cette marque de faiblesse chez la nature forte une irrésistible sympathie. L'homme qui saurait pleurer à son gré triompherait inévitablement partout et toujours.

— Je comprends votre silence, me dit Saint-Sorlin... vous restez ?

— Oui, je reste, murmurai-je.

— Personne ici n'entrave votre libre arbitre ; vous accomplissez un acte de volonté formel, et si jamais vous éprouvez du repentir..

— C'est bien, monsieur, je ne m'en prendrai qu'à moi.

— La réponse me met complétement à couvert ; je vous laisse.

Il s'éloigna.

— Oh ! mon ami, dis-je à Desbarreaux, voyez comme vous êtes terrible avec votre répugnance pour le mariage ! vous avez failli, dès les premiers jours, indisposer ma marraine contre moi ; vous me forcez à lutter contre mon cœur, à vous fuir... quand je voudrais être là constamment près de vous. Le véritable amour ne raisonne pas et n'invente point de systèmes.

Il se leva et me dit avec la plus grande froideur :

— Mademoiselle, vous pouvez regagner le bal.

— Ainsi, vous êtes inflexible ?

— Rappelez-vous, Marion, notre première entrevue : je vous ai dit, il m'en souvient, que je vous aimais trop pour vous épouser. Je vous offre ma fortune et ma vie, qu'exigez-vous de plus, une chaîne ? je la briserais avec rage, le lendemain de notre hymen... oui ! je vous détesterais, à partir du moment où vous seriez forcée de me donner par devoir ce que je vous demande aujourd'hui par amour.

— Oh ! monsieur !

— Je vous détesterais, vous dis-je... et pourtant je vous aime à me tuer pour vous. Arrangez cela, cherchez à me comprendre, traitez-moi d'insensé, peu m'importe... je suis capable de tous les dévouements, excepté de ceux qui peuvent nuire à notre bonheur.

— Ne cherchez pas, Emmanuel, à justifier votre égoïsme. Où sont vos sacrifices ? vous n'en faites aucun, et vous me les demandez tous. Si je vous écoute, je perds l'estime du monde.

— Préjugé, Marion, préjugé ! Vous êtes belle, soyez riche, et demain tout Paris tombe à vos genoux.

Il commença par s'y mettre lui-même.

— Si je mens, vois-tu, ma chère, si je mens, que la foudre m'écrase! tu l'emporteras sur les plus grandes dames, et tu auras ta cour comme une reine! Lorsque tu seras fatiguée de Paris, nous voyagerons, et tu me verras glorieux de montrer tes charmes à l'Europe entière. Nous irons où le soleil est doux, où les fleurs sont belles, où l'oiseau chante, où les vins enivrent! A chaque saison de nouveaux climats, de nouvelles fêtes et de nouveaux plaisirs! Nous nous aimerons chez toutes les nations, chez tous les peuples, et les plus secrets échos de la terre garderont le souvenir de nos baisers.

Il parlait avec cette chaleur dont j'avais déjà ressenti le dangereux pouvoir. J'allais succomber.

Les douze coups de minuit sonnèrent à l'horloge du Louvre.

Emmanuel me vit tressaillir, je retirai ma main qu'il tenait encore.

— Vous plaidez admirablement votre cause, monsieur, lui dis-je; il est dans mon âme des cordes que vous faites vibrer, mais j'ai rencontré par malheur un homme beaucoup moins ennemi que vous du mariage.

— Ah! oui, le chevalier, dit-il en haussant les épaules, nous savons cette histoire, et si votre noble marraine ne trouve pas d'autre moyen de vous rendre la vie agréable...

— Il ne s'agit pas de Rosecroix. Un autre époux m'attend à l'autel en ce moment même.

Desbarreaux tressaillit et se releva.

— Vous me trompez! s'écria-t-il.

— Non, monsieur; je regarde comme indigne de vous et de moi de recourir au mensonge. Voilà le secret de ces paroles : « Il n'est plus temps! » que je prononçais tout à l'heure.

— Je vous crois, murmura-t-il avec trouble. Et ce mari est jeune?

— Plus jeune que vous, Emmanuel.

— Riche?

— Très-riche.

— Il vous épouse cette nuit même?

— Je vais le rejoindre.

Il parut méditer quelques secondes, et me dit ensuite avec effort :

— C'est bien, je n'ai plus le droit de me plaindre... Adieu, Marion.

— Emmanuel, lui dis-je d'une voix tremblante, réfléchissez, mon ami... Je puis tout rompre encore... et je pars avec vous sur l'heure, si vous voulez me jurer de me prendre pour femme.

— Jamais, jamais !!!

Desbarreaux se dirigeait vers la porte, quand tout à coup Saint-Sorlin reparut très-agité, l'œil hagard; il saisit le bras d'Emmanuel, vint précipitamment à moi, et nous dit :

— Cachez-vous, je suis perdu !

Nous le regardions avec étonnement, il ajouta :

— Ce cabinet n'a que deux issues. M. de Luçon vient à droite, a reine-mère s'avance à gauche... c'est quelque rendez-vous mystérieux; ils ne me pardonneront jamais d'avoir amené des témoins.. Là, sous ces rideaux !... Au nom du ciel, hâtez-vous !

Il nous poussa dans l'embrasure de la fenêtre.

A peine y étions-nous, que Marie de Médicis et Richelieu pénétrèrent dans la pièce

L'effroi de Saint-Sorlin nous avait gagnés; nous ne faisions pas un mouvement et nous n'osions respirer.

— Quelle démarche imprudente! s'écria l'évêque, en faisant asseoir la reine-mère sur le pliant que je venais de quitter.

— Je vous aurais attendu longtemps, monsieur, lui répondit-elle. Depuis six semaines, vous me savez malheureuse, bourrelée d'inquiétude... On instruit le procès de cette pauvre Léonore : ils me la tueront comme ils ont tué son mari... c'est horrible! et vous me laissez seule, sans consolation, sans espoir, quand il vous est si facile de tromper la vigilance de tous? Il a fallu que Bassompierre se relâchât de sa consigne et me permît de vous rencontrer en ces lieux; autrement, je serais partie sans vous voir.

— Madame, Sa Majesté m'a défendu...

— Vous mentez!

— Je vous affirme...

— Vous mentez impudemment! mon fils lui-même vous avait prié de m'accompagner à Blois.

— Mais, si je quitte la cour, je perdrai toutes mes charges. Il ne manque pas d'ambitieux qui me supplanteront, de rivaux qui chercheront à me nuire.

— Ah! parlez donc enfin! je préfère cette ignoble franchise à un langage hypocrite, bon tout au plus à me laisser des doutes sur votre trahison. Ainsi, vous me reniez... moi votre bienfaitrice, moi votre reine, moi qui ai eu la faiblesse...

— Arrêtez, madame... Si tous vos serviteurs s'éloignent avec vous de Paris, personne ne prendra plus votre défense.

— Vraiment? reprit la reine avec une ironie sanglante, c'est pour me défendre que vous restez à la cour, monseigneur?... pour me défendre, vous vous liguez avec mes ennemis, vous tombez aux genoux de madame de Luynes et vous cherchez à la donner pour maitresse à mon fils... Oh! silence! je sais tout !... Vil courtisan, prestolet obscur, que j'ai coiffé de la mitre! vipère que j'ai réchauffée dans mon sein!

— Madame, je ne puis souffrir de telles injures.

— J'ai fait ta fortune... de moi tu dois tout entendre et tout souffrir.

— Mais qu'espérez-vous, en m'humiliant ainsi?

— Espérer!... il ose dire *espérer*!... J'ordonne, entendez-vous, monsieur? Il me reste encore assez de bras à mon service pour châtier le perfide qui oublie la femme, l'ingrat qui trahit la reine. Il faut m'accompagner à Blois.

— C'est impossible...

— Je le veux! je vous le commande!! cria **Marie de Médicis** avec fougue.

Le frisson nous en courut dans les veines.

— Ah! ah! poursuivit-elle, c'est un grand désespoir de quitter cette belle duchesse!... et mademoiselle de Montmorency va sans doute pleurer votre absence?

— Pour Dieu, madame, dit l'évêque, daignez parler moins haut; ces cris peuvent être entendus des salons, il y a du monde dans les galeries voisines.

— Vous avez bien peur! Si quelqu'un se compromet à ce rendez-vous, c'est la reine; je vous dispense de trembler pour moi.

Marie de Médicis achevait cette phrase, quand ses yeux rencontrèrent mon éventail. Je l'avais oublié sur un guéridon voisin du siège où elle était assise.

Nous entendîmes une exclamation furieuse.

— Monsieur, cria-t-elle, vous avez une femme ici!

— Une femme? dit l'évêque étonné.

Je ressentis une frayeur si grande, que ma main s'attacha convulsivement aux rideaux.

La reine les vit remuer, s'empressa d'accourir et me tira violemment de ma cachette pour m'amener au milieu de la chambre. Elle n'avait aperçu ni Desbarreaux, ni Saint-Sorlin, blottis qu'ils étaient dans l'autre coin de la fenêtre.

— Eh bien, dit-elle à Richelieu, niez encore!

Je la vis tirer de son corsage un petit poignard napolitain, dont la lame scintilla comme le reflet d'un éclair. Je tombai sur mes genoux, muette et glacée de terreur.

L'évêque ne savait plus s'il veillait ou s'il était sous l'empire d'un songe.

— Comment donc, c'est une fort jolie fille! dit la reine-mère avec un éclat de rire effrayant. Veuillez, monsieur de Richelieu, recevoir mes félicitations sur la délicatesse de votre choix.

Puis, revenant, le poignard levé :

— Ton nom, me dit-elle, ou tu es morte!

Desbarreaux, épouvanté du péril que je courais, quitta la fenêtre, et Saint-Sorlin fut obligé de se montrer à son tour.

La reine porta son masque à sa figure.

Je profitai de la stupeur où la plongeait cette nouvelle apparition, pour me relever et m'enfuir à toutes jambes; la crainte me donnait des ailes.

En moins d'une minute, je fus à plus de deux cents pas du lieu de la scène.

Vainement je cherchais à m'orienter dans un dédale d'antichambres et de couloirs. J'allais interroger les gardes, quand j'aperçus à deux pas de moi le vieux chevalier du Saint-Esprit, dont la mine effarée m'eût fait beaucoup rire en toute autre circonstance.

Il voulut prendre la parole, mais je lui fermai la bouche et je lui dis :

— C'est bien, mon cher monsieur de Rosecroix, vous n'avez pas trouvé mon diamant? cela ne m'étonne pas. Soyez assez bon pour m'indiquer où est la chapelle... je viens d'échapper à un grand péril, et je veux remercier Dieu.

Il m'offrit son bras avec empressement.

— Non, chevalier, non. Continuez vos recherches, et dites-moi seulement le chemin.

Rosecroix se mit à me l'indiquer avec ses phrases habituelles, que la joie de me revoir rendait encore plus hachées et plus confuses.

— Mais, ajouta-t-il, votre marraine... tout à l'heure... quand je traversais le bal.

— Cela suffit, chevalier. Trouvez le diamant jaune, et vous aurez une bonne récompense.

— Un baiser ? fit-il.

Bassompierre n'était pas là pour s'extasier devant cette nouvelle phrase aussi complète que possible.

— Oui, Rosecroix, un baiser ; je vous le promets... si vous trouvez le diamant ?

Et je repris ma course, j'avais plus d'une demi-heure de retard.

Cette fois, ma résolution était bien arrêtée ; le dépit que je ressentais de l'entêtement de Desbarreaux achevait de la rendre inébranlable.

Je m'attendais à voir madame de Saint-Évremond jeter feu et flamme ; je savais que, dans la première exaltation qui la saisirait à la nouvelle du mariage, elle ferait tout au monde pour le rompre ; mais j'espérais l'adoucir alors par mon respect sans bornes et mes instantes prières. Il était impossible, selon moi, qu'elle ne se laissât point fléchir et ne me rendît pas un peu d'amitié, lorsque son fils lui-même viendrait tomber à ses genoux, en la conjurant de ne pas briser des nœuds bénis par le ciel.

Ainsi j'avais tout d'un coup par ma hardiesse une haute position conquise, et la fille du pauvre huissier de Champagne prenait rang parmi les plus grandes dames de la cour.

En ce moment encore, je m'écriai avec enthousiasme :

« O mon horoscope ! mon horoscope ! »

Je trouvai Marguerite au seuil de la chapelle.

— Enfin, c'est vous ! me dit-il ; je me sentais mourir d'inquiétude... L'aumônier perd patience ; M. de Ludres et mademoiselle de Longjumeau sont mariés... ils viennent de partir.

— Sans nous attendre ? murmurai-je.

— Nous les retrouverons, soyez sans crainte. Le vicomte et moi, nous avons loué près d'ici, rue de l'Arbre-Sec, une petite maison isolée ; c'est là, ma belle amie, que nous abriterons notre bonheur.

— Ah ! mon Dieu ! lui dis-je, va-t-il falloir déjà vous suivre ?

— Sans doute, Marion ; dans un instant vous n'aurez plus rien à refuser à votre époux.

M. le lieutenant des gardes-du-corps me disait cela sur un petit ton vainqueur qui ne me rassurait guère. Cette obéissance, dont il allait exiger la preuve, ne me semblait pas le plus amusant de l'aventure ; mais il fallait se résigner.

La chapelle était plongée dans une obscurité presque complète. Elle avait des fenêtres qui s'ouvraient sur les appartements, et il eût été de la dernière imprudence d'allumer des flambeaux. Je vis seulement, tout au fond du chœur, un point lumineux, vers lequel me conduisait Marguerite. C'était une lampe d'or, brûlant à droite du sanctuaire, et non loin de là se tenait le franciscain, prêt à nous donner la bénédiction nuptiale.

Derrière lui, deux soldats aux gardes ayant déjà servi de témoins au vicomte et à la protégée de madame de Luynes, se préparaient à nous en servir également.

Nous nous agenouillâmes devant le prêtre, dont la tête était enveloppée d'un vaste capuchon.

Seulement alors, je l'avoue à ma honte, je réfléchis à la solennité de l'acte qui allait s'accomplir. Ces ombres, ce silence, le lieu sacré où nous nous trouvions; ce ministre, les mains étendues sur nos têtes et prononçant les paroles saintes, tout contribuait à me donner une sorte d'épouvante. Je me demandais si ce n'était point un crime de me lier par un engagement semblable à l'insu de ma marraine, sans le consentement d'une femme qui m'avait tirée d'une existence obscure et pénible, et dont la bienveillance s'était étendue jusque sur ma famille. Je sentais combien ma conduite était coupable et mon ingratitude monstrueuse.

Quand arriva le moment de prononcer le *oui* sacramentel, un frisson courut dans mes veines, une sueur glacée découla de mon front.

Je voulus me lever et m'enfuir, mais la main de Marguerite retenait la mienne; il passait à mon doigt le brillant anneau, gage de ses promesses, il me nommait sa femme devant Dieu!

Le vertige me reprit.

D'un mot, j'allais m'ouvrir toute une carrière d'opulence et de joie; d'un mot, j'allais être l'égale de ces fières beautés qui m coudoyaient tout à l'heure dans les salons du Louvre. On aura pour moi, comme pour elles, de l'admiration, des respects et des hommages!...

Le prêtre m'interrogeait de nouveau; j'imposai silence au cri du remords et je répondis d'une voix ferme :

— Oui, je consens à prendre Marguerite de Saint-Évremond pour époux.

J'avais à peine achevé ces mots, que je reçus le plus éclatant soufflet qui jamais eût retenti sur une joue humaine.

Quoi! mon pauvre ami, vous accepteriez cette étourdie pour femme? *Page* 147.

XI

De plus, j'entendis une voix irritée me crier aux oreilles :
— Ah! petite misérable! indigne créature! c'est donc ainsi que tu me récompenses de mes bontés pour toi?... voilà le prix de ma sotte affection!... tu cherches à porter le trouble dans la demeure

hospitalière qui t'a recueillie... Ah! tu consens à prendre mon fils pour époux, mendiante?... Viens! viens, tu sauras comme je prétends ratifier ce beau mariage!

Les dalles de la chapelle se fussent écartées, en ouvrant sous mes pas un abîme de cent pieds de profondeur, que je m'y serais engloutie sur-le-champ pour échapper à mon affront.

Rien n'était simple comme la cause de l'apparition de la comtesse, je devais en accuser mon étourderie et mon imprévoyance. Lorsque j'eus quitté Rosecroix, il regagna le bal et trouva ma marraine, déjà précédemment inquiète de ne plus me voir. Je n'avais fait au chevalier aucune espèce de recommandation de se taire; en conséquence, il se hâta de la rassurer et de lui dire que j'étais à la chapelle du Louvre.

Ceci parut étrange à madame de Saint-Évremond.

Sans rien deviner de ce qui se passait, elle voulut voir néanmoins si les renseignements donnés par Rosecroix étaient exacts. Elle s'empara de son bras, et tous deux de compagnie vinrent essayer d'apprendre par quel incompréhensible caprice de dévotion je quittais ainsi la fête pour aller prier Dieu.

Ils entrèrent doucement, l'obscurité nous déroba leur approche.

Bientôt ils eurent tout compris.

Alors, cédant à une trop juste indignation, la comtesse me souffleta. L'apostrophe qui vint ensuite était dictée par une colère impétueuse.

Nous restions comme pétrifiés.

Madame de Saint-Évremond me relevait d'une main avec violence, de l'autre elle essayait d'arracher le capuchon du prêtre.

— En vérité, cria-t-elle, je tiens beaucoup à voir le visage du saint ministre qui remplit aussi dignement les fonctions du sacerdoce, et marie les jeunes gens sans l'autorisation des familles.

Le franciscain fit un pas en arrière et partit d'un éclat de rire très-sonore, que répéta bruyamment l'écho de la chapelle.

— Tout beau, comtesse! voulez-vous me souffleter aussi? Peste! vous n'y allez pas de main morte, et vous châtiez rudement cette pauvre jeune fille pour la petite plaisanterie dont nous sommes les auteurs. Allons, allons, calmez-vous! il n'y a pas autant de mal qu'on l'aurait cru. Le diable m'emporte si le mariage est valable!

Cela dit, il releva de lui-même son capuchon, et je reconnus Bassompierre.

J'étais anéantie.

Marguerite, profitant de la surprise où ce nouvel incident plongeait ma marraine, disparut avec les deux gardes-du-corps; la perfide était complice de cette odieuse mystification.

Et Lisette, qui se croyait légitimement mariée !

— Ah! colonel, dit madame de Saint-Évremond, c'est indigne à vous de parodier de la sorte les cérémonies de l'Église, et de venir insulter Dieu jusque dans son temple!

— Mais, comtesse, vous m'attribuez des intentions impies que je n'ai pas eues... Non, là, vraiment, sur l'honneur !..... Que diable ! nous sommes de plus en plus embarrassés chaque jour : ces petites filles ont toutes la manie du mariage. Si de temps à autre on n'employait la ruse, on périrait par la famine... et corbleu ! cela n'est point agréable.

— Taisez-vous, monsieur, vous me faites honte !

— Après cela, dit Bassompierre, le plus court, j'imagine, est de quitter la place et de ne point divulguer cette aventure. Au revoir... nous causerons de ceci quand vous serez plus calme.

Et le traître disparut à son tour.

Je restai seule avec ma marraine et le chevalier de Rosecroix.

— Quelle leçon ! quelle leçon, mademoiselle ! dit la comtesse en m'entraînant hors du lieu saint. Vous allez être l'objet de la risée générale, et je dois renoncer pour vous, dès ce jour, à toute espèce d'établissement.

— A moins, dit Rosecroix... oui, j'offre encore... et, si vous le permettez, madame...

— Quoi ! mon pauvre ami, vous accepteriez toujours cette étourdie pour femme?

Le chevalier baissa la tête en signe d'affirmation, et ma marraine, qui semblait un peu honteuse de son emportement, me dit sur un ton presque affectueux :

— Vous le voyez, Marion, la Providence vous vient en aide. Nous tiendrons secrète votre équipée de cette nuit ; voici le cas où jamais de prendre un parti sage et de me faire oublier vos torts. Je vous permets de rester à Paris, à la condition expresse d'épouser M. de Rosecroix... Que décidez-vous?

Il me serait difficile de reproduire aujourd'hui les sensations cruelles qui m'agitaient.

J'étais intérieurement en proie à une espèce de délire ; mes pensées se heurtaient dans mon cerveau, je me demandais si j'étais folle ou si je venais de faire un rêve. Ne pouvant plus garder le moindre doute sur la réalité de mon affront, je ressentis l'accès d'une rage impuissante. Je brûlais de me venger sur quelqu'un, j'aurais voulu trouver une victime, là, devant mes mains, sur l'heure... et lorsque j'eus bien l'intelligence de la proposition de ma marraine, lorsque le gothique amoureux s'approcha, rayonnant et persuadé que ma réponse allait couronner son espoir, je repris un sang-froid incroyable, et je lui dis au milieu d'une impertinente révérence :

— Pardon, chevalier... je ne puis accepter vos offres... non, vraiment, vous êtes trop jeune de caractère! les années vous mûriront peut-être, et j'attendrai que vous ayez complété votre siècle.

Il recula de stupeur.

— Laissez-nous, Rosecroix, dit la comtesse.

Nous étions alors dans la grande cour du palais. Elle me prit la main, sans mot dire, et me fit monter avec elle dans son carrosse, qui stationnait à quelque distance.

Un ordre fut transmis secrètement au cocher.

La voiture passa le guichet du nord, suivit la rue du Coq, traversa la rue Saint-Honoré, puis se dirigea vers les fossés Montmartre, au lieu de reprendre le chemin de l'hôtel.

Où allions-nous? Je n'osais interroger ma marraine, toujours silencieuse. Le carrosse roula quelque temps au sein de la ville déserte; il s'arrêtait par intervalles, et les gardes de nuit détendaient les chaînes.

Bientôt, malgré les ténèbres, il me fut aisé de reconnaître que nous étions dans la campagne; les chevaux allaient au pas, et montaient une côte rapide.

Le froid et la peur me rendaient toute frissonnante.

Je demandai timidement à la comtesse où elle me conduisait : elle ne daigna pas me répondre. Enfin il me sembla voir un dôme gigantesque se dessiner dans l'ombre, le son d'une cloche retentit au milieu du silence.

La voiture s'arrêtait devant un noir et lugubre édifice.

Notre cocher descendit de son siége, s'approcha d'une porte, laissa retomber trois fois un lourd marteau de fer, et bientôt le grincement de plusieurs serrures vint ajouter à mon effroi.

Deux religieuses parurent; la première tenait une lanterne, l'autre avait à la ceinture un énorme trousseau de clés.

Elles vinrent examiner nos visages.

La comtesse ne leur était pas sans doute inconnue, car elles abaissèrent elles-mêmes les glaces de la voiture et nous offrirent la main pour descendre.

— Grâce! m'écriai-je, ne pouvant plus résister à ma terreur et tombant suppliante aux pieds de ma marraine.

— Eh! qu'avez-vous donc, folle? je viens rendre visite à Marie de Beauvilliers, la sainte abbesse de Montmartre. Voici l'heure de matines, elle pourra me recevoir.

Nous entrâmes, la porte se referma sur nous.

Madame de Saint-Évremond me laissa chez la tourière, puis elle revint, accompagnée de quatre nouvelles religieuses.

Celles-ci se placèrent à mes côtés pour m'empêcher de fuir.

— Vous aurez l'obligeance, mademoiselle Delorme, dit la comtesse d'une voix brève, de rester dans cette sainte demeure, jusqu'au jour où votre mère viendra vous prendre, vous remmener à Châlons et m'ôter la responsabilité de vos folies.

Elle me salua froidement et disparut.

Je poussai un cri de désespoir et je voulus m'élancer sur ses traces; mais les religieuses y mirent obstacle, et j'entendis le carrosse qui s'éloignait.

Pas la moindre espérance de fuite! J'étais prisonnière, dans un cloître, toutes mes folles ambitions venaient se briser contre une grille.

Du Louvre, je tombais dans une cellule.

Les béguines me retenaient avec force sur un escabeau du parloir. J'essayais de courir vers la porte, dont les verrous se refermaient avec un bruit sinistre; je me débattais, je poussais des cris effrayants, j'appelais ma marraine qui ne pouvait plus m'entendre, je pleurais, je sanglotais, le tout en vain. Dans ce lugubre asile, pas une âme ne daignait compatir à ma douleur. Les nonnes étaient devant moi, pâles et muettes comme des fantômes prêts à m'ouvrir une tombe.

Je me jetai à leurs genoux, je les suppliai avec larmes de me laisser fuir. Elles me relevèrent en silence et se disposèrent à m'entraîner.

Voyant que je ne pouvais réussir à les émouvoir, je passai tout aussitôt d'un excès de douleur à un excès de colère. Je les accablai d'injures, je les frappai; mes doigts arrachaient leurs guimpes et déchiraient leurs voiles. Elles eurent bientôt raison de cette violence et parvinrent à me tenir en respect. Je fus conduite à l'instant même hors du parloir.

On me fit traverser des cours, passer sous des voûtes humides, descendre des marches glissantes.

Une porte s'ouvrit, on me poussa dans un cachot.

Je me trouvai là, seule, dans l'obscurité la plus complète.

D'autres verrous étaient encore tirés sur moi. J'écoutai le pas des nonnes qui s'éteignit bientôt sous les voûtes, puis tout rentra dans le silence. Aucun bruit humain n'arriva plus à mon oreille ; je sentais que mes cris, étouffés par l'épaisseur des murs, ne pouvaient être entendus que de Dieu.

Ma colère s'évanouit et je m'efforçai de prier.

Hélas ! hélas ! je ne devais accuser que moi de mon malheur ! En repassant toute ma conduite, je la trouvais bien sincèrement indigne et méprisable. Chacun des jours de ma nouvelle existence avait été marqué par la perfidie et le mensonge. Sans aucune connaissance des usages du monde, j'étais venue me heurter à tous les écueils ; voulant tromper les autres, je n'avais réussi qu'à me prendre dans mes propres embûches. Je ressemblais à ces phalènes imprudents qui se laissent éblouir par l'éclat des flambeaux et viennent en tourbillonnant s'y brûler les ailes.

Mais le plus triste et le plus alarmant de mes souvenirs était celui de mon ingratitude envers madame de Saint-Évremond.

Dès ce jour, je le comprenais trop, tout finissait entre elle et moi. Jamais elle ne me pardonnerait ni sa confiance trahie, ni sa bonté méconnue, ni ces paroles jetées en réponse à Rosecroix, et qui prouvaient si clairement qu'après la scène de la chapelle, je n'avais ni crainte ni repentir.

La comtesse devait écrire à Châlons ; j'allais voir arriver ma mère... ma mère, si rigoureuse, si juste, si inflexible !...

A cette pensée, mon sang se glaçait dans mes veines.

Il s'était écoulé du temps déjà. Pas un rayon de lumière ne pénétrait dans mon cachot. Une humidité glaciale descendait sur mes épaules nues et mouillait mes cheveux comme l'eût fait un brouillard. J'essayai de combattre par l'agitation le froid mortel qui me gagnait. Je me promenai de long en large, les bras étendus ; je touchai les murs, ils suintaient une eau glaciale ; je crus y sentir des reptiles.

Un cri d'épouvante s'échappa de mon sein.

— Sauvez-moi, criai-je, sauvez-moi, Seigneur!

Mes cris furent entendus. Aussitôt une clé tourna dans la serrure.

Deux religieuses, munies d'une lanterne sourde, étaient restées à la porte, attendant avec patience la fin de ma colère.

Elles me parurent envoyées du ciel et je leur fis la promesse d'une entière soumission.

Je sortis enfin du cachot où j'étais depuis une heure à peine ; mais, dans ce court espace de temps, j'avais éprouvé de terribles angoisses, et je me jurai tout bas de ne plus recommencer une lutte inutile.

Les nonnes avaient agi avec moi comme on agit avec les enfants, elles m'avaient fait peur.

Eh! mon Dieu! qu'étais-je donc, après tout, si ce n'est une enfant bien gâtée, bien étourdie, bien folle... et, j'en conviens, un peu méchante? Ma dix-huitième année n'était pas encore révolue. Je me montrais coquette, parce que j'étais belle ; j'avais dans le caractère un brin de perfidie, parce que j'étais femme. Au bout du compte, je n'avais pas trop mauvais cœur, et je reconnaissais facilement mes torts.

Si la nature s'était montrée plus avare de ses dons, on m'aurait trouvée beaucoup moins de défauts ; si j'avais eu moins d'attraits, je serais devenue meilleure ; si j'eusse été laide, je crois que j'aurais été tout à fait bonne.

Le jour commençait à poindre.

On me mena dans une petite chambre assez proprette. Les nonnes y allumèrent du feu, car j'étais transie ; elles eurent même l'attention de bassiner mes draps et m'engagèrent à prendre un repos indispensable après tant d'émotions violentes.

A mon réveil, mes idées eurent une teinte moins funèbre que celle dont le séjour du cachot les avait assombries d'abord. En y réfléchissant bien, je ne me trouvais pas si coupable. Que me reprochait la comtesse? d'avoir voulu épouser monsieur son fils? Mais monsieur son fils est un garnement ; monsieur son fils prend en ligne fort directe le chemin de n'épouser personne. Il a failli me faire tomber dans un piége, d'où je ne me serais échappée, pauvre colombe, qu'en y laissant mes plus belles plumes! Je ne le violentais pas, et lui me trompait d'une façon peu délicate Bref, tous les torts sont loin d'être de mon côté. J'ai reçu de plus que mes complices un soufflet étourdissant; je ne garde pas rancune à madame de Saint-Évremond, pourquoi ne me pardonnerait-elle point à son tour?

Prenant aussitôt une plume, je développai ces jolies réflexions dans une longue lettre, et les nonnes me promirent de la faire envoyer à ma marraine.

J'y glissais bien, par-ci, par-là, quelques phrases soumises; mais, au fond, j'essayais de me disculper aux dépens des autres, et, si j'eusse réfléchi davantage, il m'eût été facile de comprendre que je faisais encore une très-belle étourderie.

La lettre s'en alla du côté de la rue Saint-Thomas-du-Louvre, et je me berçai d'espoir, tout en songeant aux héros de la nuit précédente. Je ne pouvais m'empêcher de rire lorsque je me rappelais l'étonnement qui m'avait saisie, à l'aspect de la figure railleuse de Bassompierre, sortant à l'improviste d'un capuchon de franciscain. Je ne sais pourquoi j'aimais ce gros homme... je lui en voulais beaucoup moins qu'au petit lieutenant des gardes, dont j'étais le jouet, moi, qui, dans les judicieuses combinaisons de mon intrigue, comptais en faire l'instrument de ma fortune.

Une chose toutefois me donnait un chagrin véritable.

Desbarreaux pouvait être mis au courant de tous les détails de l'histoire. Je sentais mon amour-propre humilié au dernier point. Mais les parties intéressées feront sans doute leur possible pour ne pas ébruiter l'aventure; Emmanuel n'apprendra rien.

Je songeais aussi avec peine à cette pauvre Lisette.

Où était-elle? Que devenait-elle avec son époux de contrebande?

En vérité, je m'estimais heureuse, et je l'avais échappé belle! Voilà pourquoi, peut-être, je pardonnais à Bassompierre. S'il n'eût pas trahi son incognito, je me croirais, à cette heure, mariée le plus légitimement du monde; je m'en trouverais plus à plaindre, et je semblerais bien plus coupable aux yeux de ma marraine.

Mais quel a été le sort de mon éventail entre les mains de la reine-mère? Va-t-on me laisser ainsi longtemps sous les grilles d'un cloître et dans l'ignorance de choses fort intéressantes pour moi?

Vers le soir, environ cinq ou six heures après le départ de ma lettre, une de mes nonnes vint m'avertir que l'abbesse du prieuré m'invitait à passer chez elle.

Je me hâtai de suivre la messagère.

Elle me fit traverser un long corridor, à droite et à gauche du-

Et finit par la décider à fuir au moyen d'une échelle de soie. Page 160.

quel s'ouvraient les cellules des religieuses. Bientôt je pénétrai dans une chambre, à peu près semblable à la mienne, et je me vis en présence de la supérieure.

Marie de Beauvilliers avait été fort belle; on le devinait malgré le ravage des macérations sur ses charmes. Elle était encore loin de la vieillesse. Le maintien noble, la taille élégante et les traits majestueux de la femme de quarante ans annonçaient que la jeune fille avait dû jadis être douée de séductions puissantes.

Lorsque je fus entrée dans sa chambre, elle m'indiqua un escabeau de chêne, voisin du fauteuil en bois sculpté qu'elle venait de quitter un instant pour me saluer.

Puis elle se rassit et baissa les yeux, comme si elle eût voulu se recueillir avant de m'adresser la parole.

Enfin elle me dit avec une voix douce et résignée :

— Vous êtes bien jeune, ma fille!... vous n'avez pas dû souvent vous apercevoir que nous sommes ici-bas pour pleurer et souffrir. Cherchons-nous le bonheur loin du droit chemin, nous sommes frappés aussitôt par la main de Dieu. Les plus à plaindre sont ceux qu'il épargne en ce monde, car il les châtiera dans l'autre. Voilà pourquoi les personnes vraiment chrétiennes acceptent tout en esprit de pénitence, même les choses injustes ; cela compte pour le ciel... Vous avez trouvé bien rigoureux le traitement de ce matin, ma fille?

— Oh! madame, je l'avais mérité.

— Cette réponse vous honore. Pourtant je dois le dire, vous n'avez pas été conduite dans les souterrains par mon ordre. En me séparant de madame la comtesse, il a fallu me rendre à matines : et la sous-prieure, consultée pendant les oraisons, s'est montrée beaucoup trop rigoureuse envers vous.

— Je lui pardonne de grand cœur, madame. Puissent les religieuses, outragées par ma violence, oublier le tort comme j'oublie le châtiment.

— Tantôt, vous avez écrit une lettre à votre marraine, continua l'abbesse avec une sorte d'hésitation... Voici le message par lequel on répond au vôtre. On vous envoie en même temps les effets qui vous appartiennent.

— Grand Dieu! m'écriai-je, tout est perdu!

Ce peu de mots renversaient l'espoir que mon imagination, beaucoup trop prompte à caresser des chimères, avait conçu le matin même. Madame de Saint-Évremond me faisait remettre les objets qui m'appartenaient : donc elle était bien décidée à m'interdire le seuil de son hôtel ; donc il fallait me résoudre à rester captive, en attendant le résultat d'une menace terrible.

— Vous prévoyez de nouveaux chagrins, dit l'abbesse : ayez du courage, ma fille, et ne laissez point échapper l'occasion, si elle se présente, d'offrir un sacrifice au Seigneur.

Elle me tendit la lettre. Hélas! j'en devinais le contenu!
Voici l'impitoyable réponse de ma marraine :

« A Évreux, mademoiselle Delorme balançait entre le choix
« d'un époux et celui d'un couvent. Or, elle doit être aujourd'hui
« peu disposée au mariage : il lui réussit trop mal pour ne pas donner
« la préférence au cloître. J'ai cru prévenir ses vœux les plus
« chers, en l'installant moi-même à l'abbaye de Montmartre, où
« elle fera bien de prendre au plus tôt l'habit de novice, à moins
« que, par une nouvelle inconstance de ses goûts, elle n'aime mieux
« suivre sa mère en Champagne pour aller recevoir les félicita-
« tions de sa famille. »

Le papier s'échappa de mes mains, et mon visage se couvrit de pâleur.

Me voyant près de tomber sans connaissance, l'abbesse étendit les bras et me soutint sur le siége sans dossier où j'étais assise.

— Rappelez-vous, dit-elle, mes paroles de tout à l'heure : « Il faut accepter en esprit de pénitence même les choses qui nous semblent injustes : cela compte pour le ciel ! » Ces paroles, ma fille, je ne les avais pas prononcées sans motif... Votre marraine ne se laissera point fléchir.

J'étais atterrée.

Mon désespoir éclata d'une manière d'autant plus vive que, en me rendant chez l'abbesse, je ne m'attendais pas à recevoir d'aussi tristes communications.

Sortant d'un cachot pour être traitée d'une manière convenable, j'avais subi l'influence de ce contraste, et j'en tirais dans mon jugement faux des déductions à mon avantage. Il était clair, selon moi, que madame de Saint-Évremond, comme les nonnes, avait voulu m'effrayer. Ma tête folle passait sans transition d'une terreur absolue à une sécurité complète. Je me disais que la comtesse ne me ferait pas aussi chèrement payer une plaisanterie, et là-dessus, j'avais envoyé une lettre fort légère et fort inconvenante, oubliant que dans la chapelle du Louvre cette même plaisanterie était à mes yeux une chose extrêmement sérieuse.

La punition ne se fit point attendre, et ma douleur, un instan disparue, se fit sentir avec plus de force.

Marie de Beauvilliers me soutenait toujours.

Voyant ma figure décomposée, mon regard morne et les soulèvements précipités de mon sein, elle me dit

— Pleurez, mon enfant, pleurez!... cela soulage. Oh! croyez-moi, j'ai connu plus que vous les chagrins! La nature est faible et les tempêtes du cœur, comme celles de la nue, doivent se fondre en pluie. Notre triste humanité veut avoir son cours... Pleurez, ma fille, pleurez!... la prière ne vient qu'après les larmes.

Il me semblait entendre la voix d'un ange, descendu tout exprès d'en haut pour bercer ma douleur. Les sanglots éclatèrent et je tombai aux genoux de l'abbesse, en m'écriant :

— Madame, ayez pitié de moi! je voudrais mourir!

— Oui, n'est-ce pas?... car il ne vous a point été infidèle, lui!... vous l'aimez donc bien?

Ce peu de mots, prononcés avec un accent de douce commisération, me firent aussitôt rougir de moi-même et de mon désespoir.

Quelle était, en effet, la cause de mes larmes? Si j'eusse aimé Marguerite, ma peine violente aurait pu trouver une excuse... mais je ne l'aimais pas, je ne l'avais jamais aimé. Que regrettais-je donc? un avenir perdu, des joies mondaines, des satisfactions de coquetterie. Tous mes chagrins prenaient leur source dans un vil et dégradant égoïsme; je craignais de rejoindre ma famille, de reprendre ma vie obscure; il n'existait pas en moi une seule impression dégagée de bassesse et que je pusse avouer à la sainte religieuse, assez bonne pour s'apitoyer sur mon sort.

Je me voilai le visage, et, si ma douleur durait encore, elle avait, en ce moment, quelque chose du repentir.

Marie de Beauvilliers ignorait combien j'étais peu digne de ses consolations.

— Hélas! ma pauvre enfant, dit-elle, ainsi finissent tous les amours d'ici-bas, par des sanglots et des pleurs! Le plaisir que donnent ces affections trompeuses n'approche pas des pures jouissances goûtées au service de Dieu. Pourquoi nous attacher à la créature et lui demander la félicité? Le roseau ne soutient pas le roseau, ma fille. Qu'est-ce que l'amour, même l'amour d'un roi? un sentiment périssable, laissant après lui les regrets et la honte. Écoutez-moi, chère enfant, souffrez que mon expérience guide la vôtre... Ne nourrissez pas de haine contre la comtesse; elle est dans le monde, elle suit la logique du monde. Son fils est riche, vous êtes pauvre; il est noble, vous sortez du peuple : jamais elle ne donnera son consentement à votre hymen. Retournez, croyez-moi, chez vos parents...

— Non, non! m'écriai-je... pour Dieu, madame, sauvez-moi du courroux de ma mère!... et je vous bénirai, je vous aimerai, je serai docile à vos conseils!

— Mais, dit l'abbesse, on m'a recommandé de vous remettre à votre mère, à elle seule.

— Oh! je prendrai le voile, je me ferai religieuse... oui, je ne vous quitte plus!

Elle m'embrassa tendrement.

— Si Dieu dans sa bonté vous a donné cette vocation sainte je lui en rends grâces et pour vous et pour moi; car vous m'intéressez, je sens que je vous aime.

Marie de Beauvilliers me garda près d'elle jusqu'à l'heure de la collation du soir.

Jamais la religion ne m'était apparue sous des dehors si consolants et si affectueux; je sentais comme un baume divin descendre dans mon cœur, et je voyais s'évanouir les nuages d'orgueil et d'ambition qui m'avaient aveuglée jusque-là. J'étais bien résolue à demeurer au cloître et à ne plus me séparer de la vertueuse et digne femme dont les discours chassaient en moi tous les instincts du mal et m'inspiraient le goût de la vertu.

Écrivant aussitôt une seconde lettre à ma marraine, je la suppliai de révoquer l'avertissement envoyé en Champagne. A quoi bon désormais appeler ma mère à Paris, puisque j'allais m'ensevelir dans un asile religieux et y passer le reste de mes jours?

La comtesse agréa cette demande et prit l'engagement de payer ma dot au monastère.

Dès ce jour, Marie de Beauvilliers répondait de moi à ma famille.

Une semaine s'écoula.

Je m'affermissais de plus en plus dans ma résolution; j'étais devenue sincèrement pieuse, et je trouvais aux pieds des autels une paix suave, un bonheur sans mélange, que je n'avais jamais connus dans le monde. L'entretien de l'abbesse et ses exhortations chrétiennes m'offraient des charmes infinis; je ne me sentais pas d'aise lorsque sonnait l'heure où elle me recevait habituellement.

Chaque jour, je lui rendais deux visites assez longues.

Quelquefois, elle me faisait partager ses promenades, et nous allions ensemble sur les larges murs de l'abbaye, d'où l'immense capitale se déroulait à nos yeux. Nous examinions cette forêt d'édifices et ce monde de pierre; nous écoutions les sourdes rumeurs de la cité, nous apercevions, le soir, les radieuses illuminations de ses palais, et l'éclat lointain de ses fêtes arrivait jusqu'à notre oreille,

Mais aucun soupir ne s'échappait de ma poitrine; le regret ne me venait point assiéger le cœur. J'avais à mes côtés l'ange de mon repentir, qui, d'un mot, savait détacher mes regards de la terre et les porter vers le ciel.

Je sens mes yeux se remplir de larmes, quand je me rappelle aujourd'hui ces moments de tranquillité si parfaite et de félicité si pure.

Pourquoi vous ai-je quittées, saintes retraites, où la vertu m'avait fait connaître sa douceur? Maudit soit le jour qui m'a tirée de votre enceinte et m'a rejetée du sein du repos au milieu des orages!

Il était écrit que j'accomplirais mon destin.

Satan jura de me reprendre à Dieu. Il déploya tant d'adresse et de ruse; il sut réveiller si à propos les affections endormies dans mon cœur, et les événements qui devaient m'arracher du cloître se succédèrent avec une rapidité si grande, que la défaite arriva sans me laisser le mérite de la résistance.

Depuis un mois, l'agitation la plus étrange se manifestait à l'abbaye.

Çà et là, dans les cours, dans les jardins, dans les dortoirs, on voyait de petits conciliabules où l'on se parlait avec mystère. Tous les visages étaient sombres, toutes les oreilles attentives.

Ordinairement, une des nonnes pérorait au milieu du cercle. Ses compagnes répondaient à sa harangue par des gestes approbateurs, et quelques-unes veillaient aux alentours, afin d'avertir l'orateur embéguiné s'il arrivait une religieuse étrangère à la conjuration.

Car c'était une belle et bonne conjuration; les nonnes s'y entendaient aussi bien que les gens de cour.

Plusieurs fois, en passant près de ces groupes, j'avais vu à mon aspect un profond silence succéder tout à coup à l'entretien le plus animé. Cela me parut inquiétant, et je crus de mon devoir d'avertir l'abbesse.

Elle devint très-pâle et me répondit:

— Je connais depuis longtemps leur haine, je devine leurs sinistres projets, elles me tueront.

— Grand Dieu! m'écriai-je, que dites-vous là, madame?

— Oh! murmura-t-elle avec trouble, c'est peut-être une punition d'en haut... Je ne devais pas accepter ce titre d'abbesse... non, j'en étais indigne. La plupart de nos sœurs ont connu le scandale que j'ai donné jadis au monastère.

— Le scandale! répétai-je avec stupeur.

— Oui, mon enfant, vous voyez en moi une triste pécheresse, et je n'aurai jamais assez de larmes pour déplorer ma folie d'un jour. Pourquoi ne vous ferais-je pas cet aveu? Tôt ou tard vous connaîtriez de funestes détails... car c'est de cela qu'elles s'entretiennent, j'en suis sûre, et je vais vous apprendre mon crime, afin de ne pas vous laisser instruire par d'autres.

Alors elle me raconta son histoire, pendant laquelle je baissa plus d'une fois les yeux pour ne pas voir sa rougeur.

XII

Marie de Beauvilliers, fille cadette du comte de Saint-Aignan, et reléguée toute jeune au cloître, allait prononcer ses vœux à l'abbaye de Montmartre, lorsque Henri IV, devenu formidable après les batailles d'Arques et d'Ivry, vint mettre le siège devant la capitale.

Ses quartiers se trouvaient établis non loin du monastère, dont la règle était alors dans un relâchement absolu.

Les religieuses ne se gênaient pas, tenaient table ouverte et recevaient, avec ses principaux officiers, le prince qui se montra le plus hardi conquérant de la terre, toutes les fois qu'il fut question d'emporter d'assaut une ville ou un cœur de femme.

Henri ne tarda pas à remarquer au milieu de l'essaim monue une jolie novice, à laquelle il fit ouvertement la cour.

C'était Marie de Beauvilliers.

Un soir, il eut l'audace de pénétrer dans sa cellule.

Il combattit ses terreurs chrétiennes, triompha de sa résistance et finit par la décider à jeter ses voiles et à fuir, au moyen d'une échelle de soie fixée à l'un des créneaux du rempart qui protégeait le monastère du côté de l'ouest.

Il la conduisit ensuite au château de Cœuvres, où il allait lui rendre visite tout à l'aise.

Mais, par une chance fatale, il se trouva dans ce même château certaine cousine de Marie, nommée Gabrielle, manœuvrant au mieux de la paupière, et qui souffla l'amour du roi à la pauvre novice, tout à fait ignorante des ruses de la coquetterie. Elle aimait tout simplement avec son cœur, tandis que sa cousine aimait beaucoup de la tête, et la perdait rarement, même au sein des plus doux transports.

Bientôt Marie, supplantée par Gabrielle, fut contrainte de regagner le cloître.

Elle vint pleurer sa faute au pied du sanctuaire, prononça les vœux, et son volage amant la fit nommer supérieure de ce même couvent, dont elle s'était enfuie pour le suivre : étrange consolation, singulier souvenir !

L'abbesse pleurait à chaudes larmes en me donnant ces tristes détails, et je vis tout ce que l'amour peut laisser dans un cœur de femme de racines profondes. Sous ces voûtes austères elle n'avait jamais cessé d'aimer Henri, et maintenant elle adorait sa mémoire. Un médaillon placé sur son cœur renfermait le portrait du royal amant. Elle me montra l'échelle de soie. Lors de la prise de possession de son titre, elle avait retiré avec peine des mains des nonnes ce trophée de scandale. Je vis ensuite un linge ensanglanté qu'elle baisa religieusement, et qui, le lendemain du crime de Ravaillac, lui fut apporté, me dit-elle, par M. de Bassompierre.

Ce nom de Bassompierre me fit tressaillir, et me reporta brusquement à un passé que je croyais mort.

Je pleurais avec Marie de Beauvilliers ; sa déplorable histoire m'attristait l'âme, et je sentais augmenter mon affection pour elle ; mais, en revanche, elle descendit, à partir de ce jour, du piédestal que je lui dressais dans mon estime. Involontairement je la dé-

Madame, lui dis-je, veuillez achever de boire. *Page* 164.

pouillais de l'auréole dont je me plaisais à lui couronner le front. Au lieu de la sainte abbesse que j'écoutais comme j'eusse écouté Dieu, je vis la pauvre et malheureuse femme victime, elle aussi, de la faiblesse de son sexe, et qui avait le droit de consoler et de plaindre, mais non de blâmer et de flétrir.

Sans doute elle comprit l'effet de sa révélation, car elle me dit :

— Ah! ma douce enfant, vous me trouvez bien coupable! le repentir lave une faute aux yeux du Seigneur, mais à l'œil des hommes elle reste toujours visible. Je dois accepter les conséquences de la position que je me suis faite et m'humilier lorsqu'il le faut. En recevant ces détails d'une bouche étrangère, on vous les eût altérés peut-être. Constamment, depuis ma faute, la calomnie s'est exercée sur mon existence. On a soutenu que le roi, après ma rentrée au monastère, était venu me rendre de nombreuses visites... c'est un indigne mensonge! Vingt années de regrets et de larmes n'ont pu me faire trouver grâce aux yeux de nos sœurs. Une réforme devenait urgente, mes devoirs m'ordonnaient de la provoquer : sans cesse elles ont fait naître des obstacles, sans cesse elles ont déjoué mes mesures les plus salutaires. Enfin j'ai pris la décision de frapper le grand coup. Je ne veux pas mourir en laissant l'ordre dans le relâchement déplorable qui a causé ma perte... Non, non! Libre à elles de conspirer, libre à elles d'attenter à mes jours... mais Dieu parle, j'obéis!

Elle me supplia de l'aider de tout mon pouvoir à découvrir le dessein des conjurées.

Je n'avais pas besoin de cette prière, et les craintes dont elle me parut saisie me donnaient une affliction si grande, que je résolus de déjouer le complot ou d'en être moi-même la victime.

Il était facile de distinguer les ennemies de l'abbesse d'avec celles des religieuses qui restaient dans la subordination.

Les premières se cachaient, chuchotaient, portaient une mine effarée; les secondes suivaient tout bonnement l'ordre habituel, manifestant toutefois un peu de surprise de voir les entretiens mystérieux de leurs compagnes.

J'abordai tour à tour les nonnes fidèles.

Excitant leur effroi, stimulant leur ardeur, je réussis à établir une contre-mine puissante, et le complot en faveur du bien compta beaucoup plus de partisans que le complot pour le mal.

Une fois les deux camps dessinés, on entama, de temps à autre, quelques escarmouches.

Quatre ou cinq transfuges passèrent sous nos tentes, et j'appris que la machination se tramait en vue des projets ambitieux de la sous-prieure. Elle convoitait le titre et la place de Marie de Beauvilliers.

Or, madame la sous-prieure ayant naguère donné l'ordre de

m'enfermer au cachot, je tenais à lui rendre le plus tôt possible cette gentillesse.

Mais il fallait des preuves contre elle, et chaque jour il devenait plus difficile d'en acquérir. Entre les deux camps la défiance était absolue : je n'avais que de vagues soupçons, on se cachait avec une adresse merveilleuse, et l'hypocrisie de la guimpe faisait là des prodiges.

Vraiment, j'étais indignée de voir toutes ces nonnes réunies devant le même tabernacle, l'œil baissé, les mains jointes, dans l'apparence de la piété la plus sincère, tandis que chacune d'elles portait au fond de son cœur un foyer de haine et eût volontiers déchiré de ses ongles sa compagne agenouillée.

Tout cela n'affermissait guère la vocation subite que je m'étais sentie pour le cloître. L'habit de novice me pesait déjà.

Jugeant ces femmes capables de tout et comprenant plus que jamais les terreurs de l'abbesse, je la suppliai de ne pas manger au réfectoire et d'user chez elle d'aliments dont on aurait fait l'épreuve. Mais cette précaution-là même serait devenue inutile, si mes yeux n'eussent été parfaitement ouverts. Désespérant de saisir les fils cachés du complot, je veillais sur toutes les démarches de nos ennemies, bien décidée à faire un éclat, dès que l'occasion se présenterait de confondre la sous-prieure.

Elle se présenta le lendemain de la Fête-Dieu.

Les nonnes avaient coutume de se réunir, vers la fin du jour, dans une pièce voisine du réfectoire, où des bancs étaient disposés pour elles autour des murailles.

Une sorte de chaire en bois des Indes s'élevait au centre de cette pièce.

Marie de Beauvilliers prenait place dans la chaire, commentait quelques passages de l'Évangile, ou lisait tout autre ouvrage de piété, s'arrêtant, par intervalles, et communiquant aux religieuses les réflexions que lui suggérait la lecture.

La sous-prieure, assise plus bas sur un fauteuil de chêne, faisait un signe vers le milieu de la séance, et l'une des novices se détachait aussitôt, pour revenir ensuite avec un gobelet d'argent, qu'elle déposait à côté du pupitre de l'abbesse. Celle-ci prenait le vase, contenant ordinairement de l'eau sucrée, buvait à sa soif et continuait sa lecture ou ses commentaires.

Ce jour-là, je me le rappelle, Marie de Beauvilliers lisait un ouvrage pieux, alors dans toute sa vogue, l'*Introduction à la vie dévote*. Elle m'avait dit en connaître beaucoup l'auteur, François de Sales, évêque de Genève.

Le gobelet d'argent fut apporté, comme de coutume, sur un signe de la sous-prieure.

On était au mois de juin, il faisait une température étouffante. Marie de Beauvilliers regardait avec une certaine complaisance la novice qui venait lui apporter à boire.

Il y eut tout à coup un frémissement dans la salle.

Une de mes voisines tressaillit comme par une convulsion soudaine. Je la regardai, c'était une des plus ardentes discoureuses dans les groupes. Son visage était livide. La sous-prieure avait les traits plus décomposés encore, et ses yeux ne se détachaient pas de l'abbesse, qui approchait précipitamment le gobelet de ses lèvres.

Le froid courut dans mes veines, un éclair traversa mon esprit.

D'un bond, je m'élançai jusqu'à la chaire et j'enlevai des mains de Marie de Beauvilliers le gobelet dont elle n'avait encore bu qu'une faible partie. Le mouvement, le geste, l'action, tout cela fut si rapide, que les nonnes se levèrent pâles et frémissantes.

— Qu'avez-vous donc, ma fille? dit l'abbesse.

— Ce vase contient du poison! répondis-je, en fixant un œil indigné sur la sous-prieure.

Elle brava mon regard et s'écria :

— Calomnie! calomnie!

— Madame, lui dis-je, veuillez achever de boire et nous donner ainsi la preuve de votre innocence.

Elle recula, pâle comme une morte, et tomba dans son fauteuil, accablée de honte et de rage.

— A moi! mes sœurs, à moi! cria Marie de Beauvilliers avec épouvante.

En un clin d'œil notre troupe environna la chaire.

Le plus grand nombre de nos ennemies, voyant le coup manqué, vinrent s'unir en toute hâte à la cohorte fidèle.

Il restait loin de nous cinq des plus coupables dont l'effroi, quand elles se virent découvertes, avait tellement paralysé les jambes, qu'elles ne purent suivre leurs compagnes.

Je donnai la première un exemple d'énergie en me précipitant sur la sous-prieure.

On la garrotta, et bientôt elle entendit se refermer sur elle les verrous de ce même souterrain où, par ses ordres, on m'avait fait passer une heure de si terrible angoisse.

Nous eûmes facilement raison des autres complices.

Mais, dans tout ce désordre, on oubliait de porter secours à Marie de Beauvilliers. Le gobelet d'argent contenait une infusion de ciguë ; elle en avait assez pris pour mettre ses jours en péril, et déjà se manifestaient d'inquiétants symptômes. Nous la transportâmes dans sa chambre ; on courut chercher une jatte de lait chaud à la métairie du monastère, et nous eûmes dès le soir même, la certitude que le danger n'existait plus.

Le lendemain, tout Paris fut informé de cette étrange histoire des Bénédictines de Montmartre, qui avaient essayé d'empoisonner leur abbesse.

Marie de Beauvilliers conservait de nombreux amis à la cour, et, de toutes parts, on vint lui rendre visite. Elle reçut alternativement la princesse de Condé, madame de Nevers, les duchesses de Ventadour et de Sully, la maréchale de Bouillon et madame de La Fayette, conduisant par la main sa fille, délicieuse enfant, toute jeune encore, et qui gambadait comme une biche sur les dalles des couloirs.

La voyant ainsi folâtrer près de sa mère, je ne me doutais pas que l'amour d'un roi devait aussi la conduire, dix-huit années plus tard, sous les grilles d'un cloître.

En fait d'hommes, il ne vint d'abord que le maréchal d'Estrées ; et le vieux Sully, fidèle jusqu'au costume à la mémoire de son maître.

Il me fit un peu l'effet d'un portrait de famille.

J'introduisais dans la chambre de l'abbesse tous ces hauts personnages.

Déjà, pour la plupart, je les avais vus au Louvre, et sous mes voiles de novice, aucun d'eux n'avisa la filleule de madame de Saint-Évremond.

Quant à ma marraine, elle ne parut point, dans la crainte de me rencontrer, sans doute.

Mais je me trouvai bientôt face à face avec une joyeuse figure de connaissance :

— Quoi ! Marion, c'est vous ?... pauvre jeune fille !... ainsi vêtue !... Je remercie Dieu de la rencontre. Cette endiablée comtesse n'a jamais voulu dire où elle vous avait ensevelie ; jugez de notre inquiétude! Desbarreaux est dans un état d'exaspération terrible... il va faire des scènes rue Saint-Thomas-du-Louvre. Ma foi, j'ai du malheur!... toujours en sous-ordre! et, quand un amoureux s'en va, je vous en trouve un autre.... Enfin, n'importe, baisez-moi... là!... Vous êtes ravissante sous ces habits de novice!

— Mais, colonel...

— Chut!... voici quelqu'un... J'ai causé vos chagrins; je saurai les réparer, soyez sans crainte!

Et il entra chez l'abbesse, où la petite marquise, sa femme, était déjà. M'ayant seul reconnue; il l'avait laissée prendre l'avance, afin de me glisser à l'oreille ces mots rapides.

Les personnes qui survinrent, et dont la présence empêcha Bassompierre de m'en dire davantage, étaient François de Sales et la dame de Chantal; le saint prélat se trouvait alors à Paris pour la retraite de ses Visitandines.

Il me donna sa bénédiction. Hélas! je commençais à n'en être plus digne!

J'avais contribué puissamment à étouffer la révolte des nonnes; mais une autre révolte grondait dans mon cœur, et chaque jour apportait à celle-ci des aliments nouveaux. Je ne priais plus; j'étais scandalisée des vices, des méchants projets et de la haine implacable que j'avais vus se développer sous les murs d'un couvent.

Mon intention de fuir était bien formelle et bien positive; j'accueillis avec ivresse l'espoir que venait de me donner Bassompierre, et j'en attendis avec impatience la réalisation.

Je ne devais pas languir plus d'un jour.

Pénétrant, le lendemain, dans la chambre de l'abbesse, j'aperçus une femme, accroupie devant l'âtre et faisant chauffer les tisanes, elle tourna la tête, je ne pus retenir un cri de surprise.

C'était Thérèse Bulmann.

— Vous connaissez donc cette jeune fille, ma chère enfant? me demanda l'abbesse.

— Oui, s'empressa de répondre Thérèse, j'ai vu mademoiselle Marion chez la marquise de Bassompierre.

La malade me présenta de son lit ce billet signé du colonel:

« Ma pauvre abbesse,

« Hier, en redescendant à Paris, nous causions, la marquise

« et moi, de votre fâcheuse situation et du péril où vous serez
« longtemps encore peut-être avec vos religieuses. La haine ne
« s'éteint pas en un jour, nous craignons pour vous de nouvelles
« tentatives d'empoisonnement. La marquise vous envoie une
« de ses femmes dont vous pouvez être sûre comme de vous-
« même ; elle vous engage à faire acheter au dehors par cette
« femme tout ce qui doit composer vos repas et à ne vous fier qu'à
« elle jusqu'à nouvel ordre. »

Je compris à l'instant la ruse audacieuse de Bassompierre, et je réussis à cacher mon émotion à Marie de Beauvilliers.

Un quart d'heure après, Thérèse était dans ma cellule, me prodiguant mille caresses et m'expliquant les ressorts de l'intrigue surprenante qui l'amenait à l'abbaye.

D'abord, elle éclaira mes doutes au sujet de son enlèvement, car Desbarreaux avait tout autre chose à me dire dans le cabinet de Richelieu, et l'idée ne m'était point venue de le questionner à cet égard.

C'était bien Emmanuel qui avait fait disparaître la fiancée du malheureux huissier à verge.

Deux jours avant la noce, il se trouva d'accord avec Thérèse, et n'eut pas la moindre peine à lui faire adopter son projet, s'engageant sur l'honneur à lui donner un autre époux, plus jeune et surtout plus beau.

Par suite, on le devine, le hasard seul ne jeta pas les gardes-du-corps sur le passage du cortége.

Un de leurs officiers, ami d'Emmanuel, les amenait là tout exprès, et chacune des particularités de l'enlèvement se combinait d'une manière fort adroite.

Desbarreaux, fidèle à sa parole, avait bel et bien marié Thérèse au régisseur d'une propriété charmante qu'il possédait dans le faubourg Saint-Victor. Elle me peignit une petite maison adorable, aux délicieux jardins, aux bosquets enchanteurs, un Eldorado complet, un séjour féerique, « où, me dit-elle en terminant sa description, j'espère vous voir bientôt installée. »

Je la laissais dire.

Mon cœur battait avec force, ma tête était brûlante, je ne luttais plus.

La liberté venait s'offrir à moi ; je l'accueillais avec enthousiasme avec ivresse.

Restait à m'expliquer la singulière coïncidence, par laquelle Desbarreaux et Bassompierre se trouvaient réunis dans un commun effort pour briser ma chaîne. C'était fort simple.

En regagnant le bal, après avoir jeté son froc, le colonel des Suisses trouva dans les galeries Desbarreaux et Saint-Sorlin, tous les deux fort émus encore de la violence de la reine-mère. Ils avaient laissé en compagnie de Richelieu Marie de Médicis, obligée de se contenter de quelques phrases explicatives, jointes à la promesse d'une pleine et respectueuse discrétion.

Ces messieurs me cherchaient pour m'exhorter au silence, quand survint le colonel.

Il s'empressa de leur dire la piquante anecdote, et Desbarreaux, entrevoyant sur l'heure tout ce que ses espérances gagnaient à cette aventure, confia son amour à Bassompierre.

On sut, le lendemain, ma disparition.

Emmanuel, furieux, se présenta chez ma marraine. Il lui demanda ce qu'elle avait fait de moi, et celle-ci, comme on le suppose, se railla de son outrecuidance; le pauvre avocat n'eût rien appris sans l'heureuse visite du colonel à Marie de Beauvilliers.

Le jour même de cette visite, ils jetèrent leurs plans, et bientôt arriva Thérèse.

Bassompierre osa l'envoyer pour une femme appartenant à la marquise; la fable avait beaucoup de vraisemblance et n'excita pas le moindre soupçon.

— Maintenant, me dit la soubrette, la fuite est facile. Je suis à l'abbaye sur le pied d'une domestique séculière; il m'est permis de sortir quand je veux et sous tous les prétextes. Un messager se tient aux environs du couvent, prêt à donner avis du jour et de l'heure dont nous ferons choix. Il faut séduire la gardienne de la porte, avoir son trousseau de clés, et nous sommes libres!

— Non, lui dis-je, non. Dans le complot, la tourière était contre nous; elle saisirait au plus vite cette occasion de se venger et de me retenir au cloître... Il me vient une idée meilleure... Qu'on se trouve, cette nuit, avec un carrosse, au bas du rempart de l'ouest.

Thérèse n'en demanda pas davantage, et courut avertir le messager.

Pour moi, je redescendis promptement chez l'abbesse.

Le soir venu, je feignis de la trouver plus mal. Thérèse lui assura qu'en effet il serait prudent de nous laisser veiller auprès de

C'est toi, ma belle Marion... Liberté! Liberté! *Page* 170.

son lit, et la permission nous en fut accordée sans peine.

Toutes les nonnes gagnaient leurs dortoirs à neuf heures.

Vers minuit, Marie de Beauvilliers dormait d'un sommeil paisible.

J'ouvris un placard où se trouvait l'échelle de soie; je la pris et je la donnai à Thérèse. M'approchant ensuite de la malade, je collai doucement mes lèvres à l'une de ses mains qui pendait hors de la couche. Des larmes humectaient ma paupière ; j'avais envie de tirer la supérieure de son sommeil et de lui demander un dernier baiser.

Mais elle s'opposerait à ma fuite, elle ne voudrait jamais me laisser ainsi aller seule, même en récompense du service rendu ; sa religion lui ordonnerait d'avertir la comtesse, on appellerait de nouveau ma mère...

Non, non ! c'est impossible, il faut partir !

J'essuyai vite mes pleurs et je sortis avec Thérèse, traversant les corridors sans bruit, franchissant les cours avec précaution.

Cinq minutes après, nous étions sur le rempart

La fille de Bulmann devait retirer l'échelle de soie, après ma descente, la remettre dans le placard et quitter seulement le monastère au point du jour, ayant soin de confier la garde de l'abbesse à une religieuse que je lui avais désignée, et dont le dévoûment et la prudence m'étaient connus.

Nous fixâmes l'échelle au mur crénelé.

Je commençai à descendre, et je ne fus pas sans frémir, quand, aux rayons douteux qui perçaient la nue, j'envisageai le précipice au-dessus duquel j'étais en suspens. Je fermai les yeux, pendant quelques secondes, pour échapper au vertige, puis je repris courage et j'atteignis la terre.

Emmanuel m'attendait au bas du rempart. Il me pressa contre son cœur et s'écria :

— C'est toi, Marion, ma belle Marion... Liberté ! liberté !

J'aurais pu lui répondre un mot, un seul, qui résumait, hélas ! tout mon avenir :

« Déshonneur ! »

FIN DE LA PREMIÈRE PARTIE.

DEUXIÈME PARTIE.

I.

Le lendemain, quand Emmanuel parut au moment de ma toilette, il me trouva fondant en larmes. Le rêve était fini, l'illusion tombait.

Tous les voiles trompeurs dont s'entoure le vice, quand il vient tenter notre âme, se déchiraient alors et me le montraient dans sa hideuse nudité.

Je ne pouvais dorénavant, sans trahison, accepter la main d'un honnête homme.

Voilà donc où m'a conduite une déplorable coquetterie, à me réfugier dans le crime, à chercher un asile dans l'opprobre.

O mes jours d'enfance, ô mes jeunes années paisibles et pures!

O mon père, saint vieillard dont le front devra rougir!... ma mère, chaste et digne femme, si vertueuse, si chrétienne, et qui n'osera plus prier pour moi!

O ma chambre de jeune fille, à la simple couchette, aux rideaux éclatants de blancheur! mes beaux rayons de soleil, qui venaient dorer ma fenêtre et me donner le signal de la prière! mes peupliers de la Marne, mes vieux murs croulants, mes espaliers fleuris!... ô tous mes souvenirs! ô ma jeunesse! ô mon innocence!

Je ne reverrai plus la haute cheminée qui nous abritait le soir, et les rues tortueuses qui mènent à l'église, et la Vierge de l'autel, que j'invoquais, enfant, et qui semblait me sourire! La maison de mon père est à jamais fermée pour moi : je n'y trouverais plus d'affection, et j'y apporterais le désespoir. On ne me laisserait pas embrasser mes jeunes sœurs. Les anciennes compagnes de mes jeux s'écarteraient de mon passage, leurs mères les entraîneraient avec effroi. Dans tous les yeux je lirais le mépris et toutes les bouches me jetteraient la honte.

Le vice me prend, hélas! et le vice doit me garder... je suis perdue sans retour!

Dès le matin, Thérèse était revenue du monastère.

Elle me tenait lieu de femme de chambre et me passait une robe de satin, qui remplaçait mes habits de novice. Cette fille ne comprenait pas mes pleurs, ses consolations me faisaient rougir.

Je lui imposai silence, et quand Desbarréaux entra, elle me laissa seule avec lui.

Longtemps il resta devant moi, muet, agenouillé, sentant bien que les paroles eussent été impuissantes pour arrêter cette grande douleur. Enfin, je parus me calmer. Il me prit les deux mains et leva sur moi des regards pleins d'ivresse :

— Marion, je t'aime!

— Oh! oui, répondis-je au milieu de mes sanglots, aimez-moi!... je n'ai plus que vous au monde!

— Te souvient-il, Marion, de notre voyage sur le coche et du petit jardin de l'auberge de Meaux, où, pour la première fois, je t'ai parlé d'amour?

— Hélas!

— Tu n'as point oublié notre gageure...

— Qu'osez-vous me rappeler?

— Il faut bien que je t'en parle, puisque je l'ai perdue.

— Emmanuel, Emmanuel! c'est de la cruauté!

— Oui, je l'ai perdue... puisque tu pleures... N'est-ce pas la preuve la plus évidente que tu ne partages pas mes principes? je finirai peut-être par revenir aux tiens... qui sait? je ne trouverais pas étonnant qu'un ange me fît croire en Dieu.

— Oh! mon ami, vous rendre de saintes croyances, ce serait pour moi le pardon!

— En attendant, me dit-il, ouvre un peu cette boite.

— Il plaça sur mes genoux une cassette mignonne, enrichie d'émaux et d'incrustations de corail, puis il l'ouvrit avec une petite clé d'or.

— Qu'est-ce que cela, mon ami?

— C'est ma gageure perdue.

— Des diamants! m'écriai-je, en soulevant le couvercle de la boite... Ah! quelles facettes éblouissantes! quelle eau splendide!

— Voyez cette bague, Marion?

— Magnifique!

— Il me la glissa au doigt.

J'avais depuis longtemps fait remettre à madame de Saint-Évremond l'anneau de monsieur son fils.

— Et ce bracelet d'émeraudes? elles sont d'Orient, ma chère.

Je fixai le bracelet moi-même.

— Et cette aigrette, qu'en dites-vous?

— Bonté divine! ce sont des étoiles.

— Laissez-moi les fixer sur votre front. Entourez votre cou de ce collier de perles fines ; attachez ces autres diamants à votre corsage... à merveille!... Maintenant, regardez-vous, Marion!

Il me fit approcher d'un miroir, et je ne pus retenir une exclamation joyeuse. Déjà mon chagrin n'existait plus; j'oubliais mes regrets, un chatoiement de pierreries avait séché mes pleurs.

Oh! les femmes! les femmes!

Desbarreaux s'appliquait à m'enlever jusqu'à la possibilité de la réflexion.

— Je veux, me dit-il, accomplir toutes mes promesses et consacrer exclusivement mes efforts au bonheur de tes jours. Nous sommes riches, tu le sais; mon père doit me laisser une fortune plus considérable encore. Pourquoi dorénavant perdrais-je à de sottes affaires un temps précieux, que nous pouvons donner à la joie de nous aimer!... Viens! il faut que tu assistes à ma rupture avec tous les ennuis de la jurisprudence.

Il m'entraîna.

Nous n'étions pas alors dans sa petite maison du faubourg, mais bien dans un logement qu'il occupait place Dauphine, et où le carrosse nous avait directement conduits en descendant de Montmartre.

Bientôt il m'eut introduite dans son cabinet de travail.

Je vis avec surprise un grand feu qui brûlait dans l'âtre malgré la chaleur de la saison. Des piles d'or et d'argent s'alignaient sur une table, en compagnie de nombreux sacs de procédures.

Emmanuel me fit asseoir.

— Sachez d'abord, me dit-il, que mon très-honoré père, dans l'intention louable de m'exciter au travail, me fit nommer, il y a trois mois environ, conseiller au parlement... tenez, juste à mon retour d'Épernay. Depuis lors, et toujours sans doute en vertu des manœuvres paternelles, les affaires pleuvent chez moi d'une façon inquiétante. Avec tout ce fatras, Marion, c'est à peine si je pourrais vous aimer une heure par jour. Vous comprenez que cela n'est pas tenable, et voici ma démission de conseiller.

— Mon ami, réfléchissez encore : on vous blâmera de prendre un parti semblable, et votre père...

— Ah! Marion, je vous ai conduite ici pour voir seulement et pour entendre. Dès que je mets les conseils à la porte, ne les faites pas rentrer au logis.. ce serait de l'esprit de contradiction.

Il sonna. Deux domestiques entrèrent.

— Mes clients sont-ils arrivés?

— Oui, monsieur.

— Depuis quelle heure attendent-ils?

— Ils attendent depuis neuf heures.

— Oh! oh! dit Emmanuel en regardant l'horloge placée au fond de la pièce, nous avons là midi moins quelques minutes... Trois heures d'attente! Ce n'est guère pour des gens qui vont gagner leur procès. N'importe, faites entrer, et qu'un de vous reste ici près de ma table.

L'un des domestiques s'approcha.

Son camarade sortit et reparut bientôt avec un bon bourgeois du Marais, portant encore le chapeau à formes plissées, le pourpoint à petites basques, le pantalon collant, les trousses rembourrées et les souliers noirs à hauts talons rouges du dernier siècle.

Il salua cinq ou six fois Desbarreaux, qui lui dit gravement :

— Vous vous appelez?...

— Nicolas Pascal.

— Bien, voici votre sac... Et vous réclamez à la partie adverse?...

— Cinquante écus.

— Ah! ah!... Combien pensez-vous me donner pour mes honoraires?

— Il me semble, dit le bourgeois fort embarrassé, que dix écus...

— Dix écus? vous êtes fou, je ne m'occupe pas d'une cause à moins de trois cents livres.

— Miséricorde! juste le double de ce que je réclame! dit le plaideur.

— Oui, mon cher, et c'est pourquoi vous pouvez aller vous promener avec vos cinquante écus. Au feu le sac! ajouta Desbarreaux, en donnant à son valet les pièces du bourgeois, qui volèrent aussitôt dans les flammes.

— Mais, monsieur...

— Mais, je vous ai déjà dit d'aller vous promener avec vos cinquante écus... et les voilà! interrompit Emmanuel, en désignant une des piles étalées sur la table.

— Quoi! cet argent...

— Vite, vite... prenez et décampez... j'ai d'autres affaires à expédier ce matin.

Le bourgeois empocha la pile et dit avec une satisfaction très-vive :

— Vous pouvez être sûr, monsieur, que je vous enverrai des clients.

— Gardez-vous-en bien! s'écria Desbarreaux.

Une grosse marchande de marée sous les piliers des halles parut ensuite et commença d'une voix rauque, en venant se placer devant nous le poing sur la hanche :

— Qu'est-ce que c'est, qu'est-ce que c'est, mon petit conseiller? vous faites attendre le beau *sesque* pendant trois grandes heures d'horloge... hein?... c'est donc joli, ça?

— Mon Dieu, madame, répondit Emmanuel, je me suis marié, ce matin, à cette jeune personne ici présente. Vous comprenez, dès lors, la cause de vos trois heures d'antichambre, et vous attendiez par cela même que ma fiancée ne pouvait attendre.

— Tu raisonnes comme un livre, petit... Mais le procès... où en sommes-nous?

— Ah ! voilà !... notre affaire venait justement aujourd'hui. Elle était du nombre de celles que le président, mon père, m'avait enjoint de plaider encore, malgré ma position de conseiller... Cet homme-là, tôt ou tard, m'eût fait périr à la besogne. Or, vous le sentez, madame, je ne pouvais être au palais tout ensemble et à la messe de noce, de façon que nous sommes condamnés à deux cents livres d'amende et aux frais.

— Ma cause perdue !.. mais je vas t'étrangler, scélérat ! se mit à hurler la grosse écaillère.

— Il est évident, dit Emmanuel sans s'émouvoir et en faisant mine de parcourir les paperasses de la procédure, que nous gagnerions en appel... cependant j'y renonce, vous êtes trop malhonnête... au feu !

Il envoya le second sac dans les cendres.

— Ah ! brigand ! s'écria la marchande.

Elle voulut se précipiter sur lui.

Le domestique, heureusement, avait le mot d'ordre ; il saisit le bras de la cliente et la tint en respect.

— Mettez madame à la porte, dit Desbarreaux..... Toutefois, donnez-lui d'abord ces quatre cent quatre-vingt-cinq livres, montant de l'amende et des frais.

— Ouf ! s'écria l'écaillère..... Ah ! mais, petit, c'est une autre paire de manches... il faut que je t'embrasse, alors.

— Du tout ! du tout ! s'écria Desbarreaux avec une véritable frayeur.

— Suffit, je comprends... devant madame, c'est juste... on serait jalouse. Tu n'y perdras rien, bel amour ! et si jamais je te rencontre, tu peux compter sur une fière reconnaissance.

Cela dit, elle le regarda tendrement, porta les doigts à ses lèvres, les baisa, mit l'argent dans sa poche, et sortit en dansant une bourrée.

— Que pensez-vous de la comédie que je vous donne, Marion ? me demanda Desbarreaux.

— Je la trouve amusante, mais elle coûte un peu cher.

— Oh ! oh ! nous n'y sommes pas encore !

Entrait un troisième personnage, dont l'air de tristesse et d'accablement me serra le cœur.

— C'est vous, mon pauvre Bernard, dit Emmanuel.

— Monsieur, répondit le nouveau venu, je pense que vous m'a-

Qu'est-ce que c'est ?... mon petit conseiller ? Vous faites attendre le beau sesque. Page 175.

vez fait appeler pour réclamer vos honoraires. Hélas! il ne me reste plus rien... je suis ruiné, totalement ruiné... ma femme et mes enfants sont dans un galetas, sur la paille... néanmoins, j'ai réussi à rassembler quelques hardes et à les vendre. Voici vingt écus, c'est tout ce que je possède et tout ce que je puis vous offrir.

— Gardez, mon ami, gardez! nous avons un autre compte à régler ensemble.

Desbarreaux reprit en se tournant vers moi :

— Eh bien, que pensez-vous de cela, Marion? c'est pourtant vous qui avez ruiné ce malheureux Bernard.

— Moi! que dites-vous là? m'écriai-je, étrangement surprise de l'apostrophe.

— Oui, je le répète, vous êtes la cause innocente de sa ruine. Huit jours après votre disparition, j'avais à plaider pour lui l'affaire la plus sûre du monde. C'était grave; il s'agissait de vingt-huit mille huit cents livres, c'est-à-dire de toute la fortune de mon client. Mais la semaine s'était écoulée en recherches, en informations, en visites; je voulais à tout prix avoir de vos nouvelles, et je n'examinai rien du procès... pas une ligne! L'affaire appelée, il n'y avait plus de remise, et l'avocat de notre partie adverse me battit sur tous les points. Je balbutiais, je me contredisais, je commençais une phrase, et je ne l'achevais pas... je ressemblais à Rose-croix! Enfin je perdis le procès. Voyons, que feriez-vous à ma place?

Sa voix était émue, des larmes brillaient dans ses yeux.

— Oh! lui dis-je, votre cœur parle plus éloquemment que je ne puis le faire.

— Merci, Marion, vous m'avez compris!

Il tira d'un portefeuille un papier qu'il tendit à son infortuné client.

— Tenez, lui dit-il, prenez cette lettre de change de trente mille livres, payable chez Émery, le trésorier de l'argenterie du roi. Vous le trouverez quai de l'École, en son hôtel. C'est un de mes intimes; il vous comptera les fonds sur l'heure, et vous garderez les douze cents livres en sus. Je vous dois bien cela pour vous avoir fait attendre la restitution... Mais la faute en est toujours à mademoiselle... A présent, nous sommes quittes, n'est-ce pas, Bernard?

Je renonce à peindre l'étonnement et la joie du pauvre homme. Il tombait aux pieds d'Emmanuel; il voulait parler, et ne trouvait pas d'expression pour rendre sa reconnaissance.

— Allons, levez-vous, que diable! lui dit Desbarreaux vous voilà tout comme j'étais quand j'ai perdu votre affaire.

Il le reconduisit jusqu'à la porte; Bernard pleurait et lui baisait les mains.

— Oh! mon ami, dis-je à Emmanuel, lorsqu'il se rapprocha de moi, c'est beau, c'est noble... je vous aime!

Neuf ou dix autres personnages se succédèrent, mais après la scène précédente, toute scène comique nous eût déplu. Desbarreaux expédia promptement les choses : d'une main il jetait les papiers au feu, de l'autre il donnait les piles d'écus, en sorte que la table se dégarnissait d'argent à mesure que l'âtre se remplissait de cendres.

Enfin tous les sacs à procès disparurent, le dernier plaideur venait de partir.

Desbarreaux fit des folies. Il sauta de joie, il s'extasia devant son cabinet vide et envoya sur-le-champ sa démission de conseiller.

— Maintenant, Marion, s'écria-t-il, je suis tout à notre amour !

Il me fit descendre.

Un superbe carrosse, intérieurement garni de velours amarante, nous attendait sur la place Dauphine. Le cocher fouetta ses chevaux, passa les ponts et courut comme le vent du côté du faubourg Saint-Victor. Il y fut en moins de vingt minutes.

Cette petite maison dont m'avait parlé Thérèse était tout en face de la croix Clamart, non loin de l'Estrapade.

Elle n'avait pas beaucoup d'apparence, quand on l'examinait du dehors; mais, à l'intérieur, elle était vraiment charmante.

Je vis une espèce d'Éden en miniature, d'élégants pavillons entourés d'ombrages, de vastes bassins où nageaient des cygnes aux blanches ailes; des jets d'eau, des statues de marbre, des fleurs surtout, fleurs natales et fleurs étrangères, depuis le cactus éclatant des tropiques jusqu'à la douce et pâle renoncule d'Europe, fleurs de toutes les nuances et de tous les parfums, qui s'épanouissaient à l'envi l'une de l'autre, émaillaient les pelouses, les avenues, les marches du perron, brillaient sous le vestibule et se tenaient au seuil des appartements comme des sentinelles radieuses.

Vingt domestiques, hommes et femmes, tous en habits de fête, m'accueillirent à l'entrée de ce paradis terrestre, et Thérèse m'apporta les clés du logis sur un plat de vermeil, comme on fait à une reine qui prend possession de son empire.

Ensuite elle me présenta son mari. La matoise avait effectivement gagné au change.

On me conduisit au pavillon qui m'était destiné.

Je voyais les merveilles succéder aux merveilles, et mon appartement, par sa richesse et sa splendeur, eût été digne des plus hautes dames de la cour. La cheminée du salon portait une fresque admirable, représentant Vénus et les Grâces. Sur les tapisseries de haute lice, des bras dorés sortaient d'un nuage de marbre blanc pour soutenir de magnifiques candélabres, et le plafond, d'une teinte légèrement azurée, laissait tomber des lustres à girandoles de cristal.

Tous ces objets, reproduits par les glaces de Venise, offraient un coup d'œil délicieux.

Des fauteuils, des siéges à dossier, des pliants garnissaient la pièce, et le tapis à larges carreaux présentait une variété de couleurs que n'aurait pas eue le plus éblouissant parterre.

Les tentures de ma chambre à coucher étaient de velours orange. On avait peint au plafond une nuée de petits amours joufflus, que des nymphes, agacées par cette troupe folâtre, essayaient de lier avec des guirlandes de roses.

Le lit, à baldaquin et à colonnes sculptées, montrait dans sa ruelle un tableau d'Annibal Carrache, Jupiter descendant en pluie d'or auprès de la fille d'Acrisius.

Revenu dans la première pièce, Emmanuel ouvrit une porte-fenêtre à vitraux coloriés, et je me trouvai sur un fort joli pont suspendu, jeté d'un pavillon à l'autre.

— Ceci, me dit-il, conduit au corps de logis que j'habite, et vous le voyez, ma chère, si jamais vous me mettez à la porte dans un moment d'humeur ou de caprice, il me sera facile de rentrer par la fenêtre.

Je l'entendis à peine, tant j'admirais la perspective qui s'offrait à mes regards.

A droite étaient les pelouses et les parterres que nous avions déjà parcourus; à gauche se déroulaient de vastes jardins d'une variété de végétation surprenante. L'art y avait ménagé mille accidents heureux. Des sentiers tournoyaient aux flancs de petites collines, toutes chargées d'arbustes verts et portant à leur sommet soit un ermitage en rocaille, soit une charmille taillée en dôme, soit un chalet, comme j'en vis plus tard en Suisse. Les eaux qui entretenaient la fraîcheur des pelouses étaient prises, je crois, dans la petite rivière de Bièvre. Elles couraient en légers ruisseaux, tombaient en cascades, et formaient, au centre même des jardins, une île peuplée de myrtes et d'orangers, sous le feuillage desquels se jouaient des colombes, et que mon jeune avocat, très-mythologique de sa nature, avait appelée l'*Ile de Chypre*.

Il me fit traverser le pont et me montra son appartement, d'un goût plus sévère que le mien peut-être, mais aussi riche et d'une élégance aussi parfaite.

Comment, hélas! n'aurais-je pas été éblouie, fascinée?

Nous étions là, dans cette jolie demeure, cachés au reste du monde. Emmanuel l'avait achetée d'un banquier napolitain qui, ayant fait de très-brillantes affaires sous la protection spéciale du maréchal d'Ancre, s'était empressé de repasser les Alpes à la mort de Concini.

L'hôtel du banquier, comme sa propriété du faubourg, avait été vendu à fort bon compte.

Desbarreaux craignait avec raison le mécontentement de son père, et j'avais tout lieu de redouter la comtesse, si elle venait à connaître notre retraite.

Il fut décidé que nous ne verrions personne.

Dois-je essayer de peindre ici le premier mois que je passai avec Emmanuel? Ce fut un beau rayon, constamment limpide et joyeux, un sourire continu de bonheur et d'amour.

Mon amant remplissait à lui seul l'office de tous les maîtres que m'avait donnés madame de Saint-Évremond. J'étudiais avec lui sous nos doux ombrages, sur nos vertes pelouses, dans nos grottes solitaires. Je payais mes leçons en baisers, et le maître et l'élève montraient une émulation charmante.

J'étais déjà forte sur le théorbe; j'avais de plus une très-belle voix. La méthode la développait à ravir. Emmanuel m'improvisait des romances, et cela si facilement, que je ne pus m'empêcher de le gronder d'avoir eu recours à Saint-Sorlin pour la chanson de Meaux.

— Lors de notre première entrevue, Marion, me dit-il, je vous trouvais jolie, mais je ne vous aimais pas avec transport et délire comme je vous aime à cette heure. Je suis poëte, ma chère, à la condition de sentir mon cœur vibrer puissamment; au lieu que Saint-Sorlin et bien d'autres font de la poésie un métier. Ils ont dans la cervelle un magasin de rimes, et le mettent avec beaucoup de complaisance au service du public et de leurs amis.

Nous eussions été trop heureux si ces moments d'ivresse avaient pu durer toujours.

L'expérience n'était point encore là pour m'avertir du danger d'un trop long tête-à-tête. Six semaines s'écoulèrent, et déjà je me surprenais à bâiller de temps à autre en écoutant Emmanuel. Lui-même avait perdu beaucoup de sa facilité d'improvisation et de sa chaleur d'éloquence.

Notre paradis terrestre nous semblait moins riant, et nous éprouvions le besoin de goûter au fruit défendu.

Desbarreaux me proposa d'aller faire dans Paris de petites promenades bien discrètes, et, chaque fois, sous un nouveau déguisement.

J'acceptai toute joyeuse.

Le carrosse nous menait jusqu'au mur d'enceinte. Nous descendions alors. Je prenais le bras d'Emmanuel et nous explorions gaiement la cité bruyante, les rues, les places et les carrefours. L'impunité nous donnait de la hardiesse. Je vis d'abord tous les petits théâtres du faubourg Saint-Germain et du Marais; puis, un beau soir, en passant rue Mauconseil, Desbarreaux me fit entrer à l'hôtel de Bourgogne.

On y jouait la *Bradamante* du sieur Garnier, célèbre auteur du temps. Il avait éclipsé, disait-on, ses prédécesseurs, les Jodelle et les Baïf; mais il tomba lui-même dans l'oubli, lorsque le père du *Cid* révéla, dix ans plus tard, les sublimes inspirations de sa muse tragique.

Je donnerai de mon goût une idée médiocre, **en disant que j'**applaudissais à l'acteur Robert, lequel, obligé dans la *Bradamante* de céder sa maîtresse à un rival, déclamait ces vers passablement burlesques :

> « O terre, ouvre ton sein ! o ciel, lasche ta foudre
> Et mon parjure chef broye soudain en poudre !
> J'ay ma dame conquise, et un autre l'aura ?
> J'ay gagné la victoire, un autre en bravera ?
> Ainsi pour vous, oiseaux, au bois vous ne nichez ;
> Ainsi, mouches, pour vous aux champs vous ne rûchez ;
> Ainsi pour vous, moutons, vous ne portez la laine ;
> Ainsi pour vous, taureaux, vous n'écorchez la plaine !
> Ha ! regret éternel, crève-cœur, jalousie,
> Dont ma détestable âme est justement saisie !
> Mourons tôt, dépêchons, ne tardons plus ici,
> Allons voir des enfers le royaume noirci[*] »

Il est vrai d'ajouter à ma justification que le public applaudissait beaucoup plus que moi. J'ai même vu bon nombre de femmes sortir leur mouchoir et larmoyer abondamment à cette magnifique tirade.

---

[*] Marion ignorait probablement que ces vers sont traduits des fameux distiques *Sic vos non vobis*, etc. Au reste, la tragédie dont il est ici question, n'est pas plus bouffonne que quelques-unes de ses sœurs cadettes, et elle a l'honneur d'être l'aînée, ce qui la rend excusable devant le tribunal de la postérité.   MÉRY.

La tragédie terminée, le désir nous prit d'assister aux parades de Gautier-Garguille, de Turlupin, de Gros-Guillaume et de Bellerose.

Nous eûmes tort; car, pendant ces farces, les spectateurs quittaient assez volontiers leurs siéges et s'en allaient à droite et à gauche saluer et complimenter leurs connaissances.

Au moment où je riais comme une folle en voyant Turlupin donner un croc-en-jambe à Gros-Guillaume et le faire choir droit sur le nez, j'entendis ces mots derrière moi :

— Eh! parbleu, oui, c'est elle, c'est Marion!

Je me retournai vivement, et j'aperçus mon cher parrain, le marquis de Villarceaux, en compagnie du grammairien Vaugelas.

La rougeur me vint au front, et je baissai les yeux avec honte.

Emmanuel s'empressa de tirer ces messieurs à l'écart. Il leur demanda le secret sur la rencontre; mais presque aussitôt arriva Bassompierre, qui fut suivi de Saint-Sorlin, auquel succéda le président Chevry, qui nous amena le petit médecin Quillet, lequel avait sous le bras une espèce d'original appelé Vauquelin des Yveteaux, qui fit signe de loin à un fort laid garçon, nommé Théophile, et nous voilà tout à coup entourés, circonvenus, assaillis de questions et de reproches.

De la scène, où ils occupaient des siéges, tous ces gens-là venaient de nous découvrir.

Attentive au spectacle, je n'avais remarqué personne, et Desbarreaux, dont la vue était extrêmement basse, n'avait pas de son côté reconnu ses amis.

Ils nous entraînèrent dans les couloirs. Les exclamations se croisaient en tous sens.

— Qu'est-ce à dire? criait Bassompierre, doit-on se comporter de la sorte? après ce que j'ai fait dans vos intérêts..... vous êtes deux ingrats!

— Fi! les tourtereaux! se dérober pendant la lune de miel, quel égoïsme! ajoutait Saint-Sorlin.

— Donnez tant qu'il vous plaira votre démission de conseiller. mon cher, disait le président à Desbarreaux, mais ne nous cachez pas les beaux yeux de madame... Peste! nous ne le souffrirons pas.

— Où restez-vous, ma belle filleule? demanda Villarceaux avec pétulance.

— Pardon, marquis, vous vous servez là d'une expression vicieuse; on doit dire : *Où demeurez-vous?* parce que dans l'acception véritable du mot *rester*...

— Silence, Vaugelas ! *pedantus, pedantior, pedantissimus*, et laissez-nous tranquilles avec vos rubriques grammaticales, dit le petit médecin. Voyez plutôt ce beau couple, ajouta-t-il en me désignant avec Emmanuel : je veux faire hommage à madame de mon poëme qui a pour titre : *De pulchræ prolis habendæ ratione.*

— Hum ! fit Vauquelin, je doute fort qu'on ait attendu ce poëme-là pour se mettre à l'œuvre.

— Allons ! allons ! place, vous autres ! cria le personnage qu'on nommait Théophile.

Écartant brusquement le cercle, il s'élança jusqu'à nous et ajouta :

— Je le retrouve enfin cet excellent ami, ce cher élève, qui a si bien profité de mes leçons d'athéisme !.. Il est à présent plus esprit fort et plus impie que moi..... oui, par la corbleu ! je vous en prends tous à témoins... N'a-t-il pas enlevé mademoiselle du cloître? Disputer ses amours au fanatisme et les arracher du sanctuaire... c'est magnifique ! Emmanuel, je t'honore et je me prosterne... Mais je ne te quitte plus, cher ami... nous ne le quittons plus, messieurs !

— Non ! non ! crièrent tous les autres.

— Il ne nous échappera pas de nouveau !

— Est-ce que, par hasard, il aurait peur de son père ?

— Mais, oui, parbleu !

— Qu'importe ? nous ne trahirons point sa retraite,

— Il a peur de son père... lui? hurla Théophile : vous ne le connaissez pas encore.... je l'ai trop bien élevé pour cela ! Il va nous emmener souper avec lui, messieurs, ou je veux que le diable, s'il existe, m'emporte à l'instant ! Chevry a son carrosse, Vauquelin et Villarceaux doivent avoir le leur. Nous sommes deux, cinq, sept, dix pour trois voitures... Bah ! nous pouvons prendre avec nous le vieux Malherbe et son bien-aimé Racan ! Va les chercher, Quillet : tu les trouveras sur le devant de la scène. Les turlupinades sont exécrées de Malherbe, et je ne l'ai jamais vu refuser un bon souper... Va donc, mordieu, va donc !

Tout ce bruit, tout ce mouvement, toutes ces clameurs et toutes ces phrases nous tombaient si à l'improviste, que nous en étions, Emmanuel et moi, presque suffoqués.

Au même instant arriva Saint-Sorlin. *Page* 187.

Bassompierre s'emparait de mon bras, Théophile avait saisi Desbarreaux par les basques de son pourpoint; on nous traitait comme de véritables prisonniers.

Un beau grand vieillard, à la royale blanche, au front inspiré, nous arrivait, conduit par un homme de très-petite taille et à face juvénile. C'était Malherbe avec l'auteur des *Bergeries*.

On eût cru voir Homère guidé par un enfant.

— Çà, me dit Emmanuel, tout à fait revenu de sa première surprise, préparez-vous, ma reine, à recevoir dignement vos hôtes, et souffrez qu'ils passent la frontière de votre royaume. Pourquoi dorénavant ne point accueillir nos amis? Si quelqu'un s'avise d'attaquer notre félicité, nous ne serons plus seuls pour la défendre.

Une demi-heure après, les trois voitures s'arrêtèrent à la porte de la petite maison du faubourg Saint-Victor.

Tous nos domestiques furent sur pied en un clin d'œil.

On alluma des flambeaux, on éclaira les avenues. Il faisait une nuit délicieuse, et notre fête improvisée réussit à merveille.

Pendant que je donnais des ordres pour la collation, mes convives parcoururent avec des torches nos jardins enchantés. On voyait toutes ces lumières courir çà et là sous les ombrages, monter aux collines, disparaître sous les grottes, et c'étaient des exclamations bruyantes, des cris d'enthousiasme, de joyeux bravos. Je me sentais complétement rassurée moi-même, je me trouvais heureuse de cette animation subite qui éveillait notre asile.

Déjà le colonel des Suisses avait trouvé moyen de me parler plus longuement qu'à l'abbaye de Montmartre.

Il me supplia d'un air comique de lui pardonner sa mascarade de la chapelle du Louvre, et je n'eus pas la force de lui témoigner une rancune que je n'avais pas eue.

— Mais, lui dis-je, qu'espériez-vous d'une semblable trahison?

— D'abord, ma chère, sans l'arrivée de votre marraine, vous auriez cru votre hymen très-valable.

— Sans doute, et voilà justement le plus odieux de la chose.

— Non... puisque vous n'aimiez pas Marguerite.

— Je ne vous comprends plus, monsieur le colonel.

— Ah! maudite comtesse! fit-il avec un soupir.

— Expliquez-vous.

— Corbleu! s'écria-t-il, vous auriez chassé le petit lieutenant au bout de huit jours, et j'avais alors un moyen tout prêt pour rassurer votre conscience... au lieu que vous allez demeurer une éternité avec Desbarreaux... Où est mon espoir à présent? J'ai eu la délicatesse de vous aider à quitter l'abbaye pour vous jeter dans les bras l'un de l'autre... Joli moyen d'avancer mes affaires!

Me voyant sourire, il eut l'audace de revendiquer son ancien droit au baiser.

Je fus d'abord impitoyable; mais sa bonne et joviale figure prit un air si triste, que j'offris ma main à ses lèvres, en lui disant :
— Tenez, gros perfide !

Au même instant arriva Saint-Sorlin, qui réclama la même grâce ; et, comme il m'avait donné des preuves de moralité un peu moins suspectes que celles de Bassompierre, je ne crus pas devoir la lui refuser.

Il m'apprit en riant que monseigneur Duplessis, assez fat de sa nature, n'avait pas été mécontent d'avoir eu des témoins à la scène de jalousie de la reine-mère.

— Notre évêque est parti avec elle pour Blois, ajouta Saint-Sorlin; mais il a gardé votre éventail dans son cabinet, où il vous prie d'aller le chercher à son retour.

— Bon ! m'écriai-je, qu'il y compte !

Tous nos convives arrivaient de leur promenade aux flambeaux. On se mit à table, et la collation fut d'une gaieté folle. Je plaçai Villarceaux à ma droite, et j'eus le temps d'examiner enfin ceux des amis d'Emmanuel que je ne connaissais pas encore.

Le président Chevry, de la cour des comptes, était un gros homme dans le genre de Bassompierre, d'une figure presque aussi avenante, mais d'un esprit beaucoup moins pétillant.

Quillet, le petit médecin, avait l'imagination brillante, le cou rentré dans les épaules et la manie des citations latines.

Le sieur Vauquelin des Yveteaux était un grand homme sec et fluet, avec de petits yeux ronds à fleur de tête, plaisantant à de rares intervalles, mais sur un ton lugubre, et demeurant parfois des heures entières sans desserrer les lèvres. Il avait été précepteur de Louis XIII et du duc de Vendôme, puis renvoyé pour irréligion. Il portait un costume inouï, dont on n'osait point rire, à cause de l'air solennel du maître. Ses chausses étaient à bandes et rattachées avec des brides comme celles des Grisons de Bassompierre ; il avait des manches de satin de la Chine, un pourpoint de vieux cuir, un chapeau de peaux de senteur, et une chaîne de paille au cou.

Malherbe témoignait à cet original une amitié véritable, et semblait le tenir en grande estime.

Un seul homme dans cette réunion me causait une répugnance invincible, et c'était précisément celui qu'Emmanuel semblait préférer.

Marqué de petite vérole, le nez tordu, la lèvre saillante et les yeux gros et ronds comme ceux d'une orfraie. Théophile eût pu disputer à Camusard le prix de la laideur. Desbarreaux lui trouvait infiniment d'esprit, je ne lui reconnus que du verbiage. Il était d'Agen, et un accent méridional, fortement prononcé, me le rendait bien plus désagréable encore.

Du reste, à l'exception du colonel, de Villarceaux et du président Chevry, tous nos convives étaient hommes de lettres ou poëtes.

Vaugelas avait déjà traduit Quinte-Curce d'une façon très-remarquable ; Quillet faisait, dit-on, les vers latins mieux que Virgile ; Saint-Sorlin venait de publier son poëme de *Clovis;* Théophile lui-même avait une sorte de célébrité de bas lieu, due à des vers impies et à des chansons grivoises; Vauquelin des Yvetaux composait des stances et des sonnets fort passables, et les odes sacrées de Racan ne manquaient pas de mérite.

Quant à Emmanuel, mon poëte à moi, il avait un profond dédain pour le public et me gardait exclusivement ses inspirations et sa verve.

Tous vénéraient Malherbe, le regardant comme leur maître pour le rhythme, la cadence, la pureté et l'harmonie du style.

Néanmoins, ceux qui avaient le plus d'esprit la plume à la main ne brillèrent point auprès du colonel des Suisses. Il fut, ce soir-là, d'un entrain merveilleux et d'une faconde inépuisable ; il sema les plus ravissantes épigrammes et nous fit une satire complète des ridicules du jour. Personne, pas même le roi, ne trouva grâce devant sa causticité maligne.

Ses médisances me rappelèrent la fille de Henri IV, et je l'interrompis.

— A propos, colonel, lui dis-je, apprenez-moi le sort de cette pauvre Lisette?

— Eh ! mais, tous ceux que je marie sont heureux et font très-bon ménage !.. Or, poursuivit-il, notre royal maître, n'en déplaise à Vauquelin, son ex-précepteur, connaît fort peu le sel attique et les bienséances du discours. Chez lui, la plaisanterie n'est plus un aiguillon léger, qui vous émoustille et vous chatouille l'épiderme... non, c'est un coup de massue, qu'il vous assène en plein sur le crâne. L'autre jour, voulant égayer sa sombre humeur, je lui racontai comme quoi, lors de mon ambassade en Espagne, j'avais fait à Madrid une entrée passablement grotesque sur une mule rétive, maigre et boiteuse. Devinez ce que me dit Louis XIII?

— Voyons! crièrent tous les autres.

« — En effet, ce devait être fort drôle de voir un gros âne omme toi sur une mule. »

— Joli! très-joli!

— C'est fin.

— C'est délicat.

— Oh! le spirituel monarque!

— Votons-lui plusieurs couronnes!

— Et qu'as-tu répondu, Bassompierre? demanda mon parrain.

« — Sire, épargnez-moi, j'avais l'honneur de vous représenter. »

— Bravo! bravo!

— Messieurs, dit Saint-Sorlin, je vous demande permission d'habiller cette adorable épigramme.

— Allez, dit Malherbe, enfourchez Pégase, et ne vous cassez pas le cou.

— Voici, messieurs :

> Bassompierre disait au roi
> Que, dans sa dernière ambassade
> A Madrid, il fit cavalcade
> Sur une mule en désarroi.
> « Fi! la chose était ridicule,
> Lui répondit Sa Majesté,
> Il faisait beau de voir monté
> Un gros âne sur une mule!
> « Plus de grâce, dit le matois,
> Sire, je vous représentais. »

— Pas mal, pas trop mal, mon cher improvisateur!

Le succès de Saint-Sorlin piqua les autres au jeu, et ce fut un vrai déluge de poésie, une avalanche de rimes. Toutes ces muses ne fois lâchées, il n'y eut plus moyen de s'entendre, et, naturellement, on prit mes beaux yeux pour servir de thème aux madriaux. Emmanuel n'avait pas tort, ces messieurs adressèrent à ce ropos toute sorte de mauvais compliments aux étoiles.

Ils les insultèrent si bien, qu'elles disparurent, et l'Aurore nous vit à table.

II.

A partir de cette première réception, nous eûmes, chaque soir, de nombreuses visites. Toutes les personnes admises avaient-elles été discrètes? Ceci devenait difficile à croire, et pourtant nous n'étions inquiétés en aucune sorte ni par madame de Saint-Évremond ni par le président Desbarreaux.

J'en tirai la conclusion immédiate et fort peu prudente que le père d'Emmanuel, non plus que ma marraine, n'avait l'intention de troubler notre bonheur.

Nous courûmes dès lors Paris en carrosse avec une pleine sécurité.

Comme nous étions sortis, un matin, pour faire quelques emplettes, notre équipage fut arrêté dans les environs de la Grève par un rassemblement de populaire.

Le cocher, voyant un échafaud dressé sur la place, essaya de rebrousser chemin, mais il ne put réussir. Tout un régiment d'arquebusiers à cheval venait derrière nous, envahissait le quai dans sa largeur et précédait un tombereau, dont nous entendions à quelque distance le roulement lugubre.

— Au diable l'encombrement et le cortége ! cria Desbarreaux ; je ne tenais en aucune façon, ni vous non plus sans doute, ma chère, à voir le supplice de la maréchale d'Ancre?

Je frémis à ces paroles.

Le souvenir des sanglants épisodes du Pont-Neuf était encore présent à ma mémoire.

En me faisant assister à de tels spectacles peut-être la Providence voulait-elle me donner de salutaires leçons, guérir mon âme ambitieuse et me montrer qu'ici-bas plus l'élévation est rapide, plus la chute est retentissante.

Après avoir tué le maréchal dans la cour du Louvre, et presque sous les yeux de la reine-mère, Vitry envoya des soldats chez la femme de la victime. Les appartements furent envahis, les meubles brisés; on enleva les pierreries, l'argent, les robes de Léonore et jusqu'à ses vêtements les plus indispensables. Lorsqu'il s'agit de la conduire à la Bastille, on fut obligé de demander quelque monnaie à son fils, âgé de quinze ans, pour acheter une chemise et des bas à cette maréchale de France.

Elle arriva sous les murs de la prison dans un état de dénûment déplorable.

Le prince de Condé lui-même, qu'elle y avait fait enfermer, s'apitoya sur son sort et donna de l'argent au gouverneur, en le priant de pourvoir au besoin de cette malheureuse femme. Mais la maréchale eut à peine le temps de recevoir les secours de son ennemi généreux; on la transféra, le lendemain, de la Bastille à la Conciergerie, où les juges instruisirent son procès avec une extrême rigueur.

Certaines gens, auxquelles il eût déplu de rendre gorge et de renoncer aux immenses richesses dont la volonté royale avait sanctionné l'héritage, se montraient surtout acharnés à sa perte.

Comme le roi joignait à ses qualités négatives un grand fonds de crédulité superstitieuse, il ne fut pas difficile de le convaincre que Léonore avait dû employer des manœuvres sataniques pour dominer l'esprit de la reine-mère.

Toute l'accusation fut dirigée dans ce sens.

On *prouva* que la maréchale avait usé de sortilége, de judaïsme, et qu'elle entretenait avec le diable des relations intimes.

La conscience du tribunal ne pouvait s'empêcher d'admettre des raisons aussi péromptoires : il condamna *la sorcière* à périr sur l'échafaud. On devait brûler ensuite le corps en place de Grève et en jeter les cendres au vent.

Léonore entendit son arrêt avec calme et se prépara religieusement à le subir.

Elle passa devant moi sur l'ignoble tombereau.

Il me fut impossible de retenir mes larmes, tant il y avait, à cette heure terrible, de résignation et de piété dans sa contenance.

Son confesseur était à côté d'elle.

Attentive à ses exhortations suprêmes, elle semblait ne rien voir, ne rien entendre, et se penchait, par intervalles, pour coller ses lèvres au crucifix, qu'elle portait entre ses mains.

La maréchale avait trente-deux ans, elle était fort belle encore.

On entendit des sanglots dans la foule, quand Léonore parvenue sur l'échafaud, déclara qu'elle mourait innocente des crimes pour lesquels ses juges l'avaient condamnée. Je la vis baiser une dernière fois l'image du Christ, croiser les mains sur sa robe blanche, lever les yeux au ciel, puis se tourner vers le bourreau qui coupa ses longs cheveux.

— Ah! m'écriai-je, en laissant tomber mon front sur les genoux d'Emmanuel, éloignons-nous d'ici, je vous en conjure!

En ce moment, la foule se pressait aux alentours de l'échafaud. Notre cocher put enfin dégager le carrosse et nous entraîner loin de ce spectacle d'horreur.

— Sur mon âme, dit Emmanuel, les juges sont indignes, et je ne vois pas où était la nécessité de condamner cette femme.

— Oh! vous avez raison, mon ami, c'est bien lâche! les torts de la maréchale ne méritaient pas le dernier supplice.

— Aussi a-t-on rendu la sentence sur des crimes imaginaires.

— Pauvre femme! Avez-vous remarqué sa piété d'ange?

— Elle meurt avec la certitude d'aller au ciel: je désire qu'elle en trouve la porte.

— Dieu la lui ouvrira, car il voit sa résignation et son repentir.

— Dieu n'est qu'un mot, ma chère.

— Oh! mon ami!

— Je ne crois pas même que la malheureuse puisse compter beaucoup sur le diable, avec lequel pourtant ses juges affirment qu'elle était en fort bons termes.

— Osez-vous rire de ces choses?

— Mais sans doute vous n'avez pas le projet, Marion, de verser des larmes toute une semaine, parce que le hasard vient de vous montrer un échafaud?

— Hélas! Emmanuel, c'est votre impiété qui me désespère! vous n'étiez pas né pour avoir de tels principes. Chez vous, le cœur est bon.. mais vous avez des amis bien dangereux.

— Ah! ah! je le vois, ce cher Théophile n'a pas eu le bonheur de produire sur vous une impression favorable.

— Je le déteste! m'écriai-je.

— Et pourquoi cela?

— Il se vante lui-même d'être votre professeur d'athéisme.

— Mauvaise raison... vous avez aimé l'élève impie... l'impiété ne peut vous faire haïr le maître.

— Pardonnez-moi, je le hais! il a des airs de tranche-montagne, un ton détestable.

— Ceci devient plus logique.

— Il sent le tabac.

Quoi!... c'est vous qui m'avez fait nommer? balbutia Joseph. *Page* 197

— Voyez le crime!
— Et, d'ailleurs, quand on porte ce visage ignoble, on doit être méchant.
— De mieux en mieux raisonné, ma chère! voilà ce que j'appelle de bons arguments de femme, bien sonores, bien vides, et bien capricieux surtout. Conclusion, vous n'aimez pas Théophile,

parce qu'il est laid. Pour vous, le motif est grave, mais pour moi vous sentez qu'il a peu de valeur. Je tiens à vous, Marion ; néanmoins, il nous est assez difficile de vivre dans une éternelle solitude, et si mes amis vous déplaisent...

— Oh ! celui-là seulement !

— Je vous devine..... vous seriez satisfaite qu'il eût son congé ?... Croyez-moi, chère belle, ne soulevez jamais entre nous de pareilles questions. J'aime Théophile, je vous demande sérieusement de combattre votre antipathie pour un de mes plus joyeux camarades de plaisir.

Nous passions alors sur la place du parvis Notre-Dame.

Emmanuel, changeant tout à coup l'entretien s'écria :

— Tenez, Marion, voici la demeure du président Chevry, **mon** complice dans une petite surprise que je vous réserve.

— Une surprise ?

— Oui... nous allons revoir bientôt un individu de notre connaissance... un gaillard qui peut se flatter de faire un joli chemin ! Nommé tout récemment huissier à verge dans un simple bailliage de province, il a si bien rempli les fonctions de sa charge, qu'on veut déjà l'avoir à Paris, pour en gratifier la cour des comptes.

— Est-ce possible, m'écriai-je, vous nous ramenez Joseph Camusard ?

— Sans doute, je veux en finir avec le châtiment du drôle. J'avais tout au plus jusqu'ici moitié de ma vengeance... Ah ! je lui conserve rancune ! Chevry lui a fait tenir sa nouvelle nomination en très-bonne forme.

— Singulier moyen de le châtier, mon ami !

— Ne vous y trompez pas ! c'est le miel au bord d'une coupe d'absinthe. Le maraud, devant un pareil témoignage, n'a point soupçonné de chausse-trappe ; il s'est mis en route au plus vite. Si mes calculs sont justes, il doit aujourd'hui même débarquer du coche... Eh ! parbleu, voyez donc ! n'est-ce pas lui qui traverse la place ?

— Je me penchai en dehors de la voiture, et je reconnus en effet l'ancien clerc de Gabriel Delorme, se dirigeant vers l'hôtel de Chevry.

La diversion était aussi piquante qu'inattendue. J'oubliai Théophile, et je ne songeai plus au nuage qui venait pour la première fois de passer devant mon amour.

Desbarreaux fit presser l'attelage, afin de rentrer le plus vite possible, et, durant le trajet, il me déroula son plan. Je le priai de le modifier en partie, car je ne voulais pas trop désoler ce pauvre huissier à verge, envers lequel, au bout du compte, j'avais eu bien des torts.

Mais Emmanuel ne voulut rien entendre, et comme, après tout, il ne s'agissait que d'une plaisanterie, je cessai de le contredire.

A notre arrivée, les domestiques nous annoncèrent que deux personnages nous attendaient à l'*Ile de Chypre*.

Desbarreaux me pria d'aller seule les joindre : il avait, disait-il, d'importantes communications à faire à l'intendant et à sa femme.

Je courus à la recherche des visiteurs, et l'on jugera de ma surprise lorsque je vis Lisette se promener sentimentalement avec ce même franciscain qui l'avait si bien mariée.

Bassompierre m'aperçut et me salua.

— Marion, me dit-il, je vous présente madame la vicomtesse de Ludres.

Cette impertinente allusion à l'aventure de la chapelle fut punie sur-le-champ d'un vigoureux soufflet de Lisette.

Elle vint ensuite à moi, riant comme une folle.

— Voyez comme je le corrige ! s'écria-t-elle... hein ?... je manœuvre l'avant-bras aussi gentiment que votre marraine... Dieux ! ma bonne amie, que je suis aise de vous revoir !

Elle m'embrassa ; puis, me montrant Bassompierre, qui se frottait la joue :

— Ce gros immoral !... je lui ai pardonné, mais à la condition expresse de m'amener dans cette jolie retraite où vous avez dû bien vite oublier vos chagrins... Ah ! comme ils nous ont dupées, les monstres !... et ils trouvent cela tout simple, ils en plaisantent... oui !... Je ne suis déjà plus avec mon vicomte... le petit sournois m'a plantée là, ma chère.

— Un instant, dit le colonel, ne faisons pas, je vous prie, d'inexactitude historique : M. de Ludres est parti pour un voyage de long cours, après vous avoir spécialement recommandée à ma bienveillance.

— Taisez-vous, dit Lisette ; fi, monsieur ! qui vous demande tous ces détails ?

Elle leva de nouveau sa main gantée.

Bassompierre esquiva le soufflet, arrêta la main au passage, et la retint captive, juste le temps d'embrasser l'épaule.

— C'est doux, Marion, me dit-il ; mais cela ne me console pas de vos rigueurs.

J'étais stupéfaite. Les allures de Bassompierre et les discours de la fille de Henri IV me semblaient d'une bienséance assez douteuse ; je n'en témoignai rien pourtant, et je répondis de mon mieux aux avances de Lisette.

Elle m'apprit que notre équipée avait fait assez de bruit pour arriver aux oreilles de madame de Luynes. La duchesse lui fermait impitoyablement sa porte.

— Oui, dit-elle, on me chasse du Louvre!... mais que j'arrive seulement à obtenir la moindre preuve de ma naissance, et nous verrons si je n'y rentre pas en triomphe ! A dater de ce jour, je prends le premier mari venu, laid, bourgeois, peu m'importe ! j'ai soin de faire bénir ce mariage par un prêtre sans capuchon ; le cher époux paie mes toilettes, me tient lieu de porte-respect... pauvre homme !... et je commence mes intrigues.

En parlant ainsi, mademoiselle de Lonjumeau se donnait des mines tout à fait remplies d'extravagance.

Je ne pus m'empêcher de convenir intérieurement que Ludres ne lui avait pas fait beaucoup de tort. Cette fille, avec son caractère, eût bientôt suivi d'elle-même le chemin des folles amours.

Desbarreaux vint nous prier de rentrer dans les appartements.

Il me montra un billet de Chevry, par lequel ce dernier nous faisait savoir l'arrivée toute récente de l'huissier à verge de Châlons et témoignait le désir de nous le présenter au plus tôt.

Moins d'une demi-heure après, ils entrèrent l'un et l'autre.

J'avais mis tous mes diamants et passé ma plus belle toilette, afin de recevoir en grande cérémonie mon ex-prétendu. Mais là se bornait mon rôle, Emmanuel se chargeait de tout le reste. Il glissa deux mots d'explication à Lisette et à Bassompierre, leur recommandant de ne point éclater d'abord, s'ils voulaient mieux rire ensuite.

Camusard parut dans une toilette assez convenable.

Il avait un costume noir, sur lequel tranchaient ses cheveux rouges. Chevry s'était bien gardé, comme on le pense, de lui dire où il le conduisait, de sorte qu'en nous reconnaissant l'huissier ne put retenir un cri de stupeur.

— Bon Dieu! s'écria-t-il, ce sont là les personnes...

— Qui vous ont recommandé si chaudement à ma protection, oui, mon cher... Ne les aviez-vous point devinées?

Chevry l'amena près de moi.

Le pauvre garçon ouvrit une bouche ridicule, et ses yeux s'écarquillaient à sortir de leur orbite.

— Eh bien! dit le président, devenez-vous muet? Madame attend les témoignages de votre reconnaissance.

— Quoi!... c'est vous qui m'avez fait nommer? balbutia Joseph en me regardant toujours.

— On vous l'affirme, monsieur, répondis-je, il faut bien le croire.

— Ah! c'est trop fort! s'écria-t-il, si j'avais su, Marion, être ainsi votre obligé, bien certainement j'aurais mis obstacle...

— Mais, interrompit Emmanuel avec le plus grand sérieux, le protégé devrait tomber, ce me semble, aux genoux de la protectrice, lui baiser respectueusement les mains et l'appeler *Madame*, au lieu de la traiter avec une familiarité qui, devant moi surtout, est de la plus haute inconvenance.

Joseph le contemplait d'un œil hagard.

— Oui, monsieur! reprit Desbarreaux : on me contraint à mettre mes amis en œuvre pour votre service, et cela n'est pas clair... je n'ose deviner le motif qui fait oublier si facilement vos torts.

L'huissier reporta les yeux vers moi.

Je riais derrière mon éventail; il comprit dès lors qu'on se moquait de lui.

— Ah! ah! dit-il, en ce cas nous verrons... j'étais bien sot, ma foi, de vouloir parler!

— Vous aviez une communication à nous faire? lui demandai-je.

— Moi?... non... seulement, je ne suis pas le nigaud du premier voyage.

— Ah! monsieur! soyez plus modeste... vous vous flattez! dit Emmanuel avec un sang-froid merveilleux.

Camusard, à cette impertinence, haussa dignement les épaules et continua de m'adresser la parole.

— Je vous suis très-reconnaissant... madame, puisque *Madame* il y a, d'avoir bien voulu songer à mon avancement; mais j'ai l'habitude, aujourd'hui, de me défier de ce que je ne puis comprendre. Tout ceci me paraît louche, et puisque j'arrive de Châlons, je ne vois pas trop, Mar... madame! ce qui vous empêche de me demander avant tout des nouvelles de votre famille.

La rougeur me monta au visage.

— Ma famille... mais j'attendais, monsieur, que j'eusse l'honneur d'être seule avec vous, afin de vous interroger sur beaucoup de détails...

— Oh! je n'ai rien à vous dire! Votre père et votre mère se portent à merveille... votre mère surtout, j'en suis parfaitement sûr... oui! oui!... à l'heure où je vous parle, elle jouit d'une santé florissante. Quant à vos sœurs, elles grandissent, et je compte bien épouser Jacqueline au commencement de l'hiver.

— Bah! dit Emmanuel en éclatant de rire; et Thérèse!

Camusard fit un soubresaut.

— Thérèse!... on a retrouvé Thérèse?

— Mais sans doute. C'est une honte à vous d'avoir repris le chemin de Châlons, quand le devoir et la plus simple délicatesse de cœur vous ordonnaient de continuer vos recherches, afin de connaître la destinée de cette malheureuse enfant.

A ces mots, Desbarreaux sonna; un domestique parut.

— Faites venir Thérèse, lui dit-il.

L'huissier à verge tomba sur un siége et nous regarda tous avec épouvante.

Chevry, Bassompierre et Lisette jouissaient du spectacle en francs amateurs.

— Ah! vous allez épouser Jacqueline au commencement de l'hiver! poursuivit Desbarreaux; combien vous faut-il de fiancées, bel Adonis?... Vous volez de fleur en fleur, petit papillon? Quoi! vous faites l'amour à mademoiselle Delorme, vous la quittez pour Thérèse, vous oubliez Thérèse et vous prenez Jacqueline! où s'arrêtera, je vous prie, ce dévergondage amoureux? Dans le seul intérêt des bonnes mœurs, j'y mets obstacle, et je prends votre seconde future sous ma protection spéciale... Oui, monsieur, nous avons sollicité pour Thérèse et non pour vous, qui vous êtes conduit à notre égard en vil dénonciateur.

— Moi?

— Si vous l'avouez, je conserverai peut-être une ombre d'indulgence. Devant madame de Saint-Évremond n'avez-vous pas trahi jadis de gaieté de cœur le secret de ma présence sur le coche d'eau?

— Je vous jure...

— Prenez garde de mentir !

— Eh bien, oui... murmura Joseph avec trouble.

— Voyez-vous, Marion, voyez-vous le perfide !

— Mais je suis excusable ; mademoiselle s'était montrée si coquette...

— Coquette ? l'aviez-vous consultée avant de demander sa main ?... Ah ! ah ! jugez un peu !... Un hanneton vient s'abattre sur une rose, il faut se hâter, selon monsieur, de marier la rose au hanneton... Que dites-vous de cela, colonel ?

— Je dis que c'est heureux... pour le hanneton.

— Eh bien, voici toute l'histoire : la pauvre rose, embarrassée de son insecte, avise tout à coup un papillon aux ailes brillantes..

— Vous, sans doute ? interrompit Bassompierre.

— Moi-même, reprit modestement Emmanuel. Or, la fleur veut secouer le hanneton ; mais celui-ci se révolte et cherche à tirer vengeance de l'accueil fait à son léger rival.

— Mon Dieu, dit Lisette, les hannetons ont leur amour-propre ; ils peuvent se trouver charmants dans leur genre.

— Vous êtes, madame, d'une nature compatissante ?... Mais, toute allégorie à part, le traître est la cause unique des chagrins de mademoiselle Delorme. Sa dénonciation a rendu la comtesse très-froide et très-sévère... Eh bien ! jugez de ma candeur et de ma bonté, je lui pardonne !

Camusard, dont l'œil effaré s'attachait à la porte, où il croyait à chaque instant voir paraître Thérèse, se retourna vers Emmanuel pour examiner sans doute jusqu'à quel point il pouvait se fier à son discours.

— Oui, je vous pardonne, monsieur !... mais vous épouserez Thérèse... mais vous servirez... de père... à l'infortunée créature qu'elle porte dans son sein.

Rarement coup de théâtre eut un effet mieux combiné.

L'huissier à verge bondit sur son pliant, se redressa, l'œil allumé par la colère, et marcha droit à Desbarreaux. Il allait en venir aux injures quand Emmanuel, le prenant aux épaules, le força brusquement à opérer volte-face et le mit nez à nez avec Thérèse, qui venait d'entrer.

— Bonté divine ! s'écria-t-elle en essayant de se précipiter dans les bras de Camusard, c'est lui ! c'est mon cher époux !

L'huissier la repoussa d'un air tragique.

— Allez au diable, péronnelle! hurla-t-il au milieu de son premier transport de fureur.

— Monsieur, dit Desbarreaux, veuillez, je vous prie, témoigner quelques égards à cette pauvre fille, et ménager la position où elle se trouve.

— La position! la position!.. mais c'est indigne!.. On n'a jamais vu pareille chose, cria Joseph, gesticulant de toutes ses forces.

— Hélas! mon ami, j'ai eu des malheurs! murmura Thérèse, qui fit mine d'essuyer une larme.

— Vous entendez.... quelle infamie!.... Heureusement on a fait manquer le mariage.... c'est une Providence.... Je tombais là dans un joli guêpier!

— Ainsi, vous refusez à présent de me prendre pour femme? demanda Thérèse avec un air de surprise fort bien joué.

— Si je refuse!....

— Oh! je n'ai pas l'intention de vous contraindre, et vous en serez quitte pour me verser vingt mille livres : c'est le moyen le plus court de nous mettre d'accord.

Elle tira de sa poitrine un écrit qu'elle déploya.

Le visage de Camusard se couvrit d'une teinte livide à cette nouvelle péripétie de la scène.

— Donnez un peu ce papier, dit Chevry.

— Le voilà, dit Thérèse. Je suis prête à lever la main devant un tribunal et à jurer que j'étais sage et pure à l'époque où monsieur m'a signé cet écrit.

— O comble de la démoralisation! s'écria Joseph, elle va soutenir à présent... Mais c'est une caverne! on m'a conduit dans un coupe-gorge... Au secours! au meurtre!

Et dans son désespoir, il s'en prenait à ses cheveux rouges, dont il arrachait des poignées entières.

Cependant Lisette s'était approchée de Chevry; elle examinait la promesse écrite, par-dessus l'épaule du président.

— Oh! oh! dit-elle, vingt mille livres!.. ce monsieur Camusard pourrait trouver mieux qu'une femme de chambre.

— Ma foi, déclara Chevry, lorsqu'on a fait la sottise de signer une pareille chose, on paie ou on épouse. Tous les juges du monde n'y verront pas d'autre alternative.

— Précisément! dit Desbarreaux. Jamais on ne balance dans

Nous atteignîmes une petite porte donnant sur la campagne. *Page* 203.

un cas semblable; une promesse aussi formelle équivaut à la chose accomplie. Or, *is pater est*.... vous savez le reste?... *Ergo*, monsieur sera condamné par le tribunal... c'est clair!

Joseph passait du désespoir à la consternation.

Thérèse était alors agenouillée devant lui et murmurait d'une voix lamentable :

— Mon ami, je vous jure que le cœur vous est resté fidèle......
— Arrière! s'écria Camusard en bondissant.
— Les scélérats qui m'ont enlevée...
— Taisez-vous, malheureuse!
— Ont abusé de ma faiblesse.
— Je ne vous écoute pas!
— Mes larmes n'ont pu les fléchir...
— Fadaises!
— Je vous appelais à mon aide...
— Allons donc!
— Lorsque tout à coup ils m'ont bâillonnée...
— Vraiment, murmura l'huissier à verge; ils ont usé de ce moyen barbare?
— Oui, mon ami.
— Je ne suis pas votre ami, dit-il en secouant la tête, pour chasser l'émotion qui le gagnait.
— Alors j'ai perdu connaissance, et les misérables...
— N'achevez pas, cria Joseph, n'achevez pas!.. Quelle affreuse histoire!

Le pauvre garçon hésitait, sa paupière était humide.

— Allons, dit Emmanuel, prenez-en votre parti, que diable!.. Je connais dans le voisinage un honnête homme de franciscain, très-apte, si vous le désirez, à vous unir en un clin d'œil. Il est surtout des amis de Bassompierre, et nous sommes garants, le colonel et moi, de la validité de sa bénédiction.

Joseph retombait assis la tête entre ses mains.

Or cette comédie, toute de l'invention d'Emmanuel et de son complice de la cour des comptes, me parut assez mauvaise. Je l'aurais sifflée de grand cœur.

Ma rancune contre Camusard n'allait pas jusqu'à lui vouloir un mal réel. Franchement, son émotion devenait trop sérieuse. Les impertinences débitées à la face du pauvre huissier étaient une punition déjà fort raisonnable.

Je résolus de lui épargner les derniers actes de la pièce.

Il s'agissait, après l'avoir bien apitoyé sur le sort de Thérèse, de le décider à passer là-dessus, plutôt que de verser vingt mille livres.

On les mariait alors à la mode de Bassompierre.

Puis devait suivre un repas où l'on eût stimulé fortement les instincts bachiques de Camusard, qui, tout à coup aurait aperçu Thérèse dans les bras de l'intendant de Desbarreaux.

il y avait là de quoi lui bouleverser la cervelle.

Toutes ces choses pouvaient paraître très-amusantes à d'autres, mais elles n'étaient à mes yeux qu'une cruauté gratuite. Joseph m'aida lui-même à couper court à la plaisanterie, et j'eus lieu, comme on le verra, de me louer de ma compassion. Après avoir réfléchi, il s'adressa au président.

— Monsieur, lui dit-il, permettez-moi de vous adresser une question : m'avez-vous fait nommer sérieusement huissier à la cour des comptes ?

— Très-sérieusement.

— Ai-je l'espérance de conserver cette place ?

— Oui, si vous en remplissez les devoirs avec exactitude.

— C'est bien, dit Camusard.

Et il se retourna vers moi.

— Madame, dit-il, je vais racheter mes torts au prix de la modeste fortune que je possède... c'est un peu cher !.. Puissiez-vous n'en avoir point de regret ! Faites-moi rendre, je vous prie, la promesse de mariage, en échange d'un engagement de vingt mille livres que je suis prêt à signer.

— A merveille! écrivez, monsieur, lui dis-je, en lui indiquant un petit guéridon de marqueterie, sur lequel se trouvaient du papier, des plumes et de l'encre.

Emmanuel voulut parler, mais je mis un doigt sur mes lèvres, et il se figura que j'avais trouvé quelque nouvelle et facétieuse combinaison pour nous amener au même but.

Camusard écrivit et m'apporta bientôt une lettre de change en bonne forme.

Le président tenait encore le papier de Thérèse ; j'allai le prendre entre ses mains pour le réunir à la lettre de change, et je déchirai le tout sous les yeux de Joseph, en disant :

— Là, monsieur ! Voilà le cas que je fais de vos autographes !.. Une autre fois n'en soyez pas si prodigue.

Il me regarda d'un air stupéfait.

— Quant à cette péronnelle, puisque vous la nommez ainsi, continuai-je en montrant la femme de l'intendant, demandez-lui si elle veut autant d'époux que vous avez eu de prétendues.

— Fi! cria Desbarreaux, fi donc! ce dénoûment n'a pas le sens commun.

— Pardonnez-moi, répondit Camusard, un peu revenu de sa

surprise, je le trouve très-spirituel et surtout fort sage. Ainsi, me dit-il, vous n'avez voulu que vous amuser quelques minutes à mes dépens?

— Oh! tout cela n'était pas de mon invention, monsieur! Seulement, je vous ai vu si chagrin, que j'ai gâté la pièce.

— Oui... mais vous n'avez pas gâté vos affaires, Marion.

— Ni les vôtres, parbleu! dit Emmanuel avec humeur.

— C'est vrai, répondit Camusard. Me voilà débarrassé d'une maudite promesse, que je n'aimais guère à voir courir le monde; je conserve ma fortune et j'ai de l'avancement par-dessus le marché. S'il vous prend envie de me punir tous les jours de la sorte, monsieur Desbarreaux, allez, allez!.. ne vous gênez pas.

— Il me raille, je crois?

— Mais oui, c'est mon tour!.. Ne regrettez plus, du reste, la fin de votre comédie, car je la prenais au sérieux, et je vous aurais, ma foi, laissé coucher, ce soir, à la Bastille.

— A la Bastille?

— Et vous, ma pauvre Marion, au couvent des *Repenties*.

— Monsieur, prenez garde! interrompit Emmanuel, vous vous émancipez un peu grossièrement, ce me semble.

— Non pas! dit Joseph. Tout calculé, vous n'avez plus de temps à perdre.

J'allais déjà vous avouer la chose, quand je me suis aperçu que vous me tourniez en ridicule. Il vous faut quitter Paris et la France peut-être... ce sera plus prudent.

— Parlez, Joseph, parlez! m'écriai-je : d'où vient le péril?

— Votre marraine a écrit à Châlons, et madame Delorme est descendue tantôt du coche avec moi.

— Grand Dieu! ma mère!

— Ah! tenez, poursuivit Camusard, j'ai là justement dans ma poche la lettre de la comtesse. On me l'a fait lire plus de cent fois pendant la route, et cette chère madame Delorme doit la savoir par cœur... Pauvre femme! elle pleurait, que c'était une pitié... Mais ces réflexions ne sont pas urgentes... Voici la lettre.... Surtout n'avouez pas que j'ai trahi le secret; vous m'empêcheriez d'épouser Jacqueline.

— Mon Dieu, dit Lisette en minaudant, vous en épouserez une autre, mon cher!

J'étais beaucoup trop émue pour prêter attention à ces paroles de la fille de Henri IV.

Desbarreaux lisait la lettre.

Je le regardais, et je voyais ses traits se décomposer d'une manière inquiétante.

— Est-ce bien là, me dit-il, l'écriture de madame de Saint-Évremond?

— Oui, mon ami... que devons-nous craindre?

— Tout! me répondit-il; nous vivions dans une sécurité fatale, et l'on travaillait contre nous dans l'ombre. Il nous faut partir à l'instant même.

— Hein! dit Bassompierre, passons-nous à la tragédie?.. Voyons, je suis l'homme aux expédients... parlez!.. y aurait-il, en effet, de la Bastille en perspective?.. pour une amourette? ce serait abuser d'une prison d'État.

Comme il achevait ces mots, la porte s'ouvrit avec violence, et Théophile parut, sans chapeau, les vêtements déchirés et la main saignante.

— Morbleu! s'écria-t-il, voici du neuf!.. Quinze ou vingt sergents s'efforçaient de pénétrer avec moi dans ce logis... « Ah! ah! mes gaillards, leur dis-je, il faut en découdre! » Je mets l'épée à la main, je m'escrime d'estoc et de taille, comme l'*Orlando furioso* de l'Arioste, je les repousse, je fais barricader la porte cochère... mais les brigands l'assiégent!.. qu'ils trouvent une échelle, et ils escaladent le mur.

— Miséricorde! nous sommes perdus!

— Non, dit Emmanuel... Vite! vite! nous pouvons fuir par les jardins.

— C'est cela même, dit Bassompierre. La nuit tombe, gagnez à pied Charenton. Je vous rejoins dans deux heures avec un carrosse, des chevaux et de l'or.

Desbarreaux m'entraîna.

J'étais plus morte que vive.

Après deux minutes d'une course rapide, nous atteignîmes une petite porte qui s'ouvrait du côté de la campagne, et nous allions la refermer sur nous, quand Théophile accourut précipitamment et nous cria:

— Mort-diable! allez-vous partir sans moi? J'ai donné de mon épée dans le ventre à l'un de ces gredins... et, corbleu, s'il en meurt, je ne suis pas d'avis d'aller figurer en place de Grève!

III

Voici pour servir de modèle à ceux qui voudraient imiter un jour le style épistolaire de ma noble marraine :

« Je suis forcée d'avertir les parents de mademoiselle Delorme du scandale donné par leur fille. Après s'être conduite à mon égard avec une ingratitude sans exemple, après avoir détruit l'amitié que j'avais pour elle et rendu le pardon impossible, Marion a mis le comble à ses torts en y joignant l'hypocrisie. J'allais vous prier de venir l'arracher aux séductions de la vie parisienne, quand elle m'a trompée par un faux repentir ainsi qu'une digne abbesse, à la garde de laquelle je l'avais confiée. Votre fille paraissait être sincère en demandant le voile; je ne me serais jamais imaginé qu'à cet âge on pût singer si indignement la dévotion et se faire un jeu des choses les plus saintes.

« Au bout de six semaines de séjour au cloître, elle s'est enfuie, en abusant de la confiance de la supérieure.

« Depuis cette époque elle vit avec un amant; elle affiche à tous les yeux l'immoralité de ses relations; elle brave le mépris du monde et détourne d'une carrière honorable un jeune homme dont la famille est au désespoir.

« C'est au nom de cette famille que je prie les parents de mademoiselle Delorme de venir interposer leur autorité pour mettre fin à un commerce indigne. Depuis hier seulement, je connais la retraite de la fugitive, mais je ne veux rien prendre sur moi. Le père ou la mère de Marion, seuls, doivent agir. C'est à eux d'empêcher que le déshonneur ne devienne public et ne nuise à leurs autres enfants, sur lesquels je m'engage à reporter, dès ce jour, toute ma bienveillance.

« Nous mettrons la coupable dans un cloître plus rigoureux, et son amant ira méditer, quelques mois, sous les murs de la Bastille au danger de préférer la débauche au travail. »

On juge facilement de l'effet d'une pareille lettre.

Mon bonheur voulut qu'elle coïncidât avec la nomination de Camusard, et l'on a vu par quel enchaînement inouï de circonstances nous avions pu nous soustraire au péril.

Desbarreaux et son ami me faisaient courir à travers champs.

J'étais en souliers de satin, en robe de velours, avec des diamants dans mes cheveux, et je passai le bac en ce costume vis-à-vis du Jardin-des-Plantes.

Le passeur me regardait d'un air ébahi.

Desbarreaux lui jeta de l'or pour acheter son silence, au cas où la police viendrait l'interroger.

Comme nous franchissions le petit village de Bercy, la nuit devint tout à fait noire. Notre crainte des poursuites fut beaucoup moindre et nous prîmes assez tranquillement le chemin de Charenton.

Je savais gré à Théophile d'avoir contribué à notre salut; mais la reconnaissance ne pouvait chasser l'antipathie.

Il allait être fort disgracieux pour moi d'avoir éternellement cet homme en tiers partout où notre fuite pourrait nous conduire. Cependant les raisons données pour nous suivre n'admettaient pas de réplique, et toute objection de ma part, outre qu'elle eût été déplacée dans la circonstance, n'aurait point été admise par Emmanuel, surtout après le débat du matin même.

Heureusement il m'était arrivé de manifester mon aversion devant Bassompierre.

Certain de m'être agréable, le colonel prit de son chef les mesures propres à me débarrasser d'un incommode compagnon de route.

Au moment où nous cherchions à nous mettre en sûreté, que se passait-il dans notre chère retraite?

Nous pouvions nous féliciter de grand cœur d'avoir abandonné la place. A peine étions-nous hors des jardins, que les sergents envahirent le logis et voulurent mettre en état d'arrestation toutes les personnes présentes. Bassompierre et le président eurent beaucoup de peine à se faire reconnaître et à obtenir la permission de se retirer.

Lisette avait eu l'imprudence de rester avec Camusard.

S'imaginant que le danger n'existait pas pour elle, l'écervelée essayait sur mon ex-prétendu le pouvoir de ses charmes.

Thérèse remarqua ce manège, et trouva plaisant de faire prendre à notre place ce couple par les sergents. Elle feignit l'épouvante, quand les limiers de police voulurent pénétrer au salon. Nos autres domestiques comprirent, et favorisèrent la méprise, de façon que la fille de Henri IV et l'huissier à verge furent saisis, malgré leurs dénégations et leurs plaintes, et traînés dans les prisons du Châtelet.

Lorsque les sergents examinèrent la physionomie de Camusard, ils durent avoir de mon goût une idée fort médiocre.

Pendant cet intervalle, Bassompierre brûla le pavé jusqu'à son hôtel.

Il écrivit trois lettres de recommandation, fit atteler des chevaux frais à une berline de voyage et courut ventre à terre sur le chemin de Charenton, où il arriva plus d'une demi-heure avant nous.

Le colonel nous attendait dans le voisinage d'une magnifique maison de plaisance, où, vingt années auparavant, brillait de tout son éclat cette perfide cousine dont l'habileté en amour avait forcé la pauvre nonne de Montmartre à regagner le cloître.

Bassompierre débuta par dire à Théophile :

— Résignez-vous, monsieur le poëte; nous allons rentrer à Paris ensemble... il ne m'a été possible de trouver qu'une berline à deux places. D'ailleurs, la blessure du sergent est sans gravité, nous arrangerons l'affaire.

J'eus besoin de me retenir pour ne pas lui sauter au cou.

Théophile n'avait pas un mot à répondre, et Desbarreaux ne pouvait m'accuser de complicité dans l'aventure. C'était de la part du colonel une présence d'esprit adorable, une attention délicieuse.

— Mais où donc est-elle cette berline? demanda Théophile avec un air de contrariété visible.

— Ici près, dit Bassompierre, à la porte d'une petite auberge, où j'ai fait préparer à souper ; car ces maudits sergents nous ont chassés l'estomac vide.

— Mais n'est-ce pas imprudent, colonel?

— Non certes... le diable seul pourrait nous deviner à Charenton. Toutefois, ajouta-t-il, voici, mademoiselle, ce que j'ai cru devoir apporter par prudence.

Il sortit de dessous son manteau un loup et une cape de soie brune.

Je plaçai le masque sur mes yeux et m'enveloppai soigneusement la tête du capuchon.

— Maintenant, mes tourtereaux voyageurs, dit le colonel, je vais vous donner mes instructions en plein vent, dans la crainte qu'il n'y ait à l'auberge des oreilles indiscrètes. Je serai bref, et d'abord

Le prêtre se baissa, ramassa le feutre, page 211.

voici votre itinéraire : d'ici, vous vous dirigez en ligne droite sur Provins, où vous serez avant le jour en payant largement les guides. Vous courez ensuite vers Arcis-sur-Aube ; d'Arcis vous gagnez Vassy, et, douze lieues plus loin, vous êtes en Lorraine. Là, vos ennemis ne pourront plus rien sur vous : c'est une terre franche et hospitalière, où vous aurez l'appui du duc régnant. Je vous place sous la protection de Son Altesse; voici la lettre que je viens de lui écrire : elle est courte, mais les termes en sont chauds. Cette seconde épître est pour l'un de mes bons amis lorrains, M. des Piliers; vous le trouverez à Mirecourt, petite ville vers laquelle vous ferez bien de vous diriger après avoir franchi la frontière. Vous vous reposerez là de vos fatigues. M. des Piliers est un homme charmant... un peu dévot, mais c'est la mode en province. Il mettra sa demeure tout entière à votre service, et vous pouvez compter sur l'accueil le plus aimable. De Mirecourt vous irez, quand il vous plaira, visiter mon château d'Haroué, forteresse menaçante, où j'autorise Emmanuel à trancher du haut baron, et où vous embrasserez pour moi ma vieille mère, à laquelle est destinée cette troisième et dernière missive... Est-ce là tout?... Ah! j'ai mis quinze mille livres en or dans l'un des coffres de la berline.

— Colonel, m'écriai-je, vous êtes un homme précieux.

— Oui, sur mon âme, dit Desbarreaux, il songe à tout.

— Même, ajouta Théophile, à m'enlever l'occasion de faire le plus beau voyage...

— Allons, console-toi, tu viendras nous rejoindre plus tard, dit Emmanuel. Bassompierre nous garantissant ta sûreté, je suis satisfait que tu demeures à Paris, et tu feras en sorte de calmer mon père. Veille aussi à fermer notre petite maison et à congédier les domestiques, à l'exception de Grassin et de sa femme; tu nous les expédieras par le coche. Cela fait, tu prendras sur mes fonds, chez Émery, pour rendre au colonel ses quinze mille livres.

— Bien, bien! dit Bassompierre, gagnons à présent l'auberge.

Il m'offrit son bras, laissa Desbarreaux et Théophile prendre un peu l'avance, et me dit, à demi-voix :

— Êtes-vous contente?

— Si j'osais vous embrasser, colonel, je le ferais sur l'heure.

— Vous devez vous dire, Marion, que, pour un homme amoureux de vous, je me comporte d'une manière assez niaise?

— Mais non, je vous assure.

— Là, là! convenez-en, vous ne voyez pas clair dans mon système... Voulez-vous que je vous l'explique en deux mots?

— Parlez, colonel, parlez.

— Eh bien... je l'ai compris tout de suite, lors du premier entretien que j'eus avec vous à Évreux : vous n'êtes pas une femme ordinaire.

— Vraiment?

— Non, vous êtes née pour l'amour libre; les chaînes de l'hymen eussent désagréablement bridé vos mignonnes et gracieuses allures.

— Ah! ah!

— C'est pourquoi je tenais à ne pas vous marier sérieusement.

— Je vous suis fort obligée.

— Sans ma position d'époux légitime, j'aurais tout fait pour n'être devancé par personne; mais cela nous eût exposés l'un et l'autre à des tracasseries sans nombre. Je n'aurais pas été maître de vous défendre avec la même apparence de dévouement et de générosité. Quand on ne peut devenir le premier possesseur d'un trésor, on se contente d'en ambitionner l'héritage.

— En vérité, colonel, vous avez des raisonnements fort... habiles.

— N'est-ce pas? je serai votre plus sincère ami; je ne chercherai jamais à discuter le choix de votre cœur.

— Quelle abnégation!

— Mais, comme l'amour a des ailes, ma chère, et qu'il s'envole...

— Vous croyez qu'il s'envole?

— Desbarreaux et vous ne tarderez pas, je l'espère, à en avoir la preuve.

— Alors, monsieur?...

— Alors, il y a des moments de transition pénibles, des heures de chagrin et d'ennui : promettez-moi... de m'appeler toujours pendant ces heures-là.

— Je vous dois tant de reconnaissance, colonel! il me serait trop pénible de vous refuser.

— Ne vous moquez pas... ma demande est très-sérieuse.

— Mais c'est aussi très-sérieusement que je vous l'accorde.

— Je remplirai les intermèdes?

— Vous les remplirez, colonel.

— Ah! s'écria-t-il, vous êtes divine!... Que ne sommes-nous à la fin du premier acte!... Amour! amour! envole-toi.

Nous arrivions à l'auberge, où nous attendait un souper fort convenable. On l'expédia gaiement, et Desbarreaux appela le postillon pour lui faire boire le coup de l'étrier.

Bientôt après, je m'élançais en berline.

Le colonel venait de m'embrasser de tout cœur, et j'avais même tendu d'assez bonne grâce mes deux joues à Théophile, tant j'étais aise de le renvoyer à Paris.

Déjà le postillon fouettait ses chevaux, lorsque Bassompierre s'écria :

— Peste !... attendez !.... j'oubliais ma recommandation la plus importante. On ne plaisante pas avec le duc Henri de Lorraine, avec des Piliers, et surtout avec ma mère..... Corbleu, c'eût été de la jolie besogne !

Il monta sur le marchepied de la berline, et nous parla quelques secondes à voix basse.

— Allez, maintenant, cria-t-il. Dieu conduise M. le chevalier de Ferrussac et sa jeune épouse !

La berline partit comme le vent ; les jambes des chevaux se ressentaient d'un pour-boire très-honnête, glissé d'avance dans la main du postillon.

Nous courûmes d'un train d'enfer et par une nuit splendide jusqu'à Provins, où je défiais bien alors nos persécuteurs de nous atteindre. Les relais étaient servis avec une promptitude, que pouvaient seules expliquer les largesses de Desbarreaux, et si les chemins du roi n'avaient pas été si remplis d'ornières, nous aurions pu gagner en vingt-quatre heures le territoire de Lorraine.

Mais il nous fallut passer une seconde nuit en voiture.

Le surlendemain de notre départ, nous arrivions, tout endoloris de cahots, dans un hameau voisin de la frontière.

On l'appelait Domremy-la-Pucelle.

La patrie de Jeanne d'Arc eut à nous offrir un fort mauvais lit, avec des draps à nous écorcher vifs ; mais ni Desbarreaux ni moi n'avions le courage d'aller chercher plus loin un meilleur gîte, et je fus d'avis d'accepter, faute de mieux, ces dures paillasses, où la fatigue nous endormit jusqu'au lendemain.

Je fus réveillée par un bruit de clairons, des hennissements de chevaux et les cris joyeux de tous les habitants de Domremy.

On célébrait, ce jour-là, l'anniversaire de la naissance de Jeanne d'Arc, et le duc de Lorraine, arrivé de Nancy tout exprès se préparait à assister à la fête.

L'occasion était belle pour aborder Son Altesse ducale et lui donner la lettre de Bassompierre.

Mais le voyage avait indignement fripé ma toilette. J'eus toute la peine possible à remettre ma robe dans un état convenable, et je n'y serais jamais parvenue, sans le secours d'une jeune paysanne qui avait travaillé dans la couture à Neufchâteau, petite ville des environs.

Enfin je suivis Emmanuel sur la place du hameau, dans l'espoir que le duc aurait de l'indulgence pour ma position de voyageuse.

Des troupes d'archers, de hallebardiers et d'arquebusiers à cheval stationnaient autour d'une estrade, élevée pendant notre sommeil, et sur laquelle on avait dressé un trône pour Henri de Lorraine.

Le duc était assez bel homme.

Il siégeait en haut de l'estrade avec une majesté parfaite, souriait à la foule, et répondait par des gestes affables aux clameurs d'enthousiasme soulevées par sa présence.

Bon nombre de curieux, venus des localités d'alentour, formaient une multitude compacte, et nous désespérions d'arriver jusqu'au duc. Ce n'était guère le moment, du reste, de nous présenter à lui. Un autel, dressé devant l'estrade, annonçait la célébration d'une messe en plein air, prélude religieux sans lequel ne pouvaient commencer les divertissements de la fête.

Une procession sortit de la petite chapelle de l'endroit.

Des prêtres, les uns en habits sacerdotaux, les autres en simples surplis, se placèrent à droite de l'autel, où des sièges étaient disposés en cercle.

— Est-ce qu'il vous plaît, Marion, d'assister aux mômeries de ces messieurs-là? me dit Emmanuel, toujours prêt à manifester, même en public, son impiété désespérante.

On entendit le propos.

Les villageois, groupés dans notre voisinage, regardèrent avec mécontentement celui qui venait de le tenir, et, comme il avait seul la tête couverte, plusieurs voix crièrent :

— Chapeau bas!

— A-t-on vu ces rustres? dit Emmanuel, en les toisant avec fierté.

Il se mit à rire et garda son feutre.

L'indignation des villageois fut à son comble, lorsqu'ils virent Desbarreaux ne se découvrant même point au passage d'un prêtre vénérable, qui s'était détaché du groupe des autres ecclésiastiques pour gagner une espèce de chaire, construite au milieu de la place avec des tréteaux et des planches.

Un homme de haute stature, et dont les bras nus semblaient avoir des muscles d'acier, vint à Emmanuel, lui arracha son chapeau, le jeta sur le sable et cria d'une voix rude, en montrant le prêtre, alors tout près de nous :

— Saluez, monsieur! vous êtes en présence du saint de la Lorraine.

J'étais saisie d'effroi.

Desbarreaux, pâle de colère, allait tirer son épée pour venger cet outrage, quand tout à coup le prêtre se baissa, ramassa le feutre, retint doucement le bras d'Emmanuel, et dit au villageois :

— Mon fils, vous venez de commettre un acte blâmable... Vous devez des excuses à celui que vous avez offensé.

— C'est un impie, mon révérend père, objecta l'agresseur.

— Dieu vous a-t-il chargé de venger les outrages faits à sa religion? Si vous ne demandez pas grâce, je serai forcé de m'humilier pour vous, mon fils.

Le villageois s'inclina devant Emmanuel et balbutia quelques paroles d'excuse.

— A présent, veuillez vous couvrir, monsieur, dit le prêtre à Desbarreaux, et pardonnez-moi d'avoir été la cause involontaire de cette querelle. En ne me saluant pas, vous n'avez commis aucune faute... Je suis un misérable pécheur, indigne du respect de mes frères.

Il continua sa route.

La figure de Desbarreaux était chargée de confusion.

Pour tout au monde, il eût voulu sortir de la foule; mais les paysans eurent la malice de nous intercepter le passage, en se resserrant autour de nous. Une seconde querelle devenait imminente.

— Oh! mon ami, je vous en conjure, soyez calme! murmurai-je à l'oreille de Desbarreaux : pourquoi braver une population qui ne partage pas votre manière de voir? Les yeux sont dirigés sur nous. Causer de l'éclat et du scandale, serait un fort mauvais moyen de nous obtenir la bienveillance du duc de Lorraine.

Je vis que mes paroles lui faisaient de l'impression.

Peu à peu les spectateurs parurent nous oublier. D'ailleur, le nérable ecclésiastique était en chaire, et la foule prêtait à son cours une oreille avide.

Desbarreaux lui-même l'écouta bientôt avec une attention véritable, et il resta comme tous les autres la tête découverte.

C'est qu'effectivement il y avait dans l'extérieur de ce prêtre un cachet de sainteté si réel ; son front chauve semblait entouré d'une auréole évangélique si pure, que les plus grands ennemis de la foi chrétienne se trouvaient émus en sa présence et comme forcés à l'admiration.

Il se nommait Pierre Fourrier.

Natif de Mirecourt, cette même ville où le colonel, à notre départ, nous conseillait de nous rendre d'abord, il avait marqué sa carrière, déjà longue, par toutes sortes de bienfaits. D'une abnégation absolue de lui-même, d'un dévouement à toute épreuve et d'une charité constante, il remplissait en Lorraine, avec moins d'éclat peut-être, mais avec autant de mérite, la mission sacrée que Vincent de Paul s'était donnée alors à Paris.

Curé d'une modeste paroisse située à une demi-lieue de sa ville natale, Pierre Fourrier trouvait dans son activité des ressources presque surnaturelles.

Il fondait des établissements pieux, des écoles pour les enfants pauvres, et des caisses de prévoyance destinées à venir au secours des désastres, trop communs, hélas! dans un pays toujours ravagé par la guerre. Sans négliger le soin de sa paroisse, il réformait le corps des chanoines réguliers, dont il était membre, instituait une corporation de nobles dames, qui se vouaient à l'éducation des jeunes personnes, parcourait la Lorraine, à pied, comme un apôtre, combattant l'hérésie dont les doctrines se propageaient alors, échauffant les peuples au feu de ses prédications, portant remède à toutes les souffrances et consolant toutes les douleurs.

Pierre se distinguait par deux qualités éminentes ; une seule eût suffi pour faire un grand homme : il avait le talent d'organisation et la puissance du discours.

Échauffés par le zèle chrétien, chez lui ces deux qualités enfantaient des prodiges.

A cette époque, il était âgé de cinquante-cinq ans. Sa taille haute et noble ne se voûtait que très-légèrement encore. Je n'avais jamais vu de physionomie plus attrayante à la fois et plus respectable.

Comme tous les chanoines réguliers, il portait en dessus du surplis le camail noir sur lequel sa longue barbe descendait en flots de neige. Son large front, dégarni de cheveux, offrait un calme doux, une sérénité paisible.

On voyait que Pierre était au soir d'un beau jour de vertu.

Son regard avait un attrait céleste; l'âme la plus endurcie ne pouvait résister à l'évangélique expression de son sourire.

Henri de Lorraine, qui professait pour le saint apôtre un respect sans bornes et une estime sans égale, l'avait prié de se rendre à Domremy, pour faire, en sa présence et devant toutes ces populations rassemblées, le panégyrique de l'héroïne chrétienne.

La voix de Pierre, onctueuse et suave, avait dans l'occasion quelque chose de métallique et d'éclatant. Pas un auditeur ne perdit un mot de son discours. Il parlait avec une grâce parfaite, une facilité rare, une netteté prodigieuse, et parfois son éloquence atteignait des hauteurs sublimes, sans qu'il crût nécessaire de mettre à ses phrases aucune espèce de recherche. Son cœur les épanchait dans une simplicité touchante.

Il nous dit l'histoire de la pauvre paysanne, assise dans les champs auprès de ses moutons.

« Une voix d'en haut se fait entendre, et Jeanne apprend que Dieu la destine à sauver la France.

« Elle part, traverse des pays inconnus, affronte mille périls, marche droit devant elle, guidée par un rayon protecteur, et gagne enfin la Touraine, où elle trouve son roi sans couronne et presque sans royaume.

« Alors commence cette étrange épopée de la jeune bergère, qui s'annonce comme venant au nom des cieux, et demande à grands cris un glaive et une armure.

« On la revêt aussitôt de cette armure, on lui donne ce glaive.

« Et Jeanne s'élance, guidée par l'ange des batailles, attaque intrépidement les escadrons ennemis, passe sur le corps à des armées entières, frappe l'Anglais sous les murs d'Orléans, délivre la ville, marche sur Reims, reprend au passage tout le territoire conquis, écrase Talbot dans un dernier combat et fait enfin sacrer son roi.

« L'huile sainte a coulé sur le front de Charles, et la bergère dépose le glaive, annonçant que sa mission est accomplie.

« Elle veut regagner son hameau, reprendre la houlette, paître encore ses moutons, revoir son beau ciel de Lorraine, les prés verdoyants et l'ombre des bois.

« On la retient, hélas! on veut qu'elle combatte encore, quand le bras de Dieu s'est retiré.

Oseriez-vous, Monsieur, signer cette strophe? *page* 219.

« Aussitôt la lionne fait place à la biche craintive, la guerrière s'évanouit ; il reste une faible femme dont les Anglais s'emparent et pour laquelle ils allument le bûcher. »

Ce discours de Pierre, je le rapporte très en substance.

Mais prononcé sur le lieu même où l'héroïne avait reçu la vie, près de la pauvre demeure qu'elle habitait, et que deux siècles

avaient religieusement conservée, il produisit une sensation faci-
à comprendre.

On assistait aux premières années de Jeanne, à ses jours de naïve innocence ; on la voyait guider ses brebis dans les prés en fleurs ; on entendait la voix de l'ange qui lui ordonnait de quitter les champs pour voler à la délivrance. Le bruit des batailles, les cris des blessés succédaient au murmure de la brise, aux doux cantiques du hameau, et l'orateur chrétien nous montrait Dieu, planant au-dessus de la sainte histoire qu'il nous racontait.

Lorsqu'il eut à dépeindre le supplice de la martyre, sa résignation suprême, on entendit la multitude éclater en sanglots, et je vis Emmanuel se détourner pour me cacher une larme.

— Venez, Marion, me dit-il, ce prêtre est dangereux..... Je crois, par Satan, qu'il a réussi à m'émouvoir !

Fourrier descendait de la chaire et s'apprêtait à célébrer le sacrifice de la messe. Tous les villageois se rapprochaient de l'autel, et nous fûmes libres alors de nous écarter de la foule.

Je dis à Emmanuel :

— Oh! mon ami, la religion qui inspire une telle éloquence doit être véritable !

— Allons donc, ma chère, l'enthousiasme et le fanatisme vivent de mensonges.

— Vous cherchez à vous en imposer à vous-même, je vous ai vu pleurer.

— Bah! dit-il, c'est un effet nerveux.

Nous nous trouvions alors auprès de l'ancienne demeure de Jeanne d'Arc, dans laquelle on permettait d'entrer librement, ce jour-là. J'y entraînai Desbarreaux, et nous vîmes une simple et modeste cabane, aux murailles chargées d'inscriptions, toutes en l'honneur de la bergère.

On nous montra sa couchette de bois de chêne ; un bahut garni d'énormes clous de fer, où elle serrait ses hardes de paysanne ; une gourde suspendue à une petite chaîne de cuivre, qu'elle jetait par-dessus son épaule, quand elle allait aux champs ; un vieux crucifix de bois sculpté, devant lequel, matin et soir, elle faisait sa prière, et enfin la houlette qui lui servait à guider ses moutons.

Tous ces objets étaient regardés par les curieux avec une grande vénération. On lisait les diverses inscriptions tracées aux murs, on en ajoutait de nouvelles, et les moins lettrés laissaient leurs noms comme souvenir de leur visite à la cabane.

Emmanuel écrivit les vers suivants à droite de la houlette :

>Non, Jeanne, non, le ciel ne t'a point inspirée.
>Je soutiens contre tous que cet orateur ment.
>Tu perdrais à mes yeux, héroïne illustrée,
>Si du ciel tu n'étais que le simple instrument.
>C'est rabaisser à tort un sublime courage.
>Aujourd'hui pour ta gloire il faut un désaveu :
>Non, le bras qu'excitait la haine du servage
>Pour vaincre les Anglais n'eut pas besoin de Dieu !

Ces vers étaient d'une impiété révoltante, et j'allais reprocher à Desbarreaux l'obstination qu'il semblait mettre à braver de respectables et saintes croyances, quand un des personnages présents lui frappa sur l'épaule, et murmura presque à voix basse :

— Oseriez-vous, monsieur, signer cette strophe ?

— Pourquoi non ? dit Emmanuel.

Et il écrivit au bas du huitain : « CHEVALIER DE FERRUSSAC. »

— Vous êtes de bonne source, dit l'inconnu, et je suis enchanté de l'apprendre. Mais pensez-vous que les villageois de ces campagnes gagnent beaucoup à partager une opinion formulée d'une manière aussi... poétique ? Vous êtes étranger, monsieur, et vous ne vous doutez pas du péril auquel vous expose une attaque directe contre les traditions sacrées du pays.

Celui qui raisonnait de la sorte était un individu de quarante ans environ, d'une figure affable et prévenante.

Son accent de parfaite politesse ne pouvait offenser Desbarreaux, qui reprit :

— Je ne tiens nullement à ces rimes, et vous me voyez prêt à les condamner, puisqu'elles ont le malheur de vous déplaire.

Desbarreaux passa le doigt sur chacune des lignes, écrites au crayon.

La strophe fut effacée.

— Merci, monsieur, dit l'inconnu. Vous êtes gentilhomme parisien, je le vois à votre costume et à vos manières. Autrefois, j'habitais aussi la grande ville, et j'y ai rencontré souvent des personnes qui professaient uniquement par ton de tristes systèmes que repoussait leur cœur.

— Oh ! dit Emmanuel, je ne suis point de ces gens-là.

— Peut-être.

— Non, certes, je mets tous les jésuites ensemble au défi de me convertir.

— Ta! ta! la chose ne serait pas difficile, et vous n'êtes point encore aussi endurci que vous en avez l'air. Je me trouvais à dix pas de vous, tout à l'heure, quand un de vos grossiers voisins vous a fait une insulte.

— Ah! vous étiez témoin de cette sotte aventure?

— Oui. La modération du saint prêtre vous a profondément ému. Vous l'avez ensuite écouté, le front découvert, et vos yeux étaient humides à la fin de son discours.

— Où voulez-vous en venir, monsieur? demanda Desbarreaux.

— A vous prouver que vous êtes bon, et bon malgré vous-même. Je vous ai suivi tout exprès, afin de vous inviter à dîner, après la messe, en compagnie de notre orateur. Vous lui devez bien quelques remercîments. Sans lui, vous frappiez de l'épée le villageois dont vous veniez de subir l'outrage... Dieu sait alors où vous aurait conduit un meurtre. Madame, je l'espère, accepte aussi pour elle mon invitation. Avec tant de charmes réunis, on est digne de briller à la table d'un prince souverain.

— Quoi! monsieur, lui dis-je, à ce repas nous verrons le duc de Lorraine?

— Sans doute, et je me charge de votre présentation.

— J'accepte d'autant plus volontiers, dit Emmanuel, que ma femme et moi nous avons une lettre pour Son Altesse.

— Alors je suis doublement heureux. Vous serez présentés par un homme à qui monseigneur daigne montrer quelque estime. Je m'appelle François des Piliers, et j'habite..

— Mirecourt! m'écriai-je.

— Oui, murmura-t-il avec surprise... C'est une de nos villes fortes de Lorraine, que vous visiterez sans doute, et où je serais ravi de pouvoir vous offrir l'hospitalité.

Emmanuel s'inclina pour lui donner la lettre de Bassompierre.

— Parbleu, c'est trop fort! voyez la sympathie! s'écria M. des Piliers : je devinais en vous mes hôtes, et je vous aimais déjà, chevalier, en dépit.... ou plutôt à cause de votre irréligion... car vous vous convertirez, ou vous direz pourquoi! D'abord, à partir de ce jour, je vous livre pieds et poings liés à notre apôtre.

— Vous avez raison, monsieur! dis-je aussitôt, et je prends l'engagement de vous venir en aide.

— Ah! ma chère, c'est une perfidie dont vous n'êtes pas capable, me dit Emmanuel.

— Vous verrez! vous verrez!

— En ce cas, pour avoir le repos, ajouta-t-il en riant, je ferai l'hypocrite.

— L'hypocrite?..... gardez-vous-en bien, malheureux ! s'écria M. des Piliers. Soyez impie, discutons, chamaillons-nous, parions à celui qui convertira l'autre.... Mais un hypocrite chez moi? j'aimerais infiniment mieux la compagnie du diable! Ainsi voilà qui est convenu, vous avez vos franches allures... Allons voir si le dîner s'apprête.

Il m'offrit galamment un bras et donna l'autre à Desbarreaux. Nous étions déjà fort bons amis.

La messe avait été célébrée pendant notre rencontre avec M. des Piliers. En traversant la place, je vis les troupes entamer gaiement des exercices et des jeux militaires qui devaient durer jusqu'au soir.

Bientôt M. des Piliers nous introduisit sous une tente élevée dans le voisinage de l'estrade, et où venait d'entrer le duc Henri avec les nobles personnages de sa suite. Nous reçûmes de ce prince l'accueil le plus gracieux. Il nous demanda des nouvelles de Bassompierre, qu'il aimait beaucoup, nous jura protection envers et contre tous, et dit à des Piliers de nous amener le plus tôt possible à sa cour.

Emmanuel eut le tact et le bon goût d'aborder Pierre Fourrier, joignant ses hommages à ceux que recevait le saint homme au milieu de cette réunion brillante.

Il voulut glisser quelques mots d'excuse au sujet de la scène scandaleuse de la place; mais le vieillard lui ferma la bouche en disant :

— Ne parlons plus du passé, mon fils, parlons de l'avenir. Vous êtes l'hôte de M. des Piliers. Je lui fais à Mirecourt d'assez fréquentes visites, et il aime à me les rendre : pourrez-vous me voir chez lui sans trop de chagrin? la politesse, témoignée par vous en ce moment à l'homme, doit-elle me faire conclure que vous n'aurez pas de haine pour le prêtre; et daignerez-vous aussi, de temps à autre, venir frapper à la porte de mon presbytère?

Emmanuel protesta qu'il s'en ferait un honneur et une gloire. Je ne sais trop si l'affirmation était sincère.

Après un somptueux festin, servi sous la tente, nous prîmes congé du duc de Lorraine.

Le lendemain était le jour de l'Assomption.

Pierre Fourrier tenait à regagner sa paroisse, et nous étions à dix lieues de Mirecourt; il n'y avait pas de temps à perdre.

M. des Piliers s'était chargé d'amener le saint vieillard et se chargeait aussi de le remmener. Deux forts chevaux traînaient son carrosse, où il voulut absolument que nous prissions place.

Un de ses domestiques suivait par derrière avec notre berline de voyage.

IV

Mirecourt nous parut une ville assez riante. Elle tâchait de prendre un air martial avec ses remparts et sa citadelle, mais sans pouvoir y réussir.

On le devinait aisément, cette amazone n'était point à craindre, et s'entendait beaucoup moins à manier les armes que les fuseaux. Les sons de la trompette guerrière ne la flattaient pas autant que les accords plus doux des orgues, des guitares et des violons fabriqués dans son enceinte.

En effet, à peine aviez-vous franchi les portes de la ville, que vous assistiez à un concert perpétuel.

Chaque maison faisait sa partie, chaque fenêtre envoyait une note. Des gammes joyeuses s'échappaient de tous les étages, tombaient du haut des pignons et se glissaient en bas des tourelles. Les murs devenaient sonores, et la cité tout entière n'était qu'un instrument immense d'où s'exhalaient d'incessantes mélodies et d'harmonieux soupirs.

Mes instincts de femme, et de femme coquette, furent surtout flattés par le travail auquel se livrait la population féminine de l'endroit.

Le seuil de chaque demeure, durant les beaux jours, était encombré d'ouvrières, ayant sur leur giron une espèce de pelote cylindrique, d'un volume assez fort, appuyée contre un escabeau placé devant elles. Sur cette pelote, fortement rembourrée de son et de paille et garnie d'étoffe verte, étaient alignées ou groupées selon les exigences d'un dessin collé perpendiculairement sur le cylindre, de longues et fines épingles, que l'ouvrière changeait de place à chaque seconde et autour desquelles elle faisait manœuvrer de légers fils éblouissants de blancheur. Ces fils se déroulaient au moyen de deux ou trois cents petits fuseaux, s'agitant sous les doigts agiles, allant, venant, se croisant, passant à droite et revenant à gauche avec une agilité surprenante.

Ainsi se fabriquaient de magnifiques dentelles vendues, sur les lieux mêmes, à un prix très-modeste.

Je me livrai à des acquisitions folles, dont mes amies, surtout mademoiselle de Lenclos, ne dédaignèrent pas de profiter plus tard.

Du haut des collines qui la dominaient à l'orient, la ville offrait un coup d'œil pittoresque. Elle s'étendait en amphithéâtre sur une longueur d'environ un quart de lieue, baignant ses pieds dans une petite rivière qui dormait sous les saules, et nommée, je crois, le Madon. Les diverses constructions, à partir de la rivière, grimpaient les unes sur les autres et montaient en désordre vers l'église, le couvent des Cordeliers et la citadelle. On eût dit que la ville basse, échevelée, confuse, se mettait en révolte ouverte et voulait prendre d'assaut les tours et les clochetons de la ville haute, qui la regardaient d'un air méprisant.

Mirecourt existait déjà sous la domination romaine.

On l'appelait alors *Mirecurtium*, de son temple placé sous l'invocation de Mercure, dieu des commerçants et des voleurs. J'aime à croire qu'on ne l'honorait jamais à ce dernier titre.

La ville, comme je l'ai dit, essayait de prendre tout d'abord un aspect guerrier; mais on était rassuré bien vite sur ses intentions, en voyant les remparts se couronner de lierre, les créneaux se cacher sous l'ombrage, et les fossés hostiles se transformer en jardins pacifiques. Elle avait trois portes. L'une regardant le nord et par laquelle nous étions entrés, se nommait la porte Saint-Nicolas et faisait face à une riche abbaye, posée, non loin de là, sur un coteau de verdure, qui dominait la ville, le Madon et la plaine.

C'était le chapitre des Bénédictines de Poussay, composé de dames de la plus haute noblesse.

Il m'arriva, pendant mon séjour dans la contrée, de leur rendre quelques visites, et j'eus à me louer de leur accueil bienveillant, de leur amabilité pleine de distinction et de grâce.

La seconde porte, nommée porte Saint-Didier, livrait passage pour entrer dans la ville basse ; elle avait un pont-levis qui s'abaissait sur la rivière.

Enfin, la troisième entrée de la ville regardait le midi et s'appelait porte Notre-Dame. A une demi-lieue de là se trouvait Mattaincourt, paroisse dirigée par le digne prêtre avec lequel nous avions fait voyage.

Pierre Fourrier ne voulut jamais souffrir que le carrosse le conduisît jusqu'à son presbytère ; le saint homme aurait eu peur de scandaliser ses ouailles par ce luxe d'emprunt.

Il regagna Mattaincourt à pied, nous laissant chez l'hôte aimable que nous avait donné le colonel des Suisses.

M. des Piliers demeurait au milieu de la ville haute, à peu de distance d'un lourd édifice, qui prenait le nom de *Palais-Ducal*. C'était effectivement un pied-à-terre pour les ducs de Lorraine, lorsqu'il leur arrivait de passer à Mirecourt. Ils n'auraient, en vérité, pas dû permettre à cet amas désordonné de moellons de prendre un titre aussi prétentieux.

Le palais, puisqu'il faut l'appeler ainsi, se composait de deux corps de bâtiments, très-bas, très-écrasés, entre lesquels passait cavalièrement la rue ; mais l'architecte des princes lorrains inventa bientôt un trait d'union fort habile, une espèce de pont ou de galerie couverte qu'il jeta d'un bâtiment à l'autre.

C'est ainsi que les puissants de la terre, lorsque le peuple manifeste certaines prétentions, trouvent toujours moyen de sauter par-dessus.

La maison de M. des Piliers, d'une apparence assez modeste à l'extérieur, offrait néanmoins comme local et comme bien-être des commodités nombreuses. Ce fut à peine si je m'aperçus que nous avions quitté Paris.

Il est vrai de dire que le maître de la maison était adoré non-seulement des gens à son service, mais de tous les habitants de la ville. Pour lui plaire, ces derniers se montraient empressés d'aller au-devant de ses moindres désirs, et plusieurs dames, ayant appris mon dénûment en fait de toilette, mirent aussitôt à ma disposition des étoffes et des modèles de jupes et de corsages.

— Voilà celle de mes mains qui tient le crayon, faites-la-moi couper, sire !... *Page 227.*

On me trouva dans l'endroit même d'habiles couturières, et je n'eus bientôt plus à regretter ma garde-robe parisienne.

Ma beauté, rendue plus éclatante par la parure, obtint chez ces bons provinciaux un succès d'enthousiasme incroyable. Je ne pouvais sortir sans qu'on se mît aux fenêtres; on poussait sur mon passage des exclamations naïves, et l'on me faisait des compliments à brûle-pourpoint.

Quelques jeunes papillons de la ville, approchant un peu trop de l'astre de mes charmes, s'y rôtissaient bientôt les ailes, et tombaient palpitants à mes pieds.

Je les montrais alors à Emmanuel, que leur mine gémissante et déplumée faisait beaucoup rire. C'était lui qui décachetait les lettres d'amour et me lisait les jolis vers dont ces messieurs me comblaient.

Je n'étais pas fâchée de lui faire remarquer mon triomphe ; cela contribuait à lui rendre mon amour plus précieux et ma possession plus chère.

Le reste de la belle saison se passa en courses et en voyages, et le château d'Haroué eut notre première visite.

Nous y fûmes reçus par la respectable mère du colonel avec cette franche et digne hospitalité de nos ancêtres, à laquelle succèdent aujourd'hui l'exagération de la politesse, et des épanchements souvent trompeurs. Elle connaissait beaucoup des Piliers et voulut nous accompagner à Nancy, afin de nous ramener plus sûrement dans ses terres, où nous avions promis de passer les premiers jours de septembre.

A la cour du duc de Lorraine, on nous témoigna des égards, dont on se fût probablement abstenu, si l'on eût été instruit de notre vrai nom et de la fragilité des nœuds qui m'attachaient à Desbarreaux.

En y réfléchissant, j'étais honteuse d'usurper de telles marques d'estime, et surtout de tromper des personnes aussi honorables que des Piliers et la vieille marquise de Bassompierre. Mais je n'avais pas perdu l'espoir de sanctionner par le mariage mes relations avec Emmanuel ; et comme il était difficile de l'amener là sans de nombreuses modifications à ses principes, j'organisais adroitement une trame contre son impiété funeste.

J'avais pour complices notre hôte et le saint curé.

Nancy nous donna huit jours de fêtes et de réjouissances.

Le duc avait là sa petite cour, sorte de Louvre en miniature où l'on jouait au roi et au courtisan. J'eus à subir de rudes assauts de la part des roués de l'endroit, qui ne manquaient pas d'humeur galante et de présomption.

Du reste, les ridicules de ces messieurs étaient admirablement saisis par le crayon malin de Jacques Callot, jeune dessinateur de beaucoup de talent, caricaturiste spirituel, original et fantasque.

Né dans la ville même, il avait été prendre à Rome des leçons de Jules Parigi. Depuis six mois il était de retour, et la protection ducale lui permettait de se livrer sans gêne à tous les charmants caprices de son burin.

Madame de Bassompierre et moi, nous eûmes les deux premières épreuves de sa *Tentation de saint Antoine*, œuvre d'une perfection rare et d'un grotesque sublime.

Dix ans plus tard, lorsque Nancy fut pris par Louis XIII, le roi voulut exiger de Jacques Callot qu'il consacrât par une gravure le souvenir de cette conquête ; mais il en reçut pour réponse ces paroles admirables :

— « Voilà celle de mes mains qui tient le crayon, faites-la-moi couper, Sire ! »

De Nancy, nous revînmes à Haroué, dont l'excellente marquise nous fit les honneurs sur nouveaux frais et avec une grâce sans égale.

Son château tenait de la forteresse et de la maison de plaisance. Il était menaçant et coquet, sombre et gracieux. Des canons montraient leur gueule béante aux meurtrières des tours et aux embrasures des bastions ; le soir, on dressait le pont-levis et on laissait retomber la herse aux dents de fer. Mais, à côté de ces démonstrations belliqueuses, on avait le sourire aimable de la mère du colonel, une hospitalité quasi-royale et des appartements magnifiques, où la lumière arrivait avec une profusion splendide.

On découvrait de là toutes les campagnes d'alentour.

Ce château, par une bizarrerie d'architecture assez singulière, était percé d'autant de fenêtres qu'il y a de jours dans l'année, ce qui produisait un effet magique, au moment où les feux du soir venaient dorer les vitraux. Toutes ces ouvertures ressemblaient à une multitude d'yeux étincelants, et le noble édifice avait l'air d'un Argus gigantesque, placé sur la hauteur pour épier la plaine.

Emmanuel et des Piliers trouvaient un plaisir immense à courre le cerf dans les grands parcs.

J'eus, un beau jour, la hardiesse de suivre la chasse, après avoir pris toutefois quelques leçons d'équitation. J'arrivai la première à la mort de la bête, non sans avoir risqué vingt fois de me rompre le cou.

Du château d'Haroué, nos hôtes me proposèrent de partir en poste, pour faire une excursion sur les bords du Rhin.

Ce fut un rapide et joyeux voyage, dont je comptai toutes les heures par une jouissance et un plaisir.

Je vis ce large et beau fleuve, qui roule, impétueux, entre les manoirs féodaux, perchés comme des nids d'aigle sur les rochers de ses rives ; je visitai Strasbourg, la ville franche, avec sa cathédrale gothique dont la tour se perd dans les nuages ; puis nous revînmes sur les Vosges que nous avions examinées fort rapidement au passage et dont nous voulions détailler les aspects ravissants et les sites enchanteurs.

Rien de plus merveilleux au coup d'œil que ces belles montagnes, tantôt alignées comme des vierges modestes qui se tiennent la main, tantôt éparses et vagabondes comme une troupe de nymphes qu'un satyre aurait dispersées.

Les Vosges sont toujours vertes, toujours fraîches, toujours riantes, et les coquettes ont fait serment qu'on ne les trouverait jamais sans parure. Elles lèvent avec fierté leur tête radieuse, certaines de plaire avec leurs sapins embaumés, la cascade qui chante à leurs flancs, le soleil qui aime à se poser matin et soir à leur cime étincelante, et la brise qui caresse doucement leurs bruyères fleuries.

Je parcourus d'un bout à l'autre ce délicieux pays.

Le carrosse était à l'index ; nous trottions pédestrement, et les montagnards nous servaient de guides.

Quand ils nous ramenaient bien fatigués de nos courses, nous mangions avec appétit le pain noir de la cabane et nous buvions le lait de leurs chèvres.

Mes compagnons de route ne me virent pas reculer, lorsqu'il s'agit de gravir les pics les plus ardus des Vosges, le Guebwiller et le ballon de Servance. Les petites villes de Saint-Dié, de Schirmeck, de Senonnes et de Raon-l'Étape déroulèrent à nos regards des panoramas sublimes ; Gérardmer nous promena sur son lac, Plombières nous apparut tranquillement enfoui dans son gouffre, et Remiremont nous entoura d'un essaim de jolies chanoinesses, qui toutes étaient de la connaissance de la marquise et même du colonel, son fils.

Chaque fois que ce loup dévorant faisait un voyage dans les Vosges, il essayait de croquer quelques-unes des douces brebis du bercail ; mais il n'avait pu jusqu'alors y parvenir.

Si la règle n'était pas rigoureuse chez les chanoinesses, la fierté

nobiliaire et la gloire du nom sauvaient leur vertu du naufrage.

Décidément, ce gros Bassompierre ne respectait rien.

Les chanoinesses nous firent un accueil adorable; les plus jeunes ressemblaient à de jolies colombes enfermées dans une volière, où elles avaient toutefois la liberté de s'ébattre et de voltiger à l'aise. Quant aux vieilles, leur visage ne se montrait nullement refrogné, leur tolérance était extrême.

Elles nous permirent de danser en plein chapitre.

Les frimas seuls purent nous chasser des Vosges et nous ramener à Mirecourt. Notre bonne marquise regagna son manoir, en nous faisant jurer qu'elle nous reverrait à l'apparition de la primevère.

Desbarreaux ne songeait pas à retourner à Paris. Les nouvelles n'étaient point rassurantes. Son père indigné cherchait à découvrir notre refuge, et nous étions mieux cachés en Lorraine que partout ailleurs. Nous nous y trouvions, du reste, dans un tel état de paix heureuse et de tranquillité parfaite, que nous n'eussions pas éprouvé la moindre répugnance à y dresser définitivement notre tente. Emmanuel, du moins, l'affirmait à notre hôte, et M. des Piliers s'empressa de prendre au sérieux ses protestations.

Nous fûmes très-étonnés de recevoir, deux mois après, des lettres-patentes nommant le chevalier de Ferrussac gouverneur de la citadelle de Mirecourt.

C'était un emploi presque entièrement honorifique, dont les appointements s'élevaient à huit mille livres.

Desbarreaux ne parvenait déjà pas à dépenser son revenu. Il joignit cette somme à celles versées, à diverses reprises et sur ma demande, entre les mains de Pierre Fourrier, qui les distribuait aux pauvres, en ayant soin de leur faire connaître le nom du bienfaiteur.

L'hiver était, cette année-là, d'une rigueur excessive, et nous ne pouvions sortir de la citadelle sans être accompagnés des bénédictions que les malheureux, dont nous avions secouru l'indigence, répandaient sur notre passage.

Emmanuel se montrait doucement ému.

Déjà l'atmosphère vertueuse et chrétienne au sein de laquelle nous passions nos jours, exerçait sur son âme une très-visible influence.

Parfois, il me suivait le dimanche à l'église, et, s'il ne priait pas, il ne scandalisait personne.

Les beaux jours reparurent.

Nous allions, une fois la semaine, visiter Pierre à sa modeste cure de Mattaincourt.

Il logeait, le saint homme, entre quatre murailles nues, et la plus pauvre des cabanes avait un mobilier plus élégant que son presbytère.

C'était une chose admirable et touchante de voir la vénération dont ses ouailles lui donnaient constamment la preuve.

Desbarreaux paraissait goûter infiniment l'entretien du bon prêtre, et celui-ci, par prudence, n'avait pas encore abordé la moindre question religieuse. Il évitait de blesser les convictions d'Emmanuel, sachant que l'exemple prêche plus haut que la parole et croyant devoir attendre une circonstance favorable pour amener celui qu'il voulait convertir à demander de lui-même la semence évangélique.

Enfin Desbarreaux, qui semblait soutenir intérieurement une lutte violente, lui dit un jour :

— Vous avez dû le remarquer plus d'une fois, mon père, je suis très-peu chrétien; et je ne m'explique pas comment vous traitez en ami un homme qui ne professe aucune des croyances dont vous êtes le chaleureux défenseur.

— Jésus, répondit Fourrier, nous ordonne de chérir nos frères, et ne met pas d'exception à cette loi d'amour.

— Mais il est impossible d'accepter aucun de vos dogmes! s'écria Desbarreaux. Les sentiments religieux produisent, je l'avoue, des résultats sublimes, et vous en êtes un frappant exemple. Par malheur, si l'on veut remonter à la source première des choses, la raison s'indigne et se révolte.

— C'est vrai, mon fils; aussi le Christ a courbé la raison sous le joug de la foi.

— Le Christ! le Christ!... comment pourrais-je croire en lui puisque je ne crois pas en Dieu?

— Et pourquoi n'y croyez-vous pas, mon fils? demanda Pierre avec une extrême douceur.

— Je n'admettrai jamais ce que je ne puis comprendre.

Nous étions alors au milieu de la campagne.

Pierre avait l'habitude de nous reconduire par un petit sentier qui tournait derrière les jardins du village et regagnait la route à quelque distance.

Il ne répondit rien d'abord.

Mais se baissant vers les blés en fleur, il choisit une tige dont l'épi se formait, l'arracha du sillon, et la montrant à Emmanuel :

— Pouvez-vous comprendre, dit-il, comment un grain de blé, jeté sur la terre, germe, se développe, s'élance en verdure et forme cette belle plante graminée qui se dore sous le soleil, et, pour le grain dont elle reçoit naissance, en rend trente aux moissonneurs?

Emmanuel regarda le prêtre d'un air confus.

— Vous le voyez, mon fils, *mystère*, n'est pas synonyme de *néant*, et, sous peine de mourir de faim, vous êtes forcé d'admettre ce que vous ne pouvez comprendre.

— Oui, sans doute, objecta Desbarreaux ; mais ici j'ai le témoignage irrécusable des sens.

— Ailleurs, mon fils, vous avez le témoignage irrécusable de votre raison. Pour les vérités philosophiques, comme pour toutes les sciences, elle a des lois positives. De ce qui est, vous remontez à ce qui doit être ; vous ne voyez pas Dieu, mais vous n'expliquez rien sans lui. Et tenez, il y a quinze ou dix-huit mois à peine, j'adressais le même discours à un jeune homme de votre âge, qui était venu m'apporter des lettres de La Flèche, où se trouvent encore parmi les jésuites quelques-uns de mes anciens camarades de classe à l'université de Pont-à-Mousson. Ce jeune homme allait en Allemagne et s'appelait René Descartes.

— Attendez, dit Emmanuel, n'était-il pas militaire?

— Oui, mon fils.

— En ce cas, je l'ai vu l'an dernier chez Mydorge, riche conseiller au Châtelet, qui sacrifie sa place à ses goûts de géomètre et a dépensé déjà trois cent mille écus de sa fortune à fabriquer des verres de lunettes et des miroirs ardents. Mydorge conseillait à Descartes de quitter les armes pour la science ; mais autant que je puis me le rappeler, ce jeune homme était aussi incrédule.

— Il doutait, oui, répondit Pierre. Les doctrines philosophiques alors en honneur lui paraissaient aussi vides que ténébreuses. J'eus avec lui plusieurs entretiens, où l'élévation de ses pensées et la profondeur de ses vues me frappaient à la fois d'admiration et de crainte. Je songeais aux dangers qui menaçaient un esprit aussi noble ; je voulais empêcher l'impiété de le gagner à sa cause, et je m'efforçais d'éclairer ses doutes, en priant Dieu de venir au secours de mon ignorance. Nous nous promenions ensemble au milieu de ces champs, sur ce même sentier. Je voyais le jeune aigle se débattre ; il s'irritait des entraves scolastiques et les brisait d'un coup d'aile. Un soir, ayant réfléchi longtemps, le front penché vers le sol, Descartes leva soudain la tête, me regarda d'un air radieux et proféra ces mots, qui resplendissent, selon moi, comme le rayon le plus pur de la lumière :

« — Je pense, donc je suis!... je suis, donc Dieu est ! »

Desbarreaux eut un tressaillement indéfinissable.

— Vous avez raison, murmura-t-il, la vérité seule peut avoir cet éclat.

Nous arrivions au bord d'une fontaine que l'on voyait sourdre dans le creux d'un petit ravin, partant d'une forêt voisine et se prolongeant du côté de la route.

Pierre Fourrier ne nous conduisait jamais plus loin, notre voiture nous attendait à cinquante pas ; il nous disait adieu, s'asseyait sous un vieil orme, et récitait ses heures au bruit de la fontaine, qui coulait entre les roseaux.

Le bon prêtre saisit la main d'Emmanuel.

— Vous le voyez, mon fils, déjà vous adoptez l'argument de René Descartes. Comme lui, vous êtes une de ces âmes d'élite, qui ne peuvent être longtemps incrédules. La haute philosophie mène droit à la religion, et, quelque chose me le dit, vous croirez bientôt.

Emmanuel resta sous l'impression de ces paroles du saint curé de Mattaincourt.

La lutte contre lui-même devint, à partir de ce moment, plus active et plus terrible. Des Piliers et moi, nous étions effrayés du changement de son caractère et de la sombre mélancolie à laquelle il semblait en proie. Souvent il passait des semaines entières, enfermé dans une bibliothèque, compulsant des livres de théologie, parcourant les œuvres des Pères de l'Église, tantôt écrivant des réfutations furibondes, et tantôt laissant déborder de sa plume des flots de poésie chrétienne.

Un jour, nous le voyions près de nous, calme, le front paisible et la bouche souriante, nous parlant avec respect des mystères sacrés, et, le lendemain, il nous apparaissait, l'œil hagard, le sarcasme aux lèvres, blasphémant le Christ et sa doctrine.

On eût dit que le roi du mal et l'ange des saintes croyances disputaient son cœur.

Pierre Fourrier s'empressa de lui montrer la croix du Sauveur. *Page* 237.

Nous avions recours à Pierre Fourrier dans ces instants de délire. Parfois Emmanuel exalté le repoussait et lui tournait le dos, mais la patience de l'apôtre était inépuisable.

En nous quittant, il nous disait de sa voix douce et consolante:
— Laissez, ma fille, laissez agir la grâce, elle doit triompher. J'étais moi-même en butte à d'étranges combats, j'aurais eu

honte d'avouer, non-seulement en public, mais encore en secret au tribunal de la pénitence, l'illégitimité de mes liens, et d'autre part, je n'osais presser Desbarreaux de les sanctifier au pied de l'autel.

Devinant le résultat que j'attendais de sa conversion, il se fût révolté contre mon espoir, et tout aurait été perdu.

Je continuais à vivre dans le crime, et pourtant j'avais l'air d'être sincèrement religieuse, ce qui devenait un véritable supplice pour moi. Cette hypocrisie forcée me désolait ; souvent je devais l'exagérer encore pour ne pas descendre jusqu'au sacrilége. Ainsi, pendant la quinzaine de Pâques, je m'enfermais, sous prétexte d'une retraite, à un couvent de Récollettes, situé hors de la ville, à quelque distance de la porte Saint-Nicolas. Lorsque j'en sortais, j'étais censée aux yeux de tous avoir rempli le devoir pascal.

Notre existence était devenue fort triste.

Depuis dix-huit mois déjà nous habitions la citadelle, séjour humide et passablement lugubre.

Mes fenêtres donnaient sur une espèce de préau, où la garnison, composée de quatorze hommes, avait pleine licence de se coucher au soleil et de jouer au lansquenet ou à la drogue.

Ce dernier jeu, tout récemment importé d'Allemagne, avait chez nos arquebusiers un succès fort agaçant pour mes nerfs, et j'étais souvent obligée de prier M. le gouverneur d'imposer silence aux éclats de rire de ses troupes.

La cour de Lorraine venait de prendre le deuil ; le duc Henri etait mort.

Des Piliers, choisi pour l'un de ses exécuteurs testamentaires, ne pouvait quitter Nancy jusqu'à nouvel ordre. Quant à la mère du colonel des Suisses, elle avait voulu revoir une dernière fois la capitale. Nous étions comme des abandonnés.

J'eus plus d'une fois envie de conseiller à Desbarreaux de nous enfuir soit en Italie, soit en Angleterre.

Mais l'espérance d'être épouse légitime eut le pouvoir de me retenir encore.

Je n'ai pas dit que M. et madame Grassin nous étaient arrivés depuis longtemps déjà. C'étaient nos seuls domestiques ; ils nous servaient avec attachement et fidélité.

Thérèse n'avait point changé de caractère, elle se montrait toujours aussi folle. Son bavardage était ma seule distraction dans mes jours d'ennui.

Emmanuel continuait ses études sérieuses. Son application perpétuelle le rendait vis-à-vis de moi très-peu aimable. Il me traitait avec froideur ; mais en revanche, il recevait parfaitement alors le curé de Mattaincourt, ce qui me parut un excellent augure de conversion prochaine.

Sur les entrefaites, une épidémie terrible éclata dans les environs et gagna bientôt la ville.

Bon nombre des personnes attaquées mouraient dans les vingt-quatre heures. Les cloches sonnaient perpétuellement le glas des morts, et l'on ne pouvait sortir sans rencontrer un cercueil.

Il serait impossible de peindre le dévouement surhumain, le zèle actif et la charité sans bornes, que déploya Pierre Fourrier dans ces terribles circonstances. Le fléau s'attaquait surtout aux classes pauvres. Emmanuel donna l'exemple aux gens aisés de la ville et versa des sommes considérables entre les mains de l'apôtre. On parvint ainsi à sauver l'existence de familles entières qui n'auraient pas eu le moindre secours.

J'avais supplié mon amant de quitter Mirecourt jusqu'à la disparition de l'épidémie ; mais il me déclara que notre départ causerait une impression funeste et redoublerait l'effroi des populations.

Quelques jours après, il était victime de ce sentiment généreux.

Un matin, il ressentit les premières atteintes du fléau, et, le soir, il fut à toute extrémité.

Je n'oublierai de ma vie la scène qui se passa dans l'une des hautes chambres de la citadelle, aux derniers rayons d'une pâle journée d'hiver.

Il n'y eut d'abord que trois acteurs à cette scène : Emmanuel, étendu sur un lit, sans connaissance, l'œil morne et le visage livide ; sa malheureuse amante sanglotant avec désespoir, et Pierre Fourrier, debout, le crucifix à la main, épiant dans le regard du malade un éclair d'intelligence, afin de pouvoir lui parler de la mort et de Dieu.

Le médecin avait annoncé une crise décisive.

Emmanuel devait revenir à lui, soit pour éprouver un mieux sensible, soit pour tomber dans les dernières convulsions.

Quelques soupirs s'exhalèrent bientôt de la poitrine du malade ; sa figure s'anima d'une teinte fiévreuse. Il se dressa sur son séant avec lenteur, les yeux fixés sur le prêtre, et murmura d'une voix frémissante :

— Il est donc vrai que je vais mourir?

— Oh! non, non! m'écriai-je au milieu de mes sanglots.

— Madame, il faut vous retirer, me dit le prêtre d'une voix émue.

— Laissez-la, dit Desbarreaux, elle doit tout entendre... Vous voulez me réconcilier avec le ciel... c'est impossible.

— Pourquoi, mon fils?

— Parce que je suis trop coupable... J'ai blasphémé Dieu, j'ai blasphémé son Christ, j'ai blasphémé la Vierge et les saints.

— Alors, il faut que la prière succède au blasphème.

— Hélas! hélas! j'ai concouru d'une manière indigne à la perdition des âmes! je m'endormais avec la débauche et je m'éveillais pour le scandale. Cette malheureuse enfant que vous voyez là, mon père, est une de mes victimes... Nous ne sommes point unis devant Dieu... je vous ai trompé, j'ai trompé tout le monde! ce n'est pas le chevalier de Ferrussac que vous avez devant vous... c'est Desbarreaux, l'impie! Desbarreaux, l'athée! je vous le répète, il n'y a pas de pardon pour moi...

— Mon fils, la miséricorde du Seigneur est infinie, le regret sincère efface tous les crimes.

— Le regret, oui..., mais la peur, non!... et dans ce moment terrible, c'est de la peur que j'éprouve.

Un frisson courait dans ses membres.

— Oh! pourtant, dit-il, je crois.... mais il est trop tard.

— Non, mon fils, non, je vous le jure.... ayez confiance en mes paroles.

Une larme tomba de la paupière de Desbarreaux; il joignit les mains et murmura :

« Grand Dieu, tes jugements sont remplis d'équité,
Toujours tu prends plaisir à nous être propice;
Mais j'ai fait tant de mal que jamais ta bonté
Ne me pardonnera sans blesser ta justice.

— Ah! dit le prêtre, je vous assure le pardon!... Vos joues se mouillent de larmes, et les larmes, c'est le repentir.

Desbarreaux continua :

« Oui, mon Dieu, la grandeur de mon impiété
Ne laisse à ton pouvoir que le choix du supplice,
Ton intérêt s'oppose à ma félicité,
Et ta clémence même attend que je périsse...

— Taisez-vous! taisez-vous! dit Pierre, vous retombez dans le blasphème.

Mais Desbarreaux ne l'entendait pas.

Il semblait s'entretenir avec un être surnaturel, dont la vue le glaçait d'épouvante. Son front ruisselait de sueur, ses mains tremblaient; il reprit d'une voix pleine d'angoisse :

> « Contente ton désir puisqu'il t'est glorieux;
> Offense-toi des pleurs qui coulent de mes yeux,
> Tonne, frappe, il est temps; rends-moi guerre pour guerre!

— Mon fils!.. au nom de votre salut...

> « J'adore, en périssant, la raison qui t'aigrit...

Fourrier s'empressa de lui montrer la croix du Sauveur. Emmanuel hésita d'abord, mais bientôt il prit la sainte image et la colla contre ses lèvres, ajoutant avec un doux accent d'espérance :

> « Mais dessus quel endroit tombera ton tonnerre
> Qui ne soit tout couvert du sang de Jésus-Christ * ? »
> . . . .
> . . . .

— Bravo! bravo! dirent tout à coup plusieurs voix.
— Un sonnet magnifique!
— Ah bah! laissez donc, il ne vaut pas le diable!
— Et l'on prétend qu'il est malade, ce cher ami?.. *Morbositas fugiat ante medicum...* Voyons ce pouls?.. diable! il est terriblement... poétique. N'importe, la crise a été salutaire. Je réponds de toi!

Il serait difficile de rendre la stupéfaction de Pierre Fourrier et la mienne, en voyant ainsi envahir la chambre dans ce moment solennel.

C'était le petit médecin Quillet qui venait de palper le bras de Desbarreaux.

En me retournant, je reconnus Théophile, et tandis que je regardais sa laide figure avec une sorte d'effroi, j'entendis ces mots prononcés à voix basse à mon oreille :

---

* C'est ce sonnet qui a conduit à la postérité le nom de Desbarreaux, et certes, d'autres écrivains s'immortalisent pour de moindres choses. Le sonnet est sublime et donne la plus haute idée de la poésie du siècle de Louis XIII. Celui qui a écrit ces admirables vers est un homme de génie à coup sûr. Qu'importe la dimension de l'œuvre! On ne mesure pas à la toise les œuvres d'art. Le tout petit tableau d'Ezéchiel du Sanzio, qui est à Pitti, est cent fois plus grand qu'une fresque colossale de Lucca Giordano ou de Solimène.   MÉRY.

— Toujours ravissante !.. J'ai fait le voyage exprès pour vous, Marion. Voyant qu'il m'était impossible d'empêcher votre bête noire de tomber ici comme une avalanche, j'ai voulu vous apporter un dédommagement par ma présence. Du reste, je ne pouvais rester plus longtemps sans vous voir... J'engraissais d'ennui.

On a déjà deviné Bassompierre. Il s'empressa d'aller comme les deux autres serrer la main d'Emmanuel.

Celui-ci les contempla d'abord d'un air éperdu, et finit par s'évanouir de saisissement.

— Rassurez-vous, belle dame !... ce n'est rien, dit Quillet en réponse à mon cri d'effroi ; je vous affirme de nouveau que la maladie cesse d'être menaçante.

— Vous entendez, monsieur ? dit Théophile à Pierre Fourrier : nous avons besoin seulement du médecin du corps... l'âme ne réclame plus vos services. Corbleu ! vous étiez en train de m'arranger proprement mon élève, et j'arrive tout juste pour empêcher le plongeon !.. Serviteur, monsieur... nous n'aimons pas la calotte.

— Malheureux ! criai-je à Théophile, où prenez-vous une telle audace ?

Il fut saisi de cette violente apostrophe, et répondit en balbutiant :

— Mais il me semble, madame, que vous devez savoir mes opinions.

— Je sais que vous êtes un infâme !.. Desbarreaux décidera qui de vous ou de moi devra sortir de cette demeure. En attendant, restez, mon père ! dis-je au saint prêtre : Dieu ne doit pas se retirer devant Satan.

— Ma fille, répondit Pierre, vous prenez ma défense avec trop d'énergie. Le serviteur du Christ apprend de son divin Maître à supporter l'outrage, et, malgré les injures qui peuvent m'attendre encore, je remplirai jusqu'au bout les devoirs de mon ministère.

Desbarreaux était toujours sans connaissance.

Pierre Fourrier s'approcha du lit, éleva son bras droit au-dessus du front du malade, et prononça les paroles divines qui dégagent l'homme de ses fautes et lui obtiennent le pardon.

Cela fait, il se retourna vers le misérable qui lui avait tenu de si outrageants discours.

— Mon fils, lui dit-il, par tout ce qu'il y a de plus sacré dans le ciel et sur la terre, je vous adjure de ne pas chercher à perdre de nouveau cette âme! elle est revenue d'elle-même et sincèrement à Dieu... Promettez-moi de ne pas l'inviter à rentrer dans les voies du mensonge.

— Ah! ah!.. mais sans doute, parbleu! vous pouvez y compter! s'écria Théophile en éclatant de rire.

Pierre Fourrier joignit douloureusement les mains, et regarda le ciel.

— Seigneur! Seigneur, murmura-t-il, souffrirez-vous qu'on détruise votre ouvrage?

Il se dirigeait vers la porte.

Je m'agenouillai pour lui demander sa bénédiction; il me la donna, l'œil humide, en disant:

— Pauvre femme! je reviendrai savoir demain si le repentir est durable, et si je dois sanctifier des nœuds illégitimes par la consécration de l'autel.

Hélas! il revint en effet; mais l'entrée de la citadelle lui fut interdite.

Théophile l'emporta sur moi.

— Marion, me dit Desbarreaux, vous avez outragé le meilleur de mes amis, et pourtant vous n'ignoriez pas le chagrin que devait me causer une pareille conduite. La maladie seule et l'affaiblissement de mes organes m'ont dicté les étranges paroles d'hier au soir... je les regrette vivement et j'en ai honte. On vient me prévenir que mon père est attaqué d'une maladie mortelle; ma présence peut seule contribuer à lui rendre la santé. Dans trois jours, Quillet me l'affirme, je pourrai me permettre le voyage, et, dès ce soir, je vais envoyer ma démission au duc de Lorraine. Je gagnerai Paris à petites journées. Mais il est impossible, ma chère, que vous vous dirigiez avec moi vers la capitale... Il faut absolument feindre une séparation, sans quoi je m'exposerais à être déshérité. D'autre part, je regarde comme impossible un plus long séjour en ce pays : nos secrets ne tarderont pas à être divulgués. Vous allez donc partir aujourd'hui même et gagner l'Italie par la Franche-Comté, la Suisse et le royaume Lombard-Vénitien; vous m'attendrez à Florence, où j'irai vous rejoindre aussitôt que j'aurai la liberté de le faire... Et maintenant, embrassez-moi, Marion! Laissez là toutes ces platitudes religieuses et ces ridicules projets de mariage. Restons fidèles à nos joyeux principes, à nos libres amours!

J'étais atterrée.

L'indignation me suffoquait. Ma bouche ne trouva pas un mot à répondre, et je me contentai de protester par des larmes contre ce changement aussi odieux qu'imprévu.

— Bassompierre, me dit Emmanuel, m'a promis de vous accompagner jusqu'à Remiremont, d'où il vous mettra sur le chemin de Vesoul. Cela vous occasionnera un petit détour; mais vous aurez du moins une aimable société pour le commencement du voyage.

— Je n'en veux pas, de cette société! m'écriai-je. M. de Bassompierre est, à mes yeux, aussi méprisable que Théophile!

— Et comment cela, Marion?

— Le respect humain, cette lâcheté des lâchetés, l'a rendu muet, pendant que votre excellent ami prodiguait l'outrage au saint prêtre, pour lequel, il n'y a que très-peu d'instants encore, vous professiez un respect sincère.

Desbarreaux se troubla.

Mon indignation, il le vit bien, l'attaquait lui-même, et le nom du colonel était là pour la forme.

— On croirait, me dit-il, que vous demandez une rupture?

Mes larmes reprirent leur cours.

Hélas! il fallait me taire et pleurer!

Desbarreaux m'annonça que nos domestiques me suivraient.

Il me fit des adieux assez froids, puis je me retirai dans mon appartement pour vaquer avec Thérèse à mes préparatifs de route.

Bassompierre essaya de me voir; je fus impitoyable, et je défendis ma porte.

A midi je montais en voiture.

La nouvelle de mon départ s'était propagée dans Mirecourt. Tous les malheureux, dont nous avions secouru la détresse, pleuraient autour de ma berline et formaient pour moi mille souhaits de bonheur.

Pauvres excellentes gens! ils n'ont point appris sans doute le véritable nom de leur bienfaitrice. Je désire que ce livre ne leur tombe jamais entre les mains, pour que du moins il y ait un petit coin de la terre où des idées de scandale et de honte ne s'attachent pas à mon souvenir!

Thérèse était avec moi dans la berline. Son mari, tout couvert de fourrures, perchait sur le siége de derrière.

Je ne voulus passer ni par Épinal ni par Remiremont, dans la

Je ne pus m'empêcher de jeter un cri de surprise. Page 248.

crainte de rencontrer sur ma route le colonel des Suisses. Ma colère contre lui n'avait rien de sérieux ; mais dans la disposition d'esprit où j'étais alors, sa gaieté perpétuelle ne m'aurait pas trouvée à l'unisson. Il se fût moqué de mes espérances de mariage, et je n'étais point encore d'humeur à plaisanter là-dessus.

Ne voulant pas lui paraître maussade, j'aimais beaucoup mieux être accusée de caprice.

Je gagnai en ligne directe la petite ville de Bains, célèbre par ses eaux thermales. A quelques lieues de là je fus en Franche-Comté.

Ainsi qu'on a pu le voir, je n'étais pas d'un caractère à nourrir éternellement la tristesse. Bientôt ma femme de chambre m'amusa par ses joyeuses saillies et les remarques bizarres qu'elle jetait constamment dans nos entretiens.

Nous descendions dans une ville, Thérèse prétendait aussitôt que la population masculine de l'endroit s'éprenait en masse de ma personne. Elle m'en apportait la preuve sous la forme d'une innombrable quantité de billets doux, cachetés en soie verte, cette couleur hypocrite qui dit tout haut : Espérance, et tout bas : Réalité.

A Vesoul, je reçus par écrit des propositions magnifiques d'un épais marchand de chevaux, passant pour deux fois millionnaire.

Il brûlait de galoper avec moi dans les plaines fleuries du sentiment.

A Gy, place forte assez importante, où je séjournai vingt-quatre heures, pour cause de réparations à ma voiture, un nommé Lebrun, procureur fiscal, m'envoya trois lettres coup sur coup.

Désespéré de ne point recevoir de réponse, il pénétra dans notre auberge et tomba suppliant à mes pieds.

C'était un garçon fort aimable. Il promettait ses grands dieux de me prendre pour femme. Je répondis, en riant, que j'y consentais, mais lorsque j'aurais atteint ma soixantième année. Il jura de m'attendre, et je le crus dès lors un peu fou.

Mais, à notre arrivée à Besançon, ce fut bien autre chose.

J'eus immédiatement à mes trousses une nuée d'écoliers. Leur hardiesse devenait inquiétante. Je serais repartie sur l'heure, s'il n'eût fallu faire viser mes passeports dans une ville qui n'appartenait point encore à la France. Beaucoup de ces morveux m'accompagnèrent à cheval, le lendemain, et plusieurs eurent l'audace de pousser jusqu'à Pontarlier.

C'est dire que les billets continuaient à pleuvoir d'une manière effrayante.

Décidément, c'était trop d'occupation, et je pris le parti de ne plus les lire jusqu'à nouvel ordre. Je n'étais pas fâchée, d'ailleurs, de conserver quelques cachets vierges, afin de les offrir plus tard Desbarreaux, et de lui montrer jusqu'à quel point je poussais la constance et la vertu.

J'enfermai scrupuleusement les poulets dans une petite cassette Elle se trouva remplie quand nous arrivâmes à Genève.

Parmi les idées folles de Thérèse, il y en avait une approchant de l'absurde. Ne prétendait-elle pas que, depuis les confins de la Lorraine, une berline de voyage suivait la nôtre. En effet, elle me montra plusieurs fois une voiture courant à un quart de lieue derrière nous; mais rien ne prouvait que la chaise de la veille fût celle du lendemain. Je finis par envoyer promener ma soubrette avec ses songes creux.

Desbarreaux, ayant calculé le temps nécessaire à sa convalescence et au voyage de Paris, avait décidé que j'aurais de ses nouvelles, un mois environ après nos adieux, c'est-à-dire à mon entrée dans les États Sardes.

Je traversai la Franche-Comté beaucoup plus vite qu'il ne le pensait.

Arrivant à Genève le 2 mars, et ne devant recevoir une lettre que le 15 à Aoste, je résolus de me reposer huit ou dix jours dans la première ville, avant de songer à franchir les défilés des Alpes, d'autant plus qu'on s'entretenait d'un bandit fameux très-occupé pour le moment à dévaliser les voyageurs dans la vallée de Chamouny.

Thérèse, allant à la recherche, découvrit bientôt un petit logement sur les bords du lac, où je passai toute une semaine à contempler ces belles eaux bleues, les sites admirables d'alentour et les pics gigantesques des Alpes, le Mont-Blanc surtout, qu'on voyait se dresser au loin dans les profondeurs de l'horizon.

Les amoureux se décidaient enfin à me laisser en repos.

Je reçus un seul billet pendant notre station à Genève. Il me fut jeté du lac, juste la veille de notre départ pour Aoste, et voici comment.

La température devenait assez douce. J'ouvrais quelquefois ma fenêtre, afin de jouir de la beauté du paysage. Moitié distraite, moitié rêveuse, je prenais mon théorbe, et je laissais courir mes doigts sur les cordes sonores. Ce soir-là, je chantais, en regardant tantôt les flots du lac, tantôt les nuages qui couraient au ciel; j'écoutais avec délices l'écho reproduire les gammes éclatantes et les notes perlées de ma voix, lorsqu'au milieu de ma mélodie je distinguai tout à coup un léger bruit de rames, et le billet en question fut déposé sur ma fenêtre par un personnage vêtu d'un costume de pêcheur.

Il me salua, néanmoins, très-noblement et disparut.

Ce nouveau papier rejoignit les autres dans la cassette. Or, je la trouvai bien remplie, et je résolus de lire, le lendemain, quelques-unes de ces belles déclarations d'amour : c'était un moyen de me désennuyer pendant la route et de faire place à celles qui pourraient survenir.

On pensait généralement que la troupe de bandits, traquée par les soldats du comté de Vaud, avait cherché refuge du côté de la Souabe.

Désormais, — on me l'affirma, du moins, — les chemins devenaient sûrs.

Je quittai Genève par une matinée très-froide; le vent avait tourné pendant la nuit et soufflait du Mont-Blanc.

Notre berline côtoya d'abord les rives du lac.

Un quantité d'oiseaux du Nord rasaient la surface des eaux ; le héron, grave et silencieux, se tenait sur ses longues pattes au sommet d'un roc solitaire, tandis qu'une troupe d'oies sauvages rompaient l'alignement qu'elles avaient gardé dans la nue et faisaient une halte dans les roseaux.

Je m'étais mise à la portière pour voir ces voyageurs emplumés retournant, à l'approche des beaux jours, dans leur lointaine patrie

Mais la brise était glaciale, et je me retirai presque aussitôt, recommandant à Grassin d'activer le postillon et de payer généreusement les guides.

Ayant une fois donné ces ordres, je m'entourai d'une pelisse de satin rose, je fourrai mes mains dans les pochettes soyeuses, et je me blottis sur les coussins avec la petite moue hérissée d'une alouette surprise par les frimas.

— Voyons, Thérèse, tu vas me lire un peu de ma correspondance.

Mais Thérèse ne répondit pas.

Elle venait de s'endormir sous une infinité de hardes entassées sur elle, et portait autour du front je ne sais quel morceau d'étoffe arrangé en forme de turban, qui lui donnait un air passablement comique ; on eût dit une odalisque en retraite ou quelque marchande à la toilette exilée de la rue Quincampoix.

Du reste, elle dormait de grand cœur ; je me fis un scrupule de la réveiller.

J'ouvris la cassette et je pris au hasard le premier papier qui me tomba sous la main. C'était un pli sans prétention, cacheté tout simplement à la bourgeoise, et dans lequel je trouvai ces mots, tracés d'une écriture fine et élégante :

« Pensez-vous, ma belle, que Desbarreaux vous aime toujours? »

La lettre était datée de Pontarlier.

Quelqu'un, sans doute, m'ayant reconnue dans cette dernière ville, aura trouvé plaisant de m'intriguer par cette phrase bizarre. J'aperçus un autre billet de la même écriture, et je l'ouvris précipitamment.

Il était d'un style aussi laconique.

« Non, ma chère, il ne vous aime plus, je vous dirai bientôt pourquoi. »

Je versai la cassette sur mes genoux et je cherchai une troisième lettre avec une agitation fébrile; je n'en trouvai pas.

Quel pouvait être ce singulier correspondant? L'un de ses billets portait la date de Pontarlier, et l'autre celle de Saint-Claude, ville à dix-huit lieues de la première; nous l'avions traversée avant d'arriver à Genève.

Il me suivait donc? Était-ce un homme? était-ce une femme?

Je ne comprenais pas un mot à cette aventure.

Tout à coup je me souvins de la berline de Thérèse. Abaissant aussitôt les glaces, je me penchai pour regarder derrière nous sur la route.

Effectivement, une chaise suivait la nôtre, et, cette fois, il me sembla la reconnaître pour celle que j'avais aperçue déjà. Mais alors on s'était arrêté à Genève, pendant toute la semaine que nous y avions passée? On savait au juste le jour et l'heure de nos départs?

Ceci prenait la tournure d'un logogriphe.

Je résolus d'attendre que la mystérieuse berline jugeât à propos de nous montrer son maître, et je décachetai plusieurs autres lettres de la cassette.

Il y en avait de fort amusantes.

Un diplomate de boudoir annonçait qu'il était chargé de recruter une maîtresse pour le prince de Monaco.

« Déjà, me disait-il, j'ai parcouru l'Italie, la Prusse et une partie de la France; je n'ai rencontré nulle part, mademoiselle, d'aussi beaux yeux que les vôtres. Si vous voulez traiter des conditions, je suis à vos ordres. »

Il me donnait une adresse à Gex.

Dans une autre ville, située sur la frontière suisse, j'avais fait une autre conquête fort honorable.

Un boyard russe, signant Alexis Pétrozawodsk, me déclarait que les neiges du septentrion n'empêchaient pas son cœur d'être un foyer d'amour.

« Sur le point de retourner à Moscou, il verrait, disait-il, avec plaisir que je consentisse à le suivre pour aller régner sur trois mille neuf cent vingt-huit serfs, qu'il possédait en toute propriété, sans compter les femmes, les enfants et les vieillards. »

M. Pétrozawodsk me faisait surtout une description attrayante de sa maison de campagne... en Sibérie.

Je riais de tout mon cœur, et je pensais que la berline en question pouvait bien être occupée par un de ces deux originaux.

Tout à coup, en poursuivant mon examen, et après avoir rompu le cachet d'une nouvelle lettre, je jetai un cri d'épouvante.

Thérèse fut réveillée en sursaut.

— Miséricorde! qu'y a-t-il? murmura-t-elle, en voyant ma pâleur.

Je n'eus pas la force de lui répondre, la parole expirait sur mes lèvres. Je lui tendis le papier et j'indiquai du doigt la signature,

— Marc Unterwald! s'écria-t-elle, devenant très-pâle à son tour.

— Oui, ce chef de brigands...

— Dont on nous parlait à Genève.

— La terreur de la Suisse...

— Nous sommes perdues!

Elle prit la lettre et en fit la lecture d'une voix tremblante :

« Je me trouverai demain sur la route que suivra la jolie chanteuse de la maison du lac, afin de lui présenter mes hommages et de lui demander une grâce, qu'elle ne me refusera pas, je l'espère.

« Marc Unterwald. »

— Une grâce, bonté du ciel! s'écria Thérèse; c'est la bourse ou la vie qu'il nous demandera, le misérable!

— Demain, balbutiai-je, tu comprends?... c'est aujourd'hui.

— Grand Dieu! mais il faut rebrousser chemin!

S'élançant aussitôt à la portière, elle cria de toutes ses forces :

— Retournons, madame le veut!... Cinquante louis, si nous rentrons dans une heure à Genève!

Mais, au moment où le postillon se mettait en devoir de faire tourner bride à ses chevaux, une voix impérieuse lui intima l'ordre de rester en place, et vingt arquebuses le couchèrent en joue.

V

Depuis un instant, notre voiture se trouvait engagée dans les gorges des montagnes. Une sombre forêt de sapins bordait les deux côtés de la route, et le bruit d'une cascade, tombant avec fracas dans un ravin de cent pieds de profondeur, couvrait nos cris.

Un cavalier de haute taille, monté sur un superbe alezan moreau, s'approcha de la portière et me salua fort galamment.

Je reconnus le faux pêcheur du batelet, mais sous un costume beaucoup plus riche.

C'était Marc Unterwald lui-même, le redoutable bandit que toute la police des cantons helvétiques traquait sans résultat depuis deux ans.

Il portait un chapeau de feutre gris, sous les bords duquel descendait en boucles sa chevelure noire. Une royale, qu'il laissait croître très-longue, tombait en pointe sur son col de dentelles. Il avait les mains parfaitement gantées, et ses bottes à l'écuyère étaient vernies avec beaucoup de soin.

Sans un lourd witchoura de zibeline jeté par-dessus son justaucorps, et une ceinture de buffle soutenant des pistolets à deux coups, Unterwald aurait pu se présenter avec avantage à un bal du Louvre.

Sur un signe de leur chef, deux bandits abaissèrent le marche-pied de la berline. Quatre autres approchèrent une espèce de chaise à porteurs, soigneusement garnie de peaux de daims.

Marc Unterwald nous invita poliment à descendre.

— Vous le voyez, me dit-il, je suis exact au rendez-vous, et je vous sais gré de ne m'avoir point marqué de défiance. Votre postillon seul est la cause de ce déploiement de forces je ne voulais pas qu'il vous enlevât à mon admiration.

— Mais enfin, monsieur, qu'exigez-vous? demandai-je, toute frissonnante de peur.

— Dieu me préserve de rien exiger, belle dame! Je me borne à vous prier de vouloir bien me rendre une courte visite dans mes domaines. Comme la route qui vous y conduirait serait impraticable pour votre voiture, j'ai eu soin de vous procurer un autre mode de transport.

Il désignait la chaise à porteurs prête à nous recevoir.

— Monsieur, lui dis-je, un peu rassurée par son exquise politesse, votre prière est trop bien appuyée par les arquebuses de vos soldats... Je n'ose vous refuser.

— Bas les armes! cria-t-il d'une voix de tonnerre, et tâchons d'avoir le pied ferme à la descente du ravin.

Marc Unterwald achevait à peine ces paroles, qu'on entendit un claquement de fouet rapide, auquel se joignait le fracas d'un vigoureux attelage, lancé à triple galop.

Notre mystérieuse berline arrivait avec la rapidité d'une flèche. Elle s'arrêta brusquement sur le lieu de la scène.

L'homme qui était dans l'intérieur ouvrit la portière d'un coup de pied furibond, sauta sur la route, mit l'épée à la main et chargea les bandits avec vigueur en criant :

— Ne vous laissez pas entraîner, Marion, tenez ferme; je viendrai bien à bout de ces chiens-là.... Tue, morbleu!... tue!

C'était Bassompierre.

Malgré l'effroi dont j'étais saisie depuis un instant, je ne pus m'empêcher de jeter un cri de surprise.

— Vous connaissez cet homme? demanda Marc Unterwald.

— Ah! le malheureux! m'écriai-je, il va se faire massacrer!... Seul contre vingt... Sauvez-le, je vous en conjure! c'est... c'est mon mari, le chevalier de Ferrussac!

— L'attendiez-vous donc, madame?

— Non, monsieur, non... il devait me rejoindre à Florence.

— Entourez l'agresseur! cria Marc de sa voix éclatante, et désarmez-le, sans lui faire de mal : vous me répondrez de la moindre égratignure.

Mais Bassompierre attaquait avec l'impétuosité d'un lion. Il coucha trois bandits sur la route, et les autres eurent une peine infinie à se garantir de son épée.

Enfin, on la lui arracha.

— Peste! monsieur, dit le chef, vous avez le bras rude! voici trois de mes meilleurs soldats fort maltraités. Votre connaissance me coûte cher, et vous devez vous estimer heureux d'être l'époux de madame.

Je portai bien vite un doigt sur mes lèvres.

Bassompierre aperçut le signe et répondit au brigand sur un ton fort naturel :

— Vous êtes, monsieur, d'une galanterie assez peu commune

Marc Unterwald plia le genou. Page 254.

chez les personnes de votre métier. J'aime à croire que vous voudrez bien fixer au plus vite la rançon de ma femme et la mienne. Faites-nous accompagner à Genève par un de vos soldats : j'y connais assez de monde pour obtenir l'argent nécessaire, et votre messager reviendra sain et sauf... je vous en donne ma parole d'honneur.

— Nous règlerons cela plus tard, dit Unterwald, partons!
— Mais, monsieur! cria Bassompierre.
— Mais, interrompit le chef, ai-je manqué jusqu'ici à votre égard de générosité ou de savoir-vivre? Ce domestique nous suivra, continua-t-il, en montrant Grassin à ses hommes. Pour les voitures, placez-les jusqu'à nouvel ordre sous l'abri de la *Roche-Noire*, et brûlez la cervelle à celui des postillons qui tenterait de fuir.

A ces mots, il donna le signal du départ.

La chaise où j'étais avec ma femme de chambre, soulevée par quatre vigoureux bandits, prit les devants et s'enfonça dans le plus sombre sentier du bois.

Je ne savais plus ce que je devais craindre ou espérer.

Ces événements aussi étranges qu'imprévus, le billet du chef, la brusquerie de l'attaque, la présence subite de Bassompierre, son courage à nous défendre, mon idée de me faire passer pour sa femme, le cliquetis des épées, les plaintes des bandits étendus sur la route, la politesse d'Unterwald d'une part et ses ordres sévères de l'autre, tout cela s'agitait dans mon cerveau comme les tourbillons bizarres qui passent au milieu des songes.

— Hélas! ma pauvre maîtresse, c'en est fait de nous! s'écria Thérèse.

Je ne lui répondis pas, car je venais d'entrevoir une chose effrayante.

Après quelques détours sinueux au travers des sapins, le sentier longeait le bord du torrent, et nous étions en quelque sorte suspendues sur un gouffre sans fond, dans lequel se précipitait l'énorme masse d'eau de la cascade. Elle bondissait, écumante et furieuse, de rochers en rochers, entraînant çà et là dans sa chute les pins de la montagne.

Je me jetai violemment en arrière et je fermai les yeux, recommandant mon âme au ciel.

Enfin le sentier suivi par les porteurs s'écarta du gouffre. Il entrèrent sous la voûte d'une caverne.

Les sanglots de Thérèse parvinrent alors aux oreilles d'Unterwald, qui avait voulu guider lui-même Bassompierre dans la descente périlleuse.

Il fit allumer des torches, s'approcha de la chaise et s'informa sur un ton de bonté parfaite de la cause du désespoir de ma femme de chambre.

Puis, s'adressant à moi :

— Ma charmante visiteuse, dit-il, me pardonnera sans doute la crainte qu'elle vient d'éprouver, si je lui affirme qu'il n'existe pas d'autre chemin pour arriver ici... Du reste, je veillais à sa sûreté.

— Oui, pardieu, Marion ! ainsi qu'à la mienne, ajouta Bassompierre en s'approchant à son tour.

Il saisit mes deux mains et les couvrit de caresses.

— Nous ne sommes donc exposés à aucune espèce de péril, colonel?

— Maréchal, s'il vous plaît, ma chère! me dit-il à voix basse. Vous n'êtes plus au courant des nouvelles de la cour, on voit cela. Le roi m'a donné le bâton, voici bientôt six mois. Eh! corbleu! si j'avais toujours le commandement des Suisses, je ne serais pas libre de courir après vous sur les grandes routes, méchante... et de me faire happer, continua-t-il à haute voix, par le brigand le plus poli, le plus aimable et le plus honnête homme qui se puisse voir.

Il ôta son feutre et s'inclina devant Unterwald.

Ce dernier lui rendit son salut avec grâce.

On devinait que Bassompierre avait reçu, pendant le trajet, des explications satisfaisantes. J'étais stupéfaite.

Pendant ce temps-là, notre chaise marchait toujours.

— Nous arrivons, cria le chef... Eh bien, qu'en dites-vous, madame... suis-je plus mal logé qu'un autre?

Un merveilleux spectacle s'offrait à nos regards.

Nous nous trouvions dans une grotte, dont les parois étaient tapissées d'une espèce de granit, à facettes transparentes, se dressant en colonnes, descendant en stalactites et formant une multitude d'arabesques capricieuses. Des flambeaux, allumés de distance en distance, faisaient étinceler ces murs de diamant et les pendentifs d'une voûte, qu'on eût dit formée tout entière d'un globe gigantesque de cristal.

J'étais descendue de la chaise.

Marc Unterwald m'offrit la main et me conduisit au fond de la grotte, où s'élevait une estrade recouverte d'une tapisserie de l'Inde.

Là j'aperçus un fort joli costume de Suissesse avec mon théorbe.

Par un ordre mystérieux, cet instrument avait été tiré de nos bagages, et, sur un léger pupitre d'ivoire, était la musique d'une romance que je me souvenais d'avoir chantée à ma fenêtre de la maison du lac.

— Madame, dit le chef, en m'offrant pour siège un fauteuil de velours cramoisi, à franges d'or, jadis à cette même place était assise une créature céleste, un ange à qui je voulais rendre une position brillante, quittée pour me suivre. Je lui cachais mon indigne métier, comme vous pouvez le croire.

Il baissa la voix à ces derniers mots, afin de ne pas être entendu des personnages de sa troupe. Puis il reprit avec un accent d'émotion profonde :

— Mais le ciel m'a privé de ma compagne, de mon ange d'amour. Elle est morte, voici deux ans, dans cette retraite inaccessible, où je la dérobais à tous les yeux. Son père, président des assemblées fédérales et calviniste féroce, m'avait fait mettre au ban des cantons; il ne me pardonnait pas d'aimer sa fille et de vouloir rester fidèle aux croyances de mes ancêtres. Tous mes biens furent saisis; mais j'emportai dans ma fuite un doux et charmant trésor. Irène voulut partager le malheur du pauvre exilé. Je fis serment de lui rendre une fortune royale. On m'avait dépouillé, je me crus en droit de dépouiller les autres. Hélas! mon rêve s'éteignit au souffle de la mort! et je n'ai plus la force d'abandonner ces lieux, qui me rappellent tant de souvenirs. Je continue ma carrière de rapines et de violences, ayant toujours au cœur l'image de celle que j'ai perdue. Comme vous, madame, elle avait une voix céleste... et jugez de ma surprise, quand, l'autre soir, arrivant de Lausanne à Genève, par le lac, afin de répandre la fausse nouvelle de mon départ pour la Souabe et nous délivrer de certaines poursuites inquiétantes, il me sembla reconnaître la voix d'Irène et sa romance favorite. C'étaient les mêmes intonations suaves et limpides. Je m'approche de votre fenêtre... ô stupeur!.... est-ce Irène que je retrouve?... voilà sa taille, ses traits, sa bouche divine, ses grands yeux noirs!.. L'émotion me foudroya; je tombai sans connaissance au fond du batelet qui m'avait amené de Lausanne.

En écoutant ce bizarre discours du chef des bandits, je tournai plusieurs fois les yeux du côté de Bassompierre.

Il me fit signe que la chose était sérieuse.

— En vérité, dis-je à Unterwald, cette ressemblance est frappante à ce point, monsieur?

— Oui, me répondit-il en soupirant. Je repris mes sens, vous

aviez disparu. Dès lors, ma seule pensée fut de vous revoir et mon unique désir de vous entendre de nouveau. Je sus que vous voyagiez avec deux domestiques. Pendant votre séjour à Genève, j'épiai constamment votre apparition à la fenêtre; j'étais souvent bien près de vous, au fond de mon batelet, vous écoutant chanter... mais vous ne redisiez plus ma romance chérie, et pourtant j'aurais donné tout au monde pour me retrouver de nouveau sous l'empire d'une illusion délicieuse. Il me vint un projet dans l'esprit. Vous deviez partir pour Aoste, et je résolus de vous demander une faveur. Le cas était difficile, je ne voulais pas vous adresser verbalement cette demande. Il eût fallu trahir mon incognito, et vous pouviez me perdre dans le premier moment d'effroi causé par ma révélation. Mieux valait vous écrire. Je choisis ce dernier moyen, persuadé que de toutes manières j'atteindrais mon but. En effet, pour gagner Aoste, on doit nécessairement franchir les défilés de la montagne. Ou ma lettre vous semblait suspecte, et vous traversiez les lieux avec une escorte... alors je livrais bataille et j'avais la gloire de vous conquérir; ou vous deviniez qu'en vous prévenant de la sorte, je ne pouvais avoir aucun dessein perfide... et, je l'avoue, madame, vous ne m'avez pas surpris en arrivant seule; j'attendais de votre part cette preuve de noble et délicate confiance.

Je n'eus garde de lui dire combien je méritais peu le compliment.

— Mais quel est, monsieur, le service auquel vous semblez attacher tant de prix?

Il me contempla d'un air pénétré. Je vis une larme au bord de sa paupière.

— Vous avez la voix et les traits d'Irène, me dit-il. Si vous consentiez à revêtir sa robe et à chanter sa romance, ici, dans cette grotte, vous me rendriez pour un instant l'ange de mes rêves; l'illusion serait complète, et je vous devrais, madame, un rapide, mais enivrant bonheur.

— Qu'il en soit comme vous le désirez, lui dis-je avec mon plus doux sourire.

Après mes angoisses à l'attaque de ma chaise et à la descente du ravin, je me trouvais agréablement surprise de ce dénoûment si simple et si imprévu.

Je me mis aussitôt en mesure d'exaucer les vœux du sentimental bandit.

Marc Unterwald me laissa sur l'estrade avec Thérèse et fit un signe à ses hommes.

Deux rideaux de damas glissèrent sur une tringle fixée à la voûte, et je me trouvai dans une espèce de chambre séparée, où, ma soubrette aidant, j'eus bientôt passé la robe d'Irène et tous les accessoires du costume helvétique.

Une glace m'assura que ce costume n'ôtait rien à mes charmes, et je ne pus me dispenser de croire à son témoignage.

Les rideaux s'écartèrent à la fin de cette toilette.

Marc Unterwald plia le genou, comme s'il eût vu descendre près de lui quelque apparition céleste, et sa troupe jeta des clameurs d'enthousiasme.

Décidément, j'avais avec l'ancienne reine de la caverne une complète ressemblance.

Je me plaçai dans le fauteuil.

Thérèse m'apporta le théorbe, et je déployai les ressources les plus brillantes de mon gosier pour chanter la romance favorite, dont, fort heureusement pour mes lecteurs, je ne me rappelle aujourd'hui que la première strophe :

> La rose se livre à Zéphire,
> La douce colombe au ramier ;
> L'onde amoureusement soupire
> Sous la rame du batelier.
> Or, la fleur, la colombe et l'onde
> Me donnent des leçons d'amour,
> Et pourtant ma mère me gronde
> Quand je veux aimer à mon tour !

Les autres strophes étaient du même goût et du même style, ce qui n'empêcha pas Marc Unterwald de fondre en larmes et de se précipiter vers moi, quand j'eus fini de chanter.

— Irène ! s'écria-t-il, Irène, je te retrouve !... c'est toi !... tu as quitté les anges pour venir consoler ma misère et me rendre mes beaux jours !... Oh ! reste avec moi, ne nous séparons plus !

Tout en me tenant ce langage, il se livrait à des transports de délire et me pressait dans ses bras avec un sans-gêne de bandit fort inquiétant.

— Monsieur, lui dis-je à voix basse, vous poussez un peu loin l'illusion, ce me semble... vous devriez ménager davantage la présence de mon mari.

Le brigand se passa la main sur le front et parut sortir d'un rêve.

— C'est vrai... pardonnez-moi! Vous m'avez rendu fou d'ivresse et de bonheur... Mais vous êtes venue, confiante en ma loyauté, je ne vous en ferai point repentir.

Il alla chercher sur la table un écrin magnifique et me pria de l'accepter, en souvenir de cette entrevue.

J'hésitais à recevoir ce présent de la main d'un homme qui exploitait les grandes routes. Unterwald devina ma répugnance et me dit sur un ton suppliant :

— Oh! prenez-le, je vous en conjure!... il appartenait à ma mère... C'est un débris de ma fortune primitive; je le possédais avant que de pénibles circonstances et l'injustice de mes compatriotes m'eussent réduit à faire le métier de brigand.

Il n'y avait plus moyen de refuser.

L'écrin contenait des pierreries pour une somme de cent mille livres. Unterwald montrait la générosité d'un prince.

Pendant tout cela, Bassompierre avait cru sage de s'astreindre à un rôle muet. Le chef le remercia de n'avoir point mis obstacle à ma complaisance et nous fit asseoir à une collation splendide, qu'on venait de nous servir comme par magie.

Les fées n'eussent pas été plus royalement hospitalières.

Unterwald fit les honneurs de sa table avec l'aisance et le ton distingué d'un homme du monde, et le nouveau maréchal eut son entrain et sa verve habituels.

Mais le gros traître me joua un tour que j'aurais dû prévoir.

Il me récompensa singulièrement d'avoir sauvé sa poitrine des épées qui la menaçaient.

Vers la fin du repas, le chef de la troupe lui glissa quelques mots à l'oreille et dit ensuite, à haute voix, en se tournant de mon côté :

— Belle dame, vous serez, j'espère, assez aimable pour retarder jusqu'à demain votre départ?

— Oh! monsieur, lui répondis-je, c'est de toute impossibilité!

— Pourquoi cela? fit Bassompierre, avec un aplomb digne d'une meilleure cause. Il y a dans cette caverne un enfoncement très-pittoresque, fermé par une porte solide, et où se trouve un lit, que le capitaine met galamment à notre disposition. D'ailleurs, l'accueil aimable de notre hôte nous fait un devoir de ne pas résister à son désir.

Bassompierre souriait d'un air vainqueur, et le chef me dit :

— Vous n'avez plus d'objection.

— Pardonnez-moi, monsieur. Le courrier de Paris arrive demain à Aoste, où il faut que je me rende au plus vite, car il doit me remettre des nouvelles importantes, et mon mari lui-même sait parfaitement combien je m'intéresse à ces nouvelles.

— Alors, vous nous restez si je trouve un moyen de vous faire apporter ici votre correspondance ?

— Est-ce donc possible ?

— Très-possible, répondit Unterwald, en tirant sa montre.

Il fit signe à l'un de ses lieutenants, qui se hâta d'accourir.

— Tu vois, lui dit-il, il est midi... Le courrier de France doit bientôt traverser la forêt. Prends cinq hommes résolus et fais-toi livrer toutes les dépêches destinées à madame de Ferrussac... Va !

— Mais, dis-je à Unterwald, je ne sais trop jusqu'à quel point ma conscience peut s'arranger d'une pareille galanterie.

— C'est juste, madame... aussi, je recommande expressément de ne pas toucher à un cheveu du courrier, de ne retirer de la malle que les lettres à votre adresse et d'en payer le port... Va donc, dit-il au lieutenant, et reviens au plus vite !

J'étais prise.

Bassompierre jubilait.

— A merveille ! dis-je au chef d'un air un peu piqué ; vous avez toutes sortes de moyens infaillibles d'empêcher un refus. Je vous demande seulement la permission de parler quelques minutes à mon mari.

Entraînant aussitôt Bassompierre hors de la grotte, j'allai me promener avec lui au bord du ravin profond, dans lequel mugissait le torrent. Les rayons du soleil avaient chassé le froid, et les hauts sapins balançaient au-dessus de nous leur cime chevelue.

— Voyons, monsieur, lui dis-je, vous ne pouvez décemment prolonger davantage une très-spirituelle, mais très-impossible plaisanterie.

— Pourquoi non ? me répondit-il. Une femme de votre jugement ne prête jamais à une chose plus de sérieux qu'elle n'en doit avoir.

— Mais, colonel...

— Mais, charmante, ne vous plaît-il pas de me donner mon nouveau titre, et m'allez-vous traiter comme un maréchal d'antichambre ? J'ai gagné loyalement le bâton en Gascogne, au siége de Royan, ma chère, et sous les yeux du roi.

Un des hommes d'Unterwald vint à moi. *Page* 263.

— Votre valeur passée, monsieur, ne justifie point votre conduite présente, et je ne suis pas d'humeur à me laisser prendre d'assaut comme une ville calviniste... entendez-vous bien, maréchal?

— Je n'ai jamais dit, Marion, que vous fussiez une place forte.

— Impertinent! m'écriai-je, en lui donnant avec assez de rudesse de mon éventail sur les doigts.

Il m'embrassa pour la peine.

— Voyons, ma chère, reprit-il, est-ce convenu, oui ou non, que je remplirai les intermèdes?

— Mais jusqu'alors il n'y a pas, monsieur, de premier acte terminé.

— Pardonnez-moi.... Vous avez dû recevoir pendant la route deux petites lettres fort significatives. La première, si j'ai bon souvenir, était ainsi conçue :

« Pensez-vous que Desbarreaux vous aime encore? »

— Ah! ah! c'était vous, monsieur, qui me posiez des énigmes?

— Oui, ma chère. Le lendemain de votre départ de Mirecourt, au lieu d'aller à Remiremont rendre visite à mes belles chanoinesses, j'ai suivi la même route que vous. J'avais d'excellentes raisons pour me dissimuler provisoirement à vos yeux et pour vous écrire sous le voile de l'anonyme. Quant à ma seconde lettre, elle contenait cette phrase :

« Il ne vous aime plus, et je vous dirai bientôt pourquoi. »

— Fort bien... Parlez alors, je vous écoute.

— Croyez-vous, Marion, qu'un homme vraiment amoureux permette à sa maîtresse de voyager seule, et l'expose de gaieté de cœur aux adorations inévitables que ses charmes doivent lui attirer dans un trajet de cent lieues?

— Mais si la séparation a été rigoureusement nécessaire?

— Voilà justement ce qui n'est pas, Marion.

— Je serais enchantée d'en avoir la preuve.

— Deux mots vont suffire. Pourquoi jadis avez-vous quitté Paris? parce que madame de Saint-Évremond vous menaçait du couvent. Desbarreaux avait en outre la Bastille en perspective, n'est-il pas vrai?

— Oui, colonel.

— Maréchal, je vous prie.

— Vous n'êtes pas indulgent, monsieur, pour les vieilles habitudes.

— Je le serai pour les vôtres, à condition que vous me laisserez reprendre les miennes.

— Non pas... Continuez, maréchal! je me souviendrai du bâton.

— Pouvez-vous traiter aussi durement un homme qui souffre pour vous la captivité chez les bandits!

— Captivité que vous tenez à prolonger, monsieur.

— Je l'avoue.

— A la bonne heure, daignez poursuivre.

— Oui, raisonnons vite et raisonnons bien ! Votre marraine, à cette époque, jouissait de toutes les facultés possibles d'exécuter sa menace. Luynes était au pouvoir. Amie intime de la duchesse, madame de Saint-Évremond n'avait qu'un signe à faire, et l'on vous coiffait de la guimpe, et l'on jetait Emmanuel sous les verrous.

— C'est très-juste, maréchal.

— Mais aujourd'hui, votre chère marraine n'aurait plus le même pouvoir. Luynes a jugé convenable d'aller rejoindre ses aïeux.

— Vraiment? cette pauvre duchesse est veuve?

— Elle ne s'en plaint pas. M. de Chevreuse, dit la chronique, était depuis longtemps en mesure de pouvoir la consoler d'une manière efficace. Ils sont à présent mariés ensemble. Au reste, c'était un pauvre sire que le cher défunt! Le roi seul l'avait en estime profonde, les nullités sympathisent. Il nomma Luynes connétable, et ce grand homme, pour reconnaître cette haute faveur et convaincre ses ennemis de son mérite guerrier, s'empressa d'aller se faire battre à plate couture sous les remparts de Montauban. Il mourut dans un village du Quercy, les uns disent d'une fièvre maligne, les autres d'une victoire rentrée. Quoi qu'il en soit, Richelieu lui succède... et Richelieu conserve de votre apparition devant la reine-mère un fort agréable souvenir ; Richelieu tient énormément à vous rendre lui-même le fameux éventail. En un mot, il vous protégerait envers et contre tous... Hein? voyez-vous arriver ma conséquence?

— Mais Desbarreaux ignorait tout cela, murmurai-je avec trouble.

— Non, ma chère, non... Je lui apportais moi-même une lettre de Saint-Sorlin, dans laquelle il y avait des détails fort explicites.

— Et comment, monsieur, ne m'avez-vous rien dit de ces choses?

— Lors de notre arrivée, Desbarreaux était mourant; ce n'était guère la peine d'entamer une confidence.

— Mais le lendemain?

— Le lendemain, vous m'avez fermé votre porte..... et puis il faut tout vous dire : Emmanuel venait de me recommander expressément de garder le silence. Théophile l'exhortait à rompre; la scène de la veille rendait ce dernier votre irréconciliable ennemi.

Je devins très-pâle, et je fus obligée de m'asseoir au pied d'un sapin de la forêt.

Mon amour-propre subissait une cruelle atteinte. Il m'était difficile de mettre en doute les assertions de Bassompierre. La conduite d'Emmanuel, m'envoyant à Florence, à deux cents lieues de lui, pour se débarrasser de notre amour, me semblait aussi odieuse que coupable.

— Voyons, ma chère enfant, dit le maréchal, allez-vous prendre la chose au tragique? Sur l'honneur, j'ai trop bonne opinion de votre esprit pour le croire!... Ne me faites pas repentir de vous avoir parlé si franchement.

Je m'efforçai de recouvrer un peu d'empire sur moi-même.

— Ainsi, monsieur de Bassompierre, les nouvelles que j'attends doivent m'apprendre une rupture décisive?

— J'en ai la certitude, Marion.

Comme il achevait ces mots, un des hommes d'Unterwald vint à moi et m'offrit respectueusement deux lettres sur un plat de vermeil.

Je les pris d'une main tremblante.

Le commissionnaire se retira.

— Allons, morbleu! dit le maréchal, ne me faites pas l'injure de vous émouvoir sérieusement!... L'amour d'un homme comme votre serviteur est un peu plus honorable, ce me semble, que celui d'un petit grimaud de conseiller. N'a-t-il pas dû son bonheur aux raisons matrimoniales qui me forçaient à la prudence? j'ai par conséquent le droit de le lui reprendre. Que diable! après tout, Marion, votre Desbarreaux est un individu sans consistance, une girouette!.. il tourne au moindre vent. La faiblesse de son caractère et le peu de solidité de ses principes le rendent le jouet de ce Théophile, une canaille sans vergogne, que la délicatesse de vos sentiments vous a fait prendre en haine à juste titre... Allons, allons, chassez le chagrin, ma chère! On vous sacrifie à un débauché de bas étage, vous, une femme adorable, vous qui avez de l'esprit jusqu'au bout des ongles, vous dont les charmes sont dignes d'un roi!.. le regret serait une honte.

— Merci, merci, maréchal!.. Il faut beaucoup rabattre de vos éloges, mais n'importe... ce discours me fait du bien..... Encore une fois, merci!

— Désirez-vous, Marion, que je vous explique le contenu de ces lettres, avant de les ouvrir?

— Volontiers, mon ami, pour la curiosité du fait.

— D'abord la plus petite est de Saint-Sorlin. Il vous informe des bonnes intentions du cardinal à votre égard.

— Du cardinal! m'écriai-je avec surprise.

— Ah çà, ma belle, vous auriez habité les antipodes que vous ne seriez pas moins instruite des événements... Oui, Richelieu est cardinal!.. Marie de Médicis elle-même, réintégrée au Louvre, lui a obtenu le chapeau et l'a fait nommer premier ministre..... Eh! eh! que pensez-vous de celle-là?.. Réconciliation complète entre le fils et la mère, entre le cardinal et sa... bienfaitrice. Il y a de quoi crever de rire. Si cela dure, je veux être à tous les diables... Mais passons! Cette première lettre, je vous l'affirme, est du secrétaire de Richelieu. On a l'obligeance de vous écrire que le séjour de la capitale n'a plus pour vous aucune espèce de péril. Lisez, ma chère, vous allez voir!

Je fis sauter le cachet de la lettre et j'en examinai rapidement le contenu. Bassompierre avait raison.

— Vous êtes, lui dis-je, un devin très-habile.

— N'est-ce pas?... Quant à la seconde dépêche, vous reconnaissez l'écriture de Desbarreaux; mais que vous dit ce volage amant? le voici, Marion : dès le début, il vous annonce qu'il hérite de son père.

— Ah! d'où savez-vous...

— Parbleu! le brave président était parti déjà pour le grand voyage lors de mon arrivée à Mirecourt, en compagnie de Théophile et de Quillet. On ne dévoile pas une pareille chose du premier coup, voire à un fils à qui cela rapporte cinquante mille livres de rente. D'ailleurs, Desbarreaux n'était pas en état de recevoir cette nouvelle

— C'est vrai, maréchal. Ensuite?

— Ah! ensuite on entame la grande question, petit à petit, avec des phrases entortillées et timides! « L'amour passe..... l'amitié repose sur des bases plus durables. » On s'applique à vous le faire sentir, et il résulte pour conclusion immédiate que vous avez eu tort de vous appuyer sur l'amour d'Emmanuel en essayant de détruire l'amitié qui l'unit à Théophile... « L'affront que cet intéressant personnage a reçu de vous est de ceux dont l'oubli n'efface jamais la trace... » Bref, on vous offre une rupture à l'amiable, sans pleurs et sans grincements de dents, une rupture commode, avec dommages-intérêts, sous la forme d'un contrat de cent mille livres, enfermé sous ce pli... Voilà pourquoi la lettre est si volumineuse.

— De l'argent! m'écriai-je : croit-il par ce moyen adoucir l'effet de son ignoble procédé? Je serais trop lâche d'accepter rien de lui!

— Qu'est-ce à dire, Marion? prenez-vous décidément la chose en noir, ou en faisons-nous une joyeuse comédie? Dans une telle occurrence, ma chère, le rire est de meilleur goût que les larmes.

— C'est bien, maréchal, je ne retomberai plus dans mes exagérations tragiques.

— A la bonne heure! Pourquoi, je vous demande, le personnage qui a eu le premier l'agrément de planter son drapeau sur la citadelle de votre vertu ne paierait-il pas cette inappréciable jouissance? Desbarreaux vous doit un dédommagement; il le reconnaît lui-même et il s'exécute... gardez le contrat!

— Soit, je le garde.

— Il représente cinq mille livres de rente : on vit difficilement avec cela, mais enfin on peut vivre, et vous serez assez aimable, lors de votre retour à Paris, pour descendre à la porte d'une maison fort gentille de la rue des Tournelles. J'ai écrit de Mirecourt à mon intendant de faire, à mes frais, cette acquisition pour vous.

— J'accepterais avec infiniment plus de plaisir, mon ami, si vous me permettiez de refuser l'autre don.

— Chut!.. j'achève de deviner le contenu de cette lettre. Desbarreaux, comme tous les amants décidés à rompre, s'imagine qu'on se plongera dans la désolation; en conséquence, il sème à droite et à gauche de légères tournures consolatrices. Désirant vous ôter l'envie de courir après son aimable personne, il vous annonce qu'il vient de partir avec Théophile pour un pays étranger, dont le nom reste une énigme. A présent, ma chère, vous pouvez décacheter la lettre et me dire si je me suis trompé d'une ligne en vous annonçant ce qu'elle renferme.

Je l'ouvris avec un reste d'émotion.

— Eh bien? me demanda Bassompierre.

— Eh bien, maréchal, si vous n'êtes pas sorcier, vous avez dû dicter vous-même cette lettre.

— Juste! s'écria-t-il.

— Quoi, monsieur, vous osez convenir...

— Voulez-vous, mauvaise, ne pas me regarder avec cette mine indignée, qui devance mal à propos mes explications? Le lendemain de votre esclandre, Théophile avait absolument tourné contre vous l'esprit d'Emmanuel. Il en reçut l'autorisation de vous congédier sans plus de retard, et il fallut tout le poids de mes raisonnements pour convaincre le malade de l'indécence d'un procédé semblable. J'obtins de lui, non sans peine, de suivre la marche que je lui traçais. Comme Théophile arrivait également à ses fins, il ne contrôla point mes conseils. J'ai voulu vous épargner un coup trop sensible et vous amener à le recevoir sans trop de secousse... Ai-je réussi, Marion?

— Je mentirais, lui dis-je, en vous affirmant que je suis au désespoir.

— Sans l'aventure des bandits, ajouta-t-il, vous m'auriez vu seulement le jour où ces lettres seraient tombées entre vos mains par la voie ordinaire. Mais puisque le chef de la troupe a jugé convenable de vous épargner les frais de poste, vous devez reconnaître son attention, ma toute belle, en accédant au désir qu'il manifeste de vous conserver jusqu'à demain dans ses domaines.

— Ah!.. si je refusais, maréchal, je me rendrais donc coupable d'une grave impolitesse? lui demandai-je en souriant.

— Oui, certes, Marion! Remarquez, je vous prie, que je m'abstiens du droit de commander..... droit dont vous m'avez investi vous-même en me nommant votre époux.

— En effet, lui dis-je, voyez l'imprudence!

— Mais, non, charmante, puisque je me borne à la prière.

— C'est généreux de votre part, et j'aurais, en vérité, mauvaise grâce à désoler notre cher brigand..... Nous resterons, maréchal.

Je lui tendis une de mes mains, que ses lèvres pressèrent avec ivresse, et nous reprîmes ensemble le chemin de la grotte.

VI.

La soirée fut charmante.

Marc Unterwald passa devant nous une revue de sa troupe et je regrettai que Jacques Callot ne se trouvât point avec nous ; son crayon eût rencontré là toutes les variétés du grotesque et tout ce que la fantaisie peut offrir de plus extraordinaire et de plus bizarre.

C'était un spectacle curieux que celui de ces hommes à demi-sauvages, vêtus de costumes indescriptibles, où l'or étincelait sous les guenilles, où de riches bijoux s'étalaient sur des haillons. Plusieurs d'entre eux jetaient par-dessus leurs épaules la dépouille hérissée des ours tués dans la montagne. Les uns avaient les pieds engloutis dans des bottes fabuleuses; les autres affrontaient de leurs jambes nues les ronces de la forêt. Tous avaient une barbe inculte et des cheveux tombant à plat sous une coiffure à larges bords.

Le chef leur fit opérer devant nous une foule d'évolutions incroyables. Il avait aux lèvres le sifflet traditionnel, et les bandits agissaient suivant la vigueur ou le nombre des sons.

Tantôt on voyait la troupe se former en colonnes et ramper sous les éclaircies du bois, comme un serpent immense; tantôt, à un autre signal de Marc, la colonne se divisait en tronçons mobiles, et des groupes formidables se montraient au détour des avenues, à la cime des rocs, ou se posaient en embuscade jusque sur les pentes escarpées du ravin.

Tout à coup, pour mettre le comble à notre surprise, Unterwald tira de son sifflet trois sons aigus.

Nous regardâmes, la troupe entière avait disparu comme par enchantement.

En ce moment, les archers de Zurich ou de Neufchâtel auraient pu traverser la forêt dans tous les sens et visiter les profondeurs du ravin, sans découvrir la moindre trace d'un bandit.

Ceux-ci se blottissaient au milieu des hautes herbes, ceux-là sous le creux des rochers; le plus grand nombre, après avoir

Marc Unterwald passa une revue de ses troupes. Page 261.

grimpé rapidement aux sapins, se tenaient cachés dans le feuillage sombre.

Marc siffla de nouveau.

Tous se redressèrent, descendirent des arbres, et nous les revîmes debout, l'œil attentif, l'arquebuse à l'épaule, prêts à faire le coup de feu.

— Peste! dit Bassompierre, avec de tels gaillards, capitaine, vous devez être invincible !

Un souper délicieux nous attendait dans la grotte magique, dont, en notre honneur, on avait multiplié les illuminations éclatantes.

Le lendemain, nous prîmes congé de Marc Unterwald, et je le laissai fort amoureux de moi. Cependant il ne s'était écarté en aucune sorte de la règle des bienséances, et je ne connus l'excès de sa passion que seize ans plus tard, lorsque mon étrange destinée me jeta pour la seconde fois sur la route de cet honnête bandit.

On alla reprendre nos deux berlines.

Les hommes laissés à leur garde par Unterwald ramenèrent nos bagages à l'endroit même où nous avions été arrêtés la veille.

Nos postillons nous croyaient morts. Ils reçurent l'ordre de nous reconduire à Genève, et leur joie fut grande. Les Alpes avec leurs nids de brigands ne leur offraient pas beaucoup de charme, et la France avait pour moi désormais une attraction plus forte que l'Italie.

Toutefois, je ne passai pas immédiatement la frontière, je voulus rester quelques jours avec le maréchal à ma jolie maison du lac.

Je pensais encore à Desbarreaux, mais c'était pour le plaindre. Une voix intérieure me disait qu'il serait victime d'une funeste influence.

Sondant les replis intimes de mon âme, je m'aperçus bientôt que mon affection pour lui n'avait jamais eu de racines bien profondes. Les circonstances, aidées du hasard, l'emportent presque toujours ici-bas sur l'entraînement et la tendresse; la vertu comme le vice tient chez les hommes à très-peu de chose. Je me rappelais les événements déjà si nombreux de ma vie, je remontais à leur cause, et je songeais que le fatalisme était un système fort soutenable.

Chez moi, la bonne nature avait cherché souvent à triompher de la mauvaise. Un démon railleur semblait avoir pris plaisir à déjouer mes efforts.

Ainsi mes résolutions de l'abbaye de Montmartre s'étaient évanouies devant la révolte des nonnes et leur odieuse tentative. Je ne voulus pas rester dans un asile où j'avais sous les yeux de tels exemples d'infamie, et, pour m'y soustraire, je me jetai dans les bras de Desbarreaux.

On a vu combien j'avais pris à cœur l'occasion qui s'offrait de rendre cette liaison légitime et pure. Le ciel paraissait venir à mon secours, une lueur d'en haut éclairait déjà le front d'Emmanuel, quand tout à coup l'enfer nous rejeta dans les ténèbres.

Après l'invasion de Théophile au milieu de la scène du repentir, qui ne se serait écrié avec moi :

— Fatalité! fatalité!

Pourtant, il y a une Providence; je respecte ses décrets immuables; mais, il faut l'avouer, voyant ainsi tous mes projets vertueux et mes plus honorables espérances d'avenir se briser à l'improviste contre les écueils, le découragement devait me prendre au cœur.

Je laissais alors ma barque flotter à l'aventure au gré des vents capricieux.

— A quoi bon, me disais-je, reprendre le gouvernail? une destinée rigoureuse m'entraîne loin du port. Les titres sacrés d'épouse et de mère ne sont pas faits pour moi!

Ces raisonnements étaient coupables.

Mais, hélas! j'étais si jeune encore! j'étais si folle, si légère, si orgueilleuse de ma beauté, si sensible aux éloges du monde! La douleur ne laissait en moi que des traces passagères, effacées aussi vite par un souffle des vains plaisirs, par un rayon du faux bonheur! Je m'avançais dans la vie sans soutien et sans guide; je suivais au hasard les bons et les mauvais sentiers. Dès que le mal se présentait à moi sous de riantes apparences, je ne m'en défiais en aucune sorte et je l'accueillais par un sourire.

Bassompierre avait saisi depuis longtemps cette nuance de ma nature volage.

Il savait donner aux propositions les moins acceptables une allure délicate, spirituelle, je dirais presque honnête. Son étincelant babillage faisait oublier qu'il fallait, pour l'entendre, marcher côte à côte avec le vice.

Emmanuel avait de l'esprit sans doute, mais Bassompierre en avait davantage; ou, pour mieux dire, c'était un esprit plus fin, plus châtié, plus poli. Desbarreaux était le diamant brut, le maréchal était la pierre taillée, aux reflets admirables, aux facettes radieuses. L'esprit d'Emmanuel était bourgeois, celui de Bassompierre était courtisan.

Le maréchal n'abordait jamais de questions blessantes pour la délicatesse du cœur. Il se montrait franc, loyal, et respectait les croyances des autres, bien qu'il fût peu religieux lui-même.

Il trouvait de fort mauvais goût la conduite de ces héros de l'athéisme, qui déploient l'incrédulité comme un drapeau. Bassompierre, chrétien, eût avoué sa foi hautement, avec la hardiesse du soldat. Tous les Théophile du monde ne l'eussent pas fait rougir d'une conviction acquise.

Je n'ai jamais vu d'homme plus éternellement aimable, sans redites et sans monotonie. Les jours que nous passâmes à Genève coulèrent avec une rapidité prodigieuse.

Le soleil du printemps avait enfin adouci les brises glaciales qui descendaient des Alpes. Nous faisions sur le lac des promenades charmantes. Bassompierre lui-même tenait la rame, et, tout en dirigeant notre barque, il me parlait de nos connaissances parisiennes et me racontait les événements qui s'étaient passés pendant mon séjour en Lorraine.

Je m'informai d'abord de madame de Saint-Évremond et du marquis de Villarceaux.

— Votre marraine, me dit-il, a tout fait pour découvrir vos traces ; elle y a mis de la persistance et presque de la haine. C'est pourtant une excellente nature de femme, mais qui tourne à l'aigre avec l'âge. Vous ne devinez pas, j'en fais le pari, le véritable motif de sa rigueur?

— Je le connais trop bien, maréchal ; ma coupable conduite et mon ingratitude...

— Ce n'est pas cela, Marion.

— Qu'est-ce donc, alors?

— La jalousie, ma chère... on ne vous pardonnait pas vos beaux yeux.

— Voilà ce que je ne puis croire. J'ai reçu de ma marraine un accueil rempli de bienveillance, et mes yeux étaient, à cette époque, ce qu'ils ont été depuis, ce qu'ils sont à présent.

— Non pas! non pas!... au point de vue de madame de Saint-Évremond, ceci n'est rien moins qu'exact. Elle vous a seulement trouvée trop jolie, à partir du jour où Marguerite et surtout Villarceaux ont pris votre défense.

— Ah!... le petit lieutenant m'a soutenue?

— Parbleu! sa mère avait troublé la fête d'une façon trop désagréable! Il lui conserva longtemps rancune. Quant à Villarceaux, il voulait forcer la comtesse à dire où elle vous avait emprisonnée. Lors de notre aventure de l'hôtel de Bourgogne et du souper de la petite maison, le maladroit se mit à crier partout qu'il vous avait vue toujours belle, toujours ravissante... que sais-je? La comtesse accusa son vieil amoureux de porter vos chaînes. Elle découvrit votre asile et fit partir aussitôt pour la Champagne cette lettre furieuse, qui a été cause de notre longue séparation. Le coup manqué, madame Delorme s'en retourna comme elle était venue; mais la comtesse ne pardonnera jamais au marquis : depuis cette brouille, il est d'une fidélité sans exemple à son antique et vénérable moitié.

— Quoi! m'écriai-je, M. de Villarceaux avait une femme?

— Extrêmement légitime, oui, Marion. Il a même un fils d'une vingtaine d'années, un vert-galant du premier ordre.

— Voyez un peu! j'ignorais tout cela, et ma marraine... A qui se fier, maréchal?

— A personne, ma chère.

— Vouloir me contraindre d'épouser Rosecroix... c'était indigne!... Qu'est devenu cet absurde chevalier?

— Il est devenu querelleur.

— Oh! maréchal, ne le calomniez pas?

— Non, ma foi! le renversement de ses espérances l'a rendu d'un hargneux magnifique. Il n'entend plus raillerie et veut tout pourfendre... L'autre jour... tenez, c'était justement la veille de mon départ pour la Lorraine... j'avisai mon homme, rôdant sous les fenêtres du magasin de lingère de la galerie du Palais. Je lui frappai sur l'épaule; il s'empara de mon bras et se mit à me débiter force phrases, qu'il hachait impitoyablement, comme de coutume, le tout pour me prouver qu'on venait de lui faire une injustice, en refusant d'ôter le gouvernement de la Guyenne au vieux d'Épernon, pour le lui octroyer à lui Rosecroix. En supposant que d'Épernon fût indigne de l'estime de la cour et méritât d'être dépouillé de ses charges, il n'y avait pas nécessité d'en investir Rosecroix, et je le lui dis assez crûment à lui-même. Il s'irrita, mit la main sur la garde de son épée et se campa fièrement en matamore. « Ah çà, chevalier, lui dis-je, raisonnons un peu, de grâce, nous nous battrons ensuite. Où sont vos titres aux faveurs de la cour? Avez-vous fait la guerre avec Henri le Grand? non; avec Louis XIII? non, vous n'étiez pas de nos campagnes. Beaucoup d'autres, plus actifs que vous, ajoutai-je, en lui montrant son cordon bleu, ont été traités moins favorablement. Que diable!

vous n'avez servi ni le Père ni le Fils, et pourtant vous avez le Saint-Esprit ! »

— Ah ! divin, maréchal, ce mot est délicieux...

— Oui, mais il déplut à Rosecroix, qui me chargea tout à coup avec rage. Nous étions alors sous les murs du jardin de l'hôtel de Chevreuse. Dès la première passe, j'envoyai son épée par-dessus les arbres. « Si vous aviez été plus gentil, chevalier, lui dis-je, en lui tirant ma révérence, j'aurais pu vous emmener en Lorraine, où vous auriez revu notre séduisante Marion. » Il voulut courir après moi ; mais je m'esquivai rapidement, sans prendre garde aux moitiés de phrases désolées qu'il me jetait après les trousses.

— Maréchal ! vous avez le cœur bien dur !... mais n'importe, vos nouvelles sont amusantes. Toutefois, en me donnant beaucoup d'autres détails, vous restez muet sur vos propres faits et gestes. La modestie est fort exemplaire, mais je vous saurais gré de ne point la prolonger davantage.

— Pardieu ! Marion, mon histoire n'est pas longue ; je me suis battu, et l'on a trouvé que mon courage méritait le bâton de maréchal.

— Mais où vous êtes-vous battu ?

— Un peu partout, ma chère. Pendant ces dernières années, messieurs les calvinistes nous ont donné de la besogne. Ils ont la rage de se révolter sans cesse, et l'un des proverbes les plus véridiques, selon moi, est celui-ci : « Têtu comme un Huguenot. » Quelque temps après votre fuite en Lorraine, les provinces du Midi manifestèrent une agitation dangereuse. Le Béarn tout entier se souleva. Pour comble d'inquiétude, la reine-mère venait de s'échapper de Blois. Richelieu, vous ne l'avez pas oublié, partagea son exil ; mais ennuyé bientôt d'un éternel tête-à-tête, l'ingrat protégé de Marie de Médicis écrivit à la cour et demanda comme une grâce de revenir à Paris. Or, Louis XIII, ayant perdu sans doute le souvenir du baiser pris sur la savoureuse lentille et des conditions imposées par l'ancienne connétable, aujourd'hui madame de Chevreuse, accueillit fort mal la demande de l'évêque, auquel on répondit que son clergé de Luçon réclamait sa présence.

— On n'eut pas tort, dis-je à Bassompierre. C'est vraiment une pitié que ces évêques de cour, et des ouailles ne doivent point rester ainsi sans pasteur.

— Les pasteurs de l'espèce de celui-là, ma chère, se comportent comme des loups. Richelieu ne fit que changer d'exil. Six mois après, il essaya d'une nouvelle tentative, et le monarque, persistant à oublier le coup d'épaule de madame de Luynes, trouva très-plaisant de faire voyager l'évêque de l'Ouest à l'Est, et l'envoya bénir le peuple d'Avignon. Ce fut alors qu'éclatèrent les troubles du Béarn. On craignait sérieusement que Marie de Médicis n'allât se joindre aux révoltés, et Louis XIII, faisant tout à coup un effort inouï de mémoire, se rappela le péché dont son confesseur l'avait absous.

— Enfin, m'écriai-je, ce n'est pas malheureux!

— L'excellent prince convint qu'il avait vendu, non pas son droit d'aînesse, mais le pardon du prélat pour une lentille, et Richelieu fut chargé d'aller négocier un raccommodement avec Marie de Médicis et cet autre Esaü. La cour les vit reparaître très satisfaits l'un de l'autre. Toutes les réconciliations possibles s'étaient opérées pour le plus grand bien de tous.

— Ah! maréchal, si l'histoire est jamais écrite comme vous la racontez...

— Elle n'en sera que plus véritable, Marion. Je partis alors pour le Béarn. Ce fut une campagne rapide et brillante, où l'on ne compta que des victoires. Louis XIII y déploya du courage, et je le vis donner plus d'une fois à la tête de sa maison. J'eus un instant bonne espérance. Il était possible que cette nature incomplète se développât au souffle de la gloire. Les rois se forment sur le champ de bataille, et je fis tout ce qui dépendait de moi pour stimuler cette ardeur de bon augure. J'avais combattu jadis aux côtés de mon cher et digne maître, de Henri, dont je suivais au plus fort de la mêlée le panache éclatant; le meilleur moyen d'honorer son souvenir était de rendre son fils digne de lui. Cette idée me donna de la hardiesse. Le roi me suivait à la tranchée, je lui parlais avec la franchise du soldat; je prononçais le nom de la reine, sa femme, si jeune et si belle, et qu'il négligeait. « Sire, osai-je lui dire un jour, la France vous demande un héritier, votre devoir est de satisfaire la France.»

— En effet, maréchal, c'était bien hardi de votre part... d'autant plus que vous devez connaître la singulière réputation qu'on a faite à Louis XIII.

— Sans doute, sans doute... mais il est rare que, dans le cours de son règne, un roi n'ait pas quelques heures de puissance. La campagne terminée, on reprit le chemin de la capitale, et notre retour dans Paris fut un véritable triomphe. C'était le 7 novembre, le jour pointait à peine. Aux portes de la ville, le roi quitta son carrosse et s'élança gaiement à cheval. Nous l'imitâmes aussitôt, cinquante gentilshommes et moi. Piquant ensuite des deux, nous courûmes ventre à terre dans les rues encore désertes. Quatre maîtres de poste nous précédaient en donnant du cor. Ces joyeuses fanfares, le galop des chevaux, tout ce vacarme inusité réveillèrent les habitants, qui se mirent aux fenêtres. On aperçut le roi. Déjà la nouvelle de nos victoires était connue, et des cris d'enthousiasme accueillirent notre passage. Les bourgeois se jetaient en foule sur nos traces; on nous suivit jusqu'au Louvre, et je vois encore la garde étonnée se mettre en défense. Ah! Marion, ce fut un beau jour! Le roi n'était plus le même homme, sa figure rayonnait, ses yeux se remplissaient d'heureuses larmes. Enfin, les Suisses reconnaissent leur maître. On ouvre les grilles, Louis s'élance, franchit le vestibule, traverse les galeries, court embrasser sa mère, et passe ensuite à l'appartement de la jeune reine, dans les bras de laquelle il tombe avec amour.

Ce récit de Bassompierre m'émut au dernier point.

L'excellent maréchal pleurait de souvenir, et j'admirais tout ce qu'il y avait pour le roi de dévouement et d'affection sacrée dans le cœur de cette bonne vieille noblesse de France, qu'un ministre-bourreau ne craignit pas de décimer plus tard, sans remarquer, l'imprudent, que ses coups de hache tombaient sur la base du trône.

— Oui, reprit Bassompierre, ce fut un beau jour, mais il n'eut pas de lendemain. Donner un instant du cœur à Louis XIII était un miracle qu'il serait peut-être impossible de renouveler aujourd'hui. Le roi ne tarda pas à reprendre toutes ses fantaisies maussades, toutes ses habitudes boudeuses. Cependant la jeune reine devenait grosse, c'était déjà cela de gagné! je n'avais perdu ni ma peine ni mes conseils. On fut d'avis de cacher la chose au roi jusqu'à plus ample confirmation, et je partis presque joyeux pour Montauban, où ces gredins de calvinistes nous rossèrent comme vous savez, grâce au connétable de Luynes et à ses hauts talents militaires. Je n'étais pas généralissime, cette défaite n'attaque pas ma gloire. Mais un malheur n'arrive jamais seul. A cette ignoble bataille de Montauban fut tué le fils unique de Mayenne, ce roi de la Ligue, dont les Parisiens adorent toujours la mémoire. On l'apprit dans la capitale, et la Saint-Barthélemy sembla ramener ses horreurs. La

Le roi monta souvent à la banquette des tranchées. *Page* 274.

populace en délire se rua sur les calvinistes pour venger la mort du jeune duc. On attendit la foule des religionnaires sur la route de Charenton, où est construit leur temple. Beaucoup furent massacrés, et les séditieux livrèrent le temple aux flammes. Le lendemain il y eut une nouvelle émeute et d'autres massacres dans le faubourg Saint-Marceau. Les calvinistes voulurent se défendre, le feu prit à divers endroits de la ville, et le tocsin sonna toutes les églises.

— Bonté divine! m'écriai-je, nous ignorions toutes ces choses en Lorraine.

— Cela ne m'étonne pas, Marion. Je vous l'ai déjà dit, vous habitiez les antipodes. Après tout, nos pauvres Lorrains ont bien assez de leurs affaires et s'inquiètent peu de celles de la France. Pourtant Desbarreaux recevait des lettres de Théophile; dans ces lettres il devait y avoir quelques détails sur les choses que je vous raconte?

— Je l'ignore... Emmanuel ne me montrait jamais la correspondance de son estimable ami.

— Peut-être avait-il ses raisons pour cela?.. Mais je deviens, ce me semble, légèrement fastidieux avec mes histoires. Comme il ne m'est jamais arrivé d'ennuyer personne, je serais désolé, ma chère, de commencer par vous.

— Maréchal! maréchal! vous mendiez des éloges!

— Non, certes, je vous assure.

— Pardonnez-moi. Vous faites, en ce moment, de la modestie à crochet...

— Oh! oh! je ne connais pas cette modestie-là.

— Figurez-vous une petite modestie bien candide en apparence. Elle se glisse sournoisement dans l'entretien, après avoir attaché à sa robe deux ou trois des meilleurs hameçons de la gloriole, de manière qu'elle finit toujours par accrocher les plus beaux compliments.

— Ah! méchante!

— Ainsi votre phrase de tout à l'heure devait nécessairement m'accrocher cette réponse : « Du tout, maréchal, **vous ne m'ennuyez pas, et vous êtes un charmant historien!** »

Il quitta la rame, et vint m'embrasser je ne sais combien de fois : je ne comptais plus avec lui.

— Eh bien, Marion, la capitale allait être en proie à la guerre civile, quand messieurs du Parlement rendirent un arrêt pour mettre les réformés sous la protection des lois. Cette sage mesure arrêta le désordre. Louis XIII n'était point alors à Paris; nous nous battions en Gascogne, et je recevais mon bâton de maréchal au siége de Royan. Dans cette campagne, le roi monta souvent à la banquette des tranchées, et les boulets sifflaient au-dessus de sa tête, sans qu'il manifestât ni peur ni surprise. Plus je cherche à sonder ce caractère, moins il me paraît digne d'estime. C'est un composé de grandeur et de petitesse. Il y a, chez Louis, le quart de l'étoffe qu'il eût fallu pour faire un grand roi. S'il manquait de vaillance, il ne serait point le fils de Henri IV; mais, à dire vrai, le courage est la seule qualité que je lui reconnaisse, il n'a ni générosité ni bonté d'âme. Le sentiment de la justice est exagéré chez lui et va jusqu'à la barbarie. Nous en eûmes, en Gascogne, un fatal exemple. Il refusa merci aux habitants de la ville de Négrepelisse, qui furent tous égorgés ou pendus.

— Quelle horreur !

— Douze malheureux promettaient rançon. Le grand prévôt ne se laissa pas fléchir, et trouva plaisant de les pendre aux arbres mêmes de leurs jardins. Toutes les femmes, vierges, épouses ou mères, furent livrées à la débauche du soldat, et la chasteté du roi ne fit à cet égard aucune objection.

— C'est affreux, maréchal ! Puisse le dauphin qui nous est promis être un peu moins chaste et un peu plus juste que l'auteur de ses jours !

— Hélas ! Marion, à l'heure où je vous parle, il n'y a plus de dauphin ni d'espérance d'en avoir... La faute en est à madame de Chevreuse.

— Par exemple ! voici qui est fort.

— Mon Dieu, c'est tout simple. Vous avez connu Marie au Louvre, vous savez comme elle est folle. Anne d'Autriche, la petite reine, lui ressemble; elles sont amies intimes et se livrent parfois à d'incroyables enfantillages. C'est ainsi qu'en jouant un soir à cligne-musette dans les appartements, madame de Chevreuse fit tomber la reine. La chute fut grave, et neuf jours après, la France n'avait plus de dauphin. Reste à savoir si le désastre sera réparé jamais. Pour mon compte, je le déclare, j'ai fait bien des tentatives inutiles sur l'esprit de Louis XIII. Avec un pareil homme on n'a pas deux fois de suite un succès du genre de celui que j'avais obtenu.

Bassompierre soupira; je partis d'un éclat de rire.

— Oui, riez, me dit-il ; je trouve, moi, la chose peu plaisante. Voyez à quoi tiennent les destinées d'un royaume ! Deux étourdies jouent à cligne-musette dans une chambre du Louvre; l'une d'elles fait un faux pas, et toutes les espérances du pays se cassent le nez ! Déjà certaines ambitions s'éveillent ; on dit que le roi n'aura pas d'enfants; la reine-mère veut marier Gaston... tout ceci va de nouveau brouiller les cartes... Au diable madame de Chevreuse et la cligne-musette !

Sa rame battait les flots du lac avec colère.

Je riais toujours; car, vraiment, sa mauvaise humeur avait quelque chose d'original, bien qu'au fond ses idées fussent très-justes.

L'avenir se chargea de lui donner raison.

C'est ici le cas de parler d'un bruit auquel certaines personnes ont voulu prêter de la consistance.

Et, si l'on trouve que cette *Confession* a un cachet de légèreté, propre à la rendre suspecte au point de vue historique, on a tort : les gens les plus sérieux sont bien souvent les plus menteurs.

J'ai entendu, non pas une fois, mais plus de mille, soutenu qu'Anne d'Autriche, après l'accident mentionné plus haut, donna le jour à un enfant très-viable, qu'on eut soin d'emporter et de cacher hors du Louvre*. Une telle insinuation n'a pu être mise en avant que par les ennemis de la reine. On essayait ainsi de la faire soupçonner d'une intrigue coupable.

Le mystère, apporté dans cette circonstance, avait pour unique but d'épargner des regrets à Louis XIII, et l'on enterra secrètement l'embryon de cinq mois au pied d'un tilleul, dans le jardin du côté de la Seine.

Je tiens le fait de madame de Chevreuse.

Elle daigna me conserver par la suite une amitié sincère.

Bien plus, je connus, douze ans plus tard, une des femmes qui étaient alors au service d'Anne d'Autriche. Celle-ci l'avait renvoyée brusquement dans un jour de caprice. Il est certain que, si la force de la vérité n'eût bridé la rancune de cette femme, j'en aurais obtenu tous les aveux capables de compromettre sa maîtresse, et cependant elle ne s'écarta pas d'une ligne des premiers détails donnés par madame de Chevreuse.

On me blâmera peut-être de cette digression; mais je laisse courir ma plume sans gêne et sans efforts.

Et puis, je suis bien aise de sauter un peu d'avance au delà de ma jeunesse; on prendra petit à petit l'habitude de me voir à un

---

* On a même dit que ce rejeton royal, élevé dans l'ignorance de sa condition, était devenu le fameux *Masque de Fer*, sur lequel on a débité tant de sottises et d'invraisemblances. (*Note de l'éditeur.*)

autre point de vue, et du moins on ne jettera pas un cri d'effroi, si l'on avise, un jour, des rides sur mon visage.

C'est encore du caprice et de la coquetterie. Les femmes sont incorrigibles.

Allons, reviens, ma belle jeunesse! revenez, tous mes beaux jours d'entraînement et de plaisir!

Je suis dans un léger batelet, sur les eaux bleues du lac de Genève, la main tendrement appuyée sur l'épaule de Bassompierre. Il ne songe plus à la cligne-musette et me regarde avec amour. Le flot nous berce doucement, la brise joue dans mes cheveux, et le soleil, à son couchant, nous jette ses rayons d'or.

Ce fut notre plus délicieuse et notre dernière promenade.

Le lendemain, nous quittions Genève pour regagner Paris, le maréchal ne pouvait s'absenter plus longtemps de la cour, et, de mon côté, j'étais heureuse d'être au terme de mon exil.

Qu'on juge si je revis la capitale d'un œil satisfait j'entrai par le faubourg Saint-Marceau, et je le trouvai magnifique.

VII

L'intendant de Bassompierre avait exécuté fidèlement les ordres de son maître, en m'achetant, rue des Tournelles, une petite maison fort élégante, située entre cour et jardin

On n'y entendait pas le bruit de la rue.

Elle réunissait à la tranquillité des logis provinciaux tous les agréments des demeures parisiennes, et j'étais à deux pas de la place Royale, où se rassemblait pour la promenade ce que la cour et la ville avaient de plus brillant.

Le maréchal voulut m'installer lui-même dans ma nouvelle retraite. Il était aux petits soins pour moi, son amabilité ne se démentit pas d'un instant.

Je l'aimais, il faut le dire, un peu plus d'amitié que d'amour, car il commençait à n'être plus très-jeune. J'avais surpris dans sa royale et dans sa chevelure plusieurs poils indiscrets et certaines mèches perfides annonçant que ce cher amoureux dépassait la quarantaine.

Mais son esprit montrait tant de verdeur et pétillait avec une vivacité si juvénile!

Les distractions sur son âge étaient permises.

A notre arrivée dans la capitale, il établit nettement notre position mutuelle, réglant en quelque sorte le degré d'affection qu'il exigeait.

— Ma douce enfant, me dit-il, j'ai vingt-trois ans de plus que vous; je grisonne, et si vous avez bien voulu jusqu'ici ne pas trop vous en apercevoir, c'est à moi de vous le faire remarquer. Vous le savez depuis longtemps, Marion, je n'ai jamais eu le projet de vous imposer des chaînes. A votre âge la liberté est un bien trop précieux pour que je vous le ravisse. D'ailleurs, c'est de ma part un excellent calcul. Dans vos courses aventureuses au milieu des plaines embaumées de Cythère, vous rencontrerez peut-être avec joie votre vieil ami, à quelque détour du chemin, et vous ne lui refuserez pas, j'en suis sûr, une branche de myrte et un baiser.

— Maréchal, lui dis-je, il n'y a pas deux hommes comme vous au monde.

— Vous croyez, Marion? j'en remercie le ciel si je dois à cela mon bonheur. Ainsi, vous êtes votre maîtresse absolue. Laissez venir la fortune. Bien qu'elle soit femme, elle ne déteste pas deux beaux yeux et un doux sourire... Vous la verrez bientôt frapper à votre porte. L'essentiel est d'empêcher vos ennemis de vous tourmenter de nouveau; la protection de Richelieu vous est indispensable, faites en sorte de l'avoir bien vite. Pas n'est besoin de vous recommander, ma chère, d'être tout à la fois avec le ministre coquette et prudente. Règle générale, il ne faut rien accorder à ceux dont on veut tout obtenir. Je viendrai vous rendre visite aussi souvent que me le permettront mes devoirs et les convenances. Nos secrets sont à nous, ne les confions jamais à d'autres. Le mystère est encore une de mes diplomaties, et l'on ne cherche pas à détruire ce dont on ignore l'existence. Soyez belle, soyez enviée, soyez heureuse! et rappelez-vous ceci, Marion : du jour où il vous plaira de voir en moi l'ami succéder à l'amant, vous n'avez qu'un signe à faire ; la métamorphose aura lieu.

Il me baisa la main et disparut.

Je visitai ma maison du haut en bas, et je trouvai des appartements meublés au dernier goût.

Mon jardin n'était pas très-vaste; mais j'apercevais de ma fenêtre les grands arbres du boulevard et les collines verdoyantes de Ménilmontant et de Belleville, sur lesquelles de blanches maisonnettes s'éparpillaient çà et là, comme un troupeau de chèvres capricieuses.

Il me parut que j'aurais assez de Grassin et de sa femme pour me servir.

Thérèse était fort intelligente, et son mari lui obéissait avec une bonhomie conjugale tout à fait recommandable. Desbarreaux m'avait autorisée dans sa lettre à garder ces deux domestiques, dont le dévouement pour moi ne faillit jamais.

Comme un suisse était indispensable à la garde de ma porte, Thérèse prit l'engagement formel de débaucher son père en ma faveur; et bientôt Dulmann, qui ne s'était pas corrigé de son baragouin tudesque, quittait la rue Saint-Thomas-du-Louvre, et venait s'installer rue des Tournelles.

J'étais donc à Paris, seule et libre, avec une aisance modeste et l'avenir devant moi.

Les deux premiers jours furent consacrés à l'arrangement de mon intérieur ; le troisième, je fis un peu de toilette pour aller me promener sur la place Royale. J'avais écrit au secrétaire de Richelieu qu'il m'y rencontrerait.

Au moment où j'allais sortir, Grassin parut en habit de cocher, et me dit solennellement :

— La voiture de madame est prête!

— Où avez-vous l'esprit, Grassin? je n'ai pas de voiture.

— Pardonnez-moi, madame, elle est arrivée tantôt. C'est un très-joli carrosse. Quant à l'attelage, il est bai-brun et fort doux. Je suis chez madame en qualité d'intendant; mais je n'ai pas d'orgueil, et je conduirai les chevaux, pourvu que je touche doubles gages.

— Est-ce que ton mari devient fou? demandai-je à Thérèse.

— Non, madame, répondit-elle en s'approchant de la fenêtre; vous pouvez voir d'ici la voiture et l'attelage.

J'allai bien vite m'assurer du fait.

On me disait vrai.

— Ah! continua Grassin, j'oubliais de donner à madame ce papier, que le carrossier m'a remis..... C'est probablement son mémoire.

Il me tendait un petit pli cacheté. Je reconnus la forme des billets du maréchal.

Bassompierre m'écrivait avec son laconisme habituel :

« Marion, les Grâces ne peuvent aller à pied. »

La surprise était de bon goût. Je fus très-sensible à cette attention délicate, à cette manière aimable de doubler le plaisir par l'à-propos.

Décidément, où aurais-je trouvé plus d'affection véritable et de gentillesse exquise? Vingt années de plus ou de moins ne sont rien chez un homme qui réunit ainsi les plus belles qualités de l'esprit et du cœur.

Bassompierre, en dépit de tout ce qu'il pouvait dire, tenait beaucoup à moi.

C'eût été de ma part une ingratitude véritable de me croire dégagée vis-à-vis de lui par son dernier discours, et je pris avec moi-même de fort belles résolutions. Je les tins assez longtemps. Si la nature eût bien voulu me douer d'une moins grande fragilité, elles eussent été plus durables encore.

Je montai fièrement dans mon joli carrosse, et je vis avec orgueil les deux battants de la porte cochère s'ouvrir tout au large pour me livrer passage.

— Che droufe, dit le suisse, que le foiture il fa drès pien à matame.

— Vraiment, Bulmann? vous êtes un flatteur!

— Si matame foulait m'agorter une betite grâce?

— Volontiers, de quoi s'agit-il?

— Che soignerai barfaidement le cave à matame..

— Ah! ah! je le veux bien, mon cher... mais je ne vous donne pas doubles gages.

— Pon! dit-il, che n'y tiens bas tu dout.

— Je le crois, Bulmann.

Ce fut notre plus délicieuse et dernière promenade. *Page* 277.

L'attelage partit.

Grassin avait l'ordre de me promener un peu sur le boulevard avant de me descendre à la place Royale, lorsqu'au détour de la rue des Tournelles, j'aperçus le secrétaire.

Il se dirigeait du côté de notre rendez-vous.

Je baissai rapidement la glace.

Le bruit fit tourner la tête à Saint-Sorlin. Il me reconnut, vint ouvrir la portière et s'élança dans le carrosse en criant !

— Au Louvre !

— Mais, monsieur...

— Mais il n'y a pas une minute à perdre, chère amie !

— Comment, je cours quelque danger ?

— Sans doute. On veut réveiller contre vous une ancienne lettre de cachet dont vous avez été jadis presque victime au faubourg Saint-Victor.

— Est-ce possible ?

— Aussi quelle idée bizarre d'aller enlever le suisse de madame de Saint-Évremond ? Il était difficile de trouver un meilleur moyen d'apprendre votre retour à la comtesse.

— Grand Dieu !.. mais où me conduisez-vous ?

— Chez le ministre.

— Avec cette précipitation ? sous ce costume ?

— Hélas ! vous n'êtes que trop ravissante ! Voyons, ne tremblez pas ainsi..... Nous ne sommes pas de ceux qui veulent mettre la lumière sous le boisseau, continua-t-il avec un accent ironique, et monseigneur a trop bon goût pour laisser éteindre une étoile de votre sorte dans les ténèbres d'un cachot. La comtesse aura tort, soyez sans crainte. Permis aux vieilles femmes d'être scrupuleuses et méchantes... Quant à nous, chère belle, nous avons toutes sortes d'absolutions pour les doux péchés d'amour.

— Vous me rassurez un peu, lui dis-je en souriant ; mais que pense de cela l'Église ?

— L'Église gronde rarement un cardinal-ministre, et lui laisse volontiers ses coudées franches. Pourquoi les foudres du Vatican frapperaient-elles ceux qui les forgent ? A propos, Marion, vous me semblez médiocrement triste de votre veuvage. Desbarreaux serait furieux, s'il vous voyait plus adorable et plus spirituelle que jamais.

— Par exemple !... votre ami comptait peut-être me réduire au désespoir ?

— Mais oui, Marion.

— Le fat !.. il n'en est rien, veuillez le lui apprendre.

— C'est plus aisé à dire qu'à faire. On ne sait ce qu'il est devenu. Les uns le croient à Londres, les autres le disent embarqué pour l'Amérique.

— Avec son Théophile ?
— Toujours.
— Emmanuel est donc bien engoué de cet homme ?
— Affreusement.
— Voilà ce que je ne puis comprendre.
— Ni moi non plus. Sacrifier un ange de votre sorte à ce détestable personnage qui l'entraîne dans la débauche, dans le jeu, dans toutes les infamies possibles... Mais assez là-dessus... Tant pis pour les aveugles volontaires, s'ils ferment les yeux et tombent dans l'abîme... Ah! Marion, j'ai bien souvent pensé à vous !
— Serait-il vrai, monsieur ?
— Ne jouez pas l'étonnement... Vous n'avez pu oublier que la jeune et fraîche provinciale du coche m'avait déjà blessé le cœur.
— Oh! la blessure n'était pas grave, j'imagine ?
— Très-grave, au contraire. Le destin se montre cruel envers moi. Je vous aime, et pourtant il semble que je doive être à perpétuité le confident de l'amour des autres pour vous.
— Je ne saisis pas très-bien, monsieur.
— Parce que vous ne le voulez pas. J'étais le confident de Desbarreaux...
— Ensuite ?
— Aujourd'hui, je vais être celui du cardinal.
— Je comprends beaucoup moins encore.
— Ah! parbleu, vous y mettez évidemment de la mauvaise grâce ! Croyez-vous que je vous eusse écrit en vous assurant de la protection de Richelieu, si lui-même ne m'eût forcé la main ? C'est un homme qui a des volontés inouïes et une persistance indicible. Il a juré de revoir la gentille apparition du cabinet....... oui! Lors de son entrevue avec la reine-mère, vous n'aviez fait que lui glisser sous les yeux, et le maudit éventail était là, lui rappelant sans cesse votre souvenir. Une fois tranquillement assis dans sa nouvelle puissance, il jura de découvrir votre retraite, et il y parvint... Comment cela ? je n'ai point de certitude absolue à cet égard ; mais j'ai toujours soupçonné ce vaurien de Théophile de lui avoir fourni des renseignements. Théophile connaît l'abbé Boisrobert... un autre vaurien ; Boisrobert est au mieux dans les papiers du cardinal : donc, celui-ci a dû apprendre votre histoire par cette filière. Toujours est-il qu'un beau matin Richelieu me fit écrire à Desbarreaux, en Lorraine, de vous ramener en toute

sécurité à Paris..... Et, comme Desbarreaux ne vous ramena pas, attendu qu'il aimait mieux vous annoncer une séparation de loin que de près, l'Éminence m'accusa de n'avoir point envoyé ma première lettre. Fort heureusement, Emmanuel vint m'indiquer en quel endroit du globe je pourrais vous en faire tenir une seconde... Eh bien, que pensez-vous de cela, Marion?

— Je suis confondue.

— Il y a de quoi! mais ce n'est pas tout, ma pauvre enfant. Tantôt, j'arrive au Louvre et je vois le cardinal dans une colère abominable. Madame de Saint-Évremond venait de lui écrire, Dieu sait en quels termes! A l'en croire, vous êtes une malheureuse, une ingrate, une créature perdue; vous avez autrefois scandalisé tout Paris, et vous allez le scandaliser de nouveau. Vous débutez par la braver, elle, votre ancienne bienfaitrice; vous lui enlevez ses gens... que sais-je? il y en a deux pages. Le cardinal se montrait furieux, non du radotage de la comtesse, mais d'apprendre que vous étiez de retour et que vous n'aviez pas encore daigné solliciter audience. Il voulait vous faire conduire aux *Madelonnettes*, un monastère absurde, fondé tout récemment, et où l'on retient, dit-on, beaucoup de Magdeleines qui ne se repentent guère. Par bonheur, votre billet m'est arrivé sur ces entrefaites; j'ai pu calmer Richelieu. Il vous attend... Voilà pourquoi j'ai mis tant de précipitation à vous entraîner. Cet homme est le maître, j'ai peur de lui. Je déplore ma contrainte, j'enrage de mon obéissance.... et vous pouvez me croire, Marion, je suis bien à plaindre!

Il me semblait tomber des nues en écoutant les paroles de Saint-Sorlin, non que je fusse surprise de son espèce de déclaration. *Je vous aime,* dans la bouche de ces messieurs, commençait à me faire l'effet d'une formule très-simple équivalant à *bonjour* et à *bonsoir*. Mais ses confidences me révélaient certaines intrigues, dont la trame me parut très-visible, et je soupçonnai Théophile d'avoir manœuvré pour me séparer sans retour d'Emmanuel et disposer de sa fortune.

Notre carrosse marchait rapidement. Le secrétaire me saisit la main et me dit :

— Marion, vous êtes incapable de trahir un secret confié à votre honneur?

— Vous n'en doutez pas.

— Jamais vous ne répéterez à personne ce que je vais vous dire?

— Jamais.

— Eh bien, Marion, je déteste Richelieu! Je hais ce despote indigne, s'imaginant que tout doit plier sous lui; je méprise ce prêtre hypocrite, dont toutes les paroles et toutes les actions prennent leur source dans le mensonge, qui s'applique éternellement à tromper Dieu et les hommes, qui n'a ni cœur, ni loyauté, ni conscience, et cache tous les vices sous sa soutane rouge.

— Miséricorde! dois-je croire à ce portrait?

— Si vous devez y croire, Marion!.. C'est le diable à qui vous allez rendre visite!

— Ah! mon Dieu!

— Votre plus grand malheur est d'avoir fixé l'attention du cardinal. Je vous aime, n'est-il pas vrai? je viens de vous le dire... eh bien, je consentirais à supporter toute ma vie vos rigueurs plutôt que de vous voir tomber entre les griffes de ce chat-tigre. Il finira tôt ou tard par dévorer tout ce qui l'approche.

— En vérité, monsieur, vous me tenez là d'étranges discours. Je vous permets de décrier le ministre si vous y trouvez du plaisir; mais il y a dans vos craintes quelque chose de très-offensant pour moi. Vous supposez que le cardinal peut me parler d'amour.

— Comment! il le fera, j'en suis sûr.

— Fort bien... et vous me croyez capable de répondre à ses honorables propositions.

— Je n'ai pas dit cela, balbutia-t-il.

— Ah! mais il est dangereux, savez-vous, votre cardinal? c'est un mets d'amour fort appétissant que sa personne!.. Ah! ah! pardonnez-moi, mon pauvre Saint-Sorlin, je ne puis m'empêcher de rire de votre mine tragique!.. C'est un chat-tigre, dites-vous? nous l'apprivoiserons. S'il a jeté son dévolu sur moi, je le plains, et je suis femme à lui faire traverser de singuliers pays. L'essentiel est de l'amadouer suffisamment pour obtenir sa protection. Quant au reste, mon ami, je n'ai qu'une chose à vous dire, et cette chose est très-sérieuse : en dépit de ma légèreté de caractère, j'ai conservé de la délicatesse de cœur, des principes religieux, et je ne vois pas d'objet plus capable de m'inspirer le mépris et le dégoût qu'un prêtre me parlant d'amour.

— Bravo, Marion, bravo! j'aime à vous entendre raisonner de la sorte... Ah! cardinal d'enfer! tu me fais descendre au rôle de Mercure... Restez dans ces excellents principes, restez-y, Marion!

— Soyez sans crainte.

— Or, poursuivit Saint-Sorlin, devinez un peu comment ce double fourbe a tenté de m'expliquer son empressement à vous voir ?

— Je serais curieuse de l'apprendre.

— Il a prétendu qu'il avait à vous entretenir d'affaires... politiques.

— Mais... la chose est possible, et vous le calomniez peut-être, le saint homme.

— Dieu m'en garde ! il y a déjà trop de la vérité sur son compte. Je pourrais citer certains noms de femmes, qu'il prononce d'une certaine manière, avec un certain regard... je ne m'y trompe jamais.

— Quels sont, je vous prie, ces noms-là ?

— D'abord ceux de mademoiselle de Montmorency, de Marie de Vignerots, sa jolie nièce.

— Il aime sa nièce !

— Beaucoup... l'excellent cardinal porte toute sa famille dans son cœur. Il y a aussi les noms de madame de Chaulnes, de madame du Fargis, et vous ne devineriez jamais jusqu'où vont en amour ses ambitieuses espérances ?

— Pardonnez-moi, je me rappelle l'aventure des rideaux et du poignard.

— Oh ! vous n'y êtes pas, ma chère ! les reines se suivent et ne se ressemblent pas.

— Quoi ! le cardinal oserait...

— Chut !.. il ose tout. Je suis effrayé quand je songe à la multitude inouïe de madrigaux et d'épîtres auxquels il condamne impitoyablement ma plume..... car, vous le saurez, Marion, je suis le rimeur ordinaire de son Éminence et, s'il vous arrive, par-ci, par-là, quelque griffonnage poétique, vous pouvez affirmer sans crainte qu'il est de moi. Les dames citées plus haut ont reçu tour à tour les produits de ma muse, et n'en ont pas été, que je sache, très-sensiblement touchées. Battu sur tous les points, le cardinal compte aujourd'hui remporter une victoire éclatante pour laver l'opprobre de ses défaites.

Nous approchions du Louvre.

— Je vous remercie, monsieur, de vos précieux renseignements, dis-je à Saint-Sorlin, et je vais faire en sorte de les mettre à profit.

— Vous me jurez, Marion, d'être impitoyable ?

— Je le jure.

— Songez-y, je vous conduis moi-même chez le cardinal. Il serait par trop humiliant pour moi qu'il n'essuyât pas une nouvelle défaite.

— Oui, monsieur, soyez tranquille, je ne vous ferai point jouer le rôle de Mercure.

— Méchante!.. après tout, raillez tant qu'il vous plaira, peu m'importe, si l'Éminence est battue.

— Pauvre Éminence!..... Elle a vraiment dans son intimité des personnes qui établissent agréablement sa réputation.

— Si M. de Richelieu, ma chère, ne s'écartait pas de la ligne de ses devoirs, comme prêtre; s'il y avait chez lui moins d'amour de la domination, moins d'égoïsme et de fourberie, sa renommée serait moins suspecte, et je n'aurais pas été forcé de vous mettre en garde contre d'hypocrites tentatives.

Le carrosse faisait halte.

Grassin nous ouvrit la portière.

De la rue des Tournelles, il avait gagné la rue Saint-Antoine, l'Hôtel-de-Ville et les quais. Nous pénétrions au Louvre du côté de la Seine par le guichet du midi.

Le secrétaire de Richelieu me pria de baisser mon voile et me fit traverser de petits couloirs sombres où l'on ne rencontrait par intervalles qu'un Suisse barbu, nous demandant le mot d'ordre avec l'accent germanique de Bulmann, ou bien un mousquetaire à la moustache élégamment retroussée, qui nous parlait avec plus d'égard pour la prononciation française.

Au bout de cinq minutes de marche, Saint-Sorlin s'arrêta près d'un panneau de boiserie sculptée.

Comme on n'apercevait aucune apparence de porte, j'allais lui demander s'il avait la trompette biblique pour faire choir les murailles, quand je le vis presser un bouton caché dans la sculpture, et le panneau s'écarta devant moi.

Mon conducteur m'invita, du geste, à passer par l'ouverture, tout en restant lui-même en dehors.

La boiserie se referma brusquement.

J'étais seule avec Son Éminence monseigneur le cardinal de Richelieu.

Le ministre écrivait à une table où se trouvaient pêle-mêle des cartes topographiques déployées, des lettres ouvertes, des portefeuilles gonflés de notes et de larges parchemins revêtus du sceau de l'État.

Il ne fit pas d'abord attention à moi.

Déjà passablement émue par l'étrangeté de mon introduction, j'eus presque peur de me voir dans ce cabinet, en présence de cet homme qui continuait d'écrire et auquel je n'osais faire remarquer ma présence.

Enfin, il daigna lever la tête et m'indiqua silencieusement un fauteuil près de la cheminée.

J'allai m'y asseoir, essayant de combattre l'impression de timidité qui me gagnait.

Bien qu'on fût au mois d'avril et que la saison commençât à être assez douce, il y avait plusieurs bûches pétillantes sur les hauts chenets à énormes boules de bronze.

Je reconnus la pièce où je m'étais cachée jadis avec Emmanuel et Saint-Sorlin.

Une immense bibliothèque en garnissait le fond, les murs étaient ornés d'une tapisserie de Bergame de couleur presque noire, et les lourds rideaux de damas ne laissaient passer qu'un demi-jour douteux, se mariant aux reflets vacillants de l'âtre et donnant à cette pièce quelque chose de sinistre. Un grand portrait équestre de Louis XIII, suspendu tout en face de la table où écrivait le cardinal, paraissait s'animer à ces lueurs fantastiques. Le roi avait l'armure complète, avec le grand collet brodé et l'écharpe jetée sur la cuirasse. Derrière la croupe du cheval, un page portait le casque aux plumes flottantes.

A chaque angle de la pièce était un lit de repos.

Mes yeux s'habituant à cet intérieur sombre, j'aperçus çà et là quelques peintures mondaines qui, sans être licencieuses, me parurent toutefois légèrement déplacées dans le cabinet de travail d'un prince de l'Église.

Mais une chose me sembla plus étrange encore, ce fut de voir près de moi, vers l'autre coin de la cheminée, une riche corbeille de velours grenat, dans laquelle une jolie chatte blanche allaitait cinq petits.

Tout à coup le cardinal cessa d'écrire et me dit d'une voix assez rude :

— Vous vous appelez Marion Delorme?

— Oui, monseigneur.

Il se mit à flatter les chats sans façon, sur mes genoux même. *Page* 292.

— Quel âge avez-vous?
— Vingt-deux ans.
— Hum! vous êtes jolie, mademoiselle, trop jolie peut-être pour le salut de votre âme.

Il approcha son fauteuil de la cheminée, prit une paire de pincettes, étala sur les chenets deux pieds chaussés de pantoufles éclatantes et se mit à tisonner d'un air rêveur.

J'eus le temps de l'examiner à loisir.

Sa figure avait un cachet de dureté qui frappait au premier abord. Ses traits étaient néanmoins régulièrement beaux. Il avait le nez aquilin, les yeux grands et vifs, les lèvres roses et un peu saillantes. Sa barbe en pointe et ses cheveux relevés au-dessus de l'oreille et de chaque côté de la barrette, lui donnaient une physionomie fort originale. Il portait un col uni, rabattu sur sa soutane rouge, et sous lequel on apercevait le grand cordon avec la croix du Saint-Esprit.

Au bout d'un instant de silence, il posa les pincettes et se tourna vers moi.

— Vous avez fortement mécontenté madame de Saint-Èvremond, mademoiselle? commença-t-il.

Son accent avait moins de rudesse. Je crus même deviner sur ses lèvres l'intention d'un sourire.

— Hélas! lui dis-je, enhardie par cette nuance bienveillante, madame de Saint-Èvremond s'est montrée bien dure pour une pauvre jeune fille sans expérience!.. De sages conseils m'eussent ramenée bien plus sûrement que la rigueur.

— Vous étiez, dit-on, d'une coquetterie sans exemple?

— Je l'avoue, répondis-je, en baissant la paupière d'un air candide; mais c'était un peu de mon âge et de mon sexe.

Richelieu me regarda fixement sans mot dire. Je prenais un petit air confus qui ne devait pas manquer d'à-propos. Quand il m'eut bien examinée des pieds à la tête, il ressaisit les pincettes et tourmenta de nouveau les tisons, en murmurant:

— Elle est charmante!

J'entendis cet *aparté* flatteur et je continuai sans attendre qu'il m'interrogeât:

— La comtesse me reproche d'avoir voulu épouser son fils. Cela ne doit pas être regardé comme un crime, puisque j'exigeais le mariage pour échapper à la séduction.

— Ah! fit-il, contez-moi cette histoire.

Il plongea sa main dans la corbeille de velours et en ramena successivement les cinq petits chats. La mère se frottait à ses jambes en faisant entendre son *ron-ron* familier.

Pour entamer le récit qu'il me demandait, je repris la chose d'un peu haut, afin d'avoir occasion de parler de l'aventure de Marie de Médicis et du poignard.

Lorsque j'en fus là, Richelieu me regarda d'un air singulier.

— Voyons, mademoiselle, me dit-il, qu'avez-vous pensé de cette violence de la reine?

La question m'embarrassa fort.

— Eh bien, reprit-il, vous ne répondez pas?

— Mais... balbutiai-je.

— Soyez franche.

— Mon Dieu, j'ai la funeste habitude de penser très-peu, monseigneur... et dans cette circonstance-là... je n'ai rien pensé du tout.

— Voilà, certes, une réponse adroite, dit-il en souriant; vous avez de l'esprit, mademoiselle.

— C'est monseigneur qui me force à en avoir.

— De mieux en mieux.

Il approcha son fauteuil du mien.

— Je dois vous le dire, continua-t-il, cette bizarre aventure dont vous avez été témoin involontaire est un peu cause de notre entrevue d'aujourd'hui. J'ai toujours désiré connaître la jeune fille qui avait vu son existence menacée pour moi..... Saint-Sorlin n'a pu vous laisser ignorer cela... Mais n'aurait-il pas ajouté quelque commentaire, ou ne se serait-il point livré à quelque hypothèse au sujet de la visite que je réclamais de vous?

— Non, monseigneur.

Ce gros mensonge fut lancé d'un ton moitié naïf et moitié surpris, dont le résultat fut une conviction immédiate chez mon interlocuteur.

Il poursuivit avec un air de contentement visible :

— Saint-Sorlin a toute ma confiance, et je le crois incapable d'en abuser.

Richelieu, à ces mots, sortit les petits chats du creux de sa soutane et les mit sur moi.

— Caressez un peu mes favoris, me dit-il.

La mère vit ce déplacement de sa progéniture, parut inquiète et finit par sauter elle-même sur mes genoux. J'aimais peu ce manége et je ne trouvais point agréable d'être *enchattée* de la sorte.

Pendant ce temps-là, monseigneur se levait pour aller prendre dans un coin de sa bibliothèque un objet qu'il rapporta.

C'était mon éventail.

— Votre récit m'a fait songer, mademoiselle, que j'avais une restitution à vous faire. J'ai gardé précieusement cet objet en attendant l'occasion de vous le rendre.

Il me tendit l'éventail.

Sa main pressa légèrement la mienne ; puis se rasseyant et rapprochant encore son fauteuil, il se mit à flatter les chats sans façon sur mes genoux même.

L'heure était venue de me mettre en défense.

— N'est-ce pas, les jolis animaux ? me disait le cardinal. Comme ils sont gracieux ! Quelle souplesse et quelle agilité de mouvements ! ce sont des tigres en miniature !

Cédait-il tout simplement à la singulière passion qu'il semblait avoir pour la race féline, ou bien était-ce un prétexte pour entrer avec moi dans une route de familiarité, qui pouvait me conduire très-loin ?

Il y avait, j'imagine, de l'une et de l'autre chose.

J'étais fort embarrassée de ces pattes et de ces mains grouillant pêle-mêle sur ma robe. Je sentais que le plus dangereux des chats était celui dont m'avait parlé le secrétaire. Si je l'irritais, au moment où il faisait avec moi patte de velours, je courais grand risque de sentir ensuite la griffe.

Dans la circonstance, je ne vis rien de mieux pour me tirer d'embarras que de jeter un cri perçant et de feindre de m'évanouir.

— Ah ! pauvre enfant ! s'écria le cardinal, ils vous ont blessée... Fi, les traîtres !

Il chassa la mère, jeta les enfants dans la corbeille et se mit en devoir de dégrafer le haut de mon corsage, pensant que c'était le moyen le plus simple de rétablir la respiration et de me rendre à l'usage de mes sens.

Mais je ne voulais pas astreindre un prince de l'Église au rôle de femme de chambre.

J'ouvris langoureusement les yeux, et je murmurai d'une voix faible :

— Ce n'est rien, monseigneur... ils ne m'ont fait aucun mal... Seulement, je n'osais vous dire que j'ai pour les chats une aversion dont je ne suis pas maîtresse... elle date de mon enfance.

— Vraiment ?... c'est bien singulier... Allons, remettez-vous.

Il me tendit un flacon de sels, je le respirai pour la forme.

— Oh ! je suis beaucoup mieux, monseigneur, et je peux maintenant reprendre mon histoire.

— Non, c'est inutile, je la sais d'un bout à l'autre. Si je vous la faisais raconter tout à l'heure, c'était pour nous donner le temps de nous mettre à l'aise ensemble... Dieu merci, nous y voilà!

— Quoi! Votre Éminence connaissait...

— Le faux mariage de la chapelle du Louvre... oui, oui! Saint-sorlin m'a donné tous ces détails, et j'en veux à madame de Saint-Évremond d'avoir eu la cruauté de meurtrir le joli satin de cette joue si veloutée, si rose, si fraîche, et qui méritait un traitement plus doux.

Il tombait décidément dans les fadeurs du madrigal.

Ses regards avaient la hardiesse que ses paroles n'osaient prendre encore; il était prêt de glisser sur une pente dangereuse.

— Ah! monseigneur, lui dis-je, essayant de rougir et me donnant un air de componction véritable, ne faites pas l'éloge de ces avantages frivoles! la nature ne nous les accorde, hélas! à nous autres faibles femmes, que pour mieux assurer notre perte!

Il m'enveloppa d'un regard scrutateur et parut vouloir descendre jusqu'au fond de mon âme. Je soutins avec beaucoup d'assurance cette espèce de perquisition morale, et j'ajoutai, sans rien perdre de mon air contrit:

— J'ai formé le projet d'expier mes fautes et ma coquetterie passée par une conduite entièrement régulière; c'est pourquoi, monseigneur, je suis venue à vous avec confiance. Vous ne me jugerez pas indigne peut-être de votre protection puissante, et vous empêcherez madame de Saint-Évremond de persécuter une pauvre jeune fille qui jure à vos pieds de ne donner de sa vie le moindre scandale.

Ce disant, je joignis les mains et je m'agenouillai devant lui, le front incliné, comme pour lui demander sa bénédiction.

Oui, j'eus recours à cet expédient, afin d'empêcher Son Éminence monseigneur le cardinal de Richelieu d'aborder avec moi certaines questions trop délicates, et l'on aurait tort de m'en faire un reproche. L'hypocrisie ne se laisse vaincre qu'avec ses propres armes.

Je ne pouvais ici me sauver de l'homme que par le prêtre.

Richelieu, me voyant à ses genoux, fronça le sourcil d'une manière inquiétante, me souleva le menton de sa main sèche, et me dit, en se penchant jusque sous ma prunelle:

— C'est une comédie, j'espère, que vous me jouez là?

— Oh! monseigneur, pouvez-vous croire...

— M Desbarreaux, dont les sentiments chrétiens me sont connus, a sans doute opéré chez vous, mademoiselle, cette conversion miraculeuse?

— Votre Éminence a le droit de m'humilier... elle a connu mes désordres et doute de mon repentir.

— Silence! relevez-vous! cria-t-il en frappant du pied.

Je commençais à craindre de ma ruse un résultat fâcheux. Le cardinal venait de repousser son fauteuil avec un mouvement de colère. Il se promenait de long en large et poussait à part lui de sourdes exclamations.

Enfin il se rapprocha de moi, me prit la main, la serra dans la sienne à me faire crier, et me dit d'une voix terrible:

— Si vous me trompez, malheur à vous!

Il était pâle, son œil lançait un feu sombre.

— Aïe! pensai-je, voilà que j'ai réveillé le chat-tigre!

Or il devenait impossible d'essayer un autre rôle, et je devais poursuivre jusqu'au bout.

— Vous tromper, monseigneur! murmurai-je d'une voix tremblante, j'en suis incapable, et vous me voyez bien triste d'encourir ainsi votre colère par les raisons mêmes d'où votre bienveillance pouvait naître.

— Mais, enfin, mademoiselle, cria-t-il, qui donc s'est permis de vous convertir?

La question me parut bizarre.

J'eus toutes les peines du monde à garder mon sérieux. Cependant j'y parvins, et j'envisageai le cardinal avec un air de surprise naïve.

Son courroux s'apaisa.

Il ne put s'empêcher de rire lui-même de la singulière phrase échappée à son désappointement.

— Ne donnez pas à mes paroles une portée plus grande que celle que j'y attache, me dit-il, en revenant prendre place sur son fauteuil. J'espérais avoir moi-même la gloire de vous convertir... et, trouvant la besogne faite, je n'ai pu réprimer un petit mouvement d'humeur... Soyez assez bonne pour me le pardonner.

— Votre Éminence me rend toute confuse.

— A présent, dites-moi celui qui vous a ramenée dans le droit chemin?

— C'est un digne prêtre de Lorraine, monseigneur.

— Il s'appelle?

— Pierre Fourrier.

— Oui, je connais ce nom-là... Joseph, mon capucin, me parlait justement, l'autre jour, de cette espèce d'apôtre qui fait, dit-on, beaucoup de bien en Lorraine. Il me conseillait de l'attirer à Paris; mais nous avons déjà Vincent de Paul, et c'est un mauvais système de rassembler tant de saints autour de nous. Les courtisans, cette race perfide et méchante, se livrent à des comparaisons dangereuses. Enfin, ma chère enfant, vous me donnez tous ces détails sans hésiter et d'un air de franchise sous lequel il n'y a, je me plais à le croire, ni fourberie ni trahison. Avez-vous fait choix d'un confesseur depuis votre retour à Paris?

— Pas encore, dis-je, ne sachant trop où irait aboutir ce nouveau défilé dans lequel s'engageait l'entretien.

— Tant mieux! répondit le cardinal, je me charge de la direction de votre âme!

— Quoi! monseigneur daignerait...

— Oui, je m'intéresse à vous d'une façon toute particulière, et je ne souffrirai jamais qu'un autre vous entretienne dans ces résolutions louables. A moi seul appartient le soin de vous guider sur la route de la persévérance.

Je me sentais prise dans un trébuchet.

Me tirer de là n'était point une chose possible, et j'admirai l'adresse avec laquelle le cardinal tournait la difficulté, pensant arriver, un peu plus longuement sans doute, mais aussi sûrement à ses fins. Je compris, dès ce jour, qu'il devait avoir, en effet, de hautes capacités diplomatiques.

— Toutefois, je résolus de tenter un dernier effort pour échapper à ce piége.

— Ah! murmurai-je, monseigneur, je renonce à vous exprimer ma gratitude!... un si grand intérêt me réhabilite à mes propres yeux... Oui, j'aurai le courage de lutter contre les séductions du monde, afin de me rendre de plus en plus digne de votre estime. Quant à la direction de ma conscience, je ne dois vraiment pas souffrir que vous vous imposiez cette tâche. Votre temps est trop précieux, monseigneur... la France et le roi le réclament tout entier.

— Je connais mes devoirs, Marion, me répondit-il : si je m'en impose un de plus, je saurai le remplir.

Il proféra ces paroles d'un ton qui n'admettait plus de réplique et s'empara de nouveau de ma main, qu'il tapota dans les siennes.

— Vois-tu, ma chère petite, continua-t-il en passant tout à coup à une familiarité complète, j'ai besoin d'affection. Je suis entouré d'ennemis et de détracteurs... ils me rendraient, en vérité, l'existence trop malheureuse, si je n'avais, d'autre part, quelques satisfactions intimes. Je veux que tu m'aimes... chrétiennement, avec innocence, comme on aime un frère.

— Monseigneur...

— Oh! point de refus! ma protection et mes bienfaits sont à ce prix. Tu viendras me voir régulièrement deux fois par mois... ce n'est pas trop d'exigence... tu m'ouvriras ton âme, je te donnerai de salutaires conseils, et nous causerons ensemble comme deux bons amis. Sois tranquille, je suis prêtre et je puis te dire, en m'appuyant sur de saines maximes théologiques, jusqu'à quel point l'intimité peut aller entre homme et femme sans offenser Dieu. Ainsi, Marion, il m'est permis de te trouver charmante et d'admirer en toi le chef-d'œuvre sorti des mains du Créateur.

— Votre Éminence, dis-je en baissant les yeux, doit être, en effet, bien instruite de ces choses, et puisqu'elle désire me guider elle-même, je n'ai plus qu'à m'abandonner, humble et confiante, aux lumières de sa direction.

— Parfaitement répondu!... Chère petite, elle est adorable! et ce Desbarreaux lui a vraiment laissé beaucoup de candeur. Oui, Marion, sois confiante! notre amitié nous permettra de douces caresses; je te les donnerai sans scrupule et tu les recevras de même. Il n'y a pas le moindre péché, ma chère, à flatter ta petite main si mignonne et si blanche. Je puis également effleurer de mes lèvres ce beau front qui rayonne d'un éclat si pur... Laisse, mon enfant, tu ne m'accordes là qu'un baiser de sœur.

Oui, sur ma parole, il eut l'audace de m'embrasser.

Tout à coup, je fis entendre un cri d'effroi.

Derrière le siége du cardinal, je venais d'apercevoir une apparition singulière, un visage blême, un crâne dégarni de cheveux, un menton barbu et de gros yeux ronds à fleur de tête, qui me contemplaient avec stupeur.

Je me levai précipitamment et j'écrasai la queue de la mère chatte, endormie près de moi devant l'âtre.

Réveillée par la douleur, elle se mit à courir et à pousser des miaulements aigus.

Le cardinal, mademoiselle, est un saint prêtre et un grand ministre. *Page* 300.

VIII

— Que viens-tu faire ici, double imbécile? s'écria le cardinal, toisant d'un air furieux l'apparition, cause de mon épouvante. Le père Joseph, ou, si l'on veut, l'Éminence grise, car on nommait ainsi le personnage qui entrait si librement dans le du ministre, s'inclina révérencieusement et répondit :

— Monseigneur, ne m'avez-vous pas autorisé, hier encore, à pénétrer près de vous, lorsqu'il s'agit d'une affaire grave?

— Sans doute, sans doute, dit le cardinal.

Il alla prendre la chatte blessée sur l'un des lits de repos et la rapporta dans ses bras en lui prodiguant les marques de la plus vive compassion.

— Mais, poursuivit-il, tu choisis fort mal ton temps!.. mademoiselle n'a pas l'habitude de voir des capucins. Tu lui a fait une frayeur dont la queue de ma chatte s'est fort désagréablement ressentie.

— Je ne pouvais prévoir... murmura le père Joseph.

— On prévoit toujours!.. M'a-t-il vu vous embrasser, Marion?

Je sentis mes joues devenir écarlates à cette brusque demande du cardinal, et je répondis toute honteuse :

— Oui, monseigneur.

— Vraiment, dit-il au capucin, tu étais derrière nous?.. En ce cas, je te l'annonce, mademoiselle est une de mes arrière-cousines, une enfant que j'ai vue naître... Les caresses entre elle et moi sont permises... Honni soit qui mal y pense!

— Oh! dit le père Joseph, sur les lèvres duquel je surpris un sourire incrédule, Dieu me garde de supposer...

— Tais-toi!.. Voyons l'affaire importante qui t'amène.

— M. le cardinal de Guise vient de donner un soufflet à M. le duc de Nevers.

— Un soufflet à Gonzague! s'écria Richelieu.

— Oui, monseigneur, un vrai soufflet, parfaitement appliqué devant plus de cinquante témoins, en pleine cour du Palais-de-Justice, où le cardinal s'est rendu ce matin en habit et en bottes pour faire cet affront à sa partie adverse. Vous le devinez déjà, c'est à l'occasion de leur procès pour ce prieuré dépendant de l'abbaye de Cluny.

— Tu es bien sûr de ces détails?

— Un gentilhomme de M. de Nevers est là dans votre antichambre. Il vient, au nom de son maître, vous supplier d'obtenir du roi la permission de venger l'outrage par la voie des armes. C'est pourquoi j'ai cru devoir entrer sur-le-champ pour vous prévenir.

— Un duel! c'est impossible : les cardinaux ne se battent pas.

— Pourtant, monseigneur, ils battent les autres, dit l'Éminence grise, très-satisfaite du jeu de mots.

— Oui... Nevers a droit à une satisfaction... Je voudrais que ces maudits cerveaux brûlés de Lorraine fussent à tous les diables!

— Si j'osais vous soumettre un avis? dit le capucin.

— Parle.

— J'enverrais, dès ce soir, l'agresseur à la Bastille.

— Oui, certes... j'y songeais déjà!.. C'est le moyen le plus simple d'empêcher le duel, et je me charge de prouver à Gonzague que cette réparation doit lui suffire. Ah! monsieur le cardinal! monsieur le cardinal! vous en tâterez, je vous le jure!.. Occupons-nous de cette affaire.

Il se rassit devant la table et me fit signe d'approcher.

— Au revoir... à bientôt, ma bonne Marion, me dit-il à voix basse. Je t'enverrai par des Bournais, mon valet de chambre, un sac de cent pistoles. Tu en recevras autant le lendemain de chacune de tes visites. Il faut monter ta maison sur un pied convenable. Sois discrète! laisse ignorer en quels termes nous sommes. Tu recevras des écrivains, des gens de cour; tu écouteras ce qu'ils diront de moi... tu les feras même parler de temps à autre, et tu me rapporteras fidèlement leurs discours.

— Mais Votre Éminence m'impose là une mission...

— Silence, ma chère! jamais, tu le sauras, on ne doit me contredire. Je ne puis demander à mes ennemis le service que j'attends de toi. Va! sois obéissante... et, songes-y bien, j'écrase tous ceux qui marchent en dehors de ma route!

— Franchement, monseigneur, j'aimerais mieux ne pas être mêlée à votre politique.

— Il s'agit non de ce que tu préfères, mais de ce qui m'est utile. D'ailleurs, pour couper court à tout, je le veux.

— J'obéirai, murmurai-je avec crainte.

Pour la seconde fois je remarquais dans son regard ce reflet sinistre, que toute contradiction faisait jaillir. Sa voix avait alors quelque chose de sec, de tranchant et de brutal; chacune de ses paroles tombait comme un coup de hache.

— A la bonne heure... Embrasse-moi et laisse-nous.

Il déposa sur mon front un autre baiser; puis, se retournant vers le capucin :

— Pousse le bouton de la boiserie, lui dit-il, et accompagne mademoiselle jusqu'à l'extrémité des couloirs. Tu reviendras ensuite écrire la lettre de cachet; je la soumettrai à la signature du roi.

L'Éminence grise ne parut pas très-flattée de cet ordre.

Richelieu lui parlait du même ton qu'il eût pris avec un domestique.

Elle se résigna pourtant à obéir, fit jouer le ressort au moyen duquel s'écartait le panneau mystérieux, et me précéda dans les couloirs d'un air de fort mauvaise humeur.

— Vous pouvez vous dispenser de venir plus loin, mon révérend, dis-je, pensant lui être agréable en lui épargnant une partie de sa corvée : je me reconnaîtrai facilement dans les détours que j'ai déjà parcourus.

— Hum! grommela-t-il, pour une cousine du cardinal, vous ne le connaissez guère.

— Que voulez-vous dire?

— Jamais on n'enfreint impunément une partie de ses ordres.

— Il est donc bien terrible?

— Oui.

— A la cour, dit-on, M. de Richelieu n'est pas généralement aimé?

Le père Joseph tourna vers moi des yeux hagards, ne répondit pas à ma demande, et releva le coqueluchon de sa robe, sous lequel s'éclipsa soudain son visage barbu. Mais au bout des corridors je fus très-surprise de le voir rejeter son coqueluchon sur ses épaules, me regarder gravement en face et me dire avec une solennité parfaite :

— Le cardinal, mademoiselle, est un saint prêtre et un grand ministre!

Il me tourna les talons et disparut.

— Merci du renseignement, mon révérend père, lui criai-je.

Et je regagnai mon carrosse, riant beaucoup du silence machiavélique du capucin.

Richelieu eut à ses côtés cet étrange personnage pendant une grande partie de son ministère, et l'influence du père Joseph s'accrut tellement par la suite, que les courtisans et Louis XIII lui-même ne le regardaient pas sans pâlir.

L'Éminence grise était presque aussi redoutée que l'Éminence rouge.

Cet ambitieux en froc et en sandales fit son chemin par le confessionnal, et posa la base de sa fortune en dirigeant la conscience d'Antoinette d'Orléans, veuve de Charles de Gondi, laquelle, cédant aux suggestions du capucin, voulut, comme Marie de Beauvilliers, tenter une réforme des Bénédictines, et changea le nom de ces religieuses en celui de *Filles du Calvaire*.

Le père Joseph avait porté les armes sous Henri IV; son nom de famille était Leclerc du Tremblay.

Bien qu'il eût échangé le casque contre le capuchon, il garda toute sa vie certaines idées martiales[*] qui servirent à égayer les courtisans, comme Richelieu les fit rire aussi plus d'une fois par ses prétentions aux conquêtes amoureuses.

Mais la comédie que donnaient ces deux prêtres fut achetée trop cher par leurs drames sanglants.

Charles de Gonzague, duc de Nevers, celui-là même qui venait de recevoir un soufflet du cardinal de Guise, avait pris en grande amitié le père Joseph. Ils étaient dignes de s'entendre, car c'étaient bien les deux esprits les plus fantasques du monde.

Excités sans doute l'un et l'autre par la lecture du *Don Quichotte de la Manche*, de Cervantes, publié à Madrid et traduit tout récemment en français, ils conçoivent un beau jour l'extravagante pensée de rétablir l'ancienne chevalerie dans toute sa splendeur et de ressusciter le roi Artus avec ses intrépides compagnons de la Table-Ronde.

On devait ensuite appeler à une croisade les nouveaux chevaliers et les conduire à la délivrance de la Terre-Sainte.

Nevers intrigue dans toutes les cours de l'Europe; le capucin tranche du Pierre l'Ermite, se livre à toutes sortes de vagabondages, court à droite, court à gauche, va de France en Espagne et d'Espagne à Rome, prêche, écrit, fulmine, en latin comme en français, en vers comme en prose, et s'oublie, dans son délire, jusqu'à fabriquer un poëme complet, ayant pour titre la *Turciade*, où il exhorte tout le continent au massacre des Turcs.

Le pape Urbain VIII apprécia tellement le mérite de cet ouvrage, qu'il le plaça de prime abord au-dessus de l'*Énéide*. Cela fit beaucoup d'honneur aux connaissances littéraires de Matthieu Barberini.

Tous les gens sensés haussèrent les épaules.

Mais comme les plus grandes niaiseries du monde trouvent des prosélytes, quelques seigneurs se croisèrent à l'exemple de Gonzague, et le capucin réussit à armer sept navires avec lesquels il voulait, disait-il, aller prendre le Grand-Turc à Constantinople

[*] Voir les Mémoires de Ninon de Lenclos.

et le ramener chargé de chaînes, pour le montrer aux Parisiens sur la place Royale.

La croisade finit par un immense éclat de rire et par la lecture universelle de *Don Quichotte* en France.

Seul, l'ambitieux capucin recueillit quelque bénéfice de cette sottise.

Richelieu le vit à Avignon, devina qu'il avait excité tout ce tapage pour faire parler de lui, l'employa comme intermédiaire dans sa réconciliation avec la cour et reconnut sous ce froc un immense talent d'intrigue.

A partir de ce jour, il attacha le père Joseph à sa personne.

Devenu ministre, il se moquait du capucin à la cour; mais cela ne l'empêchait point de le consulter et de lui confier les missions les plus sérieuses.

Il le malmenait, parce qu'il ne voulait pas lui laisser prendre trop d'empire.

Le moine passa son existence à mendier le chapeau rouge, que Richelieu lui promettait, tout en écrivant à Rome pour empêcher le pape d'accueillir cette demande. Connaissant le mérite réel et l'habileté supérieure du père Joseph, il craignait que celui-ci ne le supplantât un jour, et son égoïsme eut soin de l'astreindre à un état d'humiliation et de dépendance.

En effet, on a prétendu plus d'une fois que le serviteur avait en diplomatie plus de talent que le maître.

C'était bien l'homme indispensable à Richelieu.

Le père Joseph l'aidait à conserver cette inflexibilité de caractère, qui le fit constamment marcher droit devant lui, même quand il fallut, pour achever sa route, mettre les pieds dans le sang.

Presque toujours le cardinal l'envoyait aux souverains de l'Europe. Leclerc du Tremblay leur parlait avec une hardiesse extrême. Il ne connaissait ni les obstacles ni la fatigue, il était audacieux et implacable.

Un jour, il venait de charger un officier d'une expédition secrète pour l'Allemagne.

Celui-ci, ne regardant pas sans doute les premiers ordres comme assez explicites, ne voulut point se mettre en voyage sans demander des renseignements plus amples. Il revint au père Joseph et le trouva disant sa messe.

« — Mais, révérend, lui dit-il, en se penchant à son oreille, si ces gens-là se défendent?

« — Qu'on les tue tous ! » répondit le moine.

Et il continua sa messe.

La cour entière attribuait à cet homme le mérite des grandes actions et la honte des cruautés de son maître. Louis XIII était doublé du cardinal, et le cardinal était doublé du capucin. Richelieu lui-même a, pour ainsi dire, confirmé cette opinion, lorsqu'à la mort du père Joseph, il s'écria :

« — J'ai perdu mon bras droit ! »

Leclerc du Tremblay mourut en 1638, au château de Ruel, et fut amèrement regretté du ministre, qui vit se briser le plus actif instrument de sa puissance.

On peut le soutenir sans être injuste, ces deux hommes étaient aussi cruels l'un que l'autre. Si le père Joseph avait plus de talent, Richelieu n'était pas d'un naturel moins féroce. Quand il commit sa cruauté la plus monstrueuse et la plus infâme, quand il m'assassina mon pauvre Cinq-Mars, il n'avait plus les conseils de son capucin.

Mais le temps n'est point venu de jeter le deuil sur ces pages et de les écrire avec mes larmes.

Je ne me doutais pas que la destinée me mettait en présence d'un homme à qui je devrais un jour mon plus violent désespoir. Richelieu, pour moi, n'était pas encore le monstre à maudire; mais il était déjà l'hypocrite abritant ses passions du manteau religieux, le despote qui n'admettait aucune réplique, même en ordonnant des choses opposées à la délicatesse et à la conscience.

Se figure-t-il, me disais-je, que je vais espionner à son profit ? Il me croit donc l'âme bien ignoble et bien basse ? Non, monseigneur, non, je ne serai jamais capable d'aussi indignes manœuvres ! Si vous m'envoyez de l'argent par votre valet de chambre, comme vous avez eu la bonté de me le promettre, je ne vous ferai pas l'injure de vous le rendre.. Cela vous donnerait des soupçons, et je suis comme Saint-Sorlin, j'ai peur de vous ! Mais j'emploierai ces pistoles à recevoir dignement mes amis et à me préserver des vôtres... vous pouvez compter là-dessus, monseigneur !

Je me tenais à moi-même ce petit discours mutin, en regagnant dans mon carrosse la rue des Tournelles.

Bassompierre m'attendait. Je lui racontai tout bien vite. Il s'amusa comme un bienheureux de mes histoires avec le cardinal; puis il commença sur le ministre et sur son *bouc* (la barbe du père

Joseph justifiait cette irrévérencieuse dénomination) un chapelet de médisances qui dura jusqu'au soir.

Ainsi, au compte de M. de Richelieu, je devais déjà prendre mes notes et me mettre en mesure de lui dénoncer, à notre prochaine entrevue, mon gros amour de maréchal. Je vous demande un peu si ce prêtre n'était pas fou !

Le lendemain, des Bournais arriva, chargé d'un sac de cent pistoles.

Je ne sais à qui ce maraud s'imaginait avoir affaire, mais il prenait un ton léger d'une impertinence rare, et je lui montrai la porte du doigt avec infiniment de noblesse. Il sortit, la tête basse, comprenant un peu tard qu'il ne s'agissait point ici de ses commissions habituelles.

Saint-Sorlin ne tarda pas à venir, et je recommençai d'un bout à l'autre le récit de ma visite au cardinal. Il trouva des épigrammes très-plaisantes et me mit en joie à mon tour. Nous fîmes de tout cela des gorges chaudes à n'en plus finir.

Encore un qu'il m'eût fallu dénoncer !

Que dis-je ? il fallait, en bonne conscience, me dénoncer moi-même.

Vraiment, chez le ministre, c'était un peu plus que de la folie, c'était... Ma foi, je tranche le mot, c'était de la bêtise !

Décidée à recevoir le mercredi et le samedi, je priai Saint-Sorlin de m'amener toutes nos anciennes connaissances. Il s'y engagea d'honneur et tint parole. Je commençai par enlever à madame de Saint-Évremond tous ses fidèles; il fallut qu'elle se résignât à me les prêter deux fois la semaine.

Elle enrageait.

J'autorisai Vaugelas à se livrer chez moi sans la moindre gêne à toutes sortes de divagations sur la grammaire, Maynard, à lire très-mal de fort pitoyables odes, et mon vieux chevalier du Saint-Esprit à n'achever aucune espèce de phrase.

Mon salon se remplissait. Les hôtes, reçus autrefois à la petite maison du faubourg Saint-Victor accouraient me rendre leurs hommages.

Villarceaux, brouillé avec la comtesse, était l'un des plus assidus; il m'appelait sa chère filleule et je l'appelais mon cher parrain. Je le priai de nous amener son fils, dont m'avait parlé le maréchal. Il craignit que ce jeune homme ne tombât amoureux de

Qui es-tu ? cria Bassompierre en lui mettant son épée sous la gorge. *Page* 310.

moi; c'était une excuse, et je ne pouvais blâmer M. de Villarceaux père de ses mesures prudentes.

Mais M. de Villarceaux fils, à qui l'on interdisait mon cercle, alla papillonner ailleurs, et devint, quelque temps plus tard, amoureux de Ninon.

Je ne vois pas trop où était la différence.

Le président Chevry, ce singulier protecteur de Camusard, ne mit pas moins d'empressement que les autres à fréquenter ma maison. Ce fut, après Rosecroix, le plus acharné de mes poursuivants sans espoir. Je le priai de me donner des nouvelles de mon ex-prétendu. Il m'apprit que Joseph était toujours huissier à la cour des comptes, et qu'il avait épousé Lisette.

— Bonté divine! m'écriai-je, voilà donc où le malheureux devait aboutir!

Du reste, Chevry n'avait pas de détails à me donner sur cet hymen extravagant.

Malherbe et son élève chéri daignaient quelquefois prendre le chemin de la rue des Tournelles, et la présence du patriarche m'amena bien vite tous les gens de lettres de l'époque.

C'était une collection curieuse.

Vauquelin des Yvetaux avait toujours une physionomie très-réjouissante.

Un autre personnage plus singulier, et que je pris d'abord pour un mendiant, me fut amené par le pourvoyeur de mon cercle.

C'était une face grotesque, effarée, niaise.

Il était presque impossible de la regarder sans pouffer de rire.

— Ah! mon ami, dis-je à l'oreille de Saint-Sorlin, quand il me présenta cet individu, passe encore pour des Yvetaux, il n'est que ridicule, mais celui-ci...

— N'est pas propre, j'en conviens, Marion; mais le génie, ma chère, a parfaitement le droit d'être sale.

Il ajouta très-haut :

— Monsieur se nomme Chapelain. C'est un poëte de premier ordre; Son Éminence l'estime beaucoup, et je partage l'opinion judicieuse de Son Éminence. Monsieur travaille depuis deux mois à un gigantesque poëme épique, lequel sera terminé, j'espère, d'ici à vingt ou trente ans. La *Pucelle* immortalisera le nom de son auteur.

Je m'efforçai de ne pas rire, et j'assurai le sieur Chapelain qu'il était le bienvenu.

Il me salua jusqu'à terre, et me fit sur mes beaux yeux un compliment d'une platitude remarquable.

Ce poëte avait un habit dont la coupe, au dire des malveillants, remontait à la prise de Troie. Il était de taffetas colombin, doublé de panne verte et enjolivé d'une multitude de petits passements.

dont le sorcier le plus habile n'eût pas deviné la couleur primitive sous la double couche de graisse qui les recouvrait. Le justaucorps de notre homme, en satin noir moucheté, provenait d'un vieux cotillon de sa sœur, avec laquelle il habitait un galetas dans la rue de la Grande-Truanderie. Ce justaucorps, sauf une douzaine de taches d'huile et trois larges accrocs recousus de fil blanc, était la partie la plus irréprochable du costume. Je ne sais où trouver des expressions pour parler de ses bottes affreusement évasées, de ses bas roulés en spirale et donnant à ses jambes la mine de deux colonnes torses, de son chapeau... était-ce un chapeau?... de sa perruque...

Ici je m'arrête. Tout mon courage descriptif m'abandonne.

Quelqu'un, plus hardi que moi, la dépeindra peut-être un jour, et, certes, elle ne fera pas l'admiration de nos derniers neveux.

A cette époque, Chapelain pouvait avoir au plus vingt-huit ans, mais sa laide et vieillotte figure en accusait quarante. Le timbre de sa voix ressemblait au son d'une marmite fêlée. Sa bouche était veuve de dix-sept dents, qu'on lui avait extraites, assurait-on, parce qu'elles s'échappaient en dehors des lèvres sous forme de boutoirs. Enfin, pour l'achever de peindre, il avait de petits yeux ronds et jaunes, le nez bourgeonné et les oreilles longues.

Sauf la laideur du personnage et ses vêtements en désarroi, c'était, il faut le dire, une assez bonne pâte d'homme. Il supportait la raillerie sans trop de colère. On se plaisait à reconnaître en lui un écrivain sans talent, mais consciencieux.

Sa probité surtout passait à l'état de proverbe.

Quand Richelieu lui eut fait une pension, il renvoya un jour à Boisrobert, payeur général de l'Éminence, *un sou*, qu'il avait trouvé de trop dans ses appointements.

Du reste, on aurait tort de juger par des Yvetaux et Chapelain les autres hommes de lettres qui fréquentaient mon cercle. J'en avais de fort aimables et de fort distingués.

Voiture ne manquait pas une de mes réunions.

C'était un cavalier parfait, toujours tiré à quatre épingles, frisé, pommadé, musqué, couvert de bijoux et de dentelles. On disait de lui qu'il était spirituel comme un ange, malin comme un singe, amoureux comme un Hercule, et joueur comme un lansquenet.

Il m'amena Balzac et Patru.

Balzac était l'écrivain à la mode.

Ses premières *Lettres* faisaient fureur et donnaient à la langue un cachet d'élégance et de pureté que jamais ouvrage en prose n'avait eu jusqu'à ce jour. Ses confrères se montraient jaloux de son mérite, et je vis avec peine Malherbe lui-même ne pas lui rendre la justice à laquelle il avait droit.

Comme tous les hommes d'un talent véritable, Balzac eut de nombreux détracteurs.

Il s'aliéna les moines à tout jamais par une seule phrase, en disant d'eux : « Ils sont dans le monde ce que les rats sont dans une ruche. »

Quant à Patru, c'était un tout jeune avocat, sorti le premier de la licence, et ne sachant encore s'il devait envoyer promener le barreau pour les lettres ou les lettres pour le barreau.

Il bavardait comme une pie ; je lui conseillai de rester avocat.

Beaucoup d'autres personnes d'un mérite généralement reconnu, soit à la cour, soit à la ville, tenaient à honneur de recevoir mes invitations.

J'eus des soirées pétillantes, où jeunes et vieux faisaient assaut de verve, où chaque phrase scintillait comme l'éclair, où les paroles se croisaient avec la rapidité des balles dans une escarmouche. On vous décochait une pointe, vous ripostiez par une épigramme. C'était un feu roulant de bons mots, un orage d'esprit, une tempête intellectuelle.

Dans ces batailles à coups de langue, Saint-Sorlin montrait de la valeur.

Bassompierre n'était jamais vaincu.

D'autres fois, on convenait d'un armistice, et nos entretiens devenaient plus doux et plus paisibles.

Racan nous donnait la primeur d'une *Bergerie*. Le vieux d'Urfé, dont nous devions la présence à Vaugelas, nous lisait quelques pages de son roman de l'*Astrée* et nous peignait les doux ébats des bergers du Lignon. Quelques autres romanciers bucoliques de son école avaient leur tour, et c'étaient des idylles, des pastorales à n'en plus finir ; nous marchions sur les lis et les roses, nous nagions dans des ruisseaux de miel.

Tant enfin que madame de Rambouillet prit l'alarme et que la fameuse *chambre bleue* craignit sérieusement d'être éclipsée par le salon de la rue des Tournelles.

IX

Pendant les dix-huit premiers mois qui suivirent mon retour, j'eus une existence radieuse, et, je dois le dire, honorée. Mes amours avec Bassompierre s'enveloppaient d'un voile impénétrable; je repoussais tous les autres hommages avec une barbarie qui m'attirait l'estime universelle.

Malgré tout, Saint-Sorlin osait se nourrir d'espérance; mais je voyais le pauvre secrétaire maigrir à vue d'œil.

Une seule chose le consolait un peu de mes rigueurs : c'était d'apprendre que je faisais marcher le cardinal par des routes fabuleuses.

Richelieu recevait régulièrement les visites convenues

J'avais le courage de supporter des caresses innocentes et pures, selon lui; mais s'il arrivait que le ministre devînt trop tendre, s'il outre-passait les bornes d'une amitié de *frère*; si le cardinal, en un mot, s'avisait d'oublier qu'il était le guide éclairé de mon âme, et que son devoir consistait à me rappeler sans cesse les maximes chrétiennes, je me livrais à des étonnements naïfs, je baissais la paupière avec pudeur, et je mettais le prêtre dans l'obligation absolue ou de rester dans les limites religieuses ou de jeter le masque avec effronterie.

Jusqu'alors il n'avait point osé avouer ouvertement son amour.

Quant à la loi d'espionnage à laquelle Son Éminence croyait m'avoir astreinte, j'y échappais avec le même aplomb.

Le maréchal et Saint-Sorlin m'aidaient de tout leur pouvoir. Je me posais dans mon cercle en cardinaliste incorrigible; j'avais pour tous les actes du ministre des admirations inouïes, un enthousiasme impossible à rendre. Ceux de mes visiteurs, soupçonnés d'une opinion contraire, obtenaient invariablement mes plus doux regards et mes sourires les plus enviés. Les hypocrites se faisaient mes échos, louaient Richelieu pour me plaire, et allaient ensuite se dédommager autre part des impertinents éloges que je les forçais à débiter.

Par ces manœuvres d'un machiavélisme très-permis, on aurait tort de ne point en convenir, je me tirais d'embarras le mieux du monde.

Chacune de mes visites au cardinal était signalée par un compte rendu merveilleux. Je lui apportais des roses sans épines, je lui brûlais intrépidement sous le nez l'encens menteur que je recueillais avec tant d'adresse.

Le ministre eut bien par-ci par-là quelques doutes.

Il se rendait assez justice à lui-même, et ne pouvait croire qu'on lui accordât sérieusement de si magnifiques louanges. D'abord, il interrogea Saint-Sorlin, et je ne fus pas de ce côté démentie d'une syllabe; puis il lança son abbé Boisrobert aux trousses de notre poëte crasseux.

Sur sa perruque, Chapelain déclara loyalement que tout mon cercle était cardinaliste.

Richelieu ne se contenta pas de ces témoignages.

Il fit espionner son *espionne*.

C'était le dix-neuf mai mil six cent vingt-cinq, je me rappelle encore cette date. Il y eut, vers huit heures et demie du soir, un orage affreux accompagné de grêle. Certaines rues de Paris en avaient jusqu'à six pouces d'épaisseur.

La température, étouffante pendant le jour, se refroidit brusquement.

Mes invités arrivaient tout transis. Thérèse devança mes ordres, nous apporta de la braise ardente et la jeta dans la cheminée du salon, avec deux ou trois petits fagots.

Ils ne flambaient pas encore, que nous entendîmes dans la cheminée une toux et un bruit étrange.

On devine notre frayeur.

Les plus hardis passèrent leur tête sous le chambranle, et virent un homme essayant de remonter précipitamment pour s'enfuir par les toits.

Chacun de nous se mit à crier : Au voleur! sur tous les tons. Le fugitif, épouvanté de ces cris et suffoqué bientôt par la fumée, dégringola tout d'une masse et tomba dans l'âtre.

— Qui es-tu? cria Bassompierre en lui mettant son épée sous la gorge.

— Hélas! monseigneur, épargnez un pauvre père de famille!... je n'ai pas d'autre métier pour nourrir ma femme et mes enfants.

— Quoi! tu appelles le vol un métier?

— Je ne vole pas, monseigneur.

— Que fais-tu donc?

— J'écoute.

— Ah! ah!

— Oui, j'ai l'honneur d'appartenir à la police secrète de Son Éminence.

Il déploya sous nos yeux un parchemin que nous repoussâmes avec dégoût.

— Eh bien, Marion, me dit Bassompierre, vous ne pensiez pas ni moi non plus que les oreilles du cardinal fussent assez longues pour venir jusqu'ici?.. Ne m'ordonnez-vous pas de jeter par la fenêtre cet animal et son brevet?

— Laissez-le, répondis-je, voyant aussi vite le côté profitable de l'aventure : peu nous importe son espionnage. Il nous écoutait, soit... Alors il a dû voir que M. de Richelieu compte chez moi beaucoup d'amis et de partisans.

— C'est vrai, madame. J'ai toujours dit au père Joseph...

— Silence! cria Bassompierre. Depuis quand nous espionnes-tu?

— Depuis un mois, monseigneur.

— Tous les jours?

— Non. Je venais seulement les soirs où madame avait cercle.

— Et tu gagnais la cheminée?

— Par les toits, à la tombée de la nuit. J'habite un grenier dans la maison voisine.

— Il ne t'est jamais arrivé de rapporter autre chose que ce que tu avais entendu?

— Ah! monseigneur, je suis honnête homme!

Nous partîmes d'un immense éclat de rire, et le maraud fut mis dehors par les domestiques, avec injonction formelle, au cas où il tiendrait à ses côtes, de ne plus se livrer à des actes d'honnêteté semblables.

Je courus le lendemain chez le cardinal, qui savait déjà l'histoire.

Il eut, on se l'imagine bien, toutes les peines du monde à m'apaiser. Je lui reprochai sa défiance en termes fort durs; je criai, je pleurai, j'eus même une crise nerveuse très-inquiétante.

Le flacon de sels manœuvra.

Son Éminence voulut, comme autrefois, détacher quelques agrafes de mon corsage; mais cette marque d'intérêt fut accueillie par une bourrade irrespectueuse, que justifiait parfaitement, du reste, l'état d'agitation de mes nerfs.

Enfin j'eus l'extrême bonté de m'adoucir.

Je daignai tenir compte des pitoyables raisons alléguées par le cardinal pour expliquer sa conduite; je lui déclarai d'un air très-sérieux que, si je voyais encore l'ombre d'un soupçon, tout mon dévouement se changerait en haine; que j'étais femme à braver sa colère, que tous mes amis prendraient pour moi fait et cause et pousseraient de belles clameurs, s'il faisait mine seulement de vouloir m'enfermer.

Bref, j'eus de magnifiques élans d'indignation. J'étais au mieux dans ce rôle, et je mis le cardinal à mes pieds.

Il fit constamment patte de velours, je ne sentis pas le plus petit bout de sa griffe.

Que je me félicitais de ma prudence! quelle belle résolution je formais de persister dans mon machiavélisme! comme je sentais la nécessité de ruser sans cesse avec ce grand maître de la fourberie! Tout en m'adorant, me cajolant, me flattant, me payant, il m'envoyait des espions jusque dans ma cheminée!

Néanmoins, à partir de ce jour, et grâce à ma scène si bien conduite, je m'aperçus que ses convictions à mon égard étaient parfaitement établies.

Richelieu crut à ma résistance vertueuse et chrétienne; il crut à mon amitié, à mon dévouement inébranlable. Il me complimenta même sur la manière dont j'avais esquivé ses ordres afin de mieux le servir; il me déclara qu'une femme supérieure pouvait seule déployer à la fois tant d'adresse et de convenance, échapper à un rôle odieux et trouver moyen de changer des ennemis en amis, pour ne se point salir par une dénonciation.

L'entendant raisonner de la sorte, je compris deux choses: la première, qu'il devinait les délicatesses de l'âme et n'en tenait aucun compte, puisqu'il m'avait jadis brutalement enjoint d'obéir, malgré ma visible répugnance; la seconde, que ses espions entendaient fort bien et rapportaient mieux encore.

De retour chez moi, je fis venir un serrurier et je lui ordonnai de poser, sur les toits, des grilles solides à toutes mes cheminées.

— Nous avons joué de bonheur, me dit le maréchal.

— Oui, certes, répondis-je. Si l'espion nous eût écoutés plus de deux fois la semaine, il n'aurait pas toujours entendu des paroles flatteuses pour son maître.

— Il aurait surtout appris autre chose, Marion.

— C'est juste... Ah! l'imbécile!

Mon carrosse attendait dans la cour. *Page* 316.

— Pends-toi, Richelieu ! dit Bassompierre, tu ne connais pas le plus beau de l'histoire.

— Foin de l'Éminence !

— Au diable les robes rouges !

— En vérité, monsieur le cardinal, vous n'avez pas le sens commun ! m'écriai-je avec de grands éclats de rire. Quoi ! c'est une femme qui vous mène ainsi? votre barrette couvrirait-elle la tête d'un sot? Je crois, Dieu me pardonne, que l'amour vous aveugle... Ah! ah!.. ceci m'amuse beaucoup, sur l'honneur! je vous ai dupé, je vous dupe, je vous duperai, j'espère, longtemps encore. Les siècles futurs l'apprendront, cela suffit à ma gloire!

Bassompierre vint m'embrasser par-dessus cette folle tirade.

Il devait, le soir même, aller au Louvre, au sujet d'une nouvelle ambassade qu'il tentait d'esquiver par affection pour moi.

Je lui savais infiniment gré de me sacrifier ainsi jusqu'aux faveurs de la cour, et je luttais avec une intrépidité rare contre la coquetterie, de plus en plus inhérente à mon caractère. Aucun de mes soupirants n'obtenait une réponse encourageante.

Voiture, le plus aimable, fut éconduit comme les autres.

Jeune, beau, rempli de qualités charmantes, il était reçu dans les plus célèbres réunions de l'époque.

L'hôtel Rambouillet le plaçait à la tête de son aréopage lettré. C'était le héros de l'ingénieuse badinerie, du sarcasme délicat, de l'épigramme honnête.

Sémillant, coquet, recherché des hommes, adoré des femmes, Voiture aurait vivement flatté mon amour-propre si je l'avais enchaîné à mon char.

Cela ne dépendit que de moi.

Dès sa première apparition dans mon cercle, il commença l'attaque, et je mis en œuvre tous mes moyens de défense contre cet adroit et pétulant séducteur.

Je lui jouai même un tour qu'il eut beaucoup de peine à me pardonner.

Voiture était régulièrement amoureux d'une douzaine de beautés à la fois, et assez fat de sa nature, il ne s'en cachait pas.

Sachant qu'il poursuivait madame des Loges, une fort jolie femme, à l'esprit vif, enjoué, se mêlant même un peu de tenir la plume, j'attirai madame des Loges dans mon salon.

Cela mit Voiture dans un embarras extrême.

Il lui était difficile de me courtiser sous les yeux de cette dame, comme il ne pouvait décemment se montrer empressé vis-à-vis d'elle, quand il m'avait proclamée plus de vingt fois maîtresse absolue de son cœur. Mais il parvint encore à nous distribuer ses galanteries, sans que ni madame des Loges, ni moi pussions trop nous scandaliser du partage.

Le jeu me piqua.

Je connaissais deux autres adorations de Voiture.

La première était cette délicieuse Julie d'Angennes, si louée, si cajolée, si chantée par messieurs les poëtes du temps. Elle se trouvait alors dans toute la fleur de sa jeunesse et de ses charmes.

Par malheur, je ne pouvais espérer que la noble marquise de Rambouillet daignât m'amener sa fille.

J'attirai seulement la seconde adoration de mon étourdi de poëte, Magdeleine de Scudéri, sœur d'un garde française très-infatué de sa personne et se croyant un immense mérite comme écrivain. Magdeleine était assez spirituelle pour qu'on tolérât en sa faveur les ridicules de son frère Georges.

Les deux Scudéri nous arrivèrent, un soir, au moment où Voiture opérait, entre madame des Loges et moi, des prodiges d'équilibre amoureux.

Voilà donc notre poëte obligé de faire une troisième part de galanterie pour celle qu'on nommait déjà la *dixième Muse*. Ceci dépassait toutes les limites de la finesse humaine. Pauvre garçon! Que vouliez-vous qu'il fit contre trois? qu'il se tût[*]. C'était effectivement le parti le plus simple, et Voiture, d'habitude si rieur et si babillard, devint tout à coup silencieux et sombre.

Pour échapper à cette position embarrassante, il priva mes soirées de sa présence.

Depuis quinze jours au moins il n'était pas venu. Je craignais de l'avoir blessé sérieusement par mon petit manége, quand, le soir même de ma dernière visite au cardinal et dix minutes après le départ de Bassompierre pour le Louvre, je le vis entrer chez moi comme un coup de vent.

— Marion, s'écria-t-il, je viens de dire à Grassin d'atteler sur l'heure!

— Pourquoi cela, monsieur?

— J'ai promis à la marquise de vous amener..... Elle nous attend.

— Quelle marquise?

— Eh! mon Dieu, ma chère, il n'y a pas deux marquises à Paris.

— Voici du nouveau, lui dis-je.

[*] La pièce des *Horaces* fut jouée en 1639, et Marion, comme elle le dira plus tard elle-même, rédigeait définitivement ses *Mémoires*, en 1645 ; par conséquent, elle pouvait faire allusion au vers de Corneille. (*Note de l'éditeur.*)

— Ah! Marion! Marion! vous me devrez cette gloire!.. J'ai dorénavant les droits les plus éternels à votre reconnaissance..... oui, charmante! On sait que vous êtes pleine d'esprit et de grâces. Je me suis engagé sur l'honneur à vous présenter aujourd'hui rue Saint-Thomas-du-Louvre.

Je regardai Voiture de travers.

— Non, monsieur, non, vous ne me présenterez pas rue Saint-Thomas-du-Louvre. Je vois quelle est votre marquise, et je ne veux point aller chez une voisine et une amie de madame de Saint-Évremond.

— Bah! pourquoi? elles sont brouillées à mort.

— Vous en êtes sûr?

— Très-sûr.

— Ma chère marraine se brouille donc avec l'univers entier?

— C'est possible... Partons!

— Du tout, je reste... à moins d'avoir la preuve évidente que la fâcherie de ces dames sera durable.

— Si elle sera durable? jugez plutôt. Il s'agissait d'un mur mitoyen passablement lézardé... Le marquis de Rambouillet voulut le faire reconstruire; madame de Saint-Évremond, qui a les nerfs en révolte depuis le départ de son vieil... ami, Villarceaux, déclara que les maçons lui faisaient horreur. Le voisin se fâcha, la voisine riposta sur un ton fort aigre, et notre divine Arthénice* crut de son devoir d'intervenir avec un rameau d'olivier. Mais votre marraine voulait décidément la guerre. Elle ne craignit pas d'appeler *taupe* ce pauvre marquis de Rambouillet, qui a la vue basse. Arthénice, assez vive de sa nature, prit aussitôt fait et cause pour son époux. « — Comment donc, madame, s'écria-t-elle, mais les taupes elles-mêmes ont vu clair dans vos intrigues! » « — Mon Dieu, riposta la comtesse, certaines vertus orgueilleuses ne succombent jamais... c'est tout simple, on ne les attaque pas. »

— Miséricorde! je ne reconnais plus ma marraine.

— Vous le voyez, Marion, ce sont là de ces choses qui ne se pardonnent point entre femmes.

Il m'entraîna.

Mon carrosse nous attendait dans la cour.

Grassin était déjà sur le siége. Le père de Thérèse, auquel j'a-

---

* La marquise de Rambouillet s'appelait Catherine, les poëtes dont son hôtel regorgeait trouvèrent ce nom prosaïque et le changèrent.

vais fait faire un bel habit de suisse couleur lie de vin, nous abaissa gravement le marchepied et le releva de même. Son gendre fouetta les chevaux, nous partîmes au galop.

— Ah! me dit tout à coup Voiture, je vous tiens enfin, perfide!

— Que signifie ce langage, monsieur?

— Vous m'avez tendu des piéges abominables, et vous êtes prise à votre tour.

— Comment, prise?.. nous n'allons pas à l'hôtel Rambouillet?

— Si fait... c'est justement là mon piége, à moi.

— Fort bien! dis-je, un peu rassurée, car son début me causait de l'inquiétude. A présent, je serais bien aise d'apprendre quels sont vos sujets de plaintes ; ma conscience ne me reproche rien.

— Ah! ah!.. n'avez-vous point invité madame des Loges, sachant que je lui faisais la cour?

— Oui, monsieur.

— Vous avez invité Magdeleine de Scudéri pour la même raison?

— Sans doute... où est le crime?.. Vous devriez, au contraire, m'adresser des remerciements.

— Comptez là-dessus! cette mine hypocrite met le comble à vos torts... Vous preniez ces dames pour cuirasse, afin de m'empêcher de vous percer, en leur présence, des traits de mon amour.

— Vraiment? vous avez la prétention de me courtiser, moi troisième?

— Quatorzième, s'il vous plaît! dit Voiture avec un sérieux magnifique. Oui, ma chère, à l'heure où je vous parle, j'adore quatorze femmes charmantes, et j'aimerais mieux mourir que de renoncer à aucune d'elles..... surtout à vous, la plus aimable et la plus jolie.

— Monsieur, vous tenez un raisonnement que le Grand-Turc seul pourrait comprendre.

— Oh! s'écria-t-il, ne comptez pas vous tirer d'affaire avec de l'esprit! Du jour où vous avez tenté de m'échapper par la ruse, je me suis mis à ruser à mon tour. Vous êtes libre d'inviter chez vous qui bon vous semble ; mais à l'hôtel Rambouillet vous n'inviterez personne. Ni madame des Loges, ni mademoiselle de Scudéri ne sont encore admises à pénétrer dans le sanctuaire..... A partir de ce moment, vous n'avez plus de cuirasse.

— Pardonnez-moi, j'ai le souvenir des treize autres divinités qui partagent votre cœur.

— Vous m'affligez, Marion... Quoi! vous seriez capable d'une telle faiblesse de caractère? vous seriez jalouse?.. Allons donc, je ne puis le croire!.. Je rends à la beauté un culte légitime et contant; je pénètre dans tous ses temples, je brûle de la myrrhe devant tous ses autels. Seulement je n'aime pas à voir plusieurs de mes idoles réunies, je les divise autant que possible.

— Donc, c'est une maladresse de me conduire dans le temple où vous encensez mademoiselle Julie d'Angennes.

— Ah! vous avez appris...

— Oui, monsieur. Je suis parfaitement tranquille, et vous n'oserez pas devant elle me poursuivre de vos hommages.

— Quelle erreur, Marion, quelle erreur!.. Julie, une enfant, un ange d'innocence, qui ne comprend rien encore à l'amour!.. C'est une de mes quatorze enchanteresses, oui... mais avec elle je ne fais que prendre date, et je vois son cœur au bout d'une longue perspective. Il me sera facile de lui dérober mes attaques sur le vôtre. Ainsi ne vous bercez pas d'un chimérique espoir : en présence de Julie d'Angennes je veux vous courtiser d'une manière assidue.

— S'il en est ainsi, lui dis-je, en prenant un air de gravité fort imposant, vous me permettrez de rebrousser chemin, et de ne pas m'aventurer dans un endroit où vous me menacez d'une guerre perpétuelle. Je fis mine d'ouvrir la portière.

— Bon! nous y voilà! cria-t-il en me retenant la main. Laissez votre cocher poursuivre sa route, laissez-le, Marion.

— Mais, si je veux rentrer chez moi?

— Impossible!

— Pourquoi, je vous prie?

— Madame de Rambouillet vous attend.

— Eh! qu'elle m'attende!

— Refuser une invitation de la marquise, ne pas répondre aux avances de la reine du goût? vous seriez perdue, ma chère... demain, tout Paris l'apprendrait. Les foudres de l'anathème descendraient immédiatement sur votre front coupable... Chacun déserterait votre cercle, et nous autres, malheureux poëtes, nous serions dans la dure nécessité de vous griffer de notre plume, constamment, partout et toujours. Il nous faudrait servir la sainte colère d'Arthénice et venger l'hôtel Rambouillet de vos mépris, en vous accablant d'épigrammes. Vous le voyez, il vous est défendu de reculer, Marion... N'admirez-vous pas mon adresse?

— En effet, monsieur, je reconnais l'impossibilité de m'échapper du piége.

— A la bonne heure... J'ai eu beaucoup de peine à vous arracher cet aveu.

— Dès ce jour, hélas! je partagerai votre myrrhe avec une infinité d'autres idoles.

— Qu'importe, si l'encens ne manque jamais sur votre autel?

— Me voilà forcée d'entendre la quatorzième partie de vos soupirs.

— Voyons, n'abusez pas ainsi de mes confidences...

— Lorsqu'une phrase aimable sortira de vos lèvres, il me sera très-flatteur de penser que vingt-six oreilles de femmes l'auront entendue avant moi.

— Assez, Marion!

— Si je vous accorde un baiser, j'aurai le désespoir de vous rendre d'un seul coup treize fois infidèle.

— Là, soyez généreuse et ne m'accablez pas davantage.

— Comment donc?.. c'est moi qui suis à votre discrétion, monsieur! Dès à présent me voilà sans défense. Mais il faut de la justice en tout... puisque vous avez quatorze idoles, j'ai le dr d'avoir un égal nombre de sacrificateurs.

— Oh! ce n'est pas rigoureusement nécessaire...

— Je vous demande pardon. Quel autre moyen trouverez-vous d'établir une juste balance? Seulement, je me reconnais plus habile ou plus audacieuse, et je ne tiens pas à les diviser.

— Grâce, Marion, grâce!

— Je les accueillerai tous ensemble et très-favorablement sous vos yeux.

— N'avez-vous point de miséricorde?

— Vous n'obtiendrez à votre tour que la quatorzième partie de mes faveurs.

— C'en est trop!

— L'exclamation n'est pas galante : vous voulez dire que ce n'est pas assez? Du reste, soyez sans crainte, je mettrai la plus grande loyauté dans la distribution. Vos treize rivaux ne seront pas mieux partagés que vous ne le serez vous-même.

— Corbleu! je les tuerai tous!

— De quel droit, je vous prie?.. Avisez-vous de cela!.. d'ailleurs, vos treize maîtresses et moi, nous viendrons nous jeter, éperdues, entre ces treize épées et la vôtre.

— Ah! Marion, je suis treize fois stupide!

— Stupide, non..... fat, oui..... N'en conviendrez-vous pas, monsieur?

— Le plus humblement du monde, et je demande une trêve.

— Je vous l'accorde, sous la condition expresse de ne plus me parler d'amour..... à moins, toutefois, que je ne vous y autorise.

— Et... quand m'y autoriserez-vous?

— C'est mon affaire et non la vôtre.

— Mais alors vous repousserez aussi tous les hommages qui vont nécessairement vous entourer dans les salons de la marquise?

— Je ne m'engage à rien, monsieur..... Malheur aux vaincus!

Comme je proférais cette phrase solennelle, en riant comme une folle, le carrosse entra rue Saint-Thomas-du-Louvre.

Il se fit aussitôt dans mes idées un bouleversement rapide.

Mon émotion fut grande en reconnaissant l'hôtel de ma marraine. Je perdis jusqu'au souvenir de l'entretien que je venais d'avoir avec le jeune poëte, et je regardai tristement le seuil hospitalier, ouvert jadis à la pauvre fille sans fortune et sans nom.

Depuis ce jour, que d'événements se sont passés, que de fautes ont été commises!

Qu'étais-je alors et que suis-je aujourd'hui?

Ne doit-on pas me trouver doublement coupable? Accueillie par la plus noble bienveillance, par l'affection la plus sincère, ai-je eu à me plaindre de la comtesse, avant d'avoir par ma folle conduite encouru son mépris et la perte de son estime? Si elle m'a persécutée, je le méritais, et il m'était défendu d'invoquer le moindre droit à son pardon. Pouvait-elle, sans essayer d'y mettre obstacle, me laisser traîner l'honneur de ma famille dans l'opprobre?

Elle a cent motifs de me haïr, je n'en ai pas un seul de ne plus la respecter; car, aussi longtemps que j'en fus digne, elle a été ma bienfaitrice et ma seconde mère.

Une larme glissa lentement sur ma joue.

Voiture m'offrit la main pour descendre, il vit cette larme et en parut étonné.

— J'ai là, monsieur, bien des souvenirs, murmurai-je, en lui désignant le logis de la comtesse.

— Il paraît qu'ils ne sont point agréables, Marion?

— Hélas! beaucoup d'entre eux sont des remords!

Il soupira plus de vingt ans, avant de conquérir sa belle. *Page* 32*

X.

La réunion célèbre, dont l'influence s'exerça si utilement sur la première moitié du dix-septième siècle, était alors au début de sa splendeur; les arrêts de l'illustre cénacle avaient déjà force de loi pour épurer le goût et corriger les mœurs.

Charles d'Angennes, marquis de Rambouillet, approchait de sa nquantième année.

C'était un petit homme trapu, d'une figure affable et prévenante, riant volontiers et n'engendrant point la mélancolie, bien qu'il eût souffert de nombreuses contrariétés à la cour.

Sans être querelleur, il se trouva mêlé dans les brouilles des Conti, des Bellegarde, des Guise et des Chevreuse.

Il se comporta partout en loyal chevalier.

Mais ses plus grands chagrins lui vinrent du roi, contre l'assentiment duquel il avait obtenu la charge de grand maître de la garderobe. Louis XIII lui faisait des niches ridicules et se livrait, à son égard, à des taquineries fort déplaisantes. Ces tours d'écolier se répétèrent si souvent, que M. de Rambouillet vendit sa charge et vint oublier dans son intérieur les mauvais procédés du monarque.

Il retrouva là sa femme et sa fille, deux créatures ravissantes, dont il était délicieusement et saintement aimé.

Julie d'Angennes avait dix-sept ans.

Sa mère comptait le double de cet âge; mais ses charmes, pour être déjà mûrs, n'en étaient pas moins admirables. Le choix eût été douteux peut-être entre la fleur épanouie et celle qui venait d'éclore.

Madame de Rambouillet, née Catherine de Vivonne, trahissait son origine italienne par la pureté de son galbe et l'air de noblesse et de grandeur qui éclatait sur son visage. Elle avait les cheveux noirs, l'œil vif et bien fendu; ses dents ressemblaient à des perles fines, encadrées par deux feuilles de rose, et sa peau brune, à reflets chauds et dorés, eût rendu jalouse une Napolitaine.

Les attraits de sa personne étaient surpassés encore par ceux de son esprit.

Savante sans pédantisme, aimable sans coquetterie, fine sans malice, vertueuse sans orgueil, habile sans fausseté, madame de Rambouillet était sans contredit la nature la meilleure et la plus distinguée de son siècle. On ne cita son nom dans aucune intrigue amoureuse. Elle déployait une bonté d'âme, une délicatesse exquises; son plus grand plaisir était de recevoir ses hôtes et de les renvoyer heureux et satisfaits.

Aussi les salons de l'hôtel ne désemplissaient pas.

La marquise était vraiment une reine, environnée d'un peuple de courtisans.

Toutefois, à côté de mille qualités adorables, se trahissaient en elle quelques petits défauts : la manie de l'imprévu d'abord ; rien ne lui coûtait pour vous procurer ce qu'elle appelait une *surprise*; elle aimait à vous faire tomber des nues et vous obligeait parfois à une dépense d'admiration très-fatigante.

Madame de Rambouillet avait une voix très-douce, et les parole s'échappaient de ses lèvres avec une volubilité charmante; mais elle abusait du compliment et vous enivrait des parfums de la flatterie. On respirait sept à huit phrases, puis on avait mal à la tête.

Un des travers de la marquise était encore de tomber régulièrement en syncope quand elle apercevait du feu ; elle le tenait en horreur absolue, et la *chambre bleue* se chauffait au moyen d'énormes tuyaux de fonte.

Une autre de ses répugnances était celle des bonnets de nuit ; son mari, pour lui être agréable, courut les chances d'un rhume perpétuel.

Enfin le cinquième et le plus incompréhensible défaut de la marquise consistait à accueillir favorablement Chapelain et ses vers.

Balzac, d'Urfé, Patru, Saint-Sorlin, Vaugelas étaient des intimes de l'hôtel. On y remarquait plusieurs membres de la célèbre famille des Arnault, surtout Arnault Corboville, je le connus beaucoup dans la suite. Valentin Conrart, secrétaire intime du roi, grand ami des lettres, avait été chargé par madame de Rambouillet de lui recruter tout ce que Paris pouvait contenir d'écrivains de mérite.

A ces écrivains venaient se joindre les hommes les plus distingués de la cour.

Le cardinal lui-même tenait à honneur d'être admis à l'hôtel, car il avait certaines prétentions qui déjà l'excitaient à flatter tous les hommes de lettres de l'époque, surtout ceux dont le talent ne lui faisait point ombrage.

Il amenait son Boisrobert.

La figure chafouine et moqueuse de celui-ci me déplut souverainement. On lui accordait néanmoins beaucoup d'esprit et une manière agréable de débiter ses bons mots.

Parmi la foule des hauts personnages qui fréquentaient d'ordinaire le cercle de madame de Rambouillet, je dois citer mon gros maréchal : depuis notre retour de Suisse, il n'y faisait, toutefois, que de courtes apparitions ; le prince de Condé, que la Bastille et le château de Vincennes avaient gardé trois ans ; le duc de Montmorency, ce noble filleul de Henri IV qui périt plus tard sur l'échafaud; messieurs de Chevreuse, de Brézé, d'Aiguillon, de Brissac, le chevalier de Guise, Annibal d'Estrées, l'archevêque Sourdis; Henry de Talleyrand, comte de Chalais, poursuivant alors de son amour notre belle Marie de Chevreuse, et enfin un tout jeune homme qui dévorait du regard mademoiselle Julie de Rambouillet.

C'était Charles de Saint-Maure, duc de Montausier.

Modèle d'amour et de constance, il soupira plus de vingt ans, avant de conquérir sa belle.

Mais l'enfant gâté du lieu, le Benjamin de la marquise, celui qui avait le plus de caresses et de sourires était le jeune prince de Marsillac, depuis le célèbre François de La Rochefoucauld.

J'ai rarement vu de figure plus intéressante et plus rêveuse.

Il avait de grands yeux bleus pleins de langueur. Un léger duvet blond pointait au-dessus de ses lèvres roses et aurait bien voulu, dès lors, prendre le nom de moustache.

Le prince de Marsillac parlait peu, mais toujours avec mesure.

Sa petite voix sentencieuse trouvait des accents à vous remuer le cœur. Il avait l'air timide, et l'on n'aurait jamais cru que les *Maximes*, œuvre pleine de hardiesse et de paradoxes, s'échapperaient un jour de cette douce tête blonde.

Après ces personnages brillants venaient les Fous de l'hôtel.

On appelait ainsi tous ceux dont les ridicules amusaient l'honorable compagnie.

En première ligne arrivait le poëte Neufgermain, rimailleur absurde, âgé d'environ soixante ans. Il lisait d'une voix chevrotante les élégies plaintives que lui suggéraient ses malheurs domestiques. Le pauvre vieux s'était avisé d'épouser une toute jeune fille, et celle-ci, chaque matin, s'écriait, en se regardant à sa toilette :

« — Faut-il qu'un vieillard embrasse ces... joues-là ! »

Vaugelas était classé parmi les Fous. Il devait cet honneur à ses rabâcheries grammaticales et à ses avis saugrenus, distribués san merci entre ses conseils de puriste.

Tristan l'Ermite, auteur de *Marianne*, fou très-sombre, prétendait descendre du compère de Louis XI, et tirait gloire de cette belle origine.

Après lui venait Thomas Campanelle, religieux de l'ordre de

Saint-Dominique, cerveau démantelé, croyant à l'astrologie judiciaire, ou plutôt s'efforçant d'y faire croire les autres, et dont Richelieu, très-superstitieux de sa nature, payait en beaux écus les ridicules prédictions.

Le maréchal de Fervagues n'était pas le moins original. Pour guérir une bernardine possédée du diable, il trancha de l'apothicaire et lui fit administrer de l'eau bénite par un procédé connu.

Quelquefois, l'auteur de l'*Endymion* [*], fou sentimental, lisait en pleurnichant et avec force grimaces des passages de son œuvre. Il faisait des révérences en cerceau, pinçait de la mandore, instruisait à la propreté la levrette de mademoiselle et recevait de madame, en récompense de ces divers exercices, le surnom de *Beau ténébreux*.

Enfin Son Éminence monseigneur le cardinal de La Valette avait parfois les idées les plus fantasques du monde. Un jour, il s'écria de but en blanc :

« — Parbleu ! je voudrais être montagne ! »

Et chacun d'éclater de rire, et Julie d'Angennes de répondre :

« — Moi, je voudrais être soleil. »

« — Oh ! oh !.. soleil ! fit le cardinal avec un accent de conviction profonde, ne l'est pas qui veut ! »

On plaçait au nombre des Fous l'abbé Godeau, parce qu'il s'allumait le cœur aux jolis yeux de mademoiselle de Saint-Yon. Mais si l'amour est de la folie, personne, j'espère, n'aura la prétention d'être sage. Godeau parvint à éteindre sa flamme et composa pour Richelieu quelques œuvres poétiques, entre autres, une paraphrase du *Benedicite*, qui lui valut l'évêché de *Grasse*.

Richelieu le lui donna tout exprès pour faire le jeu de mots.

Lorsque le cardinal voulait avoir de l'esprit, il s'y préparait habituellement huit jours d'avance.

Pour terminer la liste des Fous, je citerai le capucin Dubois. Mais c'était un fou de passage. Il avait été d'abord brodeur d'habits, et sa femme étant morte, il se fit capucin par désespoir. Un pareil trait n'est pas commun. Dubois eut, dès lors, l'estime générale.

On lui permettait, de temps à autre, de venir quêter chez la marquise. Comme il appartenait à l'ordre et au monastère du *bouc* de Richelieu, il ne manquait jamais de s'informer du bon père Joseph, et cela occasionnait des scènes fort plaisantes.

[*] Jean Ogier de Gombaud, l'un des premiers membres de l'Académie française.

Du reste, ces sortes d'intermèdes n'arrivaient qu'à la suite d'entretiens graves et de discussions pleines d'esprit, d'urbanité, de politesse et de savoir-vivre. Madame de Rambouillet agaçait les Fous lorsque le cercle avait besoin de se reposer des questions sérieuses. Elle les rappelait à l'ordre, s'ils risquaient intempestivement quelque sottise.

Parmi les femmes de distinction, reçues à cette époque à l'hôtel, je citerai d'abord la belle madame de Chevreuse.

Elle s'échappait des salons de la reine aussi souvent que le lui permettaient les bienséances, non qu'elle fût moins attachée à Anne d'Autriche; mais elle était, comme bien d'autres, curieuse de voir des réunions prêtes à éclipser celles du Louvre, où l'on n'osait jamais rire devant Louis XIII, face toujours sombre, et devant Richelieu, face déjà sinistre.

Après notre ancienne connétable de Luynes, et en suivant pour l'ordre des charmes une progression décroissante, venaient mademoiselle d'Arquenay, gentille abbesse de Saint-Étienne de Reims; la comtesse de Maure, originale finie, qui ne voyageait qu'aux flambeaux, et mademoiselle Aurore de Bourbon, dont Voiture disait : « Je désire que cette *Aurore* soit suivie d'une multitude de beaux jours, tous exempts de nuages, tous aussi clairs et aussi sereins que son visage et son esprit. »

En continuant de descendre cette échelle de beauté, on rencontrait mademoiselle de Montmorency, pour laquelle Henri IV avait poussé de nombreux soupirs. Elle ne le cachait point; mais elle ajoutait bien vite que la chose avait eu lieu peu de jours avant la mort du roi, et au moment où elle achevait sa quatorzième année.

Mademoiselle de Montmorency passait pour être dans les meilleurs termes avec le ministre. Elle s'en défendait comme une lionne, et disait de lui beaucoup de mal, afin de persuader les incrédules.

Venaient ensuite mademoiselle de Saint-Yon avec de fort beaux yeux et de vilaines dents, et mademoiselle de Senneterre avec de fort belles dents et de vilains yeux.

La marquise de Sablé, excellente femme, se trouvait juste sur le premier échelon de la laideur, ce qui ne l'empêchait pas d'aimer d'amour tendre le duc de Montmorency.

Mais il la fuyait comme la peste.

Sur le second échelon perchait la jeune baronne de Panat, sur le troisième, la vieille Charlotte des Ursins, sur le quatrième et dernier, madame de Carignan.

C'était la plus laide et la plus méchante.

Elle poursuivait de railleries acerbes ce pauvre Vaugelas. N'avait-il pas eu la sottise de se charger de l'éducation des enfants de la dame? Or, l'un des nobles élèves était sourd et muet de naissance, et l'autre affreusement bègue, en sorte que les définitions les plus claires du grammairien ne parvenaient pas à faire prononcer la moindre syllabe à ces deux idoles du Psalmiste.

Voilà quels étaient les principaux personnages du cercle de la marquise, au moment où, guidée par Voiture, je franchissais le seuil de l'illustre demeure, qui est, si je puis m'exprimer de la sorte, la personnification la plus exacte de mon siècle.

L'extérieur de l'hôtel n'a rien qui le distingue des édifices d'alentour; c'est une façade rougeâtre assez insignifiante au coup d'œil. La porte cochère, en imitation de stalactites, offre néanmoins un cachet remarquable. De chaque côté de cette porte, une gigantesque statue de femme, drapée à l'antique, relève d'une main le coin de son voile, et de l'autre, indique l'entrée du vestibule.

Au-dessus de ces nymphes hospitalières, des lions couchés tiennent entre leurs griffes l'écusson de la famille.

On entre. Tout alors devient majestueux.

Madame de Rambouillet, dont la science en architecture attaque hardiment les niaiseries de la routine, a voulu présider elle-même aux travaux d'embellissement de son hôtel. Une double rangée de colonnes doriques supporte le vestibule. Des fresques splendides s'élancent des frises et courent tout autour de la voûte. Là, c'est Ganymède emporté par un aigle aux ailes vibrantes. Ici, des satyres cueillent des raisins et les expriment dans la coupe d'une multitude de petits amours qui s'enivrent. Plus loin, des dryades sommeillent sous les roseaux d'un fleuve, que viennent écarter indiscrètement nombre de faunes, au sourire lubrique, au front cornu.

Les appartements de réception se trouvent au rez-de-chaussée. On y pénètre par une succession de cabinets, de salles et d'antichambres, conduisant au grand salon.

Pour décorer cette pièce, la marquise a fait appel à toutes les ressources d'un luxe inouï jusqu'à cette époque. Les murailles sont tendues de velours violet, encadré dans des bordures brochées d'or, et Rubens, appelé d'Anvers par Marie de Médicis pour orner le palais du Luxembourg, a daigné mettre également ses illustres pinceaux au service de madame de Rambouillet.

Il a peint au plafond l'enlèvement d'Amphitrite par Neptune.

On voit la fille de Nérée se débattre entre les mains puissantes du roi des mers. L'onde s'agite, les chevaux marins emportent le char, que suit un cortége de tritons, sonnant de la trompe, et les compagnes de la déesse s'en retournent, pleurant, sur la croupe verdâtre d'un dauphin.

Des corniches en larges feuilles d'acanthe dorées entourent cette magnifique page du grand maître.

Les meubles sont en rapport avec le grandiose des décorations, et çà et là, devant les fauteuils, s'étalent de légers pupitres à claire-voie, destinés à soutenir le manuscrit des lecteurs.

Sur la haute cheminée de marbre, deux sphinx accroupis portent une urne d'albâtre. Au-dessus est un tableau, évidemment placé là pour obéir à des exigences de cour et protester que les réunions de la marquise n'ont rien de séditieux et d'inquiétant pour le pouvoir.

Ce tableau représente la Renommée couronnant Louis XIII, en présence de Minerve et de la Justice, qui paraissent, il faut le dire, très-satisfaites de ce couronnement.

Deux immenses fenêtres donnant sur les jardins s'ouvrent dans toute la hauteur de la pièce et laissent voir, à gauche, une aile du logis de madame de Saint-Évremond, à droite, l'hôtel de Chevreuse, et en face, les Quinze-Vingts, dont les noires murailles sont cachées en partie par les vertes charmilles et l'ombrage des tilleuls.

A la suite du grand salon, deux autres moins vastes s'ouvrent ou se ferment suivant l'affluence du monde, et l'on pénètre enfin dans le tabernacle intime, dans cette *chambre bleue* célébrée par tous les poëtes du jour.

Ce fut là que m'introduisit Voiture, après m'avoir fait traverser les trois salons, envahis par une foule immense.

Il referma la porte en matelas de soie au nez des curieux qui essayaient de glisser un regard dans le sanctuaire.

Mon cœur battait avec force. J'étais vraiment très-émue de me voir, moi chétive, en présence de l'imposant cénacle.

Je n'aperçus rien d'abord.

Un nuage voila mes yeux ; j'allais avoir une sorte de défaillance,

Vous aurez ma visite à mon retour d'Italie. *Page* 339.

quand je me sentis attirer tout à coup par une petite main douce. On me baisa sur les deux joues, on me fit asseoir, le nuage disparut, et je vis madame de Chevreuse, un doigt sur ses lèvres, m'invitant au silence.

L'un des personnages présents venait de commencer une lecture.

Mon saisissement se calma. J'approchai de mes lèvres celle des mains de la bonne duchesse qui tenait encore la mienne, et je vis, en levant les yeux, une dame, à l'air digne et grave, qui me saluait de l'éventail.

C'était la marquise.

J'allais me lever pour répondre à sa politesse; mais elle me fit signe de rester en place, me sourit gracieusement et reporta les yeux sur le lecteur.

Voiture était allé prendre un siége dans le voisinage de Julie d'Angennes, assise auprès de sa mère.

Personne ne fit plus attention à moi. J'examinai le tabernacle.

On avait raison de nommer cette chambre la *chambre bleue*. Le plafond, peint d'azur, se trouvait semé de petites étoiles d'or, scintillant aux flambeaux et n'imitant pas trop mal leurs sœurs du firmament. La tapisserie était de velours bleu ainsi que les rideaux de la chaste alcôve *.

Tout dans cette pièce respirait un bonheur calme, une vertu sans contrainte, une paix éternelle et dégagée de nuages.

Vers le fond de l'alcôve, au-dessus du chevet éblouissant de blancheur, on voyait le portrait de la marquise entouré d'un médaillon d'or. Le lit avait la forme d'une espèce de conque marine, supportée par des pieds de griffons. Une statue de l'Hymen et une statue de la Décence, penchées au bord de cette couche gracieuse, en tenaient les rideaux soulevés en dôme.

Madame de Rambouillet avait fait venir ce modèle de Rome, remplaçant ainsi pour la première fois ces grands lits à baldaquin, surchargés de plumets ridicules, et qui, fermés, ressemblaient à des sépulcres.

Un peintre français, alors en Italie, s'était chargé de cet envoi, en y joignant une *Suzanne au bain,* qu'on apercevait dans la ruelle. Seulement, il avait habillé les deux vieillards à la façon du jour, et c'était faire remonter les modes actuelles à une antiquité bien haute.

Les barbons amoureux ressemblaient à Villarceaux et à Rosecroix.

Sauf cet anachronisme, la peinture ne manquait pas de mérite, et Rubens en avait fait l'éloge. L'auteur de cette *Suzanne*

---

* La *chambre bleue* était la chambre à coucher de madame de Rambouillet; voilà pourquoi les intimes, seuls, y pénétraient. (*Note de l'éditeur.*)

s'appelait Poussin. Ce doit être le même dont le talent s'est développé d'une manière si merveilleuse et qui est aujourd'hui peintre du roi.

Dans la ruelle, large, commode et où l'on pouvait circuler à l'aise, on voyait quatre autres tableaux plus petits, récemment exécutés par un tout jeune homme de beaucoup d'espérance.

Aussi la marquise l'honorait-elle de sa protection spéciale. Il avait seize ans à peine et se nommait Pierre Mignard.

Ces quatre toiles trahissaient, au premier coup d'œil, une grande inexpérience de pinceau. Néanmoins, elles offraient un grand charme de composition et une fraîcheur de coloris parfaite. C'étaient les *Quatre Saisons*, sujet assez banal, mais sous lequel se voilait une délicieuse allégorie.

D'abord on voyait une vierge timide cueillir des lis et des roses dans une corbeille éclatante, tenue par l'Amour. Le petit dieu lorgnait la jeune fille en dessous et semblait dire :

« Espère ! »

Le second tableau représentait la vierge, devenue femme, et se promenant à l'ombre des grands chênes. Elle souriait à la lecture d'une lettre. L'Amour tenait son parasol, gambadait joyeusement devant elle et se retournait à demi, lui disant du regard :

« Sois heureuse ! »

Sur la troisième toile, la femme avait le front voilé. L'Amour la contemplait d'un air ému, pressait du raisin dans une coupe et lui disait :

« Oublie ! »

Enfin le quatrième tableau montrait la femme debout, le visage entièrement recouvert d'un voile et se chauffant devant un grand feu. L'Amour était encore auprès d'elle, mais il grelottait lui-même, penchait tristement la tête... et ne disait plus rien.

Voiture donnait quelquefois des conseils à Pierre Mignard ; le jeune artiste rendait les idées du poëte avec infiniment de bonheur.

On comptait, ce soir-là, douze personnes dans le sanctuaire.

Les femmes étaient : la marquise, sa fille Julie, madame de Chevreuse, l'abbesse de Saint-Étienne et moi.

En fait d'hommes, le premier que j'aperçus fut Chapelain, essayant de dissimuler derrière la balustrade dorée de l'alcôve le cotillon de sa sœur et les mèches indescriptibles de sa perruque. Le pauvre garçon avait la mine d'un hibou, forcé de tenir compaguie à une troupe brillante d'oiseaux des tropiques. A côté de lui se trouvaient le prince de Condé, MM. de Montmorency, de Talleyrand et le jeune prince de Marsillac dont je surpris les grands yeux rêveurs attachés sur moi.

J'ai déjà dit que Voiture avait pris place aux côtés de Julie d'Angennes.

Il ne semblait pas trop malheureux, du moins en apparence, des conditions imposées à sa défaite.

Le douzième personnage était Conrart, lisant au milieu de l'attention générale, non pas un poëme ou quelque chapitre de roman, mais une espèce de *Code* de la toilette, des usages et des bienséances, formulé sur les opinions bien arrêtées du cénacle.

On devait le communiquer, le soir même, à la foule réunie à l'hôtel.

D'Angennes était resté dans les salons pour en faire les honneurs, et sa femme, entraînant quelques intimes, avait voulu revoir une dernière fois le Code, avant de lui donner force de loi par une lecture publique.

Je me demandai quelle était la part de Chapelain dans ce recueil, et en quoi le cher homme pouvait servir à la réforme de la toilette et à la propagation des belles manières. Comme il me fut impossible de trouver une réponse satisfaisante, j'écoutai quelques-uns des arrêts solennels du Code, afin d'en tirer profit.

Le premier qui frappa mon oreille amena sur mes joues une vive rougeur.

Il était ainsi conçu :

« Les femmes de qualité, seules, ont le droit de porter le velours, le satin et le damas. »

Je jetai des regards furtifs autour de moi, car j'avais une robe de satin d'une grande magnificence. Mais personne n'eut l'air de remarquer mon embarras. La comtesse m'avait épargné d'un seul coup bien des humiliations, en laissant croire que je m'appelais mademoiselle *de l'Orme*. Elle n'osait point détromper sans doute ceux qu'elle entretenait jadis dans cette erreur, et je continuais d'usurper aux yeux de tous des titres de noblesse.

Valentin Conrart poursuivit sa lecture :

« Quant aux bourgeoises, elles ne peuvent légalement porter que le taffetas et les autres petites étoffes de soie. »

Le mot *légalement* me parut superbe.

« Chez un homme, continua le lecteur, il est de la plus stricte bienséance d'ajuster la couleur de son chapeau avec celle de son justaucorps, et la nuance de sa perruque avec celle de ses bottes. »

Un léger sourire d'ironie parut sur toutes les lèvres, et les yeux du noble aréopage se tournèrent du côté de Chapelain.

— Là! là! dit madame de Rambouillet, vous savez que mon poëte est incorrigible... Je lui ai donné des dispenses.

Son poëte! elle l'appelait son poëte!

« Quant aux femmes, reprit Conrart, après ce court incident, elles doivent ajuster les nœuds de pierreries avec les dentelles, et la grandeur de l'éventail avec l'ampleur de la robe. Une dame peut recevoir dans la ruelle de son lit, permettre à ses intimes d'y déjeuner, d'y goûter, d'y faire la lecture et même d'y jouer la comédie. Elle embrasse les autres dames, en les recevant, et doit toujours être gantée, si ce n'est à table.

« Un homme se dégante la main droite et la porte jusqu'au parquet, lorsqu'il s'incline pour saluer. La politesse veut qu'on ôte son chapeau, même en traversant une salle déserte. S'il y a du monde, on entre nu-tête... »

— A propos, interrompit la marquise, avez-vous rédigé quelque article au sujet de ces affreux bonnets de nuit?

— Mais, madame, dit Conrart, il est impossible de les proscrire.

— Et pourquoi cela, monsieur?

— Tout le monde en fait usage.

— Vous pourriez me donner une raison meilleure : je ne reconnais pas là votre logique rigoureuse et votre sens habituel.

— Souffrez, noble dame, que je vous présente une simple observation, dit en s'inclinant le prince de Condé.

— Parlez, monseigneur.

— On fait une loi pour que le peuple s'y soumette. Mieux vaudrait s'abstenir, si elle ne devait trouver que des récalcitrants; or, l'article en question en rencontrera beaucoup.

— Vous le premier, peut-être?

— Ah! marquise! vous me placez entre un mensonge et un défaut de galanterie... ce n'est pas généreux.

— Quel est votre avis sur la question, monsieur le duc? demanda la marquise de Rambouillet à Montmorency.

— Je trouve, madame, le bonnet de nuit fort commode.

— Allons, c'est une révolte ouverte! cria la petite abbesse. Il faut les soumettre, marquise, il le faut..... ne rendons pas nos armes!

— Mais, cousine, dit Montmorency à la belle religieuse, vous devriez, ce me semble, nous prêcher la paix et non la discorde. D'ailleurs, l'affaire dont il s'agit vous touche peu, et vous êtes... par état, fort désintéressée dans la question.

— Cela vous prouve, mon cousin, que je ne suis pas égoïste! répliqua l'abbesse avec une vivacité charmante.

On applaudit à cette réponse.

— Cousine, dit le duc, saluant avec grâce, malheur à ceux qui veulent engager avec vous une bataille d'esprit, toujours ils sont vaincus.

— Revenons à la question, s'il vous plaît, reprit la marquise, et sachons un peu l'avis de M. de Talleyrand?

— Veuillez demander avant tout celui des dames; j'ai l'habitude de me conformer à leur opinion, dit Chalais, en désignant madame de Chevreuse.

Celle-ci s'inclina.

— Mon Dieu, dit-elle, je me récuse.

— Vous n'en avez pas le droit! s'écria l'abbesse; il faut déclarer si vous êtes pour ou contre.

— Eh bien, quand je repose auprès..... d'un époux, je passe volontiers sur le costume.

— C'est un tort. Je regrette de vous entendre parler de la sorte, dit sérieusement madame de Rambouillet. Il est toujours fâcheux pour un homme de paraître ridicule aux regards de la femme qu'il aime, et le bonnet de nuit, je continue de le soutenir, est une sotte coiffure. Mais puisque ces messieurs la trouvent commode, puisqu'ils résistent, n'en parlons plus... Ils sont trop punis de la garder.

La marquise fit signe à Conrart de poursuivre.

Plusieurs articles furent discutés avec chaleur, mais toujours sur un ton rempli de politesse et de convenance.

Une fois le Code revêtu de l'approbation générale, madame de Rambouillet quitta son siége et vint me baiser affectueusement au front.

— Pardonnez-moi, ma chère enfant, dit-elle. Vous avez cru, n'est-ce pas, me voir manquer la première à l'une des lois que vous venez d'entendre? mais c'est en vertu d'une autre loi, qui nous défend d'interrompre ici les discussions et les lectures.

Je lui exprimai vivement combien j'étais fière de son accueil et de l'honneur insigne d'avoir pénétré dans le cénacle.

— Vous devez me remercier aussi, dit à demi-voix madame de Chevreuse; votre marraine vous avait fait, en ces lieux, une réputation détestable. Quand Voiture a parlé de vous, tous les dragons de vertu, dont l'hôtel abonde, jetaient les hauts cris. Alors, j'ai jugé convenable d'intervenir, et je me suis portée garante de votre sagesse.

Elle ajouta tout à fait à voix basse :

— Il a fallu recourir à quelques légers mensonges; mais vous me le pardonnez, j'espère?

Je devins écarlate.

— Allons, allons, me dit-elle gaiement, ne vous montrez pas si honteuse! J'ai toutes sortes de motifs pour l'indulgence.

Madame de Rambouillet s'était retournée vers le jeune homme aux yeux bleus, qui m'avait tant lorgnée pendant qu'on lisait le Code.

— Je vous offre ce cavalier, me dit-elle, en échange de Voiture, car je retiens un instant messieurs les poëtes et je veux leur commander quelques vers pour ma prochaine *surprise*. Vous y jouerez un rôle, chère enfant : Marsillac vous expliquera cela... Soyez discrète!

Henri de Talleyrand donnait la main à la duchesse; Montmorency prenait celle de sa cousine, et Julie d'Angennes était au bras de Condé. Nous sortîmes du sanctuaire pour regagner les salons, laissant avec la marquise Chapelain, Conrart et mon introducteur dans ce magnifique séjour.

La foule était en émoi.

On se pressait autour d'un personnage qui venait d'entrer et devant lequel se confondait en révérences profondes le maître de la maison.

C'était l'ambassadeur d'Angleterre.

Arrivé depuis cinq ou six jours à peine pour négocier le mariage de Charles Ier, son maître, avec Henriette de France, Buckingham recevait partout l'accueil le plus flatteur, et l'hôtel avait pour la première fois la visite du noble lord. Il me sembla très-grand, très-bien mis, très-bel homme et très-fat.

Je lui jetai un simple coup d'œil en passant, car mon petit prince de Marsillac, tout rouge et tout confus d'abord, avait quitté graduellement son air timide et me racontait avec beaucoup de feu comme quoi, dans la *surprise* de madame de Rambouillet, il devait remplir le rôle de Pâris et moi celui de Vénus.

Une sorte d'attraction me portait vers ce jeune homme; sa douce voix retentissait à mon oreille comme une musique délicieuse. Je l'enivrais de mes plus doux sourires, je lui lançais en dessous mes regards les plus assassins.

Bientôt il fut incendié des pieds à la tête, et d'une façon si alarmante que je dus songer à l'éteindre.

Je lui fis comprendre que son émotion se trahissait aux yeux de la foule, que le moment était mal choisi, et comme il demeurait place Royale, je lui promis de le remmener dans mon carrosse.

Cette promesse lui rendit ses transports, et je vis le moment où il allait, en plein salon, tomber à mes pieds.

Tout à coup quelqu'un me dit à l'oreille :

— Voilà, Marion, une chose que je ne puis souffrir... mon amour-propre s'en offense... je me vengerai !

On reprit à haute voix :

—Gare à vous, monsieur de Marsillac! les attraits de mademoiselle de l'Orme vous rendent infidèle à la jeune protégée de la marquise... vous savez? cette jolie blonde, arrivée tout récemment de Touraine, et dont vous êtes... vous me l'avez dit! éperdument amoureux. On assure qu'elle est un peu malade, ce soir, et cette indisposition, je le vois, lui fait beaucoup de tort dans votre souvenir.

Ces paroles étaient prononcées par Voiture.

Revenu dans les salons, il avait surpris quelques phrases de notre entretien.

Nous ayant lancé ce trait perfide, il s'éclipsa vivement.

— Monsieur, dis-je à Marsillac sur un ton piqué, vous m'expliquerez, j'aime à le croire, ce beau mystère d'amour?

— Oh! s'écria-t-il, je vous jure...

— Silence! lui dis-je tout bas et presque avec effroi.

J'apercevais Bassompierre. Il était assis à l'écart sous l'embrasure de l'une des hautes fenêtres du salon.

Vingt fois déjà nous avions dû passer devant lui. Peut-être avait-il entendu lui-même notre conversation imprudente, et je me reprochais amèrement ma folle conduite.

Néanmoins, le maréchal vint à moi d'un air dégagé.

Il fût bientôt près de nous et reçut notre offrande. *Page 340.*

Son œil était riant comme d'habitude, et sa physionomie n'avait rien perdu de son cachet de bienveillance. Seulement, je crus m'apercevoir que sa bouche, lorsqu'il m'adressa la parole, était agitée d'une sorte de contraction nerveuse.

— Je ne m'attendais pas au plaisir de vous rencontrer ici, me dit-il, en portant le bout de mes doigts gantés à ses lèvres. Buckingham tout à l'heure, quand nous avons quitté le Louvre, m'a prié de l'introduire à l'hôtel, et j'allais me rendre chez vous, Marion, pour vous adresser un adieu rapide, car je ne puis échapper à mon ambassade. Me voyant disposé à esquiver ses ordres, le cardinal a froncé le sourcil, et j'aime encore mieux avoir sur ma tête le ciel de Naples que les voûtes de la Bastille. Je pars demain, ma chère... Puissiez-vous goûter en mon absence toutes sortes de joies et de bonheurs!

Sa voix tremblait d'émotion.

Je m'emparai vivement de son bras, et je fis signe à mon jeune cavalier de m'attendre auprès de la fenêtre.

— Maréchal, dis-je à Bassompierre, vous ne partez pas demain, je ne puis le croire.

— C'est un fort beau garçon que le prince de Marsillac! me répondit-il, comme s'il n'eût pas entendu mes paroles. Vous devez être fière d'une telle conquête?

— Mais, mon ami...

— Mais je ne vous fais point de reproches... Soyez franche, Marion, vous l'aimez?

— Pouvez-vous me tenir un pareil discours! Il y a tout au plus une heure que je connais ce jeune homme.

— Allons, ne vous troublez pas... Suis-je un despote? ai-je manifesté jamais l'intention de mettre votre cœur en charte privée?.. Vous êtes libre, parfaitement libre.

— Oh! maréchal!

— Rappelez-vous nos conditions... Je reste votre meilleur ami. Vous m'avez été fidèle beaucoup plus longtemps que je ne l'espérais.

— C'est très-humiliant ce que vous me dites là, monsieur.

— Oh! je vous l'affirme, il est loin de ma pensée de vous faire la moindre peine! Je suis ému, c'est possible... mais votre souvenir me sera toujours précieux. Restons dans les termes d'un engagement loyal, auquel vous n'êtes pas plus que moi capable de manquer. Je vous répète ce que je vous ai déjà dit : « Soyez belle, soyez enviée, soyez heureuse! Et si vous rencontrez votre vieil ami à quelque détour du chemin, ne lui refusez pas une branche de myrte et un baiser!.. »

Une larme mouilla ma paupière.

— Vous partez donc... sérieusement, maréchal?

— Je pars, me répondit-il.

Et comme nous nous étions rapprochés de la fenêtre, il ajouta :

— Vous aurez ma première visite à mon retour d'Italie.

— Mais quand reviendrez-vous?

— Quand il plaira au cardinal... et à Dieu, Marion!

Il me salua gravement et disparut.

Après le départ de Bassompierre, j'eus besoin de faire un violent effort sur moi-même pour ne pas éclater en sanglots devant tout ce monde.

Je me trouvais odieuse.

Il me vint à l'esprit de rudoyer Marsillac, qui ne s'apercevait de rien et voulait reprendre la conversation où nous l'avions laissée.

Par bonheur pour lui, mesdames de Rambouillet et de Chevreuse, accompagnées de Valentin Conrart et de Henri de Talleyrand, vinrent s'asseoir dans notre voisinage.

— Nous sommes au grand complet, dit la marquise au lecteur du Code : demandez le silence et rendez nos oracles.

Valentin se mit en mesure d'obéir.

Charles d'Angennes invita poliment les causeurs à se taire, et chacun prit place sur les fauteuils et les banquettes.

Le plus religieux silence s'établit bientôt dans le salon.

Vers le milieu de la lecture, madame de Rambouillet avisa un fort bel enfant de quatre ans qui courait et gambadait d'un bout à l'autre de la pièce, occasionnant aux auditeurs des distractions nombreuses.

— Allez-vous finir, petit lutin, lui dit-elle à voix basse, en l'attirant sur ses genoux. Je ne vous reconnais plus, vous qui aimez ordinairement à entendre lire.

— Oui, répondit-il, quand ce sont des vers ou des comédies... mais aujourd'hui c'est ennuyeux !

— Voyez-vous cela, dit la marquise.

L'enfant tourna vers moi sa petite figure pleine de malice.

— N'est-il pas vrai, madame? ajouta-t-il, en me demandant mon approbation.

Je ne pus m'empêcher de sourire, et je me penchai pour caresser les boucles brunes et soyeuses de sa chevelure.

— C'est le fils de mon tapissier, me dit la marquise à l'oreille. Lorsque son père vient réparer ou changer les meubles, il nous l'amène quelquefois, et nous le gardons des soirées entières. Il nous amuse par ses saillies pétulantes et son intelligence précoce.

Tout à coup, l'enfant, dont les yeux se dirigeaient vers l'entrée du salon, battit joyeusement des mains et s'écria :

— Le fou Dubois ! le fou Dubois !

— Chut !.. Oh ! le petit garnement ! dit la marquise.

On riait de tous côtés.

Il fallut remettre à plus tard la fin de la lecture. Le capucin avait franchi le seuil et commençait gravement sa quête, sans paraître offusqué le moins du monde de l'épithète accolée à son nom par l'enfant.

Un domestique passait, la marquise lui dit :

— Poquelin doit être à l'office. Rendez-lui ce petit bonhomme... Il n'a pas été sage et mérite le fouet.

— Oh ! dit l'enfant, joignant ses petites mains, je consens à être fouetté, madame... mais laissez-moi voir le fou !

Marsillac, la duchesse de Chevreuse et moi, nous intercédâmes pour le coupable.

Il obtint sa grâce, monta sur mes genoux et m'embrassa, disant qu'il me trouvait belle.

Puis il se mit à regarder curieusement le capucin.

Celui-ci tendait à la ronde une mauvaise bourse de cuir, où pleuvaient les pièces d'or. Il fut bientôt près de nous et reçut notre offrande.

La quête avait été bonne.

Le révérend fourra la bourse au fond de sa besace et dit à la marquise.

— Eh donc ?.. ne nous apprendrez-vous rien de notre excellent père Joseph ?

— Mais, répondit en souriant madame de Rambouillet, il se porte à merveille et s'exempte de toutes sortes d'austérités.

— Le pauvre homme! dit Dubois, en prenant un air de componction béate.

— Peste! ajouta Chalais, il a du crédit, savez-vous? Les plus grands personnages de la cour ont soin de lui rendre visite.

Dubois croisa les bras sur sa poitrine, leva les yeux au ciel et murmura du plus profond de son cœur :

— Le pauvre homme!

— Ce n'est pas tout, dit à son tour madame de Chevreuse; quand on voyage, le père Joseph se fait porter dans une bonne litière.

— Le pauvre homme!

— Son Éminence ne manque jamais de lui envoyer ce qu'elle a de mieux à sa table.

— Le pauvre homme! le pauvre homme!

Et Dubois essuyait une véritable larme d'attendrissement.

La société s'amusait beaucoup; mais on n'osait plaisanter trop haut, dans la crainte de choquer le bon père.

Il n'y eut que le petit Poquelin qui se mit à battre une seconde fois des mains et à crier, en riant aux larmes :

— Ah! oui, le pauvre homme!.. ah! qu'il est à plaindre!.. Ah! c'est bien plus amusant que la lecture... Ah! le pauvre homme! le pauvre homme!

Vingt ou vingt-cinq ans après, le fils du tapissier de la marquise n'avait pas oublié ce lointain souvenir, et l'histoire de Dubois lui inspirait une des plus jolies scènes du *Tartufe*.

XI

Malgré les distractions qui avaient suivi mon entretien avec Bassompierre, je n'étais pas remise de l'effet douloureux occasionné par sa brusque annonce de départ. Je craignais que la philosophie apparente du maréchal ne cachât un chagrin réel, et je ne me pardonnais pas à moi-même.

En conséquence, je retirai ma parole à Marsillac. Il ne m'accompagna point ce soir-là. Je voulus être seule, afin de me livrer à mes tristes pensées.

La nuit s'écoula sans que l'agitation, je dirais presque le remords, me permît de fermer les yeux, et, le lendemain, je me hâtai d'envoyer Thérèse avec une lettre chez Bassompierre.

Il était parti avant le jour.

Je me désespérai, je pleurai, je me fis tous les reproches que méritait mon ingratitude, et, pendant une semaine, je ne reçus personne.

Mais je ne pouvais continuer, six mois durant, de bouder l'univers. Cela n'eût point réparé mes torts.

Et puis, le maréchal n'est pas sans doute aussi désespéré que je me l'imagine. Toujours il a traité le sentiment d'une façon très-leste, pourquoi lui supposer des regrets éloignés peut-être de son esprit? ai-je entendu sortir de sa bouche la moindre parole amère? m'a-t-il reproché mon inconstance? non. Lui-même le comprend fort bien, je ne puis éternellement lui sacrifier ma jeunesse. Nous nous sommes quittés sans brouille, nous nous reverrons sans rancune, avec joie. Où sont les motifs de mon désespoir et de mes pleurs?

Tirant aussitôt les conclusions de cette belle logique, j'ouvris ma porte au prince de Marsillac.

Le petit fou me menaçait de mourir.

Je n'aurais pas voulu pour tout au monde avoir à me reprocher sa perte, et je le vis à mes genoux sans colère.

— Mais, à propos, lui dis-je en interrompant ses plus vives protestations, quelle est cette jeune Tourangelle dont on vous parlait chez la marquise?

Il me sembla légèrement troublé.

— Vous avez dit à Voiture que vous en étiez amoureux, monsieur !

— C'est vrai, répliqua-t-il, je le croyais.

— Recevez mon compliment de la réponse.

— Je le croyais... avant de vous avoir vue, mademoiselle ! « Il n'y a qu'une sorte d'amour, mais il y en a mille copies différentes. »

L'auteur des *Maximes* préludait avec moi à la rédaction de son œuvre.

— Voilà, certes, lui dis-je, une phrase qui ne manque ni de vérité ni de profondeur. Ainsi votre sentiment pour cette jeune fille était une copie de l'amour?

— Oui, mademoiselle.

— Et vous allez me donner l'original?

— Sans doute.

— Qui me l'assure?

— J'ai trop bonne opinion de votre perspicacité, me répondit-il aussi vite, pour croire que vous vous y trompiez jamais.

— Merci, le compliment me flatte. Vous me supposez, toutefois, une expérience que je n'ai point encore, et je vous saurai gré de m'aider un peu de vos lumières. Donnez-moi la définition du véritable amour.

— C'est difficile... « Tout le monde parle de cet amour-là, peu de gens l'ont vu. »

— Donc, il n'existe pas !

— Pardonnez-moi, puisque je l'éprouve.

— Alors, vous pouvez le définir?

— L'amour a rarement assez de calme et de sang-froid pour se définir lui-même. Pourtant, il me semble que « c'est dans l'âme une immense passion de régner; dans l'esprit, un attrait sympathique irrésistible, et, dans le corps, une envie délicate et cachée de jouir de ce que l'on aime, après beaucoup de mystères. »

Il me disait cela de sa petite voix sentencieuse, en rougissant jusqu'au blanc des yeux.

C'était adorable.

— Ah ! monsieur, je le gage, vous avez débité déjà toutes ces jolies choses à votre Tourangelle?

— Non, dit-il.

— Prenez garde, ne mentez pas !

— Je ne lui ai parlé de ma vie.

— Est-ce possible?

— Vous pouvez le lui demander à elle-même, si bon vous semble : elle est votre voisine.

— Ma voisine... elle se nomme?

— Mademoiselle de Lenclos!

Il eut à peine achevé cette phrase, qu'un écho la répéta subitement.

— Mademoiselle de Lenclos! dit Thérèse, paraissant au seuil de la porte.

Le prince devint pâle, et je regardai ma femme de chambre avec surprise. Elle crut sans doute que j'avais mal entendu, car elle répéta :

— J'annonce à madame une personne du voisinage, mademoiselle de Lenclos. Elle est accompagnée de M. Voiture, et demande si l'on veut bien la recevoir.

Examinant Marsillac, j'agitais mon éventail avec un certain dépit, dont je ne me rendais pas compte.

— Faites entrer, dis-je, et sachons si le hasard seul nous amène cette visite.

L'instant d'après, je vis paraître une très-jeune blonde fort agréable, avec deux grands yeux fendus en amande, un front charmant, une petite bouche malicieuse, une taille de guêpe, des bras mignons et des pieds imperceptibles. Sa coiffure était ornée de fleurs éblouissantes, retenues par un cercle d'or. Elle portait un manteau gris de perle, à corsage, avec une jupe blanche passementée. De fines dentelles garnissaient son tour de gorge, ainsi que le bas des manches et du corsage, et sa chemise se drapait sur les bras au moyen de rubans roses.

Elle avait avec cela des gants jaune pâle, un collier d'émeraudes, un éventail en ivoire d'un travail exquis, et des souliers de drap d'or.

Conduite par Voiture, elle s'approcha de moi, les yeux baissés, et murmura timidement :

— Nous sommes députés, madame, par la marquise de Rambouillet, à laquelle vous avez bien voulu promettre votre concours dans une *surprise* qu'elle ménage, aujourd'hui même, à ses nombreux invités.

— En effet, dit Voiture, et je suis ravi, pour mon compte, de trouver ici M. de Marsillac, chez lequel je devais également me rendre. On est fort étonné de ne l'avoir point vu à l'hôtel depuis trois jours.

Elle l'emmena triomphalement sous mes yeux. *Page* 350.

— Mon Dieu, dit le prince, dont le visage éclatait comme un brasier, il m'a pris, l'autre soir, une migraine affreuse qui me dure encore.

— On s'en aperçoit, dit Voiture avec un sourire moqueur. Quant à moi, je ne perdais pas la tête.

Me rappelant un article du fameux Code des bienséances, j'embrassai la petite blonde; mais ce fut, sur ma parole, un baiser de Judas.

— Vraiment, lui dis-je, il m'était difficile d'oublier ma promesse. M. de Marsillac entre à l'instant, il me la rappelait aussi... Je suis honorée pour la première fois de deux charmantes visites. Soyez la bienvenue, vous surtout, mademoiselle... Ma femme de chambre vient de me dire que nous étions voisines... Ai-je réellement cet honneur?

— Oh! dit-elle, tout l'honneur est pour moi. J'ai fait acheter, il y a huit jours, par le notaire de madame de Rambouillet, un pavillon dans le voisinage avec de fort beaux jardins, et je serai trop heureuse, madame, si vous daignez un jour les embellir de votre présence!

Ce mot de *madame*, que je me faisais donner par mes domestiques, était répété tout naturellement par les personnes qui me voyaient pour la première fois; mais il me blessa dans la bouche de cette jeune fille.

Je pris aussitôt un air glacial, très-peu en rapport avec son compliment.

La petite madrée baissa de nouveau les yeux. Elle savait rougir, c'était quelque chose.

Néanmoins, elle poursuivit, en reprenant de l'assurance :

— Aussi ai-je accepté la commission de la marquise avec le plus vif empressement. Je suis enchantée, madame, de trouver cette occasion de vous connaître.

— Et moi, dit Voiture, je me flatte, Marion, de vous procurer en mademoiselle une bonne et sincère amie.

— Ah! traître! pensai-je, tu me le paieras!

Puis j'ajoutai tout haut, d'un air très-affable :

— Vous pouvez compter sur ma gratitude, monsieur.

— Oui, certes, j'y compte! autrement, vous seriez une ingrate, me répondit-il avec un sang-froid perfide.

L'humeur me gagnait.

Je vis, en me retournant, mademoiselle de Lenclos saluer le prince de Marsillac, et je dis sur un ton fort sec :

— Me voici prête, ma voisine, à vous accompagner rue Saint-Thomas-du-Louvre.

— Oh! nous avons le temps! répliqua-t-elle, et, si vous voulez bien le permettre, je reprocherai devant vous, à monsieur, de ne pas me faire un accueil plus aimable.

Elle désignait le prince.

Celui-ci changea vingt fois de couleur et tourna vers moi des yeux effarés.

— Je vous en fais juge, me dit-elle : voici deux semaines environ que je suis venue de Tours avec une recommandation pour madame de Rambouillet, dont je fréquente assidument le cercle depuis cette époque...

— Excepté, dit Voiture, quand vous avez la migraine... mais cela ne vous arrive guère, comme à monsieur, trois jours de suite.

— J'y trouvai le prince de Marsillac, continua la petite blonde, et j'espérais en être reconnue. Ce n'était pas à moi, vous le sentez, à me précipiter dans ses bras... ma pudeur de jeune fille s'y opposait formellement.

— Mademoiselle, lui dis-je d'une voix que je m'efforçais de rendre calme, vous nous tenez là de singuliers discours.

— Ah! mon Dieu! mais ils sont fort simples, ma belle voisine! me répondit-elle avec un incroyable aplomb.

Je l'aurais souffletée de grand cœur, tant il y avait d'ironie dans son regard et de malice dans son sourire. Comme j'étais chez moi, je devais rester dans les limites de la plus rigoureuse politesse.

Marsillac voulut prendre la parole. Il paraissait ne point avoir l'intelligence des propos de cette effrontée.

— Pardonnez-moi, lui dit-il; mais il y a quelque erreur... j'en suis certain.

— Taisez-vous, monsieur! cria-t-elle, en lui donnant de son éventail sur les doigts. Nous sommes devant des amis, en comité secret; je ne crains pas ici le blâme du monde et j'ai besoin de vous dire toute ma pensée. Pourquoi m'examiniez-vous tant chez la marquise? pourquoi vos yeux ne se détachaient-ils point de ma personne? ce n'est pas seulement parce que vous me trouviez jolie...! non, monsieur, non!... mes traits vous rappelaient certains souvenirs confus, une vague image, une apparition bien-aimée, qui vous suivait partout jadis dans les champs de la Touraine, sur les remparts du château des Loches, aux noires meurtrières duquel nous passions nos blondes têtes d'enfant... Te rappelles-tu, François?.. Mais viens... viens donc!.. Est-ce que tu n'as pas la mémoire du cœur?

Marsillac se précipita vers elle en poussant un cri d'ivresse.

— Ninon! ma petite Ninon! s'écria-t-il.

— Eh! oui, monsieur, votre petite Ninon, que vous n'avez pas vue depuis sept ans... et qui a grandi! et qui est devenue belle! et qui vous aime toujours!

Je me sentis blessée jusqu'au fond de l'âme.

Le jeune homme la pressait dans ses bras et la contemplait avec délices; il plongeait son regard jusqu'au fond de sa prunelle, lui dévorait les joues de baisers, souriait, pleurait, la regardait encore et s'écriait :

— C'est toi! c'est bien toi!

Ma colère ne connut plus de bornes.

Les caresses que Marsillac et Ninon se faisaient là, sous mes yeux, étaient autant de coups de poignard donnés à mon amour-propre. Cette scène tout entière avait été méditée, préparée pour ma plus grande humiliation. De la demeure voisine on avait sans doute épié le prince, et l'on avait saisi le premier prétexte venu pour se jeter au milieu d'un tête-à-tête*.

J'allai droit à la petite blonde, l'œil enflammé, les lèvres frémissantes; je la séparai brusquement de Marsillac, et je m'écriai :

— Vous allez sortir, mademoiselle, vous allez sortir sur-le-champ!

Elle tourna vers moi ses grands yeux hypocrites, et me dit, en jouant la surprise :

— Jésus! madame, qu'avez-vous ?

Ma violence lui donnait trop d'avantages. Je repris sur un ton plus paisible, mais avec une ironie que je m'efforçais de rendre sanglante :

— En ce monde, ma voisine, il existe certaines habitudes de retenue et de bienséance dont vous ne semblez pas vous douter. Votre logis est tout proche, et vous pourrez vous y livrer infiniment plus à l'aise à la fougue de vos transports.

— Comme vous dites cela! Je ne devine pas en quoi j'ai pu vous blesser, madame... à moins cependant... Mais, en effet, pourquoi donc étiez-vous ici, monsieur? continua-t-elle, en se retournant avec vivacité vers Marsillac?

Je levai la tête et je vis le jeune prince, qui, de l'œil et de la main, lui faisait signe de se taire.

— Oh! mettez-y moins de réserve! dis-je avec amertume à Marsillac; vous ne manquerez pas d'excellentes raisons pour vous

---

Voir les Mémoires de Ninon de Lenclos.   (Note de l'éditeur.)

rétracter, monsieur... Le sentiment dont vous m'assuriez tout à l'heure était sans doute une des nombreuses copies de l'amour, et mademoiselle seule possède l'original.

— Il vous a dit qu'il vous aimait ? s'écria Ninon.

— Il me l'a dit !

— Eh bien, il s'est trompé, madame! Il avait tout au plus un simple caprice et il me rend, dès ce jour, mes anciens droits sur son cœur. Je redeviens sa petite Ninon, sa petite femme, comme il m'appelait jadis... Voyez plutôt! le silence de Marsillac et son air confus prouvent la vérité de mes paroles... Il ne me démentira pas.

— Impertinente! m'écriai-je.

— Marion, dit Voiture, ayez du moins quelques formes... nous sommes chez vous, ma chère.

Il s'étendait mollement dans un fauteuil, et riait, à part lui, de la jolie scène qu'il me procurait.

— C'est vrai, dit Ninon, pourquoi recourir aux injures!.. Il nous est si facile de nous entendre et de rester bonnes amies.

— Jamais, mademoiselle, jamais !

— Oh! je ne vous ferai pas violence!.. Mais enfin, vous devez me permettre de justifier ma conduite de ce jour. Privée très-jeune des soins de ma mère, je fus élevée chez une vieille tante, la baronne de Montaigu. Elle habite encore le château de Loches. François de La Rochefoucauld, prince de Marsillac, ici présent, commençait ses études à La Flèche au collége des jésuites, et sa mère, amie intime de la baronne, l'amenait chaque année passer deux mois de vacances avec nous. Voilà l'origine de notre connaissance. Il avait douze ans, j'en avais neuf ; nous courions ensemble comme deux chevreuils à l'ombre des bois, au milieu des riants vallons de la Touraine. On m'appelait dans la contrée Ninon de Montaigu, et ceci vous explique pourquoi le nom de mademoiselle de Lenclos, qui est mon véritable nom de famille, n'a pas éveillé d'abord les souvenirs du prince. A l'âge de quinze ans, je retournai chez mon père ; mais bientôt il me laissa libre de ma personne. Je jouissais de la fortune maternelle, et je vins à Paris avec l'espoir d'y rencontrer le compagnon de mes jeux d'enfance. Je le retrouvai, comme vous le savez déjà, madame, chez la marquise de Rambouillet. Il ne me reconnut pas ; mais j'eus la joie de faire quelque impression sur lui. M. de Marsillac m'aima... L'un de ses confidents est ici pour me rendre témoignage...

— C'est exact, dit Voiture, en se dandinant sur son fauteuil.

— Jugez, madame, combien j'étais heureuse! Il ne me reconnaît pas, me disais-je, et pourtant il est entraîné vers moi. Que sera-ce donc quand il va savoir que je suis sa petite Ninon, sa bien-aimée du château de Loches? Je hâtais de mes désirs le moment délicieux où je pourrais le lui apprendre. Mais vous arrivez, madame, et vos charmes, dont je me plairai toujours à vanter la puissance, menacent de me ravir la plus douce affection de mon cœur. On m'avertit de ce qui se passe, mes gens surveillent toutes les démarches du prince. Il assiége votre porte, vous faites quelques difficultés d'abord, et vous consentez enfin à le recevoir. Je m'inquiète, j'ai peur... Vos yeux divins sont prêts à m'enlever ma conquête, et j'accours en toute hâte vous la reprendre!.. Ne suis-je pas dans mes droits? Me garder rancune serait une injustice dont vous n'êtes point capable.

— C'est un défi, m'écriai-je : eh bien! je l'accepte!

J'avais la tête entièrement perdue ; je m'approchai du prince, et je lui dis :

— Monsieur, vous venez à l'instant de me déclarer votre amour. Je le crois sincère, et je vous autorise à vous prononcer immédiatement entre mademoiselle et moi.

— Le cas est embarrassant, dit Voiture. Il serait mieux, ce me semble, de laisser au prince une semaine ou deux pour réfléchir.

— Vous a-t-on demandé votre avis? répliquai-je en toisant le poëte du haut en bas.

Puis me retournant vers Marsillac :

— Décidez-vous à l'instant, je le veux!

— Eh bien, François, dit Ninon, il faut prendre un parti; madame l'ordonne... est-ce donc si difficile?.. Allons, qui m'aime me suive!

La coquette lui adressait un sourire vainqueur et lui offrait sa main gantée.

J'avoue qu'il n'hésita pas une seconde.

Elle l'emmena triomphalement sous mes yeux, en me jetant un regard plein de moquerie.

— Nous vous promettons le secret, dit-elle, mais n'y revenez plus!

A ces mots, elle ferma la porte, et j'entendis dans l'antichambre un bruyant éclat de rire.

Il me sembla que j'allais devenir folle de douleur et de colère. Voiture riait lui-même dans son fauteuil.

Je me retournai furieuse.

— Vous êtes bien impudent de rester ici, m'écriai-je, après avoir provoqué l'affront que je viens de subir !

— Mon Dieu, dit-il, ne nous emportons pas... Il n'y a point de honte pour vous, et il y en avait énormément pour moi, ma chère, à me voir préférer ce petit jeune homme imberbe, qui a pour mérite ses joues fraîches et pour esprit son silence. Fi donc ! c'est là du vrai gibier de provinciale !.. Après tout, la petite ne manque pas d'une certaine adresse, et je n'aurais jamais pensé qu'en Touraine... Peste ! cette demoiselle de Lenclos ira fort loin !.. Mais nous oublierons tout cela, si vous daignez me croire. Votre rivale vous promet de se taire, et je ne divulguerai pas l'anecdote ; ainsi, reprenez du calme, et dirigeons-nous vers la rue Saint-Thomas-du-Louvre, où la marquise nous attend... vous savez pourquoi, Marion ? sous le costume de Vénus, vous allez être ravissante.

Il aurait pu longtemps parler de la sorte, car je venais de tomber sur un siége, à demi suffoquée de rage.

Son imperturbable sang-froid mettait le comble à l'injure.

— Je vous chasse ! m'écriai-je enfin, je vous chasse, monsieur, comprenez-vous ?.. et votre marquise, je ne veux plus la revoir !.. Il suffit que vous m'ayez introduite dans cette maison pour qu'elle me devienne odieuse !

Et, sans lui permettre un mot de réponse, j'allai m'enfermer dans ma chambre à coucher.

Là, mes sanglots éclatèrent, je fondis en larmes jusqu'au soir.

Mes réflexions devenues un peu plus libres, je me dis que tout cela devait être une punition du ciel, ou du moins un avertissement qu'il me donnait, pour me faire envisager la profondeur du gouffre où j'allais descendre.

J'interrogeai ma conscience, je fis en moi-même un retour sérieux, et je fus véritablement effrayée de la pente rapide de démoralisation sur laquelle me jetaient le manque de fixité de mon caractère, mon incorrigible coquetterie, l'orgueil dont ma beauté fatale était la source, et un peu aussi, disons-le, la force des choses.

Un remords salutaire me saisit.

Bien sincèrement, je formai la résolution de m'éloigner de l'abîme et de racheter mes fautes, en menant à l'avenir une vie honnête et pure.

Il me serait difficile de peindre le calme heureux et la sérénité paisible qui succédèrent à cette résolution. Mon âme était souriante, mon cœur battait avec délice. Je pardonnais à mademoiselle de Lenclos et à Voiture; je les aurais remerciés s'ils eussent été là.

Mon salon s'ouvrit comme de coutume.

Je fus grave sans affectation, aimable avec dignité.

Personne ne me souffla mot de mon histoire récente; on l'ignorait, ou du moins on feignait de l'ignorer. Ceux qui m'avaient promis le secret tenaient-ils parole? j'eus lieu de le croire, et je leur en sus un gré véritable.

J'essayai de me disculper de mon impolitesse flagrante envers la marquise, et je lui écrivis un innocent mensonge de voyage imprévu.

La noble dame daigna me répondre. Je trouvai sa lettre affectueuse. Ma ridicule aventure ne s'était décidément point ébruitée.

Du reste, la *surprise* avait eu lieu sans moi.

Elle consistait dans un pavillon d'une magnificence royale, bâti, depuis trois semaines, à l'insu de tout le monde. Ceux dont la marquise avait eu besoin, soit pour remplir les personnages, soit pour composer les paroles du spectacle doublement fabuleux qu'elle préparait, ne savaient pas eux-mêmes un mot de cette construction. Les ouvriers travaillaient de nuit, sous une tente épaisse, et s'en allaient à l'aurore par-dessus les murs des jardins.

Arriva le grand jour de la *surprise*, et ce jour était en même temps celui de la fête de mademoiselle de Rambouillet.

L'hôtel se trouva, comme de coutume, rempli d'illustres invités.

Vers neuf heures du soir, on entendit dans le dernier salon, le plus proche du sanctuaire, une musique suave, exécutée par un orchestre invisible.

Tout à coup, on vit s'écarter les tentures; la muraille eut l'air de s'entr'ouvrir, et l'on aperçut le pavillon étincelant de lumières.

Julie d'Angennes, en costume de nymphe, parut assise sur un trône de fleurs.

A ses pieds étaient les trois déesses, Junon, Minerve et Vénus, représentées par mademoiselle de Montmorency, l'abbesse de Saint-Étienne et Ninon de Lenclos, choisie comme la plus digne de me remplacer.

Son œil était dédaigneux et son sourire cruel. *Page* 356.

Marsillac, sous la forme du berger Pàris, hésita quelque temps entre les trois filles de l'Olympe et finit par se tourner vers Julie d'Angennes, à laquelle il donna la *pomme*, tout en lui prouvant dans un long discours en vers qu'elle réunissait à elle seule la grandeur, la sagesse et la beauté.

Ce fut un enchantement et un délire.

Le pavillon avait trois fenêtres en ogive; la première donnait sur les hauts tilleuls des Quinze-Vingts, la seconde sur le parterre de l'hôtel, et la troisième sur les berceaux de charmilles de M. de Chevreuse.

Du salon même on pouvait monter à ce joli temple aérien par un escalier somptueux, dont chaque marche portait une caisse de myrthes ou d'orangers en fleurs.

Toutes les muses de l'endroit firent résonner les cordes de leur luth, et l'on nomma le pavillon la *loge de Zyrphée;* car Chapelain, dans une pièce de vers que je n'ai garde de reproduire, prétendait que « *Zyrphée,* reine d'Angennes, avait bâti cette loge pour y mettre *Arthénice* à couvert de l'injure des ans. »

Le vieux d'Urfé assistait à la fête ; il me donna tous ces détails.

Je sus, en outre, que le berger Pâris, ayant dans sa poche une seconde pomme, eut l'adresse de la donner en cachette à mademoiselle de Lenclos, en lui disant :

— Je rétablis la vérité de l'Histoire.

Sur quoi Vénus répliqua fort spirituellement :

— Vous voulez dire, monsieur, la vérité de la Fable.

J'écoutai cela sans trouble et sans éprouver le moindre sentiment de jalousie. Dans mon intrigue avec Marsillac le cœur n'avait point été en jeu. Le prince me plaisait sans doute, mais c'était un simple caprice, et voilà pourquoi je fus guérie si vite. La fermeté de mes résolutions ne fut pas une minute ébranlée par la nouvelle certitude que j'acquérais du triomphe de ma rivale. Je contemplais de toute la hauteur de mes vertueux projets d'avenir les rêves éteints du désordre et de la folie.

Le jour vint de ma visite habituelle au cardinal, et je me rendis au Louvre.

Cette fois, je n'eus besoin ni de ruser avec Son Éminence, ni de prendre un langage hypocrite pour l'astreindre au respect vis-à-vis de ma personne. Il entendit ma pensée tout entière exprimée sans détour.

Je le suppliai de renoncer, dès ce moment, à mes faibles services, et je lui déclarai que, trouvant le séjour de Paris trop dangereux pour moi, j'avais l'intention positive de me retirer dans ma famille et de passer honnêtement et saintement le reste de mes jours dans la pauvre maison qui m'avait vue naître.

Le cardinal combattit ce projet, le qualifia d'absurde, et j'eus un violent orage à subir.

Il s'emporta. La griffe lui sortit beaucoup plus longue et plus aiguë que dans les petites querelles précédentes ; mais je luttai courageusement et avec une énergie qui parut beaucoup le surprendre.

Alors il essaya de la douceur et tâcha de me fléchir par la plainte.

Il me parla des ennemis acharnés à sa perte, de la faiblesse de Louis XIII, auquel on pouvait, d'un jour à l'autre, faire signer sa disgrâce. Un jeune ambitieux, le comte de Chalais, ayant acheté de Charles d'Angennes la place de grand maître de la garde-robe, s'entendait, disait-il, avec Anne d'Autriche et madame de Chevreuse pour le décrier, lui Richelieu, dans l'esprit du roi. Marie de Médicis était redevenue, à son égard, méchante et perfide ; elle donnait à Gaston des conseils de révolte. Toutes ces inimitiés, tous ces ennuis, toutes ces intrigues, le rendaient malade et souffrant ; l'heure était on ne peut plus mal choisie pour le priver de mes consolations et de mon amitié.

Bref, il se mit à geindre de toutes ses forces, en me cajolant et m'embrassant avec plus de tendresse encore que d'habitude.

Cela eut pour résultat immédiat de me rendre inflexible.

— Je le vois parfaitement, monseigneur, lui dis-je, en restant à Paris j'aurais à me défendre contre vous-même, et je ne trouve ni décent, ni convenable, qu'un prêtre, un cardinal, un homme obligé de prêcher d'exemple, ait une amie de mon sexe et de mon âge.

Il devint très-pâle, et la griffe pouvait ressortir, car je parlais en termes fort clairs.

Désirant terminer d'un seul coup et lui montrer que de nouvelles menaces ne sauraient m'inspirer de peur, je lui dis de m'enfermer dans un cloître et de me rendre un service réel, en allant au-devant de ma faiblesse, en me forçant au genre de retraite le plus favorable au salut.

Mon ton digne et ferme sembla lui faire comprendre qu'il ne réussirait point à modifier mes nouveaux plans de conduite.

Or, cet air de conviction-là même était une feinte.

Les luttes obstinées lui inspiraient ses plus dangereux détours.

— Allons, soit, me dit-il, je te raisonnerais en vain, Marion... Un caprice t'emmène, un autre caprice te ramènera... Transigeons, puisqu'il le faut ! Je te permets de partir, à condition que tu feras, chaque année, un voyage à Paris. Tu y resteras six semaines, et tu me rendras, pendant ce laps de temps, le nombre de visites auxquelles me donnent droit nos conventions premières. Du reste, tu as grand tort, ma fille, de te méfier de la pureté de mon affection pour toi.

Je ne crus pas un mot de ce discours, et je me préparais à lui tirer ma révérence; mais il me retint sous divers prétextes.

Il me montra les dessins d'un palais qu'il allait faire bâtir sur l'emplacement de sa maison de la rue Saint-Honoré, entre les Tuileries et le Louvre.

— Je veux me loger en roi, Marion! me dit-il, Chaque jour, ma puissance augmente, et Louis XIII est un instrument entre mes mains... je saurai le forcer à être docile. Oui, je périrai à la tâche, ou ceux qui se posent en obstacle sous mes pas seront brisés!

— Monseigneur, soyez bon, soyez clément... c'est le moyen de vous gagner les ennemis les plus irréconciliables.

Il me regarda.

Son œil était dédaigneux et son sourire cruel.

— La clémence, me dit-il, est la vertu des sots! Tu trouves, ma chère, cette phrase peu chrétienne?.. En moi, vois-tu, le premier ministre efface le prêtre; dans mon âme et dans mes convictions la politique fait taire l'Évangile. Un jour, bientôt sans doute, tu entendras des coups de hache et tu verras le sang couler... mais il faudra t'en prendre à la folie des hommes. Souviens-toi qu'une tête est bien peu de chose, si on la jette dans la balance avec la destinée des nations.

— Ah! monseigneur, vous me faites frémir!

— Souviens-toi de cela, te dis-je, et ne m'accuse pas, si tu rencontres jamais sur ta route un échafaud tendu de noir. Je veux rendre la France grande et forte; c'est elle qui frappera quand l'heure sera venue de frapper.

— Mais le sang rejaillira sur vous! m'écriai-je.

Il eut de nouveau son affreux sourire.

— Qu'importe, Marion? je suis vêtu de rouge, les taches ne s'apercevront pas. Laissons ce discours; il t'attriste, mon enfant. Je te parle ainsi parce que je tiens à ton amitié. Quelles que soient les circonstances, ne me juge pas avec trop de précipitation, et même, s'il est possible, laisse de côté le ministre et ses actes... ne vois que le frère et sa tendresse.

Il me pressa contre son sein.

Je réprimai difficilement un geste d'horreur.

Quand je fus hors du Louvre et loin de cet homme, il me semblait que je brisais le dernier anneau d'une chaîne infernale.

— Revenir à Paris! m'écriai-je, oh! non, non!.. vous avez tort de compter là-dessus, monseigneur!... vos raisonnements me révoltent; le sourire de Satan doit ressembler à votre sourire! Vous manquer de parole est une bonne action. Si vous ne m'inspiriez autant d'effroi, je vous aurais laissé pour adieu des paroles de mépris et de haine!

Je me trouvais beaucoup de courage d'avoir ainsi lutté contre son despotisme, et je ne m'attendais guère à lui arracher si vite un consentement, sans lequel je n'eusse point osé m'éloigner de la capitale.

Pouvais-je penser que le fourbe, tout en déplorant le chagrin qu'allait lui causer mon absence, jurait en lui-même d'empêcher mon départ?

Rentrée chez moi, je fis venir mon notaire et je lui donnai plein pouvoir de vendre la maison de la rue des Tournelles. J'avais le projet bien arrêté de me retirer dans ma ville natale et d'offrir à mes parents de partager ma fortune.

— Oh! oui, me disais-je, il est encore pour moi de saintes espérances! Quelques années de sagesse feront oublier mes fautes. Peut-être un honnête homme daignera-t-il jeter un regard sur moi? Je lui dirai tout; il recevra ma confession comme je la ferais à Dieu. Si je respecte après cela son nom, si je suis une vertueuse et chaste épouse, une digne et bonne mère, il n'aura ni le droit ni la volonté de m'adresser des reproches, et je perdrai jusqu'au souvenir d'un passé maudit!

Ma résolution de retourner en province était inébranlable. Il me semblait déjà me voir au milieu de ma famille.

Je m'asseyais au coin du pauvre foyer paternel. Ma petite chambre se rouvrait pour moi; je respirais l'air embaumé des jardins d'alentour, et, le soir, je m'endormais au milieu d'une prière sous les blancs rideaux de ma couchette.

Le bon huissier m'appelait encore sa fille chérie; je donnais, pour aller à l'église, le bras à ma vieille mère.

Toute la maison me devait son bien-être. Je mariais avantageusement Jacqueline, Ursule, Georgette et Suzon, si toutefois elles ne l'étaient pas encore, et j'établissais mes garnements de frères, qui m'avaient si bien fait damner jadis, en riant, hurlant, gambadant, tapageant, et surtout en déchirant leurs chausses, dont j'étais la raccommodeuse éternelle.

Je riais de ces souvenirs, et je versais en même temps de douces et heureuses larmes.

Mais au milieu de ce beau rêve se glissa bientôt une pensée fatale. Je me rappelai la sévérité de ma mère et j'éprouvai de tristes angoisses.

On ne lui a rien caché de mes torts; elle connaît mon déshonneur, l'opprobre a rejailli sur son front. Comment me recevra-t-elle? quel accueil doit espérer la fille coupable?

Une sueur glacée découla de mes tempes.

Il était impossible que je m'offrisse aux regards de ma mère sans l'avoir préparée longtemps d'avance à me recevoir. Me voyant à ses genoux, elle me repousserait avec indignation; elle se dresserait, pour me maudire, sur un piédestal de cinquante ans de vertu.

C'était une femme portant jusqu'à l'insensibilité la plus complète les idées de justice et d'honneur.

La faiblesse de mon père et sa bonté trop grande avaient encore accru chez elle cette nature implacable, et cela par la nécessité même où elle s'était trouvée plus d'une fois d'avoir de la force d'âme et de l'énergie pour deux.

Voilà donc toutes mes espérances détruites et renversées d'un souffle.

Si j'écris à mon père, osera-t-il seulement montrer ma lettre et plaider en ma faveur? Depuis tant d'années, la vieillesse a dû l'abattre de plus en plus chaque jour; les chagrins ont miné sa vie peut-être?

Hélas! hélas! fille insensée, tu parles de te réunir à tes parents, et tu ignores si la douleur et la honte n'ont pas creusé leur tombeau!

Cette pensée me devint affreuse.

N'osant prendre moi-même la route de Châlons, je résolus d'y envoyer quelqu'un sur-le-champ pour me rapporter des nouvelles de ma famille et sonder les intentions de mon père et de ma mère, si toutefois le ciel les avait conservés à ma tendresse.

Mais à qui vais-je confier cette mission délicate? à qui dois-je révéler toutes mes inquiétudes, toutes mes terreurs, toutes mes fautes et le prix que j'attache au pardon?

Thérèse entra.

Je lui cachai mes larmes.

La voyant fureter à droite et à gauche sans motif, j'allais lui enjoindre de se retirer, quand elle me dit tout à coup :

— Vous ne devineriez jamais, madame, avec qui mon père vide en ce moment un flacon de bourgogne?

— Peu m'importe, j'imagine.

— C'est juste... D'ailleurs, il y a si longtemps que madame ne l'a vu.

— Qui donc?

— Pourtant, s'il a des chagrins de ménage, nous en sommes un peu cause. Il est toujours aussi laid et aussi ivrogne, mais enfin...

— Camusard! m'écriai-je. Oui, n'est-ce pas, c'est lui?.. qu'il monte! qu'il monte au plus vite!

— J'en étais sûre, madame a si bon cœur...

— Dépêche-toi, cours!

— Je vous l'amène.

Deux minutes après l'huissier à la cour des comptes entrait dans ma chambre.

XII.

Le malheureux était habillé, comme les hommes de la dernière classe du peuple, d'une espèce de serge jaunâtre, tombant en guenilles et trahissant l'absence de chemise en plus d'un endroit. Ses cheveux avaient perdu leur nuance éclatante; ils étaient blancs, ce dont on aurait pu le féliciter, si cette métamorphose n'eût été le résultat évident du malheur et de la souffrance.

— Miséricorde! que vous est-il arrivé, mon pauvre Joseph!

Je lui tendis affectueusement la main. Il se mit à genoux pour la porter à ses lèvres.

— Ah! madame... Ah! Marion, vous consentez à me recevoir!

— Est-il possible que vous ayez jamais douté de moi? lui dis-je, en le forçant de se relever et de prendre place sur un siége. Me croyez-vous l'âme assez dure pour ne point accueillir un ami dans la détresse?

— Je ne viens pas vous demander l'aumône, murmura-t-il avec trouble. Bulmann m'a rencontré, ce matin, et m'a forcé d'entrer dans votre maison.

Il rougissait et pâlissait tour à tour, comme si mes offres eussent blessé l'orgueil de sa misère.

Ce n'était pas la première fois que je remarquais une sorte de dignité dans cette nature incomplète.

— Joseph, c'est mal, c'est très-mal ce que vous me dites là! je l'oublierai avec peine. Vous commencez par douter de mon accueil, et maintenant vous prononcez un mot qui me froisse... l'aumône!.. De vous à moi un service reçu prend-il le nom d'aumône?

— Oh! ne vous fâchez pas, Marion.

— Si, monsieur, je me fâche, et je me fâche très-fort!.. car enfin l'état où vous êtes ne vient pas de votre inconduite personnelle, j'en suis sûre... pourquoi donc en rougir? Vous aimez à boire, mais vous êtes un homme d'ordre; ce n'est pas vous qui avez pu dissiper votre fortune, et quand le président Chevry m'a fait connaître votre ridicule mariage avec Lisette...

— Pour Dieu! s'écria-t-il, ne parlons pas de cette malheureuse!

— Au contraire, parlons-en... car si l'on ne vous avait pas rappelé de Champagne, vous n'auriez pas commis cette sottise. Je suis la cause innocente de vos malheurs; je veux y remédier, et j'entends que vous ne fassiez naître à cet égard aucun obstacle.. ou sinon... vous le savez, monsieur, j'ai toujours eu très-mauvaise tête!

Il s'empara de nouveau de mes mains et fondit en larmes.

Je sonnai, Thérèse entra.

— Voyons, lui dis-je, si tu auras meilleur goût qu'autrefois, ou plutôt moins de malice... Il s'agit de choisir un costume...

Je lui indiquais de l'œil le pourpoint de serge de Camusard.

Voyons, si vous me pardonnez... embrassez-moi! *Page* 368.

Elle me comprit et s'en alla toute joyeuse avec ma bourse.
— Calmez-vous, mon ami, dis-je au pauvre huissier, chacun en ce monde a ses douleurs : j'ai les miennes, dont je vous ferai le récit. Peut-être me rendrez-vous un service plus grand que tous ceux que vous pourrez recevoir de moi.

Il me regarda d'un air incrédule.

— Cela vous étonne! lui dis-je... Rien de plus vrai cependant, je vous le jure, et si je vous suis de quelque utilité dans une circonstance fâcheuse, c'est autant par égoïsme que par bonté. Il ne faut déjà pas me témoigner tant de reconnaissance.

— Ah! vous êtes un ange, Marion! Pourquoi n'ai-je pu réussir à me faire aimer de vous?

— Est-ce le regret de m'avoir perdue, lui demandai-je en souriant, qui vous a conduit à épouser Lisette?

— Non, me répondit-il avec un soupir, c'est mon séjour au Châtelet... Je suis tombé dans un piége indigne.

— Et comment cela?

— Quoi! Marion, vous voulez que je vous raconte...

— Je l'exige. Où trouverai-je un remède, si je ne connais pas le mal?

— Il n'y a plus de remède.

— Nous verrons, commencez toujours.

— Eh bien, dit-il avec un nouveau soupir, cela date de votre fuite du faubourg Saint-Victor.

— Oui, je le sais... Vous et Lisette avez été pris par les sergents pour les maîtres de la maison. L'erreur, néanmoins, était aisée à détruire. Et puis vous étiez le fiancé de ma sœur Jacqueline. Je ne vois pas quel enchaînement fatal a pu vous contraindre... ou plutôt, il est facile de le deviner, Lisette vous a fait des avances.

— Hélas! oui, s'écria-t-il, et je m'y suis laissé prendre comme un sot! A notre arrivée au Châtelet, ce fut elle qui répondit au magistrat chargé de notre interrogatoire. Elle commença par déclarer que j'étais son mari, un homme très-honorable, nommé tout récemment huissier à la cour des comptes; elle jura de faire pendre les sbires assez malavisés pour mettre en état d'arrestation deux personnes de notre sorte. Pensant qu'elle agissait pour le bien, je n'eus garde de la démentir. Le magistrat, d'ailleurs, nous témoignait de la considération; ma prétendue compagne lui imposait beaucoup. Il nous pria de patienter quelques heures, jusqu'à l'arrivée de témoins propres à constater notre identité. Nous fûmes conduits, en attendant, Lisette et moi, dans une chambre fort convenable. Elle s'amusait de l'aventure et me disait en riant de ne pas abuser des droits d'époux dont elle venait de m'investir.

« — Ah! s'écriait-elle, si l'on pouvait savoir au Louvre que la fille de Henri IV se fait passer pour l'épouse d'un huissier!

« — Quoi! vous êtes la fille...

« — De Henri IV, ni plus ni moins, oui, mon cher!.. Mais ne prenez pas avec moi cette contenance d'humilité profonde... j'ai des motifs pour agir comme je viens de le faire, et je me compromets beaucoup moins ainsi. Les sergents nous ayant trouvés en tête-à-tête dans une maison du faubourg, on pourrait se livrer à des suppositions inconvenantes, et mon honneur s'arrange mieux de passer pour votre femme. »

Je fus obligé de convenir qu'elle avait raison.

« — D'ailleurs, ajouta-t-elle, j'ai beau descendre d'une origine royale, je ne me trouverais point déshonorée d'accepter la main d'un honnête et loyal garçon comme vous, mon cher. Votre tournure a de la distinction, votre physionomie me plaît... »

— Bonté divine! m'écriai-je, en interrompant Camusard, et vous avez écouté tout cela?

— Que voulez-vous? dès que l'amour-propre est en jeu...

— Pourtant, je vous avais prémuni contre toute illusion à cet égard.

— C'est vrai, me répondit-il; mais je vous croyais injuste, alors.

— Là! voyez si les femmes ne sont pas excusables!.. Et vous m'accusiez de coquetterie!.. mais laissons les reproches, vous avez trop porté la peine de votre crédulité.

— Dites de ma sottise, Marion! le mot ne sera pas encore assez dur. Lisette continua de m'échauffer la cervelle, tout en me donnant le conseil hypocrite de ne pas manquer de parole à Jacqueline; elle avait une façon de me regarder qui me causait le vertige. Enfin elle venait de réussir à me faire tomber à ses genoux, quand soudain la porte s'ouvrit et votre mère entra.

— Ma mère!

— Oui, madame Delorme en personne, amenée par la comtesse de Saint-Évremond... jugez de l'esclandre! Le magistrat, toutes réflexions faites, n'avait rien trouvé de plus simple que d'envoyer chez votre marraine et de la prier de se rendre au Châtelet, pour examiner si nous étions bien les personnes dont elle sollicitait l'arrestation. La comtesse, en nous voyant, devint furieuse. Votre mère m'accabla de reproches : elle ne me pardonnait pas d'être aux pieds de Lisette, quand Jacqueline m'était promise.

On m'accusait, en outre, avec assez de raison, de la fuite des vrais coupables.

www.ingramcontent.com/pod-product-compliance
Lightning Source LLC
Chambersburg PA
CBHW070848170426
43202CB00012B/1995